À la septième fois, les murailles tombèrent

Du même auteur

L'Étrange renoncement, Albin Michel, 1998.
La Nuit et le Jour, Plon, 2012.
Camus au Panthéon Discours Imaginaire, Plon, 2013.
De Gaulle au Présent, textes choisis, Fondation Charles De Gaulle et Cherche Midi, 2015.
La Sottise des Modernes, nouvelle édition, Plon, 2016.
En finir avec l'Économie du Sacrifice, Odile Jacob, 2016.
Ils veulent tuer l'Occident, Odile Jacob, 2019.
De Gaulle, le nom de tout ce qui nous manque, Éditions du Rocher, 2020.

Henri Guaino

À la septième fois, les murailles tombèrent

éditions du
ROCHER

Éditions du Rocher
28 rue Comte Félix-Gastaldi – BP 521 – 98015 Monaco
www.editionsdurocher.fr

ISBN : 978-2-268-10969-5
EAN Epub : 9782268109817

À Catherine,
qui depuis vingt ans éclaire ma vie d'une lumière
qui ne s'éteindra jamais.

« Sonnez, sonnez toujours, clairons de la pensée.

Quand Josué rêveur, la tête aux cieux dressée,
Suivi des siens, marchait, et, prophète irrité,
Sonnait de la trompette autour de la cité,
Au premier tour qu'il fit le roi se mit à rire ;
Au second tour, riant toujours, il lui fit dire :
"Crois-tu donc renverser ma ville avec du vent ?"
À la troisième fois, l'arche allait en avant,
Puis les trompettes, puis toute l'armée en marche,
Et les petits enfants venaient cracher sur l'arche,
Et, soufflant dans leur trompe, imitaient le clairon ;
Au quatrième tour, bravant les fils d'Aaron,
Entre les vieux créneaux tout brunis par la rouille,
Les femmes s'asseyaient en filant leur quenouille,
Et se moquaient jetant des pierres aux Hébreux ;
À la cinquième fois, sur ces murs ténébreux,
Aveugles et boiteux vinrent, et leurs huées
Raillaient le noir clairon sonnant sous les nuées ;
À la sixième fois, sur sa tour de granit
Si haute qu'au sommet l'aigle faisait son nid,
Si dure que l'éclair l'eût en vain foudroyée,
Le roi revint, riant à gorge déployée,
Et cria : "Ces Hébreux sont bons musiciens !"
Autour du roi joyeux, riaient tous les anciens
Qui le soir sont assis au temple et délibèrent.

À la septième fois, les murailles tombèrent[1]. »

Victor Hugo

---

1. Victor Hugo (1852), *Les Châtiments*, Hetzel-Quantin, 1882.

« Les raisons apparentes que nous prêtons aux événements dont nous sommes les acteurs sont fort différentes des causes réelles qui nous y assignent un rôle[1]. »

Claude LÉVI-STRAUSS

1. Claude Lévi-Strauss, « Le Père Noël supplicié », *Les Temps modernes*, n° 77, Gallimard, Paris (1952), p. 1572-1590.

Prologue

Le roi riait sur sa tour de granit

Des décennies durant, on nous a promis un nouveau monde : l'Europe, la mondialisation, les progrès de la science, de la médecine, de la technique, annonçaient la fin prochaine de tout ce qui était tragique dans l'histoire et la condition humaine. La misère serait vaincue, comme la maladie, comme la violence et – qui sait ? –, peut-être la mort aussi.

Ce n'était pas la première fois que cette promesse était faite à l'humanité. De tout temps, les religions avaient promis la félicité dans le royaume des cieux.

Les idéologues l'avaient fait descendre sur terre. Les Lumières l'avaient pressentie dans le triomphe de la raison et le développement du commerce, et Saint-Just avait proclamé que le bonheur était une idée neuve en Europe. Au XIXe siècle, saint-simoniens et positivistes avaient pris le relais, et la mondialisation des années 1870-1914 l'avait fait espérer à beaucoup de gens. La révolution bolchevique l'avait annoncée à son tour.

Après la guerre froide, c'est reparti de plus belle. Cette fois, c'était la bonne. Il a vite fallu déchanter : pour la belle vie, comme d'habitude, il faudrait attendre, mais pour les sacrifices, c'était tout de suite. Beaucoup de gens ont commencé à beaucoup souffrir. On n'a rien sans rien. Alors ceux qui ne souffraient pas disaient à ceux qui souffraient qu'il fallait un peu souffrir pour être sauvé. On tirait sur la corde, mais c'était pour la bonne cause. Ceux qui ne souffraient pas croyaient à ce qu'ils disaient. Et quand on leur disait que la corde pouvait casser, ils riaient, comme le roi de Jéricho sur sa tour de granit en entendant les trompettes de Josué. Ceux qui souffraient étaient absorbés par leur quotidien et cherchaient à survivre le moins mal possible. Chacun ne voyait plus que midi à sa porte. Nos sociétés avancées paraissaient d'une solidité à toute épreuve, l'habitude et le goût que nous avions pris à nos libertés, la certitude que le monde entier nous les enviait, nous maintenaient dans la croyance que rien ne pouvait les menacer.

Le pire est toujours de penser que le pire ne peut pas ou ne peut plus se produire. On le pensait avant 1914. On le pensait dans les années 1920 : « Plus jamais ça ! » Et si le pire pouvait encore arriver ?

Et si nos sociétés, trop longtemps si sûres d'elles-mêmes, étaient au bord de la rupture, si la corde n'était pas loin de casser ? Si nous nous cachions encore la vérité sur l'homme, sur ce qu'il y a toujours en lui de violence et si toutes les murailles que construisent et reconstruisent sans cesse la civilisation, la religion, la morale, la culture, les institutions qui essayent, tant bien que mal, de la contenir, une fois encore risquaient de s'effondrer ?

À cause de qui ? À cause de quoi ? À cause de ce que De Gaulle appelait « le système », qui existe de tout temps et à cause de tout le monde, à cause de nous tous, puisque pour les mille et une raisons que chacun pouvait avoir, bonnes ou mauvaises, nous avons laissé faire.

Finalement, la plupart des gens se disaient : « Ça ira ». La baisse du pouvoir d'achat, « ça ira ». L'explosion du chômage, « ça ira ». La montée de l'insécurité, « ça ira ». L'immigration incontrôlée, « ça ira ». L'effondrement de l'école, « ça ira ». Le terrorisme, « ça ira ». La crise financière, « ça ira ». La pandémie, le confinement, « ça ira ». Les Gilets jaunes, « ça ira ». La guerre en Ukraine, « ça ira ». L'inflation, « ça ira ».

« Ah ça ira ! » « Ah, ça tiendra ! », comme le disait la chanson. Au temps de la fête de la Fédération, ce n'était ni un chant de colère, ni un chant de résignation, mais un chant d'espérance : « Réjouissons-nous, le bon temps viendra » ! Jusqu'à ce que s'y ajoutent les paroles vengeresses que tout le monde connaît et qui annonçaient la Terreur.

À force, les « ça ira » qui se répètent, ça finit par mal tourner. Il ne faut pas croire que ça peut durer indéfiniment. Pour aller de la fête du Champ-de-Mars à la guillotine, il ne fallut pas bien longtemps. Mais cela faisait trop longtemps que dans les têtes, en haut, on se disait « ça tiendra » et, en bas, « ça ira ».

Depuis quarante ans, ça tient. Mais jusqu'à quand ? On ne le sait pas.

Le pire n'est jamais sûr, mais quand tout ce qui nous maintenait dans les formes de civilité que nous avions reconstruites après la Seconde Guerre mondiale s'effrite, il est temps de commencer à s'inquiéter. La violence se libère. Elle affleure sur toute la surface de la société, elle vient du plus profond de l'homme, elle se glisse dans toutes les fentes que laissent derrière elles la contestation de la légitimité de tous les pouvoirs, de toutes les autorités, et la crise de la démocratie représentative. Elle sourd dans les événements, les faits divers, les images que l'information en continu déverse sans interruption sur nos écrans, dans la litanie ininterrompue des agressions contre les élus, les policiers, les pompiers, les enseignants. Elle se lit dans les images du Capitole pris d'assaut ; dans celles du pillage de l'Arc de triomphe ; dans celles de ces jeunes qui déclarent, sur fond d'émeute urbaine, de jets de cocktails Molotov et de tirs de mortiers sur la police pour protéger leurs trafics – « Quand la police nous laisse tranquille, nous, on la laisse tranquille » – ; dans celles des zadistes qui viennent pour tuer des policiers et des gendarmes ; dans les menaces de mort qui fleurissent sur le terreau d'une radicalisation qui monte de partout ; dans le passage à l'acte qui conduit à la décapitation d'un professeur qui a fait un cours sur les caricatures ; dans les témoignages de ces enseignants qui s'autocensurent pour éviter des incidents avec les élèves ou leurs parents ; dans la sauvagerie de la guerre aux portes de l'Europe avec ses tranchées et ses villes rasées, comme au temps des grandes guerres du siècle dernier.

Les murailles chancelantes tiennent encore. Jusqu'à quand ? On ne le sait pas. Mais nous savons qu'un jour, même si nous ne voulons pas le croire, quand trop de déceptions, de frustrations, de colères auront été refoulées, les murailles tomberont. Et alors même les modérés, les prudents, les indifférents, basculeront, à leur tour, dans cette violence que plus rien ne retiendra. Nous risquons là de payer cher de n'avoir attaché aucune importance à ce qui ne se voyait pas. Dans la Bible, c'est la toute-puissance de Dieu que ne perçoivent pas ceux qui n'ont pas la foi et qui ne voient que des trompettes. Pour nous, ce qui ne se voit pas – et qui compte pourtant –, c'est ce qui se passe dans le secret des consciences, c'est ce que l'homme refoule, ce sont les blessures invisibles, ce sont les rêves et les cauchemars dont les origines se perdent dans le temps, c'est notre nature et la bête qui dort au fond de chaque être humain – et qu'il ne faut pas réveiller. C'est l'inattention à ce qui ne se voit pas, à ce qui germe, à ce qui mûrit sous les apparences, qui a produit tous les grands drames, toutes les grandes tragédies de l'histoire.

Un journaliste a posé à Edgar Morin, pour son centième anniversaire, la question suivante : « On fait souvent le parallèle entre la France d'aujourd'hui et celle des années 1930, avec cette montée de la violence et ce repli sur soi. Faites-vous aussi ce parallèle ? » Il a répondu : « C'est un parallèle que je fais, sur un certain plan. C'est une époque de dangers qui montaient sans cesse et que l'on vivait presque en somnambule, sans nous en rendre compte. »

Nous aussi, comme des somnambules… Et le roi rit sur sa tour de granit.

La tentation de la table rase

Le retour d'une dangereuse illusion

Recommencer à zéro : s'il y a au moins un dénominateur commun à toutes les idées et les penchants qui nous ont amenés là où nous en sommes en cette année 2023, c'est bien cette illusion de la table rase dont nous avions pensé qu'elle avait disparu à jamais avec les grandes idéologies du XXe siècle.

Tout araser pour recommencer à zéro appelle la destruction de l'existant, souvent par la violence, et même par le crime. « Du passé faisons table rase », chantaient les « damnés de la terre ». Saint-Just, l'Archange de la Terreur, voulait exterminer l'ancien monde. Depuis 1793 jusqu'aux Khmers rouges, en passant par tous les totalitarismes qui ont voulu fabriquer un homme nouveau et une société nouvelle en effaçant toutes les empreintes du passé, les idéologues ont eu beau marteler leur propagande, rééduquer, réprimer, torturer, déporter, faire couler des flots de sang, à la fin, ils ont toujours échoué dans leur programme d'éradication. Contre la loi des suspects et la guillotine au cours des heures les plus sombres de la Révolution, la Solution finale et l'eugénisme des nazis, les massacres et le goulag des bolcheviques, le lynchage des enseignants et les travaux forcés des champs de la révolution culturelle maoïste, les camps de rééducation et les exécutions de masse des Khmers rouges, contre toutes les forces de destruction, quelque chose a toujours résisté au plus profond des hommes, des sociétés, des civilisations, et a survécu. Derrière le léninisme et le stalinisme, la Russie a survécu. Derrière le maoïsme, la Chine a survécu. Après la fureur révolutionnaire, la France a renoué avec le calendrier grégorien et avec la monarchie pendant les deux tiers du XIXe siècle, et le surmoi monarchique a traversé toutes les Républiques jusqu'au XXIe siècle, et se ressent encore dans cette difficulté chronique à donner à la souveraineté française une figure de rechange. La Ve République gaullienne a tenté de combler une nouvelle fois le vide avec sa monarchie républicaine. Jusqu'à quand ?

Ce qui fait le génie d'un peuple, même son génie économique, ce sont les rapports particuliers qu'il entretient avec la nature et avec son passé, avec des habitudes d'être et de penser, de ressentir et de s'émouvoir, d'espérer et de croire forgées depuis la nuit des temps. Quand les sociétés paysannes ont façonné les mentalités durant des millénaires, il en reste des traces profondes, même bien longtemps après qu'elles ont disparu dans le laminage par la modernité. Le Japon a construit sa puissance économique sur la préservation de ses traditions et de ses valeurs ancestrales, de sa culture, de son rapport à une nature que des siècles durant un travail patient a modelé en même temps qu'il forgeait un caractère national. MacArthur, le proconsul américain de l'après-guerre, a eu l'intelligence de ne pas chercher à faire table rase de cet héritage. Le Japon a gardé son empereur sans pouvoir et conservé son agriculture, si peu rentable, pour préserver ce que l'un et l'autre recelaient de l'âme de ce pays, d'où vient sa force. La France a gardé, dans son inconscient collectif, les vertus paysannes et l'empreinte du christianisme, quelque chose qui ressemble à *L'Angélus* de Millet. S'il y a un tableau qui parle à l'inconscient collectif français, c'est bien celui-là, avec son couple de paysans, debout au milieu du champ, dans la lumière d'un soleil déclinant. Ils viennent d'arrêter le travail. Ils prient, le visage tourné vers la terre. On a l'impression d'entendre la cloche qui sonne l'angélus du soir. Peut-être prient-ils, comme le pensait Salvador Dalí, la perte d'un enfant reposant dans le petit cercueil noir que la radiographie du tableau semble révéler sous le panier posé sur le sol. Reproduit à des millions d'exemplaires depuis les années 1860 sur des gravures, des calendriers, copié, imité, interprété, il a été, pendant un bon siècle, accroché sur les murs de bien des familles françaises, et il nous parle d'elles, de nos ascendants, de leur vie, de leurs prières, de leur imaginaire qui se prolonge dans le nôtre, du ciel et de la terre de notre pays, de ce que Péguy appelait les pauvres honneurs des maisons paternelles et la terre charnelle. Il nous rappelle d'où nous venons et que la France, il n'y a pas si longtemps, était paysanne et chrétienne. Et nous y reconnaissons quelque chose de familier, comme si notre inconscient n'avait rien oublié. L'historien René Rémond[1] observait, il y a quelques décennies, que :

> Tout ce qui touche à la paysannerie fait corps avec la nation. La France n'a pas avec la terre ni avec la nature le même type de relations que la plupart de nos partenaires.

J'ai entendu, dans le secret du salon vert de l'Élysée, ces mots adressés par un président de la Commission européenne au président de la République un jour de négociation d'un traité de libre-échange avec l'Amérique latine : « Tu ne vas quand même pas sacrifier l'industrie européenne pour quelques poulets. » Il n'avait pas encore compris que l'agriculture n'était pas qu'une activité économique, mais aussi une culture. Il n'avait pas compris non plus que l'indépendance alimentaire serait l'un des grands problèmes du XXIe siècle. Depuis longtemps l'agriculture était dans le collimateur de Bruxelles qui ne croyait qu'aux services à haute valeur ajoutée et aux start-up. Même la vieille industrie manufacturière devait disparaître et avec elle la culture ouvrière. La nouvelle économie serait sans culture et exclusivement celle de la matière grise. Il fallait faire place nette et transporter tous les ateliers à l'autre bout du monde. Des années durant, l'idéal de la France sans paysan et sans usine s'est imposé comme le summum de la modernité, avec le soutien de certains écologistes, contents de se débarrasser de deux activités qu'ils jugeaient polluantes. La nature des choses, comme on le sait, a fini par se venger : avec les crises mondiales, la dépendance alimentaire et la dépendance industrielle sont redevenues des questions angoissantes. On va peut-être finir par

---

1. René Rémond, « La société française est prête pour 2015 », *La France au-delà du siècle*, Datar, L'Aube, 1994.

se souvenir que l'on n'a jamais construit d'économie prospère sur la moindre table rase mais que l'on en a détruit beaucoup.

En attendant, force est de constater qu'en ce début de XXIe siècle la volonté de faire table rase est partout. Elle n'est plus collectiviste ou fasciste. Elle est libérale, progressiste, écologiste, naturaliste, animaliste, pédagogiste, elle est dans les institutions, la politique, la géopolitique,... Tout le monde semble rêver de la sienne.

Et bien des étudiants *wokes* ont, sans le savoir, les réflexes des Gardes rouges de la révolution culturelle de Mao – qui, pour extirper les habitudes, les idées, la culture de l'ancien monde, déboulonnaient les statues, brûlaient les livres, forçaient à l'autocritique ceux qui n'étaient pas d'accord avec eux. Ceux qui se sont intéressés aux étudiants américains de l'université d'Evergreen y ont retrouvé de la graine de Garde rouge, et un penchant totalitaire qui semblait n'attendre qu'une occasion favorable pour s'exprimer plus ouvertement. Il n'y a jamais de tentative de faire table rase sans violence. Il n'y a jamais de table rase sans boucs émissaires. La table rase appelle l'épuration – il faut couper les parties malsaines qui empêchent la régénération du corps social. Pour les bolcheviques, c'étaient les *koulaks*, ces paysans propriétaires accusés d'être responsables des famines. Pour les nazis, c'étaient les Juifs, les Gitans, les homosexuels. Pour les maoïstes de la révolution culturelle, c'étaient les intellectuels, les bourgeois, les citadins. Pour les Khmers rouges, c'étaient les Vietnamiens, les Chams, et aussi les intellectuels et les citadins. À la fin du XXe siècle et en ce début du XXIe, il n'y a plus, dans nos sociétés occidentales, de camps de rééducation, de travaux forcés, d'épurations meurtrières. L'épuration d'aujourd'hui s'y pratique par la disqualification, l'exclusion, la mise à l'écart, la mise à l'index, voire la mise à mort sociale.

Aujourd'hui, la violence ordinaire des tables rases est la violence psychologique. Mais cette violence psychologique n'est pas la moindre : elle détruit des carrières, des réputations, des familles, des amitiés, des vies. Elle conduit même, parfois, au suicide ou au meurtre. La volonté de faire table rase est vite happée par la logique de la meute et du bouc émissaire. Et la meute a bonne conscience : elle laisse d'autant plus libre cours à ses instincts de violence qu'elle a le sentiment d'être du côté de la justice contre l'injustice, du bien contre le mal.

Ne raconte-t-on pas que, leur crime accompli, les massacreurs de septembre 1792, convaincus de n'avoir fait que leur devoir en exécutant dans les prisons les ennemis du peuple et de la patrie, avaient scrupuleusement rapporté aux autorités l'argent et les bijoux de leurs victimes ? C'est toujours la même chose : le camp du bien peut tout se permettre, comme d'habiller les instincts les plus primitifs et la violence la plus aveugle avec les habits de la morale. C'est ce que font les décolonialistes pour réparer les injustices de la colonisation, les étudiants *wokes* au nom de la défense des minorités blessées, les zadistes pour sauver la planète, les antispécistes qui détruisent les boucheries au nom de la dignité des animaux, les anticorrida qui manifestent violemment pour sauver les taureaux. Il y a bien d'autres projets de table rase, de toutes sortes (on pourrait presque dire qu'il n'y a plus que ça), chacun avec sa propre violence physique, matérielle, psychologique, économique, sociale ou symbolique.

Il y a ceux qui veulent faire table rase de l'État ; ceux qui veulent faire table rase de la protection sociale ; ceux qui veulent faire table rase des institutions ; ceux qui veulent faire table rase des trente-six mille communes, des départements, des sous-préfectures et des cantons ; ceux qui veulent faire table rase de la République une et indivisible ; ceux qui veulent faire table rase de l'assimilation ; ceux qui veulent faire table rase des frontières ; ceux qui veulent faire table rase de l'héritage du conseil national de la Résistance ; ceux qui veulent faire table rase de la retraite par répartition ; ceux qui veulent faire table rase du statut général de la fonction publique ; ceux qui veulent faire table rase des grands corps de l'État ; ceux qui veulent faire table rase des services publics ; ceux qui veulent faire table rase des grandes écoles, ceux qui veulent faire table rase du baccalauréat ; ceux qui veulent faire table rase de la démocratie représentative ; ceux qui veulent faire table rase de la famille ; ceux qui veulent faire table rase du mariage ; ceux qui veulent faire table rase de la distinction des sexes ; ceux qui veulent faire table rase de la nation ; ceux qui veulent faire table rase de la politique ; ceux qui veulent faire table rase de la société patriarcale ; ceux qui veulent faire table rase de la civilisation occidentale ; ceux qui veulent faire table rase de la « culture blanche » ; ceux qui veulent faire table rase de l'autorité ; ceux qui veulent faire table rase des traditions ;

ceux qui veulent faire table rase de la religion, et ceux qui veulent faire table rase de la laïcité. Il y en a même qui veulent faire table rase de l'humanité pour sauver la planète. Chacun a ses raisons qu'il veut imposer à tous les autres.

On n'a jamais vu, en dehors des révolutions et des régimes totalitaires, une telle rage de détruire – et l'on a beaucoup détruit. Mais de ces destructions n'a pas émergé une cité nouvelle, ni une humanité nouvelle ni un monde nouveau : il n'a émergé que des ruines, car les raisons de détruire des uns ne sont pas celles des autres. Personne n'est d'accord avec quiconque sur ce qu'il faudrait construire une fois la table rase.

De toute façon, pour en arriver là, il faudrait détruire les fondations, et les fondations sont trop profondes. Entre ce qui demeure malgré tout et les forces de destruction qui cassent tout ce qui est à leur portée, le hiatus est devenu insupportable. Dans la plupart des êtres, les empreintes profondes de la culture, de la civilisation, de l'histoire demeurent, même inconscientes et, contre elles, on ne peut rien construire qui ressemble à une société.

Le monde, le pays, la société, ne sont pas des pages blanches sur lesquelles on peut écrire ce que l'on veut.

Une tentative de table rase ordinaire qui a spectaculairement échoué pour cette raison, c'est celle de la réforme des retraites pour instaurer un régime par points en 2020.

Un régime de retraite, c'est comme une superposition de couches géologiques. Passer à une retraite par points, c'était déjà un pari audacieux. Mais ce système pouvait permettre de mieux gérer la diversité des situations, des statuts et des régimes, qui étaient le fruit d'une longue histoire de négociations, de compromis avec des professions, de luttes sociales. On aurait pu imaginer que l'acquisition de points soit plus rapide selon les activités, que les entreprises puissent offrir des points en rémunérations complémentaires, que les particuliers puissent en acheter.

Ce n'est pas le principe des points qui a conduit à l'échec de la réforme, ni même le fait d'y avoir ajouté un système de bonus-malus autour d'un taux pivot de soixante-quatre ans, mais deux principes qui enfermaient tout le monde dans un moule unique. Le premier, c'était celui qui voulait que pour un euro cotisé, tout le monde aurait les mêmes droits, et le second, celui qui vouait tous les régimes spéciaux et autonomes à être dissous dans le régime universel. C'étaient deux mesures de table rase qui rendaient la réforme impossible. Elle arasait des choses qui ne comptaient pas pour les tenants de la table rase et qui avaient pourtant leur importance, comme les identités professionnelles. Les résistances ne venaient pas que des cheminots ou des électriciens.

Un exemple, très marginal du point de vue du nombre, mais très symbolique de ce à quoi se heurtait cette table rase, a été celui des danseurs de l'Opéra qui ne pouvaient pas danser jusqu'à un âge avancé. Pour les amadouer, le Gouvernement leur a cyniquement proposé la clause que l'on nomme « clause du grand-père », qui réserve l'application de la réforme aux seuls entrants dans la profession. Les danseurs ont eu cette réponse admirable :

> Nous ne sommes qu'un petit maillon dans une chaîne vieille de trois cent cinquante ans. Cette chaîne doit se prolonger loin dans le futur : nous ne pouvons pas être la génération qui aura sacrifié les suivantes.

C'est exactement le genre de chose que les politiques de la table rase cherchent à éradiquer et qui résistent, permettant ainsi que le monde ne devienne pas irrespirable. Pour les avocats, la réforme promettait la fin de leur caisse autonome excédentaire et le doublement de leurs cotisations. Le Conseil national des barreaux a déclaré :

> Dans une démocratie, la profession d'avocat constitue une profession dont l'indépendance doit être préservée et l'intervention de l'État sous quelque manière que ce soit dans le mode de constitution et de service des pensions suscite les plus vives réserves.

Les avocats sont allés plus loin que « les plus vives réserves ». Ils se sont mis en grève, bloquant le fonctionnement de l'institution judiciaire, et sont descendus dans la rue, convaincus, comme un avocat l'a dit à un journaliste, que

> l'avocat se doit d'être indépendant. Certes, il agit toujours dans l'intérêt de son client, mais doit pouvoir attaquer l'État s'il le faut. Voilà pourquoi, en termes de symbolique, il nous paraît tout aussi primordial de garder notre caisse.

Ayant voulu tout mettre sous la toise, le Gouvernement, tout en pariant sur l'usure des manifestants et des grévistes, a quand même dû s'enliser dans une multitude de négociations, lâchant, ici ou là, des concessions qui sont venues altérer la pureté de sa réforme. Après avoir tenu à l'écart de la réforme les militaires, y compris les gendarmes, il a dû faire des promesses aux policiers, aux aides-soignantes, aux pilotes, aux *stewards* et aux hôtesses, aux chauffeurs routiers, aux enseignants… Chaque jour, la table rase a montré ses limites.

Jusqu'à ce que la pandémie enterre la réforme.

Une autre tentation de table rase, moins visible, fut celle de l'idéologie de « la fin de l'histoire ». À la fin de la guerre froide, cette idéologie – qui affirmait que toute l'humanité avait au fond les mêmes aspirations, les mêmes idéaux, la même vision du monde, la même idée de l'homme que celle de l'Occident –, a fait table rase, dans les esprits européens et américains, de toute pensée de la différence, de tout relativisme culturel conduisant à reconnaître que les autres ne sont pas forcément comme nous, et ne pensent pas forcément comme nous. L'on doit à cette certitude, non la fin des guerres et des conflits, mais leur recrudescence. Et ce, parce que, comme toutes les autres tables rases, celle-ci est une dangereuse illusion qui se heurte violemment à des réalités profondes qu'aucune d'elles ne peut éradiquer.

« Les événements mémorables sont les effets visibles des invisibles changements[2] » : petit à petit, ce qu'engendrent tous les penchants à la table rase mène vers ce sur quoi ces derniers débouchent toujours : le

2. Gustave Le Bon (1895), *Psychologie des foules*, PUF, 2013.

chaos. Bien des sociétés, bien des nations y ont survécu, à commencer par la nôtre. *Elle en a vu d'autres, la France*, disait De Gaulle, *elle s'en est toujours sortie*. Mais à quel prix? Dans quel abîme de violence ce chaos pourrait-il nous jeter?

Déjà, les oppositions se sont durcies entre progressistes qui ne veulent rien conserver et conservateurs qui veulent tout garder. La mondialisation est devenue l'une des figures de la table rase, comme l'Europe, comme le wokisme ou l'écologisme radical. Ce sont autant d'autres fractures sociales, économiques, culturelles, idéologiques, religieuses qui se sont creusées, sans que l'on sache laquelle l'emportera au bout du compte. Mais on pressent qu'il s'en trouvera une autour de laquelle se nouera le drame futur que beaucoup commencent à envisager, mais que personne ne fait rien pour empêcher.

On construit la ville sur la ville, la société sur la société, la civilisation sur la civilisation, l'homme sur l'homme. Toute tentative de bâtir sur une table rase se paie cher et finit mal. C'est pourtant ce que nous faisons depuis des décennies, sans la terreur totalitaire, mais non sans violence et avec obstination.

Du passé faisons table rase

Edmund Burke s'adressant aux Français dans ses *Réflexions sur la Révolution de France*, parues en novembre 1790 :

> Vous avez mieux aimé agir comme si vous n'aviez jamais été civilisés, et comme si vous aviez tout à refaire à neuf. Vous avez mal commencé, parce que vous avez, dès le début, méprisé tout ce qui vous appartenait. Vous avez entrepris votre commerce sans capitaux.

Ce n'était pas faux, c'était la pente sombre de notre Révolution. Elle allait nous mener trois ans plus tard jusqu'à la table rase de la Terreur. La Révolution avait retranché l'héritage de la monarchie, quand Napoléon a additionné l'héritage de la Révolution à celui de la monarchie. Reconnaissons-le, c'est une tentation vieille comme le monde. On l'a vu fracturer la Résistance même, quand une partie voulait reconstruire la France en liquidant les vieux partis, alors que Jean Moulin voulait reconstruire avec eux : table rase de la République ou refondation de celle-ci – De Gaulle choisit Moulin.

Voilà que, depuis quelques décennies, ça nous reprend : nous nous prenons pour un commencement, nous regardons notre héritage non comme un atout, mais comme un handicap, nous recommençons à mépriser tout ce qui nous appartient en propre – notre langue, notre façon de penser, notre nation, et tout ce que nous appelions jadis avec fierté notre exception française et dont maintenant il est de bon ton d'avoir honte.

Nous avons vécu la fin de la guerre froide comme une promesse de paix, de liberté, de justice, de prospérité. La mondialisation serait heureuse. La fin de l'histoire approchait avec ses lendemains qui chantent. Il y avait dans tout cela un parfum de promesse communiste des années 1930 : « Nous sommes la jeunesse ardente / qui vient escalader le ciel. / Nous bâtirons un lendemain qui chante », disait une chanson de 1937[3].

Encore un petit effort, le temps de liquider l'ancien monde dans lequel l'humanité avait tant souffert. Après tout, depuis que l'homme – au moins l'homme occidental –, s'était senti plus grand que Dieu, il avait souvent fait ce rêve. Le siècle des Lumières, la Révolution française, le XIXe siècle, les vainqueurs de 1918 et ceux de 1945, les communistes après la révolution russe, les maoïstes, et les Khmers rouges l'avaient fait… Et ça avait toujours mal fini.

Le nouveau monde, c'était sûr, serait radieux. Les autres aussi, avant nous, ont pensé ça. Nous nous sentons immunisés contre les malheurs qui ont si souvent frappé l'humanité : nous ne répéterons pas les erreurs de nos aïeux ni leurs fautes, nous sommes devenus tellement meilleurs. C'est un résidu de l'héritage du XVIIIe siècle : un progrès intellectuel et moral de l'esprit humain s'ajoute au progrès

3. Paul VAILLANT-COUTURIER (1937), *Jeunesse*, Le chant du monde, 1945.

cumulatif de la science et de la technique. Nous avons changé, nous ne sommes plus les mêmes. Tout ce qu'il y avait dans les livres d'histoire est périmé, comme tout ce que croyaient, pensaient et faisaient les générations d'avant. Nous n'avons plus rien à apprendre du passé.

Nous avons donné à la formule juste selon laquelle l'histoire ne se répète pas un caractère trop absolu, qui l'a rendue fausse. Nous n'avons plus voulu voir que l'histoire, même si elle ne se répète pas, donne quand même, au milieu de tout ce qui change, le spectacle d'une éternelle répétition d'attitudes, de réactions, de comportements qui sont simplement humains ; que si les circonstances et les mentalités changent, l'histoire n'en demeure pas moins faite par des hommes, dont les penchants, les pulsions, les instincts ne changent pas beaucoup.

« L'histoire, c'est plus exactement une certaine connaissance de l'homme[4]. », disait Braudel, qui savait de quoi il parlait.

Avec les moyens qui lui sont propres, l'histoire comme connaissance est comme la littérature. Si les chefs-d'œuvre de la littérature nés dans le mouvement d'une époque particulière, dont ils portent la marque, conservent une telle puissance émotionnelle bien au-delà de cette époque, c'est qu'ils ne nous renseignent pas seulement sur les mentalités et les mœurs de celle-ci, c'est qu'ils mettent en scène la nature humaine, notre nature dans ce qu'elle a de plus éternel et de plus universel et que nous avons le plus de mal à appréhender par nous-même.

> Nous ne nous comprenons que par le grand détour des signes d'humanité déposés dans les œuvres de la culture. Que saurions-nous de l'amour et de la haine, des sentiments éthiques et, en général, de tout ce que nous appelons le soi, si cela n'avait pas été porté au langage[5] ?

Il y a trois sortes d'histoire : le passé, qui a été ce qu'il a été, que nous réexplorons sans cesse, qui a laissé son empreinte sur la nature

---

4. Fernand Braudel, *Les Ambitions de l'Histoire*, De Fallois, 1997.
5. Paul Ricœur, « La fonction herméneutique de la distanciation », *Du texte à l'action*, Le Seuil, 1986.

et dans l'homme ; l'histoire comme discipline, l'histoire des manuels scolaires et celle des sciences humaines ; l'histoire qui est dans la mémoire collective. Dans tous les cas, l'histoire n'est pas seulement celle des grands personnages, l'histoire des batailles et des révolutions ; mais aussi celle des idées, de l'art, des sciences, des techniques, des sociétés, des populations, de l'économie. Chacune a son mode de transmission. Mais, dès lors qu'il est question d'apprendre l'homme, ce qu'il éprouve, ce qu'il ressent, ce qu'il est à travers ce qu'il a été, et ce qu'il a accompli, le récit est irremplaçable parce qu'il ramène le passé dans la vie. D'une chose morte, il fait une chose familière.

Même chez un historien comme Fernand Braudel, qui se rattachait à cette école des Annales qui rêvait d'une histoire totale tournant le dos à l'histoire-récit, ce même récit est omniprésent et, sous sa plume, le blé, le capitalisme, les civilisations, la Méditerranée et même la France deviennent des personnages. En 1985, quelques mois avant sa mort, il donna un cours aux élèves d'une classe de 3e à Châteauvallon, que devraient regarder et étudier tous ceux qui aspirent à enseigner l'histoire et tous ceux qui font les programmes scolaires. Le pape de la nouvelle histoire, ce grand savant qui voulait agréger à sa discipline toutes les disciplines des sciences humaines, y développa, avec un exceptionnel talent de conteur qui captiva les élèves, les grands enjeux géopolitiques et stratégiques de la guerre de succession d'Espagne, à partir du récit d'un événement considéré comme mineur : le siège de Toulon par les armées austro-piémontaises et la flotte anglo-hollandaise. Et à un journaliste qui l'interrogeait sur la manière d'enseigner l'histoire à l'issue de son cours, il répondit : « J'aime les bons récits », et qu'il fallait enseigner l'histoire-récit dans les jeunes classes. Et réserver la nouvelle histoire aux classes terminales.

N'importe qui, ouvrant les manuels d'histoire du primaire et du secondaire, n'y trouvera plus aucune trace de l'histoire comme récit et pas grand-chose de l'histoire de France. Ce n'est pas seulement le roman national que l'on enseignait dans les écoles primaires de la IIIe République qui a disparu, mais aussi le récit national. Le roman national nous fabriquait une mémoire commune, un imaginaire partagé, dans lesquels s'enracinait l'idée d'un destin collectif à l'échelle de la nation. Je me souviens de la déclaration d'un professeur d'histoire de l'Éducation nationale lors de la polémique déclenchée par la décision de Nicolas Sarkozy, au début de son mandat, de faire lire en classe la lettre écrite par Guy Môquet à ses parents la veille de son exécution : « Je ne suis pas là pour parler de la nation. » Réaction inadéquate s'agissant de la lettre de Guy Môquet, mais révélatrice d'un état d'esprit.

Il ne faut pas sous-estimer la table rase du récit par le pédagogisme, qui a installé le règne de l'enfant-roi, dont l'enseignant n'était plus un instituteur, mais seulement un accompagnateur. C'était prendre le contre-pied de ce qu'avait toujours été la relation du maître à l'élève, c'est-à-dire la transmission des savoirs par le maître à l'élève. C'était ruiner l'autorité du maître, vieux fantasme soixante-huitard auquel le pédagogisme a donné une prétention scientifique. La table rase du pédagogisme fit des ravages que tout le monde peut voir aujourd'hui, ravages d'autant plus profonds que le récit n'est pas seulement une bonne façon d'apprendre l'histoire, mais joue aussi un rôle important dans la manière dont le psychisme organise la pensée.

C'est ce qu'ont observé deux prix Nobel d'économie, Georges Akerlof et Robert Shiller, en étudiant les motivations des comportements économiques. Leurs travaux les ont en effet conduits à la conclusion que l'esprit humain était ainsi fait que la pensée s'organisait autour de séquences narratives, que les hommes se stimulaient en se racontant une histoire qui donnait un cadre à leur motivation et que, pour expliquer les hauts et les bas de l'économie, on ne pouvait pas faire l'impasse sur les histoires qui en sont le moteur. Ces « séquences narratives » que les gens se racontent et qui sont à la fois individuelles et collectives, sont au fondement de la confiance qui est si importante en économie, et, écrivent-ils :

> la confiance ne se limite pas à un état émotionnel vécu par un individu isolé. La confiance ? C'est la prise en compte de la confiance d'autrui et de la perception qu'en a autrui[6].

6. G. Akerlof, R.J. Shiller, *Animal Spirits*, Princeton University Press, 2009.

Il faut prendre en compte les effets délétères de l'utilitarisme, qui est une table rase encore plus radicale : « Tout ça c'est du passé, ça ne sert à rien ! »

Mais comment un candidat à un concours qui est titulaire d'un master 2 en affaires européennes, qui n'a jamais entendu parler de Jean Monnet et qui ne connaît absolument rien de l'histoire de la construction européenne, peut-il comprendre quelque chose à ce qu'est l'Europe d'aujourd'hui et à ce qu'elle peut devenir ?

L'histoire, ça ne sert à rien ! Un seul démenti suffit à mesurer la sottise d'une telle assertion. On ne connaît jamais à l'avance ce qui servira ou non. Or, il s'est trouvé qu'en 2008, c'est parce que Ben Bernanke, alors président de la Réserve fédérale américaine, connaissait bien l'histoire économique qu'a pu être évité l'effondrement de tout le système bancaire et financier mondial, qui aurait entraîné une catastrophe économique peut-être pire que celle des années 1930. Cet économiste, qui a reçu en 2022 le prix Nobel de sa discipline, avait beaucoup travaillé dans sa carrière universitaire sur la Grande Dépression, dont il était considéré comme l'un des meilleurs spécialistes. C'était un passé dont on disait qu'il ne reviendrait plus. Et ce fut pourtant cette connaissance intime de l'histoire qui lui a permis de prendre instantanément la mesure du péril qui menaçait l'économie mondiale et de le conjurer en nationalisant sur-le-champ AIG, la plus grande compagnie d'assurances du monde qui avait assuré la plupart des fonds de *subprimes* détenus par les banques, et dont la faillite annoncée faisait sentir à tout le monde de la finance que le sol se dérobait sous ses pieds.

« Cela ne sert à rien ! » Une autre façon de le dire est de fixer comme objectif à l'école « l'employabilité » qui enlève toute valeur au savoir en lui-même. C'est la version utilitariste qui a fait depuis quarante ans tant de dégâts dans l'esprit de beaucoup d'élèves. Mais il y a aussi ceux qui veulent liquider la nation à travers la liquidation de l'histoire nationale, ou ceux qui veulent épurer l'histoire de tout ce qui les dérange, comme dans certains collèges et lycées où il n'est plus possible d'enseigner la Shoah. Ceux qui veulent liquider l'histoire « blanche », ceux qui veulent liquider l'histoire de l'art occidental, comme à l'université de Yale, ou l'enseignement de la musique classique – trop blanche et colonialiste –, comme à Oxford. Ce qui fait beaucoup de tables rases en perspective, avec pour conséquence que la transmission faiblit, que l'imaginaire collectif s'effrite et que s'oublie cette leçon que l'on apprend de l'histoire : notre nature nous rend capables de faire le meilleur et le pire. Et, les hommes étant ce qu'ils sont, faire le meilleur et ne pas faire le pire exige d'eux une vigilance de tous les instants, des efforts constants sur eux-mêmes.

Mais comment pourrions-nous espérer rétablir la transmission quand la politique elle-même n'est plus animée que par l'idée d'abolir le passé, de se désenraciner de l'histoire, quand les formations politiques renient leur propre histoire. Comment, quand le jeune élu socialiste se moque bien de savoir ce que pensaient Jaurès ou Blum et ce qu'ils ont accompli, quand le jeune élu d'une formation politique qui est la lointaine héritière du mouvement gaulliste se moque bien de ce que pensaient et de ce qu'ont accompli Pierre Messmer, Jacques Chaban-Delmas, Michel Debré, Charles Pasqua, Philippe Séguin, et même le général De Gaulle, parce que, disent-ils, l'un et l'autre : « Tout ça, c'est le passé » ? Parce que le premier ne voit pas l'utilité du souvenir des luttes sociales et du Front populaire et le second du souvenir de la France libre, de la Résistance, de la Ve République, alors il n'y a plus ce que l'on appelait des « familles politiques », mais uniquement des partis qui distribuent des investitures, et qui ne sont plus que des cartels électoraux.

Les partis qui ne sont plus enracinés dans des familles politiques sont à la politique ce que les armées privées et les mercenaires sont aux armées nationales et aux soldats. Une armée de soldats s'inscrit dans une histoire, entretient le culte de ses traditions et de ses héros, prend ses anciens en exemple, partage un code d'honneur, un code de discipline morale qui canalise, autant que faire se peut – et ce peu est déjà beaucoup –, la sauvagerie de l'homme jeté dans la guerre.

Ce fait n'a pas été mieux exprimé dans un passé récent que par l'amiral Giovanni Pettorino, commandant général des gardes-côte italiens, lorsqu'il a répondu dans un discours, en 2018, à Matteo Salvini, alors ministre italien de l'Intérieur, qui avait interdit aux garde-côtes de secourir en mer les réfugiés sur le point de se noyer. L'amiral a évoqué l'acte d'un héros italien de la Seconde Guerre mondiale, Salvatore Todaro, commandant d'un sous-marin qui, en octobre 1940, avait recueilli à son bord les naufragés d'un bateau ennemi qu'il venait de couler pour les empêcher de se noyer. L'amiral Dönitz, qui commandait la marine allemande, avait condamné sévèrement cet acte qui aurait pu causer la perte du sous-marin, par ces mots adressés aux chefs de la marine italienne : « Je vous prie de rappeler à vos officiers qu'il s'agit d'une guerre », et il leur avait signifié qu'en temps de guerre ces choses-là ne se faisaient pas. L'amiral Pettorino a conclu, à l'adresse de Matteo Salvini, sans le nommer :

> Nous sommes des marins, des marins italiens. Nous avons deux mille ans de civilité derrière nous et, ces choses-là, nous les faisons.

Paroles de soldat fidèles à une histoire et à des traditions. C'est cette fidélité qui fait, avant la discipline, la force d'une armée et qui la lie à la nation. C'est cette même fidélité à une histoire et à des valeurs qui fait la force de conviction des familles politiques. Mais, sur la scène politique désormais, il n'y a plus de familles politiques, il n'y a plus que des appareils qui ne sont ancrés dans aucune tradition, dans aucun courant de pensée profond, dans l'imaginaire collectif, dans une histoire nationale.

Mais croient-ils encore réellement à la nation ?

La France n'est-elle plus pour eux qu'une figure de rhétorique ? Qu'éprouvent-ils encore pour elle, pour le peuple qui s'est donné ce nom, pour les gens que l'on ne peut pourtant pas gouverner si on ne les aime pas un peu ? En politique comme dans l'éducation, l'utilitarisme fait des ravages et l'idée que chaque génération écrit sa propre histoire sur une page blanche, aussi. Ce qui conduit à faire une politique de la table rase sans l'assumer. Peut-être même sans s'en rendre compte.

Depuis des décennies, la politique des partis de gouvernement se regarde le plus souvent comme impuissante contre l'air du temps et les marchés, et n'imagine pas d'autres chemins possibles que celui de l'adaptation au modèle unique que semble imposer la mondialisation. Impuissante face à l'air du temps, à l'idéologie dominante, au modèle unique, elle n'a plus qu'un seul but, une seule obsession : araser tout ce qui ne rentre pas dans ce modèle, tout ce qui relève d'un passé soi-disant révolu. Du désenracinement historique de la vie politique à la politique de la page blanche et au déracinement des institutions que l'histoire a façonnées à notre image tout au long des siècles, le pas a été franchi, au prix de bien des échecs et des désordres, qui ont nourri une crise de la démocratie sans précédent depuis les années 1930 et nous ont menés au bord du chaos qui nous menace. Les partis politiques, qui ne sont plus des familles politiques, ont conduit la France à la dérive en méprisant les leçons de l'histoire et les limites que les héritages du passé imposent à l'action politique.

Les circonstances ne se répètent pas, mais nous, nous ne cessons de nous répéter.

Alors, l'histoire, ça ne sert à rien ? Et si l'histoire nous montrait nos penchants, ceux que nous devons essayer de maîtriser pour ne pas reproduire les fautes et les malheurs du passé ? L'histoire nous dévoile l'extrême violence qui est en nous et que nous n'accomplissons rien de grand qu'en la canalisant. L'histoire nous apprend que l'autorité n'est jamais acquise pour toujours, qu'elle peut s'effondrer du jour au lendemain si elle ne paraît pas méritée, si l'on en abuse, si la corde casse parce qu'une limite a été franchie, qu'à trop tirer sur la corde on finit toujours par provoquer la désobéissance, la mutinerie ou la révolte. La longue histoire des mutineries dans les marines et dans les armées, la tragique histoire des mutins de 1917, ce sont autant de leçons sur la nature humaine que l'histoire nous appelle à méditer. À condition que l'histoire ne soit pas oubliée, qu'elle ne soit pas seulement reléguée dans l'inconscient.

On ne comprend rien à la guerre en Yougoslavie des années 1990 sans remonter au moins aux fractures de la Seconde Guerre mondiale et aux causes de la Première. On ne comprend rien à l'embrasement du Moyen-Orient sans remonter au moins jusqu'à l'éclatement de l'Empire ottoman, et au tracé des frontières imposées par les Français et les Anglais, ni prendre en compte les conflits religieux multiséculaires dont cette région est le berceau. On ne comprend rien à la guerre en Ukraine sans remonter au moins jusqu'à l'éclatement de l'URSS et, au-delà, à tout le sang versé dans cette région durant les années 1920, 1930 et 1940, à la grande guerre civile russe, à la paix de Brest-Litovsk, à l'expansion russe depuis la petite principauté de Moscou jusqu'à l'immense empire des derniers tsars.

On ne comprend rien à la stratégie de déploiement planétaire de l'influence de la Chine si l'on regarde comme un simple artifice de communication la référence à ces « Routes de la soie », qui pendant des millénaires ont structuré les échanges entre l'Occident et l'Orient.

Passé, mémoire, histoire, quel que soit le nom que nous lui donnons, cette chose insaisissable comme le temps qui fuit, qui nous enfante, qui nous habite, qui nous encombre, qui passe et qui ne passe pas, est indispensable à la connaissance de nous-même et des autres. Récente ou ancienne, elle laisse toujours son empreinte, profonde ou légère, consciente ou inconsciente, elle contribue à faire des individus et des peuples ce qu'ils sont, malgré eux, qu'ils la célèbrent ou qu'ils la rejettent. Mieux vaut, tant qu'à faire, l'histoire transmise, consciente, assumée, que l'histoire refoulée. En tout cas, on ne connaît un peu l'autre qu'en sachant un peu de son histoire. Mais se mettre à la place de l'autre pour essayer de comprendre ce qui le motive, en bien ou en mal, et comment faire pour pouvoir vivre dans le même monde que lui est la chose la plus nécessaire et la plus difficile qui soit. Comme nous ne savons pas décrire le temps qui s'écoule, nous l'assimilons souvent à l'image des eaux du fleuve qui coulent de la source vers la mer. Le philosophe Maurice Merleau-Ponty faisait remarquer que, selon où se trouve celui qui observe le fleuve, le passé est futur et le futur est passé. De la rive, l'eau qui s'écoule devant le regard est déjà du passé et la source est du côté de l'avenir. Sur une barque qui flotte au fil de l'eau, l'avenir est devant, du côté de la mer et la source est dans le passé[7].

7. Maurice Merleau-Ponty, *Phénoménologie de la perception*, Gallimard, 2001.

La table rase par le droit

Dans *La guerre de Troie n'aura pas lieu*, le dialogue entre Hector et Busiris, le juriste, spécialiste du droit international, dit les choses crûment, mais non sans profondeur :

> Hector : — Mon cher Busiris, nous savons tous ici que le droit est la plus puissante des écoles de l'imagination. Jamais poète n'a interprété la nature aussi librement qu'un juriste la réalité.
> Busiris : — Le Sénat m'a demandé une consultation, je la donne.
> Hector : — Je te demande, moi, une interprétation. C'est plus juridique encore.
> Busiris : — C'est contre ma conscience.
> Hector : — Ta conscience a vu périr Ophéa, périr Magnésie, et elle envisage d'un cœur léger la perte de Troie ? Je t'en supplie, Busiris. Il y va de la vie de deux peuples. Aide-nous.
> Busiris : — Je ne peux vous donner qu'une aide, la vérité.
> Hector : — Justement. Trouve une vérité qui nous sauve. Si le droit n'est pas l'armurier des innocents, à quoi sert-il ? Forge-nous une vérité.

Ce que décrit Giraudoux, c'est le juridisme, cette pathologie du droit qui fait de ce dernier un système de pensée et d'institutions refermé sur lui-même, sans aucun aller-retour avec ce qui lui est extérieur, se suffisant à lui-même, ne trouvant sa légitimité qu'en lui-même, ayant sa vérité à lui, n'ayant de comptes à rendre intellectuellement et moralement qu'à lui-même, selon les principes établis par lui, qui place le juge au-dessus des conséquences de ses jugements. C'est la tentation de faire passer le droit avant tout, même avant la justice. Le droit tel qu'il est aujourd'hui, avec ses excès, il faut en chercher l'origine dans les dérives du droit naturel des Lumières, dans lequel la Révolution française avait puisé son inspiration. C'est un droit fondé exclusivement sur des principes abstraits dictés par la raison. C'est la conception de ce droit abstrait, censé valoir en tous lieux et en tout temps, qu'avait parfaitement exprimé, en novembre 1789, Rabaut-Saint-Étienne à la tribune de la Constituante.

> Je soutiens qu'il n'y a pas d'autre moyen pour faire de bonnes lois que de remonter au principe des lois ; et si ces principes sont nécessairement abstraits, il faut bien, malgré qu'on en ait, en raisonner d'une manière abstraite. Je soutiens qu'il n'y a aucune science qui n'ait ses principes, la politique comme les autres ; et qu'on fera toujours des fautes dangereuses et grossières quand on s'écartera des principes nécessaires dont dépend la législation[8].

C'est le droit qui n'aurait de justification que dans la raison universelle, comme cela tend à être le cas aujourd'hui, tel qu'il est appliqué et forgé par les jurisprudences. Ne parle-t-on pas de vérité judiciaire comme d'une vérité qui aurait la transcendance d'une religion de la raison et à ce titre serait indiscutable.

En 1793, la Convention était allée au bout d'une logique de table rase institutionnelle où le législatif était tout et le Gouvernement n'était rien. Ce n'étaient pas les ministres qui gouvernaient, mais les comités parlementaires qu'elle désignait. Les circonstances avaient conduit à la dictature du Comité de salut public. Il fallait bien un pouvoir exécutif dans les comités de législateurs. La dilution du pouvoir avait engendré un retour de balancier conduisant à sa concentration extrême. La table rase des institutions avait, comme toutes les tables rases, fut-ce au nom de la raison des Lumières poussée au bout de la logique, produit la dictature au lieu de produire la liberté promise dans un monde prétendument affranchi de la tyrannie pesante du passé et de tout ce que l'histoire nous apprend sur nous-mêmes.

Nous ne diluons plus le pouvoir politique et la responsabilité politique dans la multiplication des comités parlementaires, mais dans les pouvoirs croissants des juridictions et la multiplication des autorités indépendantes pour réguler toutes sortes d'activités, des télécoms à l'énergie, en passant par la concurrence, les fichiers informatiques, les médias, ou les transports, etc. On a recensé jusqu'à une cinquantaine

---

8. Cité par François Hincker, « La culture politique de la génération révolutionnaire », *Revue française de sociologie*, 1989, 30-3-4, p. 455-469.

d'autorités indépendantes ; par regroupements, leur nombre a été réduit à 25, dont 17 autorités administratives indépendantes et 8 autorités publiques indépendantes, ce qui demeure considérable. On peut se demander ce qu'il reste de la puissance publique face à l'extension, indéfinie, du domaine des juridictions, réformes constitutionnelles après réformes constitutionnelles, lois après lois, traités après traités, jurisprudences après jurisprudences. Entre les institutions et les juridictions indépendantes, l'organisation mondiale du Commerce, la Commission européenne, les marchés financiers, la logique des chaînes de production mondiales, la politique et la responsabilité politique disparaissent et avec elles, la souveraineté du peuple.

On rend désormais souvent la justice contre la loi : dans la masse des traités, des conventions internationales, des directives et des règlements européens, des jurisprudences des juridictions internationales, le juge peut désormais choisir d'appliquer les textes qui lui conviennent en écartant à sa guise la loi nationale, comme le faisaient les parlements de l'Ancien Régime, qui étaient des cours de justice, lorsqu'ils refusaient d'enregistrer les édits du roi qui ne leur convenaient pas. Le juge se fait de plus en plus juge de l'opportunité de la décision politique. Le juge, finalement, fait la politique. La séparation des pouvoirs devient à sens unique.

Qui se souvient encore que dans « État de droit », il y a le mot « État » ?

La suprématie de la loi européenne sur la loi nationale, qui n'est inscrite dans aucun traité, l'extension indéfinie du domaine de compétence du Conseil constitutionnel à travers le préambule de la constitution, l'immixtion croissante des juges dans le champ des actes de Gouvernement, détruisent la politique comme expression de la volonté humaine et, par conséquent, la seule force qui soit opposable à la loi du plus fort.

En allant jusqu'au bout du juridisme, en faisant la démocratie par le droit, et non plus le droit par la démocratie, on détruit la démocratie. Le juridisme fait table rase de la démocratie. Il détruit aussi, petit à petit, par l'incertitude des jurisprudences et la production effrénée de textes de toutes origines, ce fondement de l'État de droit qui veut que chacun puisse savoir à l'avance ce qui est autorisé et ce qui est interdit. Nous sommes entrés dans un système où personne ne sait plus à l'avance ce qu'il a ou non le droit de faire, ni ce qu'il risque en agissant. Cela vaut pour tous les citoyens, mais ce sont les élus qui paient le plus lourd tribut. Une transparence de plus en plus intrusive et inquisitoire, un climat de soupçon permanent. Les conditions de vie matérielles et morales des élus n'ont cessé de se dégrader. Le droit flou de la déontologie, l'invasion de la vie publique par le droit pénal les met, pour chacun de leurs actes, à la merci de procédures qui leur pourrissent la vie, souvent des années durant, ruinent leur réputation sans qu'il y ait toujours des raisons sérieuses et découragent les vocations. Ceux qui décident quand même de se consacrer à la vie publique sont à tout moment à la merci d'un procès et des aléas de la vérité judiciaire qui peut les relaxer en première instance et les reconnaître coupables en appel, ou l'inverse. Mise en danger de la vie d'autrui, détournement de fonds publics, trafic d'influence, défaut de vigilance sont devenus des incriminations fourre-tout, qui permettent de mettre en examen n'importe quel responsable politique pour à peu près n'importe quoi. Ancienne ministre de l'Économie, Mme Lagarde a même été condamnée pour « négligence ». Mme Buzyn, ministre de la Santé au début de la pandémie a été mise en examen par la chambre de l'instruction de la Cour de Justice de la République pour « mise en danger de la vie d'autrui », avant que la Cour de cassation n'annule celle-ci en janvier 2023, au motif que :

> Le délit de mise en danger d'autrui ne peut être reproché à une personne que si une loi ou un règlement lui impose une obligation particulière de prudence ou de sécurité. [...] Or, aucun des textes auxquels s'est référée la commission d'instruction ne prévoit d'obligation particulière de prudence ou de sécurité.

C'est la première digue enfin dressée contre une dérive sans fin qui substitue la responsabilité pénale à la responsabilité politique au mépris de la séparation des pouvoirs et même quand aucun texte « ne prévoit d'obligation particulière ». On verra si c'est un coup d'arrêt ou un coup d'épée dans l'eau.

Sous le gouvernement des juges, des autorités indépendantes et des marchés, une révolution silencieuse s'est opérée qui, en dissolvant la puissance publique, dissolvait par là même la responsabilité politique, alors que l'on ne peut demander des comptes ni aux juges, ni aux autorités indépendantes, ni à la Commission européenne, ni aux marchés. Sous l'emprise de ces pouvoirs irresponsables, la violence pourrait bien finir par devenir le seul exutoire à la colère et à la révolte. On l'a vue poindre chez les Gilets jaunes, et ce n'était peut-être qu'un commencement. Le sentiment qu'il ne sert plus à grand-chose d'aller voter s'impose à de plus en plus de gens. Cette situation est lourde de conséquences pour l'avenir de la démocratie. Elle ne peut trouver d'issue qu'en rendant sa primauté à la loi nationale par une modification de notre constitution qui a été rédigée dans un temps où les traités ne mettaient pas en cause le pacte civique et le pacte social. Personne n'a le courage d'aborder de front ce problème, alors que la catastrophe démocratique nous pend au nez. Mais cette catastrophe, la plupart des dirigeants se sont persuadés qu'elle n'arriverait jamais.

On a mis de côté le discernement : puisque le juge, juge en droit, il n'aurait pas à se préoccuper des conséquences de ses décisions. On a entendu des juges affirmer la supériorité de leur intime conviction sur la preuve. On a fait du manque de vigilance une faute pénale. On est entré dans l'ère du soupçon et de la présomption de culpabilité. On voit poindre le renversement de la charge de la preuve : « Démontrez que vous ne pouviez pas savoir », « Démontrez que vous êtes innocent ! » « Démontrez que vous ne pouviez pas savoir que le fournisseur de votre fournisseur, à l'autre bout du monde, employait des enfants dans ses usines ou qu'il polluait ! »

Le juge se fait justicier et en oublie la fonction première de la justice : faire en sorte que les gens ne soient pas incités à se faire justice eux-mêmes. Car le pire de tous les engrenages dans lesquels les hommes peuvent être pris, c'est celui de la vengeance. Quand le crime appelle la vengeance, quand la vengeance appelle la vengeance, toute forme de vie sociale se trouve menacée.

Dans *Les Euménides*, Eschyle attribue à Athéna la sortie de cet engrenage infernal. En fondant le tribunal de l'Aréopage, elle brise le cercle de la vengeance des Atrides, qui aurait dû conduire à ce qu'Oreste mourût à son tour, après avoir tué sa mère pour venger son père :

> Athéna : Écoutez encore la loi que je fonde, peuple de l'Attique, vous qui êtes les premiers juges du sang versé. J'institue ce tribunal incorruptible, vénérable et sévère, gardien vigilant de cette terre, même pendant le sommeil de tous, et je le dis aux citoyens pour que cela soit désormais dans l'avenir.
> Le chœur des Euménides : Que la discorde insatiable de maux ne frémisse jamais dans la ville ! C'est mon souhait. Que jamais la poussière ne boive le sang noir des citoyens ! Que jamais, ici, un meurtre ne venge un meurtre !

Mais on ne lit plus beaucoup Eschyle... Et des gens commencent à se faire justice eux-mêmes.

La tendance du juridisme à faire table rase de tout ce qui ne relève pas de la sphère juridique s'affirme dans l'idée d'un Droit qui se suffit à lui-même et dont il suffit que la fabrication respecte une procédure pour avoir force de loi.

Mais le Droit n'a pas le pouvoir de s'auto-légitimer. Éternel conflit entre Antigone et Créon sur lequel, depuis Aristote jusqu'à Ricœur en passant par Hegel, la philosophie n'a cessé de se pencher. La loi écrite de l'État, la loi de la cité, indispensable à la survie de cette dernière, la loi humaine, donc, à l'épreuve de la loi non écrite, la loi divine, celle dont Antigone dit qu'elle n'est pas maintenant, et hier, mais toujours, qui vit, et dont personne ne sait quand elle se manifesta, la loi de la conscience, de la piété filiale, de l'amour.

Il faut à la règle de Droit pour être respectée et obéie, qu'elle tire sa légitimité de quelque chose, intérêt bien compris, autorité, valeur ou croyance, qui est au-dessus d'elle et partagée par toutes les parties prenantes. La force ne suffit pas. La procédure, l'indépendance du juge et la séparation des pouvoirs ne suffisent pas non plus à légitimer n'importe quelle décision judiciaire. La légitimité ne se confond pas avec la légalité. Il faut au Droit pour être effectif, et donc pour être réellement du Droit aux yeux de tous, le consentement de la société qui ne peut venir que de ce qui cimente la cité. Le constructivisme juridique, c'est à dire le droit sorti *ex nihilo* de la pensée du juge ou du législateur rencontre très vite ses limites. Entre évolutionnisme conservateur et créationnisme arbitraire, le Droit reconnu et accepté comme tel par ceux auxquels il s'applique ne peut naître que du compromis dont la condition est l'humilité du juge et du législateur. C'est l'une des leçons, souvent négligée, de la tragédie de Sophocle. Créon légifère contre Polynice et contre Antigone pour protéger la cité contre l'anarchie. Il a pour lui le droit du législateur. Mais, ce faisant, il viole les règles non écrites autour desquelles se rassemble la cité, il fissure le ciment qui l'unit. Son fils le lui dit :

> J'ai la possibilité d'entendre, en restant dans l'ombre,
> La douleur qu'inflige à la Cité le sort de cette enfant :
> De toutes les femmes, c'est elle qui mérite le moins
> De connaître une mort ignominieuse pour une action exemplaire,
> Quand elle a vu son propre frère mort
> Au combat, sans sépulture, elle n'a pas laissé
> Dépecer sa chair par les chiens et par les oiseaux ;
> N'est-elle pas digne qu'on lui accorde les plus grands honneurs ?
> Tels sont les murmures qui se chuchotent dans l'ombre.

Créon paie de la mort de son épouse et de son fils son refus de prendre en compte l'esprit invisible de la cité.

Dans nos démocraties occidentales modernes, une partie du corps judiciaire a tendance à se prendre pour Antigone. Mais alors qu'Antigone oppose à la loi du législateur une loi non écrite, dont elle n'est pas l'auteur, qui est éternelle et qui pour chacun des individus qui composent la société relève, au plus profond de son intimité, de la sphère du sacré, le juge du XXIe siècle qui se prend pour l'Antigone des temps modernes s'arroge le pouvoir de créer lui-même par sa jurisprudence des droits fondamentaux, auxquels il donne force de loi. Mais quelle légitimité le juge a-t-il pour opérer de son propre chef la transformation de ces principes en règle de droit en imposant ainsi à toute la société sa propre conception de la morale ? En introduisant de lui-même dans le droit positif des principes philosophiques ou moraux, en tout cas vagues, à portée déclarative comme ceux du préambule de la constitution ou ceux de la devise de la République ou même forgés de toutes pièces pour écarter ou contourner la loi sous l'apparence de raisonnements juridiques, les juridictions ne renforcent pas, bien au contraire la légitimité du Droit. La Fraternité, c'est un beau principe, mais lui donner un contenu juridique dans les contentieux portés devant les tribunaux, comme l'a fait le Conseil constitutionnel en 2018, affaiblit la légitimité du Droit tant le sens et le contenu donnés à l'idée de fraternité relève d'une subjectivité individuelle. En introduisant dans le droit positif des principes qui font, dans l'application de la règle, une place de plus en plus grande et excessive à la subjectivité du juge qui a naturellement tendance à en abuser, ce dernier cesse d'être le juge de la légalité pour devenir celui de la moralité appréciée selon son propre point de vue. La justice étant, heureusement, humaine, elle est inséparable d'une part de subjectivité dans l'appréciation des faits, des motivations et des circonstances. Mais cette part de subjectivité devient trop importante, la part de la personnalité, du caractère, des croyances du juge trop grandes au point qu'il finit par y avoir autant de justices que de juges. La moralité de la justice, c'est d'abord dans la loi elle-même qu'elle doit être, c'est à dire dans la conscience du législateur. Le juge est un juge, il n'est ni le gouvernement, ni le législateur, ni un justicier. La confusion des rôles mine dangereusement le consentement autour de la décision de justice et la confiance dans les institutions et dans la loi. Il y a quelques années, un haut magistrat de l'ordre administratif qui a beaucoup pratiqué le droit des étrangers faisait ce constat accablant sur un sujet qui hante nos démocraties :

> Les trois dernières décennies ont, en effet, été marquées par un mouvement de recomposition du champ du droit des étrangers (au sens matériel) qui s'est opéré par la voie prétorienne et le rend, en l'état, très peu sensible aux interventions législatives. On peut même soutenir que, gouverné par le juge, il est, en l'état, quasiment irréformable par la voie de l'action politique […] Qui a l'occasion de mettre en œuvre ce droit des étrangers, si essentiellement déterminé aujourd'hui par ces droits dits « fondamentaux » […] ne peut qu'être convaincu de l'inanité de l'exercice[9].

9 Michel Bouleau, « La loi du 7 mars 2016 "relative au droit des étrangers en France" ou les illusions du législateur », *Recueil Dalloz*, 8 septembre 2016.

Un exemple parmi beaucoup d'autres…

On atteint un seuil critique lorsque, au nom du principe de la liberté d'expression, de la liberté d'association, de la sauvegarde des droits de l'homme et des libertés fondamentales, et de la protection de l'environnement, une juridiction en vient à reconnaître de fait la légalité d'incitations à violer la loi par « des atteintes à des biens inscrites dans les prises de position en faveur d'initiatives de désobéissance civile et de "désarmement" de dispositifs portant atteinte à l'environnement », au motif qu'ayant été « en nombre limité », ils « ne peuvent pas être qualifiées de provocation à des agissements troublant gravement l'ordre public[10] ».

Comme l'ont souligné une ancienne membre du Conseil constitutionnel et l'ancien secrétaire général de cette institution, ce n'est pas ce que montrent les images des violences extrêmes autour des bassines qui ne sont pas seulement symboliques et passives, et encore moins limitées[11]. Sans méconnaître la nécessité de préserver la liberté d'expression et le droit de manifester, tout semble se passer comme si les juges conféraient à la motivation environnementale une supériorité morale qui la placerait au-dessus de la loi.

Ne faut-il pas alors se demander comment les agriculteurs victimes de ces violences sur leurs biens, de même que les gendarmes victimes des violences physiques pourront-ils être convaincus de la légitimité d'une telle justice ?

Le corps judiciaire n'est pas le seul responsable, la classe politique est aussi coupable, non seulement d'avoir laissé faire, mais aussi d'avoir pris l'habitude pour se donner le beau rôle, soigner son image et sa communication, de signer et de ratifier n'importe quelle pétition de principes auxquels les juridictions s'empressent de donner un contenu contraignant.

Inconséquence de la politique.

Il faut regarder en miroir l'expansionnisme du juridisme à l'international. Si le droit interne peut au moins espérer s'appuyer sur

---

10. Conseil d'État, jugement en référé sur le décret de dissolution de l'association « Les soulèvements de la Terre », 11 août 2023.

11. Noëlle Lenoir, Jean-Éric Schoettl, « La suspension des décrets de dissolution des "Soulèvements de la Terre" est inquiétante », *Marianne.net*, 11 août 2023.

le sentiment d'appartenance à la communauté civique et sur un État disposant du monopole de la contrainte légitime, il n'en va pas de même pour les relations entre les peuples, entre les États. Quand les parties à un conflit sont d'accord pour soumettre leur litige à un arbitrage ou au jugement d'une Cour internationale, le Droit remplit son office. Quand l'une d'elles s'y refuse, le Droit seul est impuissant. Pour que la frontière orientale de l'Allemagne issue de la Seconde Guerre mondiale entre dans le champ du Droit, il a fallu attendre l'*Ostpolitik* de Willy Brandt au début des années 1970 et sa reconnaissance mutuelle par la République fédérale d'Allemagne, l'URSS et la Pologne.

La prétention du droit international à faire table rase des différences de cultures, de civilisations, de religions, d'héritages que l'histoire a légué à chaque peuple et des différences dans la perception de leurs intérêts vitaux est intenable. Les frontières sont le pilier de l'ordre juridique international. Contrairement à ce que pensent ceux qui rêvent d'un monde sans frontières comme un idéal de paix et de fraternité universelles, elles ont constitué une grande avancée pour l'humanité en introduisant, au moins jusqu'à un certain point, de l'ordre dans le chaos et la possibilité du Droit et de la négociation là où il n'y avait que du rapport de force et de la violence. Mais quand, au nom du Droit, on proclame les frontières intangibles, on crée une illusion aussi dangereuse que celle d'un monde sans frontières. À partir de quand décrète-t-on qu'une frontière devient intangible ? Si l'on avait figé les frontières en 1830, le Liban n'existerait pas et la Californie et le Texas seraient mexicains. Si on les avait figées en 1860, l'Allemagne n'existerait pas. Si elles l'avaient été en 1900, l'Alsace et la Moselle seraient toujours allemandes. Si elles l'avaient été en 1920, Israël n'existerait pas. L'intangibilité des frontières est un principe conservatoire. Mais elle n'a jamais empêché les peuples de les contester et de se faire la guerre.

Les frontières actuelles de l'Europe sont la conséquence de deux guerres mondiales. Celles du Proche et du Moyen-Orient, ont été taillées dans l'Empire ottoman après la Première Guerre mondiale, celles de la Turquie aussi. Celles de l'Asie centrale et du Sud, ont été tracées par de très anciennes civilisations et les puissances coloniales. Celles de l'Afrique subsaharienne par les seuls colonisateurs. Celles de l'Amérique centrale sont le fruit des colonisations et de multiples conflits, attisés par les ingérences des grandes puissances et des intérêts privés depuis les indépendances, des années 1820 jusqu'à la fin du XIXe siècle avec des répercussions parfois jusqu'à la fin du XXe. Au XXe siècle, on ne compte pas moins d'une vingtaine d'interventions militaires des États-Unis dans la région des Caraïbes. Les frontières de l'Amérique du Sud ont connu le même sort que celles de l'Amérique centrale tout au long du XIXe siècle, où l'on compte une dizaine de conflits armés qui ont redessiné les frontières. Ce ne furent pas que de simples escarmouches. Dans les années 1860, la guerre menée par l'Argentine, le Brésil, et l'Uruguay contre le Paraguay a fait perdre à ce dernier plus de la moitié de sa population et plus du tiers de son territoire. La guerre du Chili contre le Pérou et la Bolivie, dans les années 1880, a fait perdre au Pérou une province et à la Bolivie son débouché sur la mer. Une frontière, ce n'est pas un droit que l'on brandit comme le Saint Sacrement. Une frontière, ça se défend, depuis qu'il existe des frontières.

Il est tout simplement impossible de figer un ordre international dont les frontières sont dessinées par une histoire remplie de bruit et de fureurs, de guerres et de traités dictés par les vainqueurs. Ceux qui font le plus la promotion du juridisme ne sont-ils pas d'ailleurs ceux qui hésitent le moins, lorsqu'ils en ont les moyens, à s'en exonérer à la moindre occasion au nom de leurs intérêts ?

Le Droit international ne peut pas tout. Il ne peut pas faire table rase ni des héritages dans lesquelles s'enracinent les frontières ni de l'histoire qui n'est jamais finie.

Et quand le droit fait fi de ces réalités profondes et ne laisse pas ouvertes les portes de la politique pour les gérer tant bien que mal, comme Créon ne veut pas voir, sous la désobéissance et le défi à l'autorité légale, les ressorts intimes de l'âme humaine dont les dieux sous terrains de la Grèce ont la charge et écarte tous les conseils qui lui sont donnés de déroger à la rigidité de la règle, ces réalités finissent par nous sauter violemment à la figure, comme les Erinyes, ces déesses vengeresses qui rachètent un crime par un crime, une vie pour une vie, sautent à la figure de Créon. Le Droit n'est pas fait pour attiser la vengeance mais pour la désarmer. Les croyants de la religion du Droit, en cherchant à effacer tout le reste et en se persuadant que leur Dieu se suffit à lui-même, s'auto-légitime, s'auto-justifie, finissent par faire le contraire. Le Droit international peut concourir à la paix, mais il peut être aussi un facteur de guerre quand on cherche à l'imposer par les armes contre des réalités plus profondes qui le tiennent en échec.

Fernand Braudel, qui étudiait toute l'histoire à l'aune de la longue durée, expliquait que les États agissent comme les individus.

> Chaque homme s'obstine à délimiter son chez-soi, comme tout animal libre défend la propriété de ce qu'il considère comme son territoire.

Et il remarquait que

> toute frontière politique, une fois qu'elle est dûment jalonnée, a tendance à durer, même à s'éterniser. Tout se passe comme si sa marque avait un mal inouï à s'effacer. Toutefois, il est nécessaire que ces frontières aient eu le temps, au préalable, de s'incorporer au sol[12].

Les incorporer au sol, cela prend très, très longtemps.

Il avançait, comme d'autres historiens, que dès avant le XIIIe siècle en Europe, les individualités politiques sont déjà formées et qu'elles se contiennent les unes les autres. Pour mieux saisir la nature des frontières et mieux comprendre l'histoire à long terme de l'Europe, il faut, comme lui, s'arrêter sur le traité de Verdun par lequel en 843, les trois petits-fils de Charlemagne se partagent l'empire carolingien en créant la Francie occidentale, la Francie germaine et, entre les deux, la Lotharingie. « L'incroyable longévité de ses clauses » ne peut être due qu'au fait que ces dernières correspondaient déjà à des réalités bien plus profondes que celles des juristes de l'époque qui les avaient rédigées. Et « en 1914, en tout cas, nous nous battions encore, Français et Allemands, pour la possession de la Lotharingie ».

---

12. Fernand BRAUDEL, « Espace et histoire », t. I, *L'Identité de la France*, Arthaud, 1986.

Faut-il alors s'étonner que les seules frontières intangibles soient celles qui viennent de très loin, de plusieurs siècles, voire de plusieurs millénaires, qui s'enracinent dans l'imaginaire et l'inconscient et sur lesquelles le Droit n'a de prise que de façon circonstancielle. Les fractures ethniques, religieuses, civilisationnelles n'ont pas de solution dans le droit international, pas plus que la question palestinienne ou celle de Taïwan. Les histoires de la Russie, de la Perse, de l'empire ottoman, de la Chine, sont plus fortes que le Droit. Les rapports de force politiques, militaires, économiques, démographiques, les intérêts, sont plus forts que le Droit.

Au cours de la guerre froide, le « monde libre » combattait le communisme. Depuis l'effondrement de l'URSS, il se présente comme le missionnaire du Droit, de la Démocratie et de la Justice, là où les autres ne voient que la loi du plus fort. Le bombardement de Belgrade par l'Otan en 1999, les vingt ans d'occupation de l'Afghanistan, la guerre en Irak commencée en 2003, la proclamation unilatérale de l'indépendance du Kosovo en 2008, les actions entreprises pour renverser le régime syrien, les immixtions en sous-main dans les Printemps arabes, mais aussi l'occupation de près de 40 % du territoire de Chypre par la Turquie, le détachement unilatéral de Mayotte des Comores par la France, la confiscation des réserves officielles de l'Afghanistan ou de la Russie ou l'exclusion de la Russie du système international d'information sur les transactions financières, Swift, avaient sans doute des justifications morales ou politiques, mais aucun fondement juridique au regard de ce droit international bâti de toutes pièces par nous, les Occidentaux.

Comment, dès lors, les puissances occidentales pourraient-elles imposer le respect de ce droit qu'elles ne respectent pas elles-mêmes au reste du monde autrement que par la force et l'intimidation ? Comment ne pas être conscient que les pays qui n'appartiennent pas au camp occidental pensent qu'un jour ce sera peut-être leur tour et réfléchissent aux moyens de s'en protéger ? Et comment ne pas envisager que cela puisse avoir des conséquences sur la prolifération nucléaire ? Ironie de l'histoire, cela met en lumière que le droit international ne peut pas servir de guide indiscutable à la politique, contrairement à ce que prône le monde libre, avec le cynisme de ceux qui s'en affranchissent quand ça les arrange, car si dans la crise ukrainienne il est contre la Russie, dans les relations entre la Chine et Taïwan, il est du côté de la Chine, comme il était du côté de la Serbie dans la sécession du Kosovo. La conclusion à en tirer est que, pour aucun État, ni aucun peuple au monde, le droit international n'est un absolu qui permet à lui seul de faire vivre en paix tous les hommes sur la terre et que, en cherchant à l'instrumentaliser, on ne fait que creuser la fracture entre l'Occident et le reste du monde.

La politique, comme le Droit, a pour rôle de canaliser la nature humaine. Quand ce qui est écrit dans les codes, les doctrines et les catéchismes ne permet pas de trouver les compromis raisonnables qui permettent aux hommes de vivre ensemble sans passer tout leur temps à s'entre-tuer, c'est au tour de la politique d'agir pour tenter d'enrayer l'engrenage qui conduit à la guerre de tous contre tous et à la montée aux extrêmes de la violence.

Nous avons trop souvent agi comme si nous avions perdu de vue cette raison d'être de la politique. Nous avons donc cherché à la dissoudre dans le Droit. Nous avons élevé moralement le Droit au-dessus de la politique. Même le christianisme n'est pas parvenu à mettre fin au « malheur aux vaincus » dont la version moderne est de juger ceux-ci en les assignant, non plus devant le tribunal de l'histoire, mais devant le Tribunal pénal international. Le vainqueur cherche toujours à se donner le beau rôle et se parer des plumes de la morale. Mais le prix à payer pour le Tribunal pénal international, c'est de pousser le tyran criminel qui n'a pas d'issue à continuer le massacre : la politique peut négocier l'arrêt du massacre, le juridisme ne peut qu'aller jusqu'au bout du Droit.

Le juridisme fait non seulement table rase de la démocratie, mais aussi table rase de la politique. Comme toutes les tables rases, il joue avec le feu. Et l'on fait la guerre de façon aussi meurtrière au nom du Droit qu'au nom de Dieu ou de la patrie, ou que pour l'appât du gain ou la soif de pouvoir. Le Droit n'est pas à lui tout seul la solution au problème de l'homme.

La table rase par la concurrence et le libre-échange

Keynes, au sujet de la concurrence, en 1926, dans *La Fin du laissez-faire*, écrivait :

> Ceux qui prennent la bonne direction éliminent grâce à la concurrence ceux qui prennent la mauvaise. Cela implique qu'il ne doit y avoir ni pitié ni protection pour ceux qui engagent leur capital ou leur travail dans la mauvaise direction. Cette méthode porte au sommet ceux qui réalisent les plus gros profits par une lutte impitoyable pour la survie qui sélectionne les plus efficaces en ruinant ceux qui le sont moins. [...] Le but de la vie étant de cueillir les feuilles situées sur les branches les plus hautes possible, le meilleur moyen d'y parvenir est de laisser les girafes qui ont le cou le plus long affamer celles qui l'ont plus court. [...] Ainsi, si nous laissons les girafes livrées à elles-mêmes ; 1. Une quantité maximale de feuilles sera cueillie, car les girafes au long cou, à force d'affamer les autres, seront au plus près des arbres ; 2. Chaque girafe se portera sur les feuilles qu'elle trouve les plus succulentes parmi celles qui sont à sa portée ; et 3. Les girafes qui se régalent le plus de certaines feuilles tendront le cou le plus possible pour les atteindre. Les feuilles ainsi mangées, seront à la fois plus nombreuses et plus savoureuses, et chacune d'entre elles le sera par la girafe qui aura estimé qu'elle méritait qu'on lui consacrât le plus d'efforts. [...] Si le bien-être des girafes nous tient à cœur, nous ne devons pas négliger les souffrances de celles dont le cou n'est pas assez long et qui donc meurent de faim, ni le sort des feuilles savoureuses qui tombent sur le sol et sont piétinées dans la mêlée, ni la suralimentation des girafes au long cou, ni enfin l'angoisse et l'avidité qui assombrissent les doux regards du troupeau.

La concurrence a bien des vertus, mais il faut canaliser ce qu'elle recèle de tentation de la sélection naturelle. Darwin lui-même se méfiait de ce darwinisme social. Instruits par la catastrophe des années 1930, les artisans des Trente Glorieuses l'avaient encadrée. Jusqu'à ce qu'elle redevienne une sorte de religion et que l'on décide de faire table rase de tout ce qui pouvait lui imposer une limite.

C'était revenir au « laisser-faire » dont le XVIIIe siècle avait forgé le nom et l'idée, dont le XIXe avait fait la théorie, que l'on avait appliquée jusqu'à la Grande Dépression de 1873, et que les années 1920 avaient de nouveau expérimentée jusqu'en 1929. À lire les textes du XIXe, on croit lire ceux des politiciens des années 1980 à nos jours.

Ricardo en 1821, dans ses *Principes d'économie politique* :

> La nature du mal désigne le remède. Nous parviendrons graduellement à une situation plus saine et plus sûre en restreignant progressivement le champ d'application des lois sur les pauvres, en inculquant aux pauvres la notion d'indépendance et en leur enseignant que, pour subvenir à leurs besoins, ils ne doivent pas compter sur la charité systématique ou occasionnelle, mais sur leurs propres efforts.

Jean Baptiste Say, en 1803, dans son *Traité d'économie politique* :

> L'État est un agriculteur, un manufacturier, un négociant qui a trop d'argent à sa disposition, et qui n'est pas assez intéressé au succès de ses entreprises industrielles. Il peut consentir à vendre un produit au-dessous du prix coûtant et recommencer sur le même pied, parce que la perte qui en résulte ne sort pas de la poche de celui qui dirige l'opération. Il peut consommer, produire, accaparer en peu de temps une quantité de produits telle que la proportion qui s'établit naturellement entre les prix des choses soit violemment dérangée.

Pourtant, beaucoup pensent tout de même inaugurer depuis quarante ans une période tout à fait nouvelle dans l'histoire de l'humanité avec ces idées qui ne sont pas des idées neuves.

Au XIXe siècle déjà, de grandes voix s'étaient élevées pour mettre en garde contre le laisser-faire sans limite, comme celle de Léon Walras, le théoricien de la concurrence parfaite, en 1898, dans son *Traité d'économie appliquée* :

> De même que les individus ne sentent pas toujours judicieusement leurs besoins, l'État non plus ne sent pas toujours judicieusement les siens, si les hommes qui le représentent ont été mal choisis. Cela est fâcheux, dans les deux cas, et il importe de remédier à la cause du mal ; mais il ne s'ensuit pas qu'il faille, dans le second, s'en remettre aux individus du soin de demander les services et produits d'intérêt public ; car il est certain qu'alors ces services et produits ne seraient le plus souvent ni demandés ni offerts, ni produits ni consommés. [...] Ce n'est donc qu'exceptionnellement que l'État peut attendre de la concurrence la production des services ou produits d'intérêt public.

Mais, tout cela, c'est vieux. Encore et toujours, du passé faisons table rase.

Ce fut l'Union européenne, que ses pères fondateurs avaient pourtant rêvée comme un idéal de coopération, de marchés organisés et de préférence communautaire, qui s'est le plus jetée à corps perdu dans la table rase par la concurrence à partir du milieu des années 1980, avec l'Acte unique et le marché unique. Il fallait tout raser : la politique agricole commune, la préférence communautaire, les monopoles naturels, les services publics, les politiques de commandes publiques, les politiques industrielles, les champions nationaux, les champions européens. Si la propriété publique demeure autorisée pour les entreprises, l'État doit se comporter comme un « investisseur avisé », et toute aide publique qui fausserait la concurrence est interdite. La concurrence libre et non faussée est devenue une sorte de droit fondamental sur lequel veille la Commission européenne, appuyée sur la Cour de Justice, sur toutes les autorités indépendantes, et sur les juridictions nationales. C'est la première fois dans l'histoire que l'on donne un tel statut à une théorie économique qui est vouée au sort de toute théorie, c'est-à-dire qu'elle est déjà depuis longtemps dépassée par les progrès de la connaissance. Comme il a bien fallu se rendre à l'évidence qu'il y avait des défaillances du marché, le droit de la concurrence a cherché à les corriger en remplaçant le vieux laisser-faire de la « main invisible » par celui qui consiste à laisser faire les autorités indépendantes. En découpant les monopoles naturels de l'électricité ou des chemins de fer, on est même allé jusqu'à mettre de la concurrence là où le laisser-faire du marché n'en avait jamais mis. On s'est même mis en tête de faire disparaître un jour toutes les formes de propriété qui ne correspondait pas au modèle, telles que les coopératives ou les mutuelles qui relèvent de ce que l'on appelle l'économie sociale, et qui jouent en France un rôle important, notamment dans les domaines de l'assurance et de la banque. On a liquidé le statut d'Établissement public industriel et commercial, on a privilégié le capitalisme financier sur le capitalisme industriel et le capitalisme familial. Tout doit être pareil, liquide.

C'est dans l'électricité que l'absurdité de la table rase par la concurrence fut poussée le plus loin.

Ici, le mieux est de céder la parole à Marcel Boiteux qui fut le dirigeant le plus emblématique de l'histoire d'EDF et le grand ordonnateur du programme nucléaire :

> Partout où l'on peut sans dommage faire jouer la concurrence, il faut en profiter. On cassera donc les monopoles, et on transférera au secteur privé les activités qui n'ont aucune raison de rester publiques. Telle est bien l'idéologie qui a présidé depuis une dizaine d'années à la réforme des services publics. Il semble, toutefois, qu'on ait souvent omis de s'assurer, cas par cas, que le transfert à la concurrence pourrait effectivement se faire sans dommage. Le cas de l'électricité est un cas tout à fait singulier. Il s'agit d'un bien rigoureusement non stockable, de qualité rigide, avec une élasticité au prix quasiment nulle à court terme, et dont les déplacements – ignorant les mœurs habituelles du transport – ne savent qu'obéir aux lois de Kirchhoff. De plus, les investissements y sont généralement très lourds, les durées d'amortissement très longues et, pour faire face le cas échéant à de fortes pointes aléatoires, il y faut disposer de quelques centrales de

> production, heureusement plus légères, qui ne fonctionneront qu'une ou deux fois tous les vingt ans[13].

Rien n'y a fait, l'idéologie avant tout ! EDF produisait l'électricité la moins chère d'Europe. On a supprimé son monopole. On a coupé ce fleuron de l'industrie française en morceaux : d'un côté le transport, d'un autre la distribution, d'un autre encore, la production. On a changé son statut d'établissement public en société anonyme, ce qui a eu pour effet de renchérir le coût de ses emprunts, puisqu'ils n'étaient plus automatiquement garantis par l'État. On a ouvert son capital. On a plongé EDF dans le marché unique de l'électricité fonctionnant sur le modèle de la concurrence pure. On l'a même obligée à vendre son électricité à ses concurrents pour pas cher, pour qu'ils puissent lui faire plus facilement concurrence.

On connaît aujourd'hui le coût d'un tel égarement. Et quand la critique du marché unique de l'électricité devient trop forte, la Commission européenne fait ce qu'elle sait le mieux faire : elle noie le poisson dans une réforme en trompe-l'œil pour préserver les dogmes.

On a fait de même avec la SNCF, autre monopole naturel. Pour mettre de toutes nos forces la concurrence dans le chemin de fer, on l'a découpée. Puis, comme pour EDF, on a changé son statut d'établissement public industriel et commercial en celui de société anonyme, avec pour même effet de rendre ses emprunts plus onéreux. Bien sûr, la situation financière de la SNCF n'était pas la même que celle d'EDF, puisqu'elle enregistrait un déficit constant de ses comptes. Mais cela ne tenait pas tant à sa mauvaise gestion qu'aux particularités de son activité et aux décisions que prenait l'État en matière d'investissement.

Le Boston Consulting Group, cabinet de conseil anglo-saxon peu suspect de complaisance envers les entreprises publiques, compare les performances des entreprises de chemin de fer en Europe. En 2012, la SNCF occupait la deuxième place sur vingt-cinq. En 2015, le BCG mettait la SNCF en troisième position derrière la Suisse et la Suède.

---

13. Marcel Boiteux, *L'Électricité entre monopole et compétition*, Discours à l'académie des Sciences morales et politiques, juin 2004.

En 2017, date du dernier indice de performance publié par le cabinet de conseil, la France était toujours dans le premier tiers, en sixième position, mais à égalité avec l'Autriche et quasiment à égalité avec la Suède et l'Allemagne. Elle restait nettement devant le Royaume-Uni, l'Espagne ou l'Italie. Les rapports du BCG ont confirmé, les uns après les autres, la corrélation étroite entre l'importance du financement public et les performances et, à l'inverse, n'ont mis en évidence aucun lien significatif avec le degré de libéralisation du rail [14]. Les deux auteurs de l'étude constataient en janvier 2018 dans une tribune publiée dans *Le Monde* que la dégradation du système ferroviaire découlait principalement

> de l'insuffisance des investissements réalisés au cours des vingt à trente dernières années. Il s'agit donc de décisions de politiques publiques relevant davantage de l'État que de la SNCF[15].

C'est le désengagement financier de l'État qui détériore les performances.

La vérité, que l'on connaît depuis longtemps, est qu'une compagnie ferroviaire ne peut pas être financièrement rentable si elle supporte l'intégralité des coûts liés à son activité. Si dans toute l'Europe l'activité ferroviaire avait fini par être gérée par des monopoles publics, ce n'était pas par idéologie mais parce que toutes les compagnies privées avaient fini par se retrouver au bord de la faillite. Quelle que soit la façon dont on s'y prend, la concurrence dans le ferroviaire ne fonctionne pas sans subventions publiques, pas seulement pour compenser le coût des missions de service public ou pour rendre abordable pour le plus grand nombre le prix des billets, mais aussi pour prendre en charge une bonne partie des coûts d'infrastructure. La privatisation dans le ferroviaire, c'est la privatisation des profits sans la privatisation des charges. Que les charges soient mal évaluées par la puissance publique et c'est tout le système du train privatisé qui s'écroule, comme au Royaume-Uni.

---

14. BCG, *The 2017 European Railway Performance Index.*
15. Joël HAZAN, Directeur associé au Boston Consulting Group, Vincent Gauche, Directeur de mission au Boston Consulting Group, *Le Monde*, 9 janvier 2018.

Privatisation ne rime pas toujours avec concurrence. Le système des concessions, par exemple, que ce soit pour le ferroviaire, pour les autoroutes ou pour l'eau, est un système de monopoles privatisés. La mise en concurrence n'intervient qu'au moment du renouvellement de la concession, et encore, est-ce dans un cadre très contraignant compte tenu des investissements réalisés par les concessionnaires. Les bénéfices considérables enregistrés par les sociétés d'autoroute, dont la rentabilité des concessions atteint désormais plus de 12 %, montrent que ce système n'est pas toujours une bonne affaire, ni pour les finances publiques ni pour les usagers. La mise en concurrence des concessions hydro-électriques voulue par Bruxelles aura des conséquences encore plus délétères. Nous avons signé des engagements sans en mesurer les conséquences.

Et, dans les causes de tout ce qui nous arrive, il y a, aussi la facture à régler des privatisations et des concurrences dont les inconvénients se révèlent bien supérieurs aux avantages. La renationalisation d'EDF est le signe que le doute commence à s'insinuer dans les esprits.

La table rase par la concurrence est allée de pair avec la table rase par le libre-échange, le laisser-faire avec le laissez-passer.

À la fin du XIXe siècle et au début du XXe, les États-Unis, l'Allemagne, le Japon puis la France avaient été protectionnistes. Dans les années 1920, le libre-échange était revenu à la mode. La crise du début des années 1930 avait provoqué un repli et, jusqu'à la fin des années 1970, une sorte d'équilibre entre la protection et le libre-échange avait prévalu. Puis, la grande vague de la libéralisation et de la mondialisation a tout emporté.

Avec la mondialisation heureuse, on a remis au goût du jour la vieille idée des Lumières selon laquelle le commerce c'est la paix. En 1933, Keynes avait déjà tordu le cou à cette idée :

> D'abord, la question de la paix. Nous sommes aujourd'hui pacifistes avec une telle force de conviction que si les tenants de l'internationalisme économique pouvaient l'emporter sur ce point, ils retrouveraient vite notre appui. Mais il n'est pas évident que concentrer ses efforts sur la conquête de marchés étrangers, introduire dans les structures économiques d'un pays

> les ressources et l'influence de capitalistes étrangers et dépendre étroitement des politiques des autres pour sa propre vie économique garantisse la paix entre les nations. L'expérience et la prévoyance nous permettraient même d'affirmer le contraire[16].

Et de fait, aucun intérêt économique n'a jamais empêché la guerre, mais on a parfois fait la guerre à cause de l'économie.

Keynes plaidait pour un retour à davantage d'autosuffisance nationale :

> Je me sens plus proche de ceux qui souhaitent diminuer l'imbrication des économies nationales que de ceux qui voudraient l'accroître. Les idées, le savoir, la science, l'hospitalité, le voyage, doivent par nature être internationaux. Mais produisons chez nous chaque fois que c'est raisonnablement et pratiquement possible [...]. De toute façon, l'internationalisme économique n'a pas réussi à éviter la guerre, et si ses défenseurs répondent qu'il n'a pas vraiment eu sa chance, son succès ayant toujours été incomplet, on peut raisonnablement avancer qu'une réussite plus achevée est fort improbable dans les années qui viennent. [...] L'internationalisme économique des libres-échangistes du xixe siècle supposait que le monde entier était ou serait organisé sur la base d'un capitalisme concurrentiel et de la liberté du contrat privé protégé de façon inviolable par la loi. Ce modèle pouvait en être à divers stades de développement et de complexité, mais il était toujours conforme à un type uniforme qu'il convenait de chercher à perfectionner.

En 1933, Keynes se posait donc exactement les mêmes questions que l'expérience conduit beaucoup de gens à se poser aujourd'hui.

Mais le libre-échange a considérablement évolué au cours des dernières décennies. Au XIXe siècle, il visait les droits de douane et les contingents d'importation. Au XXIe, il englobe les normes de sécurité, les normes sanitaires, sociales, environnementales, fiscales, techniques,

16. « National Self-Sufficiency » in *The Yale Review*, vol. 22, 4 (juin 1933).

juridiques ; les règles de la concurrence applicables à l'intérieur des nations ; les subventions publiques ; le rôle de l'État dans l'économie nationale, la commande publique…

Les traités de libre-échange verrouillent désormais une partie grandissante du droit interne. Le fait que leur négociation soit une compétence exclusive de la Commission européenne n'est pas de nature à freiner cette dérive qui conduit de plus en plus à rendre les élections inutiles, puisque l'on peut de moins en moins changer de choses sans l'accord de tous les autres, quel que soit l'avis des électeurs.

Les difficultés croissantes auxquelles se sont trouvées confrontées les sociétés occidentales ont relancé le débat. À écouter les uns et les autres parler de relocalisations, on pourrait penser que tout le monde est en train de redevenir protectionniste. La pandémie et la guerre en Ukraine ont ébranlé bien des convictions sur la question des frontières économiques. Le malaise des ouvriers américains face aux effets de la mondialisation ou la révolte sans précédent des paysans indiens contre la libéralisation de l'agriculture ont fait le reste.

Les Américains, qui étaient pourtant les promoteurs de la mondialisation des années 1990-2000, ne se sont jamais appliqués à eux-mêmes tous les principes du nouveau libre-échange. Ils n'ont jamais aboli le *Buy American Act* qui, depuis 1933, oblige les administrations fédérales à n'acheter que des biens fabriqués sur le territoire américain. Cette obligation d'acheter américain a été étendue aux financements des infrastructures, aux politiques de relance. Désormais, les Américains vont plus loin en nous montrant la voie de ce que l'on pourrait appeler un changement de paradigme. Obama et Trump ont commencé. Biden a continué en 2022 en étendant aux subventions distribuées dans le cadre de leur plan de lutte contre l'inflation l'obligation de réserver les fonds publics américains aux productions localisées sur le sol des États-Unis. Le président Biden a signé un décret affichant l'objectif que, « à l'avenir, tous les produits américains soient fabriqués aux États-Unis par des travailleurs américains ». L'Union européenne a bien retardé la ratification de l'accord qu'elle avait signé avec le Mercosur et décidé d'instaurer une taxe carbone à ses frontières pour certains produits. Mais elle est restée bloquée dans son dogme du libre-échange et de la concurrence libre et non faussée.

N'avons-nous pas préféré protester contre la politique américaine visant à privilégier les productions sur le sol américain, plutôt que de faire la même chose ? À Davos, en janvier 2023, John Kerry, envoyé spécial de la Maison-Blanche pour le climat, a lancé ironiquement à une Europe engoncée dans ses *a priori* idéologiques :

> La réaction des autres pays ne devrait pas être : « Oh mon Dieu, vous ne devriez pas faire ça, cela nous met dans une position injuste. » Faites-le aussi. Tout le monde doit faire la même chose.

Comme souvent, comme pour l'électricité, la Commission européenne a réagi en faisant semblant de faire quelque chose, sans trop écorner ses dogmes. Le régime des aides d'État a été assoupli pour les investissements dans la transition écologique à des conditions strictes, pour des aides « proportionnées, ciblées et temporaires » qui ne doivent remettre en cause ni le marché unique européen ni la concurrence libre et non faussée, et il est probable que la Commission, la Cour de Justice, de nombreux pays membres et groupes de pressions feront tous leurs efforts pour en limiter la portée. Les traités de libre-échange en vigueur feront le reste.

Comme dans toute l'histoire depuis la naissance des états, le balancier de l'ouverture et de la fermeture va et vient selon qu'il est allé trop loin d'un côté ou de l'autre. Selon les époques et les circonstances, c'est le libre-échange qui est bénéfique ou le protectionnisme, comme l'immigration est une chance ou une menace pour la cohésion sociale selon l'état de la société.

Cela n'annonce pas forcément une ère de repli, mais au moins la nécessité d'un retour des politiques publiques qui, pour garantir une certaine indépendance au milieu des désordres du monde, reprendraient aux marchés une partie de leur pouvoir de localiser les productions sur le seul critère de la rentabilité espérée pour les actionnaires. Donc, un retour de l'État et de la politique dans l'économie, d'où nous avons tout fait pour les chasser. Une fois de plus, nous sommes allés trop loin. Au point d'en oublier certaines évidences, comme celle que rappelait l'économiste anglais Anthony Atkinson à propos de l'iPhone, qui est le produit de

> sept ou huit percées scientifiques et technologiques fondamentales comme le GPS, les écrans tactiles multipoints, les écrans à cristaux liquides, les batteries lithium-ion, les réseaux cellulaires, etc., toutes issues de recherches financées par l'État fédéral américain[17].

Peut-être les responsables politiques vont-ils finir par se rendre compte qu'en tournant le dos à un volontarisme gaullien, pompidolien, napoléonien ou colbertiste, ils se trompent d'époque. Il n'y a pas trop de politique, il n'y en a plus assez. Il y a trop de politique politicienne mais pas assez de volontarisme politique. Davantage de politique, c'est ce que l'époque exige pour que la France puisse tirer son épingle du jeu dans la nouvelle donne politique, économique et démographique mondiale, qui a émergé après la fin de la guerre froide. Plus il y a de marché, plus il y a de commerce, plus il y a de finance, plus il y a de compétition entre les pays, et plus il faut de volontarisme politique ; et non pas moins. Pour valoriser les avantages concurrentiels que la nature, une histoire et une culture singulières ont forgés il faut plus de volontarisme politique. Plus la sphère privée s'étend, plus il faut de biens publics, plus il faut de « communs » comme le disent les économistes. Et donc davantage de politique.

Nous avons eu beau penser que nous en avions fini avec la politique, nous avons beau avoir cru que nous pouvions nous en passer, les politiciens ont eu beau la priver peu à peu des moyens par lesquels elle pouvait agir, les électeurs ont eu beau voter de moins en moins, le besoin que nous en avons est toujours là. Si nous ne nous intéressons pas à elle, elle finit toujours par s'intéresser à nous. Mais les politiciens enfermés dans le « cercle de la raison » et qui ont prôné la dépolitisation de la société et de l'économie ont réussi l'exploit que, dans une époque qui a plus besoin que jamais de la politique, elle soit devenue pour la plupart des gens synonyme de frustration.

---

17. Cité par Anthony B. Atkinson dans *Inégalités*, Le Seuil, 2016 (trad. fr.).

La table rase de l'État

Émile Durkheim, vers 1900

> Il est peu de mots qui soient pris dans une acception aussi peu définie. [...] On confond deux sortes d'organisations toutes différentes ; à savoir les diverses administrations judiciaires, militaires, universitaires et l'État proprement dit.

Sans État, il n'y a que

> des tendances, des croyances éparses dans toutes les consciences et qui les meuvent obscurément. Mais alors une telle masse est comme une foule permanente et on sait que la conduite des foules a pour caractéristique d'être absolument irréfléchie. [...] Il en est ainsi parce que, dans ces foules, il n'y a point de centre où toutes ces tendances aveugles à l'action aboutissent et qui soit en état de les arrêter, de s'opposer à ce qu'elles passent à l'acte avant d'avoir été examinées. [...] Voilà précisément le rôle de l'État. Quand il y a un État, les mobiles divers qui peuvent entraîner dans des directions divergentes la foule anonyme des individus ne suffiraient plus à déterminer la conscience collective ; car cette détermination est l'acte propre de l'État. [...] L'État, c'est l'intelligence mise à la place de l'instinct obscur. [...] Lui aussi a besoin d'être contenu par l'ensemble des forces secondaires qui lui sont subordonnées ; sans quoi, comme tout organe que rien n'arrête, il se développe sans mesure et devient tyrannique et se force. Il n'en reste pas moins que, dans les sociétés complexes, il est l'instrument nécessaire par lequel se réalise l'égalité et, par conséquent, la justice[18].

L'historien Boris Bove, auteur d'un livre sur *Le Temps de la guerre de Cent Ans*, à propos de l'état de la société du XIVe siècle :

---

18. Émile DURKHEIM « L'État », *La Revue philosophique*, 148, 1958, Publication posthume d'un cours datant de 1900-1905. Reproduit in Émile DURKHEIM, Textes. 3. *Fonctions sociales et institutions*, coll. « Le sens commun », Minuit, 1975, p. 172-178.

> La société est parcourue par des vagues de peur qui l'agitent tout entière devant l'évidence d'une crise de l'ordre public, aux heures les plus sombres de la guerre de Cent Ans. On ne sait plus qui gouverne, où sont la légitimité et la violence légale. L'impuissance de l'autorité royale éclate quand elle donne, en 1357, la permission aux paysans de pratiquer l'autodéfense[19].

La crise des XIVe-XVe siècles avait cumulé le retour de la peste, la guerre de Cent Ans, la guerre civile entre Armagnacs et Bourguignons, la crise de l'ordre public, l'alourdissement de la fiscalité, la dépression économique, les révoltes paysannes… La montée, partout, des violences.

Christian Gillon, auteur d'une thèse sur *Les étudiants et la délinquance au Moyen Âge (XIIIe-XVe siècles)*, explique qu'à cette époque :

> Si les facultés supérieures continuaient d'offrir de beaux débouchés, la faculté des arts, qui était celle à l'issue de laquelle s'arrêtait le plus grand nombre, n'était plus un but en soi. Ceux qui en sortaient sans pouvoir ou sans vouloir poursuivre des études supérieures, s'étaient multipliés, alors que les places auxquelles ils pouvaient prétendre dans la vie active, n'avaient pas du tout augmenté dans la même proportion[20].

Ce qui avait fait dire à Georges Pompidou, en mai 1968 :

> Je ne vois de précédent dans notre histoire qu'en cette période désespérée que fut le xve siècle, où s'effondraient les structures du Moyen Âge et où, déjà, les étudiants se révoltaient en Sorbonne[21].

C'était rappeler que l'histoire ne commençait pas avec nous, que beaucoup d'événements qui nous arrivaient avaient des précédents. Il y a bien du nouveau chaque jour sous le soleil, mais pas tout. Ce que

19. Boris Bove, *1328 Le Temps de la guerre de Cent Ans*, Belin, 2009.
20. Christian Gillon, *Les Étudiants et la délinquance au Moyen Âge (XIIIe-XVe siècles)*, Université de Cergy-Pontoise, 2017.
21. Georges Pompidou, discours devant l'Assemblée nationale, 14 mai 1968.

nous vivons, dans des circonstances tout autres, ce que nous avons fabriqué avec les moyens de notre époque, n'est pas d'une nature si différente de ce que les hommes des XIVe-XVe siècles avaient connu, et l'histoire nous en dit la gravité et les conséquences possibles. Beaucoup de gens, à notre époque, ressentent de plus en plus fortement l'impuissance publique, et ils perdent confiance dans les institutions au point de commencer à songer à se défendre eux-mêmes. La révolte des bonnets rouges et celle des Gilets jaunes n'obéissaient-elles pas aux mêmes ressorts que les innombrables révoltes fiscales et jacqueries qui ont jalonné l'histoire ? Et la frustration de beaucoup de nos diplômés devant le manque d'emplois qualifiés pour les accueillir tous n'a-t-elle vraiment rien à voir avec celle qu'avait éprouvée, pour les mêmes raisons, les étudiants de la fin du Moyen Âge ? Décidément, l'histoire, sans se répéter à l'identique, a bien des choses à nous raconter que nous ne voulons pas entendre.

Pourtant, nous y revoilà. L'État, une fois de plus, va mal. Et quand l'État va mal, la société va mal. Nous l'avons tellement abîmé, l'État. Or, l'État, c'est ce qu'un peuple peut opposer collectivement aux déterminismes et à la fatalité, ce qui peut empêcher le retour aux tribus, c'est le monopole de la violence légitime dressé contre la vengeance et la loi du plus fort. Quinze siècles d'efforts et d'épreuves avaient donné à la France un État-nation, artisan et garant de son unité et de sa présence sur la scène du monde. Il était dans l'imaginaire national, dans le roman national, dans l'identité nationale. Qu'il fût monarchique ou républicain, il a toujours été associé à une forme de transcendance qui le plaçait idéalement au-dessus des partis, là où l'on attendait que régnât « le sens de l'État ».

Dans toute l'histoire, le malheur français a toujours coïncidé avec celui de l'État, et chaque renaissance française n'a été rendue possible que par la reconstruction de l'État. Nous le savions. Mais, voilà que dans le monde de la finance globale, de la mondialisation et des archipels où les sociétés, les nations, les civilisations, les identités devaient fatalement se dissoudre, l'État est apparu comme un obstacle qui empêchait de tirer le meilleur parti des opportunités offertes par le nouveau monde. On en a certes conservé l'apparence mais, jour après jour, on en a détruit obstinément la substance : il fallait faire, disait-on, le deuil de l'État jacobin – en réalité, de l'État tout court.

Naturellement, l'organisation de l'État ne peut rester immuable au milieu des changements. Mais Georges Pompidou avait raison d'affirmer que, « alors que tout bouge autour de nous, l'essentiel est de garder notre équilibre ». En affaiblissant considérablement l'État, nous avons perdu l'équilibre et nous n'avons plus grand-chose pour éviter d'être ballottés dans tous les sens sans avoir aucune prise sur les événements. On a rogné les ailes de l'État avec l'idée que ses missions pourraient être mieux remplies par l'Union européenne, les collectivités locales ou le secteur privé. Les plus libéraux disaient que le marché ne se trompait jamais et que l'État se trompait toujours. Ils disaient que l'État devait se replier sur sa version régalienne. L'État régalien, personne ne sait vraiment à quoi il se réduit. Il n'y a rien qui soit régalien par nature. Mais le slogan a eu du succès.

Depuis les débuts du Moyen Âge jusqu'au XXIe siècle, l'histoire nous a appris que tout était privatisable – même l'armée, même la police, même la justice. L'émergence de la féodalité était un processus de privatisation de l'espace et de la puissance publics. Il y eut, à toutes les époques, des pouvoirs publics qui louaient des armées de mercenaires. Dans beaucoup de pays, la garde de certains édifices publics est confiée à des sociétés privées de sécurité. L'arbitrage est une justice privée. Et, à l'inverse, d'où viendrait-il que la puissance publique n'aurait pas vocation à s'occuper de la santé, de l'éducation, de l'urbanisme, de la culture ou de l'économie, alors qu'elle s'en est occupée sous tous les rois et sous toutes les républiques, sinon de l'idéologie ? Le périmètre de l'action publique n'est pas une donnée de la nature, ce n'est pas le résultat d'un calcul économique, ce n'est pas un choix technique, c'est un choix politique, un choix de valeurs et de circonstances.

État régalien ou pas, durant toutes ces décennies on a rogné les budgets militaires, ceux de la police nationale, ceux de la justice comme ceux des hôpitaux, des universités ou de l'Éducation nationale. Comme dans la plupart des pays développés, on n'a pas suffisamment entretenu les infrastructures publiques de sorte que leur remise à niveau exigera dans l'avenir des sommes colossales. L'État n'a pas seulement été accusé de fausser la concurrence, d'être inefficace, de gaspiller l'argent public, il a aussi été soupçonné d'être miné par la corruption, inévitable rançon de l'éternel « tous pourris » des sociétés en crise. Les éternels adversaires de l'État ont profité de ce climat pour le dépouiller de ses pouvoirs. Ils lui ont enlevé beaucoup de ses capacités d'agir et lui ont laissé la bureaucratie.

Dans la guerre que livre une partie de la magistrature contre les institutions, contre la politique, contre son propre ministre, c'est l'État qui encaisse les coups les plus rudes. L'histoire nous a pourtant enseigné combien une telle guerre était délétère. François Mitterrand, qui connaissait bien l'histoire, n'a-t-il pas dit un jour : « Les juges ont détruit la monarchie, ils détruiront la République. » Mais, s'ils la détruisent, ce sera avec la complicité des législateurs et des gouvernants qui abdiquent devant l'extension indéfinie de la judiciarisation de la société.

L'abaissement de l'État a été regardé par beaucoup comme un progrès de la démocratie par l'avènement du véritable État de droit, celui où il n'y a plus du tout d'État ni de politique, en oubliant que lorsqu'il n'y a plus d'État, il n'y a plus de droit et plus de démocratie non plus.

L'obsession, depuis quarante ans, a été de faire des réformes. En réalité, de casser. La cible principale, c'était ce qui restait du programme du conseil national de la Résistance. Tout le monde encense le programme du CNR mais chaque mandat présidentiel, depuis 40 ans, a été jugé d'abord à l'aune des coups portés à l'État gaullien et à l'État social. On n'a jamais vu une telle entreprise de démolition cherchant à se justifier par la volonté de sauver ce qu'elle démolissait.

Les réformateurs avaient une idée en tête. Ils voulaient faire de l'État une entreprise comme les autres, gérée avec les mêmes méthodes, les mêmes techniques que toutes les entreprises.

Pour la première fois, la volonté d'abaisser l'État, de le réduire à l'impuissance, était le produit d'une idéologie anti-État qui se développait à l'intérieur même de celui-ci. L'idée de faire de l'État une entreprise était le pendant de l'idée que l'État n'était plus l'instrument d'un dessein collectif, mais un simple prestataire de services. C'était le fruit de l'idéologie de la dépolitisation, qui devait aboutir à celle de l'État.

Dans les écoles de la fonction publique, on n'apprenait plus l'État, mais le « *management* public », qui n'était qu'un décalque du *management* privé. On a supprimé le corps préfectoral et le corps diplomatique : une entreprise n'a pas de grands corps.

On ne dira jamais assez les dégâts faits par les modes successives de ce « *management* public » qui a cherché à appliquer les méthodes de l'entreprise privée à un monde dont la culture et les motivations étaient très différentes.

Mais les beaux principes du *management* participatif et de l'organisation « agile » qui étaient mis en avant n'ont pas pesé lourd devant la politique du rabot, des coupes claires dans les effectifs, des gels de crédits et des réductions budgétaires sauvages et la valse ininterrompue des réorganisations. On a même un jour songé à déplacer le secrétariat du Gouvernement à Clermont-Ferrand.

On a prétendu vouloir réduire la bureaucratie et on l'a alourdie.

On n'a pas réussi à faire de l'État une vraie entreprise. On n'a seulement réussi à en faire un monstre bureaucratique, avec des agents démotivés, avec tous les défauts de l'entreprise et tous ceux de l'administration, produisant la masse toujours plus énorme de procédures et de règles nécessaires pour mettre l'économie et la société en pilotage automatique.

On a géré ce monstre par le rationnement budgétaire, à l'exemple des ARS que les Français ont découvertes pendant la pandémie, et dont la mission principale était de fermer des lits et des hôpitaux, comme ils ont découvert à cette occasion la bureaucratie qui gérait l'hôpital sur des critères exclusivement comptables.

L'État géré comme une entreprise, ça a donné une justice exsangue matériellement, qui ne peut plus mettre les voyous en prison faute de place et qui relâche des centaines de réfugiés dans la nature, parce qu'elle n'a pas les moyens de statuer dans les délais légaux.

L'État géré comme une entreprise, ça a donné des services d'urgence fermés le week-end faute de personnel soignant, et des malades qui meurent dans les couloirs de l'hôpital parce qu'ils ne peuvent pas être pris en charge à temps. Et, pendant ce temps, des maires ferment des écoles, parce qu'ils ne peuvent plus payer les factures d'électricité.

L'État géré comme une entreprise a liquidé ses stocks de masques chirurgicaux, parce qu'une entreprise bien gérée est censée préférer les stocks zéro et le flux tendu. Les gestionnaires « agiles » disaient que si jamais il y avait une épidémie, on irait s'approvisionner sur le marché mondial, en oubliant que, en cas de pandémie, tout le monde se précipiterait en même temps sur le marché mondial. La probabilité que le marché mondial ne puisse pas répondre instantanément à la demande paraissait faible. L'état d'esprit le plus répandu était que l'on ne risquait pas grand-chose. Mais l'État a précisément pour mission d'assurer les citoyens contre ce genre de risque non mesurable que le secteur privé ne peut pas prendre en charge. On s'est moqué de Roselyne Bachelot pour avoir, en 2009, au moment de l'épidémie de grippe H1N1, stocké trop de vaccins qui se sont finalement révélés inutiles. Comme si, face à une épidémie, il valait mieux ne pas prendre assez de précautions qu'en prendre trop.

L'État comme une entreprise, c'est l'usager du service public et le citoyen transformés en clients. C'est parce que l'usager du chemin de fer est devenu un client que la tarification de la SNCF obéit au principe de la maximisation des recettes de l'entreprise privée et que le prix du billet est d'autant plus cher qu'il reste moins de places disponibles et que la sélection par l'argent s'est réinstallée, là où prévalait le principe d'égalité d'accès.

On disait l'État impécunieux, le secteur public en quasi-faillite. Pour endiguer la progression de la dette publique, on a cherché des recettes en privatisant, bradant parfois des actifs stratégiques, et en vendant de l'immobilier.

Les effectifs de la fonction publique ont augmenté, au cours des dernières décennies, mais moins vite que les besoins, au point de manquer de policiers, de magistrats, de soignants, de chirurgiens, d'urgentistes, de surveillants pénitentiaires, aussi d'enseignants pour dédoubler les classes, de médecins scolaires, d'assistantes sociales, d'éducateurs spécialisés, et même de personnels administratifs pour gérer l'inflation législative et réglementaire que tout le monde dénonce et que tout le monde nourrit. Ces pénuries sont imputables aussi bien à l'absence de gestion prévisionnelle sérieuse des effectifs et de prospective des besoins, qu'aux économies que l'on a cherché à faire à tout prix sur les effectifs et sur les rémunérations.

On a désindexé le point de la fonction publique, sous-indexé les retraites. On a coupé dans l'investissement et repoussé les travaux d'entretien. On a aussi alourdi les taxes, les impôts, les cotisations, tandis que la montée inexorable du libre-échange faisait peser de plus en plus lourdement la concurrence mondiale sur les salaires. Le rééquilibrage des comptes passait devant la croissance. Et, quand la situation devenait intenable aussi bien socialement qu'économiquement et politiquement, venait le relâchement qui, à son tour, précédait le resserrement. Il n'y a pas eu un seul budget en équilibre depuis 1975, la croissance est restée atone et le pouvoir d'achat des travailleurs en berne, tandis que les charges fixes ne cessaient d'augmenter dans le budget des ménages. Les gens soi-disant sérieux ont dit qu'il fallait rétablir l'ordre dans les finances publiques et dans la rue.

Avant les crises, toutes les majorités ont essayé de le faire. Elles n'ont réussi qu'à faire le contraire : mettre encore plus de désordre dans les finances publiques et dans la rue. Elles ont créé un cercle vicieux en confondant la cause et l'effet : c'était le désordre dans l'économie et la société qui semait le désordre dans les finances publiques et dans la rue, non l'inverse. C'étaient les politiques européennes, la mondialisation sans précaution, la concurrence et le libre-échange effrénés, l'effacement des frontières, les réformes dites structurelles qui ont causé le désordre et fait beaucoup de victimes qu'il a bien fallu secourir. Les dépenses sociales ont explosé et ont étouffé les finances publiques et celles de la sécurité sociale. Et, plus on a pris des décisions qui ont aggravé le désordre économique et social, et plus les dépenses sociales ont explosé. Davantage de dépenses et des recettes en moins ont imposé des charges supplémentaires à une classe moyenne qui souffrait déjà beaucoup. Elle a fait de l'État en tant que tel la cible de son ressentiment. La colère du contribuable contre les responsables politiques n'a eu d'égale que sa rancœur contre l'assisté et le chômeur. Ceux qui n'avaient pas de statut ont pris à partie ceux qui en avaient un, les fonctionnaires, les cheminots, les agents d'EDF… Marcel Boiteux aimait à rappeler que l'une des forces d'EDF était que ses agents éprouvaient de la fierté à y travailler et, à tous ceux qui s'égosillaient contre ce qu'ils appelaient leurs privilèges, il rétorquait :

> Certains diront que ce n'était pas étonnant, avec tous les avantages qu'ils avaient. D'une part, c'est beaucoup moins vrai

qu'on le croit pour le personnel non cadre, et complètement faux pour les cadres. D'autre part, « ça ne vous regarde pas »: seule compte la compétitivité du prix de vente. Qui pense au salaire de l'ouvrier qui l'a emballée quand il achète une brosse à dents? Ce qu'on veut, c'est que celle-ci soit bon marché à qualité égale. C'était le cas pour l'électricité.

Mais petit à petit, à force d'acharnement à casser ce qui avait si bien marché, les électriciens, dont les retraités reprenaient traditionnellement du service quand il fallait de l'aide pour réparer les dégâts d'une tempête, ont fini par ne plus éprouver autant de fierté.

Les cheminots ont subi les mêmes anathèmes du fait des avantages conférés par leur statut, en particulier leur régime spécial de retraite. On a oublié que ce régime n'a pas été créé par l'État à la suite de la nationalisation des chemins de fer par le Front populaire, et qu'il ne doit pas non plus sa création à la pression des syndicats. Il a été créé par les sociétés privées des chemins de fer au XIXe siècle, au nom de leurs intérêts bien compris[22]. Il fallait attirer de la main-d'œuvre vers des métiers difficiles, souvent pénibles, présentant beaucoup de servitudes. Il fallait former longuement cette main-d'œuvre à des tâches qui exigeaient des qualifications très particulières et, ensuite, pour rentabiliser cet investissement, il fallait la garder. Les compagnies privées ont créé des écoles professionnelles, la garantie de l'emploi, des caisses de secours mutuel, des caisses de retraite avec des départs à la retraite très tôt. Les syndicats n'ont fait que prendre le relais. Comme pour les mineurs, les gaziers puis les électriciens, il s'était créé une culture spécifique, des traditions qui se transmettaient souvent de père en fils. Toutes sortes de choses que notre société actuelle a cherché à détruire.

Il est frappant de constater que ce sont les plus fervents contempteurs de l'égalitarisme qui font tout pour que le monde du travail soit uniforme, que tout le monde y soit pareil, interchangeable, pour détruire tout attachement à un métier, à une entreprise, à

22. Georges RIBEIL, *Des faveurs patronales au privilège corporatif: histoire du régime des retraites des cheminots des origines à nos jours, 1850-2003*, Un passé si présent, 2003.

une institution, à un service public, à l'État. Susciter une forme de dévouement est une idée qui semble étrangère au *management* moderne. À la table rase de l'histoire, répond la table rase des histoires. Mais l'ironie de l'histoire justement, c'est que le déchaînement contre les professions que l'histoire avait doté, pour de bonnes raisons, d'un statut, coïncide avec le moment où l'on ne trouve plus assez de candidats pour faire ces métiers qui ne sont plus assez attractifs, mais dont nous avons pourtant absolument besoin. Les électriciens, les cheminots, les chauffeurs de bus perdent peu à peu leurs statuts, leurs petits avantages dont on grossissait l'importance pour liguer contre eux les autres professions, avec pour conséquence que, partout, on s'est mis à manquer de personnel.

Dans certains départements, on ne trouve plus assez de candidats pour conduire les bus scolaires. Les patrons des compagnies de chemin de fer privées du XIXe siècle n'avaient peut-être pas tort. En Grèce, en mars 2023, une collision ferroviaire a fait cinquante-sept morts. Un État propriétaire des infrastructures, appauvri depuis la crise grecque des années 2000 et qui n'a pas les moyens de les entretenir, la privatisation forcée par Bruxelles de l'exploitation par une société privée italienne qui ne supporte pas les charges et qui empoche les profits, un chef de gare qui n'avait pas les compétences requises, plantent le décor de la catastrophe qui a provoqué une vague d'émeutes dans tout le pays. Un drame à méditer.

Historiquement, l'État n'a eu une autorité véritable et une efficacité réelle que dans les moments où ceux qui le servaient en étaient fiers, où ils étaient habités par le sens de l'État et de l'intérêt général, parce qu'à leurs yeux et aux yeux de tous les Français, l'État était grand, l'État avait un prestige qui rejaillissait sur eux, les employés des chemins de fer ou des postes, les instituteurs, les policiers ou les gendarmes, jusqu'aux grands commis de l'État. Mais, depuis quarante ans, de réorganisations sauvages en réorganisations sauvages, d'amputations ininterrompues des prérogatives de la puissance publique, de dégradation continues de la situation matérielle et morale des agents publics, on en a démotivé beaucoup. Comme la filière nucléaire ou les métiers du rail, ou ceux de la santé ou de l'enseignement, en privant ceux qui le servent de reconnaissance matérielle et morale, l'État n'attire plus.

Année après année, on en est arrivé à ce que moins de 20 % d'une promotion de Polytechnique choisissent de le servir. Des structures comme les directions départementales de l'Équipement, héritières du service des Ponts et Chaussées dont l'origine remonte au début du XVIIIe siècle, se sont dissoutes dans les restructurations incessantes et les regroupements qui ont éloigné de plus en plus l'État des citoyens. Pour remplacer les services que les directions départementales de l'Équipement rendaient depuis deux siècles, les collectivités locales ont dû avoir recours à des sociétés de conseil privées qui ont une connaissance moins approfondie du territoire.

Aux grands corps qui avaient constitué l'armature de l'État, beaucoup d'élèves des grandes écoles ont fini par préférer la finance, les cabinets de conseils ou les grandes entreprises privées, avec lesquelles l'État conclut des contrats de partenariats public-privé qui lui coûtent plus cher que s'il assurait lui-même la conduite des projets. Il leur vend des concessions d'exploitation qui coûtent souvent plus cher à l'usager, ou il passe des contrats avec eux de sous-traitance. De sorte que l'expertise se déplaçant de la sphère publique à la sphère privée, l'État se trouve de plus en plus amené à employer indirectement des ingénieurs et des experts qu'il a formés à prix d'or dans ses écoles, en les payant beaucoup plus cher que s'il les employait lui-même.

C'est encore un cercle vicieux: plus la situation matérielle et morale des agents publics se détériore, et moins l'État attire et retient les meilleurs à tous les échelons de la fonction publique, et plus il recourt aux services du privé au motif qu'il n'a plus les compétences en interne. L'écart se creuse quand il faudrait le réduire. En quarante ans, les enseignants ont vu leur salaire, en début de carrière, passer de 2,3 à 1,2 Smic. Et, pour les cadres supérieurs du secteur public, à âge égal, qualification égale, responsabilités égales, sortis en même temps des mêmes écoles, l'écart de rémunération avec le privé s'est creusé de façon abyssale. En vingt ans, les fonctionnaires ont perdu 25 % de pouvoir d'achat sur leur rémunération indiciaire qui sert aussi à calculer leur retraite et, en 2022, on leur a octroyé comme un cadeau une augmentation du point d'indice de 3,5 % qui ne couvrait même pas l'inflation officielle de l'année. Pendant ce temps, les conditions de travail des urgentistes, des infirmières, des enseignants, des policiers, des gendarmes, des magistrats, se sont considérablement dégradées. Faute de perspectives d'amélioration de leur situation, les soignants s'en vont, les policiers et les gendarmes aussi et, dans les recrutements de ces derniers, comme dans celui des enseignants, faute de candidats, le niveau d'exigence s'effondre, avec des conséquences pour la nation dont le coût va vite devenir exorbitant. L'État a fait de la redistribution sur une grande échelle, mais lui-même est devenu pauvre. Sa paupérisation et celle de ses agents l'empêchent de remplir correctement ses missions.

On a enterré la politique d'aménagement du territoire qui aurait pu redonner de l'attractivité aux territoires ruraux et aux villes moyennes, et endiguer la croissance anarchique des grandes métropoles qui vampirisent les emplois et fait exploser la rente foncière. Dès 1970, Georges Pompidou avait dressé le constat :

> Dans l'entassement des grandes agglomérations, l'homme se voit accablé de servitudes et de contraintes de tous ordres qui vont bien au-delà des avantages que lui apportent l'élévation du niveau de vie et les moyens individuels ou collectifs mis à sa disposition[23].

On a totalement abandonné l'aménagement du territoire aux régions qui n'en ont pas fait grand-chose, quand une politique volontariste à l'échelle de la nation avait fait dans le passé la preuve qu'elle pouvait beaucoup. Mais l'État a préféré se défausser par la décentralisation, comme une entreprise qui se recentre sur son cœur de métier. Sauf que le cœur de métier de l'État est d'une nature bien différente et infiniment plus grand que celui de n'importe quelle entreprise et qu'il y a beaucoup de choses qu'il ne doit ni sous-traiter, ni déléguer. Et s'il y a une chose qu'il ne peut pas déléguer, c'est son rôle, qu'il est le seul à pouvoir remplir, dans le maintien de l'unité française. Ce sont Emmanuel Todd et Hervé Le Bras qui en ont le mieux parlé dans leur livre sur l'invention de la France : « En France, l'État central est la contrepartie d'un système anthropologique décentralisé. »

---

23. Georges Pompidou, discours prononcé à Chicago, 28 février 1970.

Naturellement, la forme de l'État dépend beaucoup de l'histoire, de la culture, de la civilisation, des traits anthropologiques propres à chaque société, chaque pays. Elle ne peut pas être la même dans un pays comme les États-Unis, où c'est la société qui a fait l'État, et en France, où c'est l'État qui a fait la société. Elle ne peut pas être la même dans un empire et dans une nation. Chaque État est le fruit d'une expérience historique singulière. Mais partout, il est le garant de l'unité. De l'unité de la société et de l'unité du pays.

Partout, l'excès d'État détruit la société, mais l'insuffisance d'État la met aussi en péril. En France, l'expérience historique est que l'unité est fragile, que lorsque l'État s'effondre tout se défait. Tous les Français le savaient d'instinct et l'avaient appris dans les manuels d'histoire, du moins tant qu'ils apprenaient l'histoire de France à l'école. Comme elles ont voulu faire l'Europe contre la nation, les élites économiques et politiques ont pris le risque de faire la décentralisation, non pas avec l'État, mais contre lui, sans rencontrer, il est vrai, beaucoup de résistance. Les uns l'ont fait par détestation de l'État gaullien, napoléonien, colbertiste. D'autres, par haine de toute autorité. D'autres encore, pour avoir les mains plus libres face à la tutelle pesante de l'État, vieux rêve de toutes les féodalités. Tous, pour en arracher morceau par morceau des parcelles de pouvoir jusqu'à ce qu'il ne lui en reste plus guère. On y reconnaît l'éternel affrontement entre les Jacobins et les Girondins, qui avait commencé bien avant qu'ils se nomment ainsi, bien avant la Révolution, dès l'origine de la construction de la France. Avec la décentralisation, le citoyen, désormais regardé comme un client, serait mieux servi et on allait faire des économies. On en a fait sur le budget des administrations centrales en transférant des compétences aux collectivités, sans transférer les financements. Le contribuable, qui paie tout en fin de compte, n'y a rien gagné. Au contraire, dans l'enchevêtrement des compétences, la superposition des bureaucraties locales et nationales, et des institutions qui se renvoient la balle des responsabilités, on a créé un désordre coûteux – et, au total, le contribuable paie plus. D'autant que, avec les grandes intercommunalités et les métropoles, on a ajouté deux couches au mille-feuille des collectivités.

On avait promis de rapprocher les administrés et les administrations. En régionalisant tout et en créant les grandes régions, on les a au contraire éloignés, et les « territoires », comme on a pris l'habitude de dire, ne se sont jamais sentis autant abandonnés et n'ont jamais aussi mal vécu l'inégalité dont beaucoup d'entre eux se sentent victimes. On est même allé jusqu'à envisager de fermer toutes les sous-préfectures, comme une entreprise fermerait son réseau de distribution.

Un matin, un responsable politique qui occupe une place élevée dans les institutions dit, à la radio, pour faire sérieux, qu'il faut diminuer la dépense publique. Poussé dans ses retranchements par la journaliste qui l'interroge, il finit par reconnaître qu'il va falloir dépenser beaucoup plus pour l'hôpital, l'école, la police, la justice, l'armée… *Alors, comment dépenser moins tout en dépensant plus ? Où allez-vous économiser ?* lui demande la journaliste. Comme d'habitude, la question reste sans réponse, mais il lui faut absolument trouver un moyen de montrer que, lui, il a une solution toute prête. Alors, il lance que, pour améliorer l'efficacité de la dépense, il n'y a qu'à décentraliser davantage. La décentralisation n'a jamais fait faire d'économies, mais c'est un mot magique avec lequel n'importe quel politicien se sort de n'importe quelle situation quand il n'a aucune solution aux problèmes qu'il soulève. On se serait cru dans un sketch daté d'une quarantaine d'années du regretté Jean Amadou sur la façon de gagner un débat politique. Sauf que, ce matin-là, ce n'était pas un sketch et, à voir l'état de la France, je me demandais qui pourrait avoir envie d'en rire.

On n'a finalement réussi qu'à diluer un peu plus la responsabilité politique avec un État qui exaspère les citoyens, en répondant à presque toutes les demandes qu'ils lui adressent qu'il n'y peut rien. De Gaulle, en 1969, avait esquissé le projet d'une décentralisation avec un État fort. On a fait la décentralisation avec un État faible, et le non-cumul des mandats a déconnecté un peu plus le local du national et le national du local, ouvrant un peu plus la porte au retour des féodalités locales. C'est une contribution au grand dessein de tous ceux qui veulent l'Europe fédérale, parce qu'ils regrettent au fond d'eux-mêmes l'Europe du Moyen Âge, celle des principautés ou du Saint Empire, quand les nations n'existaient pas encore.

Cependant, comme la mondialisation heureuse, l'Union européenne ou le marché unique de l'électricité, il n'est pas de bon ton de critiquer la décentralisation. La plupart des électeurs ont pourtant fini par ne plus aller voter aux élections régionales.

Depuis que les générations du baby-boom, qui ont, pour une partie d'entre elles, bien profité des Trente Glorieuses, sont devenues les boucs émissaires des jeunes qui ont de plus en plus de mal à s'insérer dans la société, un climat de jalousie et de détestation s'est progressivement installé dans lequel l'affaiblissement de l'État a eu une grande part de responsabilité, dès lors qu'il n'a plus été capable de protéger la cohésion sociale contre tous les chocs qui l'ont ébranlée et dont il était, bien souvent, à l'origine pour avoir troqué le volontarisme gaullien contre un laisser-faire auquel souscrivaient tous ceux qui voulaient avoir leur place dans le cercle de la raison qui n'est autre que le cercle du pouvoir. Et, comme personne n'a voulu toucher aux causes parce que toute remise en question aurait été sacrilège, le cercle vicieux s'est indéfiniment poursuivi, jusqu'au moment où les désordres des crises financière, sanitaire, et géopolitique ont créé le doute sur le laisser-faire.

Durant toutes ces années, tout s'est passé comme si l'État n'était plus notre bien commun, comme si tout ce qui pouvait lui arriver ne nous concernait plus. Comme si l'État ce n'était plus « nous », mais « eux ». Mais qui « eux » ? Et, tout à coup, cet État qui, prétendument, dans le nouveau monde, ne pouvait plus rien, ou pas grand-chose, qui ne devait plus se mêler de rien, qui était regardé, au mieux, seulement comme une assistante sociale, le voilà qui se met à dépenser des centaines de milliards qu'il n'a pas, met de côté toutes les libertés fondamentales, arrête l'économie et même la société.

Et, alors que nous sommes empêtrés dans les crises, confrontés à des violences qui, jusque-là, n'avaient concerné que les autres, qu'avec la crise sanitaire et la crise énergétique nous avons pris cruellement conscience des méfaits d'une trop grande dépendance, du fait que la qualité de nos services publics n'est plus à la hauteur de nos besoins, que nos moyens de nous défendre ne sont plus à la mesure des menaces, que nous n'avons plus assez de médecins, de personnels hospitaliers, d'enseignants, de policiers, de places de prison, de chauffeurs de bus, alors que l'histoire que l'on avait enterrée semble se répéter, il s'est mis à souffler comme un vent de panique qui a poussé bien des zélateurs du système de pensée dominant depuis quarante ans à ne plus jurer dans leurs discours que par la restauration de l'autorité de l'État, la reconstruction du service public, la relocalisation, la réindustrialisation, sans qu'ils disent jamais comment ils vont s'y prendre, pour la bonne raison qu'ils n'en ont aucune idée et qu'ils continueront à n'en avoir aucune tant qu'ils n'auront pas changé de manière de penser la politique, l'État, la société, l'économie, tant qu'ils n'auront pas fait l'*aggiornamento* intellectuel et politique que les circonstances exigent.

L'État a toujours été l'outil indispensable de la reconstruction de l'économie et de la société. C'est en commençant par reconstruire l'État que Napoléon a reconstruit la société. Il est vrai qu'après la Révolution la reconstruction avait le champ libre et que les pouvoirs du Premier Consul et de l'Empereur des Français étaient bien plus grands que ceux des élus de nos démocraties du XXIe siècle. Il a construit sur l'héritage de la Révolution, et aussi dans le prolongement de ce qu'avait accompli l'État capétien durant huit cents ans, et en particulier « la monarchie administrative capétienne » comme l'a appelée l'historien Pierre Chaunu. Quand Napoléon a déclaré « de Clovis jusqu'au Comité de salut public, je me sens solidaire de tout », ce n'était pas des paroles en l'air. La Restauration et la monarchie de Juillet ont cherché d'autres voies de synthèse pour l'État sans y parvenir.

L'État sous le Second Empire a en partie rasé le vieux Paris avec Haussmann, mais il a installé la révolution industrielle sans faire table rase de la société paysanne et en s'appuyant sur la synthèse napoléonienne de la Révolution et de l'Ancien Régime, de la tradition et de la modernité.

L'expérience de la IIIe République, entre 1870 et 1914, a été assez proche de ce que nous vivons. Elle s'est inscrite dans la mondialisation des années 1860-1914 et de la « Grande Dépression » de 1873-1896, quand la France, convertie au libre-échange depuis les années 1860, a dû faire face à l'arrivée en Europe de la concurrence agricole des États-Unis, de l'Australie, de l'Argentine, du Canada, de la Russie ou de l'Inde, et aussi à la concurrence des puissances industrielles mieux dotées en charbon, comme l'Allemagne et les États-Unis. Ruinée après la défaite et lourdement endettée, confrontée à la crise mondiale, à la perte d'une partie de ses avantages concurrentiels agricoles et à son handicap charbonnier, la France a alors été confrontée à la question du retour d'un État plus interventionniste.

Le grand débat de l'époque a été, comme aujourd'hui, celui d'un retour au protectionnisme à rebours du libre-échange qui était déjà devenu une religion. Ouvrir ce débat, c'était violer le sacré, selon la belle formule de l'historien américain David Landes qui irait comme un gant à notre époque. La rupture avec le dogme, au nom de la préservation d'un équilibre social menacé, est venue des républicains comme Gambetta, qui créa le ministère du Commerce et celui de l'Agriculture en 1881, ou comme Jules Ferry, alors qu'ils étaient jusque-là de farouches partisans du libre-échange. Progressivement mis en place sous la pression de la nécessité durant les années 1880, l'édifice d'un protectionnisme modéré a été couronné en 1892 par la loi Méline, qui a débouché sur la renégociation des traités de libre-échange signés par la France sans déclencher de guerre commerciale généralisée. Le retour aux droits de douane s'est accompagné d'un second choix décisif, qui rompait un peu plus avec la doctrine du laisser-faire, sous la forme d'une active politique de modernisation économique et d'investissements massifs. On a beaucoup dépensé pour l'éducation, embauché des instituteurs, construit partout des écoles, mais aussi des casernes, des gares, des voies de chemin de fer allant jusqu'aux chefs-lieux de canton, des installations portuaires, creusé des canaux. Le plan Freycinet, voté en 1879, a ressuscité l'État colbertiste et peut être regardé comme un grand plan de relance de l'économie française par l'investissement et la commande publique en économie protégée. L'État s'est beaucoup endetté pour investir, mais les investissements ont porté leurs fruits.

La dette publique a culminé à 115 % du PIB au milieu des années 1880, c'est-à-dire à peu près au niveau d'aujourd'hui. Le redémarrage, à partir de 1895, de la croissance stimulée par l'investissement public, l'a fait redescendre à 60 % du PIB à la veille de la Première Guerre mondiale[24]. Même les lignes de chemin de fer non rentables y ont sans

24. J. Le Cacheux, *Dette publique, dépression et croissance en France, 1871-1914*, Working Paper OFCE, mars 2015.

doute contribué, en faisant circuler les hommes et les marchandises, et les tarifs douaniers aussi, en préservant l'équilibre social et en permettant de canaliser les mutations du capitalisme et l'exode rural.

On ne raisonnait pas très différemment dans l'État colbertiste des Trente Glorieuses. Mais depuis, la table rase de la concurrence et du libre-échange est passée par là.

Il n'y a eu, dans notre histoire récente, rien qui fût comparable à ce qui a été entrepris dans les années 1890, à part l'action de l'État dans les années qui ont suivi la Seconde Guerre mondiale avec le plan Monnet et l'action de redressement engagée au début de la Vᵉ République. En 1946, le directeur du Trésor de l'époque a écrit dans ses mémoires, alors que l'endettement de l'État et l'inflation étaient au plus haut, que le plan Monnet, qui était un plan d'investissement massif de reconstruction et de modernisation, était « la seule chance pour la France d'échapper au malthusianisme ». Et c'est bien ce qui s'est passé.

En 1958, au bord de la guerre civile et de la faillite, le général De Gaulle a une fois de plus reconstruit l'État et lui a rendu son autorité.

La grande différence entre tous ces épisodes de reconstruction de l'État et aujourd'hui, ce n'est pas que la société a tellement changé qu'elle pourrait désormais se passer de l'État, ou que le sens de l'histoire nous condamnerait au « deuil difficile de l'État jacobin ». Non, la différence c'est que, à l'époque, la France avait des frontières et qu'elle n'en a quasiment plus, non parce que ce serait une fatalité, mais parce que tout a été fait pour ça. Et il n'y a pas d'État sans frontière. Sans frontière, plus d'espace délimité dans lequel puisse s'inscrire la solidarité, l'application de la loi, le monopole de la violence légitime, la démocratie… Dans la mondialisation des années 1860-1914, les traités de libre-échange concernaient uniquement la liberté du commerce, les droits de douane et les contingentements. La loi européenne ne supplantait pas la loi nationale. La porte n'était pas ouverte à tous les *dumpings*. En 1946, en 1958, les flux migratoires non maîtrisés qui minent l'État et la nation n'existaient pas. La reconstruction de l'État passe par le rétablissement des frontières politiques, sociales, économiques, culturelles. Les uns ont voulu les effacer parce qu'elles étaient une entrave à la quête du profit maximum. Les autres par détestation des nations. Les deux avaient un point commun : une commune détestation de l'État.

Mais, soixante-cinq ans après la fondation de la Ve République, il y a aussi, derrière l'affaissement de l'État, la dévalorisation de la politique et le désordre dans les institutions. L'État paie au prix fort de s'être défaussé sur les autorités indépendantes, les juridictions, les marchés, le droit de la concurrence, l'Europe, les associations, les conventions citoyennes tirées au sort. Il faut y ajouter encore les effets de l'interdiction du cumul des mandats qui, non seulement, dresse le local contre le national, mais contribue aussi à rendre encore moins attractive la carrière politique, qui attire de moins en moins de candidats de valeur. On en veut aux élites et aux politiciens qui ont failli dans leur mission. On veut les punir. On leur jalouse leurs prétendus privilèges, comme chaque catégorie sociale jalouse les privilèges supposés de toutes les autres. Une conséquence est que les élites désertent la politique. Or, que les élites désertent la politique n'est bon pour personne. Tout le monde voit la baisse du niveau et s'en plaint. On a de plus en plus de mal à trouver des ministres et des parlementaires à la hauteur. Mais il semble que personne n'a le courage de revenir sur les fautes qui nous ont mis dans cette situation.

Ces fautes ont été commises par les politiciens eux-mêmes, qui n'ont pas compris qu'en cédant à la démagogie ils ne se dédouanaient pas, mais se préparaient à devenir à leur tour des boucs émissaires. Ils se sont aussi rendus coupables de l'instauration du quinquennat qui a totalement déréglé la Ve République. Avec le quinquennat, le président de la République a cessé d'être en surplomb du Gouvernement et de la majorité. Une plus grande confusion s'est installée entre le rôle du Premier ministre et celui du président, ne laissant plus assez de distance à ce dernier pour incarner, quand c'est nécessaire, l'unité nationale qui est son premier devoir de chef de l'État.

Mais les politicien qui n'ont pas mesuré les conséquences de leurs actes ne sont pas les seuls coupables. Le quinquennat a été approuvé le 24 septembre 2000 par un référendum auquel 70 % des Français n'ont pas participé, et où 73 % des votants ont approuvé la réforme, c'est-à-dire 22 % des inscrits. Entre un peu d'adhésion et beaucoup d'indifférence, les Français ont laissé faire. Pour l'adoption de la constitution en 1958, il y avait eu plus de 80 % de votants et plus de 82 % de oui. Pour le référendum sur l'élection du président au suffrage universel en 1962, il y avait eu 77 % de votants et 62 % de oui. En 2008, la limitation à deux mandats successifs a été introduite, ajoutant ses effets délétères sur le deuxième mandat. Mais, finalement, personne ne s'en est ému, jusqu'au deuxième mandat d'Emmanuel Macron où les conséquences néfastes de cette innovation constitutionnelle apparaissent au grand jour. Nous avons ressucité la logique institutionnelle qui prévalait sous la IVe République, avec son régime d'Assemblée et des partis, son incessant tourniquet ministériel et son naufrage final. On a abîmé l'État en abîmant la constitution gaullienne avec des réformes incessantes et en y insérant les traités européens.

Pour réparer l'État, il faudrait que tous ceux qui le gouvernent et ceux qui le servent aient encore ce que l'on appelait jadis le sens de l'État, et qu'il soit admis qu'il y a une raison d'État et que cette raison d'État est une raison nationale.

Dans le sens de l'État, il y a, entre autres, une idée de la limite, celle au-delà de laquelle le consentement d'une partie de la population n'est plus acquis et où l'unité nationale se trouve dès lors remise en cause. Le sens de l'État c'est, entre autres, d'être conscient que ce n'est pas parce que l'on a avec soi la majorité du Parlement et les CRS que l'on peut faire ce que l'on veut. *A fortiori*, lorsque l'on n'a pas la majorité au Parlement mais seulement les CRS. Le sens de l'État, c'est avoir constamment à l'esprit que la légitimité, même dans une démocratie, n'est pas seulement donnée par l'élection, mais qu'elle est donnée aussi par le consentement, que l'autorité ne peut s'exercer que si elle est reconnue et acceptée par ceux sur lesquels elle est censée s'exercer.

Renan disait que la nation était un plébiscite de tous les jours. La légitimité et l'autorité sont aussi des plébiscites de tous les jours. On dira plutôt aujourd'hui des référendums de tous les jours. L'oublier, c'est mettre en péril la légitimité et l'autorité.

Le sens de l'État, est dans la conscience des limites que l'on doit se fixer à soi-même. Le sens de l'État, est dans la conscience de servir quelque chose de plus grand que soi, dans l'humilité et l'abnégation qui poussent le serviteur de l'État à incarner sa fonction en y sacrifiant son moi plutôt qu'en diluant sa fonction dans son moi.

L'impérieuse nécessité d'avoir le sens des limites lorsque l'on exerce un pouvoir ne vaut pas que pour les hautes autorités de l'État. Elle vaut pour les gendarmes et les policiers, mais aussi pour les juges. L'indépendance du juge ne va pas sans les limites qu'il met lui-même à son pouvoir et sans la conscience de ses responsabilités vis-à-vis de la société. L'oubli de cette exigence n'est pas étranger à la crise de confiance entre la police et la justice qui, en 2023, s'aggrave dangereusement, met en péril l'autorité de l'État et celle des juges, ébranle l'ordre social et politique.

Nous avons, durant ces dernières décennies, bien souvent ignoré ces limites qui devraient faire partie des règles non écrites de la conscience de ceux qui prétendent gouverner, commander ou juger. Il faut dire que c'est dans presque tous les domaines que l'idée de limite a été perdue de vue. Nous commençons à en payer le prix. Il nous faut maintenant non expier nos fautes, mais, autant que faire se peut, les réparer. Y parviendrons-nous à temps ? Le temps presse pour une société au bord de la rupture. Les moments de troubles où l'État affaibli se révèle impuissant face à un trop grand désordre sont les moments dangereux où le risque est le plus élevé que le pouvoir tombe entre de mauvaises mains que nous ne connaissons pas encore, mais qui peuvent sortir du besoin d'ordre exacerbé par le chaos. C'est l'affaire de tous de veiller à ce que cela n'arrive pas. C'est une responsabilité partagée, car nulle tyrannie dans l'histoire n'a pu s'installer et se maintenir sans qu'une partie de la société l'ait appelée pour mettre un terme à une situation qui lui paraissait insupportable.

On a vu, pendant la pandémie, que les sociétés qui paraissaient les plus solidement ancrées dans de grands principes pouvaient se dérégler du jour au lendemain et perdre d'un coup tous leurs repères et tous leurs principes.

La pandémie et les émeutes urbaines n'ont fait qu'ajouter leurs chocs violents aux dérèglements d'une société déjà bien malade.

Comme au temps des rois où l'on tuait parfois les percepteurs, on a tué un agent du fisc. On ne sait pas s'il y en aura d'autres, mais on sait que la violence des bonnets rouges et des Gilets jaunes a été celle des révoltes fiscales de tous les temps. La violence physique se répand comme une épidémie. Le passage à l'acte est de plus en plus fréquent. Des bandes défendent leur territoire contre la police, comme si cette dernière n'était qu'une bande rivale. Des bandes ethniques organisaient des expéditions punitives contre d'autres ethnies. L'autodéfense pointe le bout du nez et nous faisons encore semblant de croire que nous sommes immunisés contre les guerres civiles et les guerres de Religion, et que plus jamais il n'y aura de jacqueries sanglantes, de Saint-Barthélemy, de massacres de Septembre, de Versaillais et de Communards qui s'entre-tuent.

L'espèce d'effondrement auquel nous assistons n'a-t-il vraiment rien de comparable à ce qui s'est produit dans le passé ? Sommes-nous si sûrs que l'effondrement des structures étatiques, le morcellement de l'espace public, la montée de l'insécurité, les invasions de la période sombre et anarchique qui va, en Occident, de la chute de l'Empire romain au Haut Moyen Âge, à peine interrompue par l'éphémère renaissance carolingienne, n'a rien à nous apprendre sur ce qui peut nous arriver ? Les féodalités de l'époque qui venaient combler le vide laissé par la vacance du pouvoir central et de son administration, n'ont-elles vraiment rien de commun avec celles qui émergent aujourd'hui des ruines de l'État, même si ces dernières, comme le disait De Gaulle, ne sont plus dans les donjons ?

On ne le dira jamais assez : à part les dix mois de la Terreur en 1793-1794 et Pétain en 1940, la France a plutôt eu de la chance, quand l'effondrement de l'État ouvrait la porte au chaos et aux instincts animaux. Les autres ont eu Mussolini, Hitler, Franco, Salazar, Staline, Mao. Au bord de l'effondrement ou dans la guerre civile, pour reconstruire l'État et réconcilier les Français, la France a eu Charles V et du Guesclin à la fin de la première partie de la guerre de Cent Ans, Charles VII et Jeanne d'Arc à la fin de la deuxième partie, Henri IV à la fin des guerres de Religion, Bonaparte à la fin de la Révolution, De Gaulle à la Libération et en 1958.

La France a eu de la chance. En aura-t-elle encore ? En démolissant l'État parce que nous pensions que nous n'en avions plus besoin, nous avons pris, sans nous en rendre compte, sans nous en soucier, un risque énorme. Le mal le plus profond, le risque le plus grand vient de l'incapacité croissante de nos responsables politiques à dire « non », à opposer un refus obstiné à tout ce qui met en cause les intérêts vitaux de la nation, de l'incapacité à prendre le risque d'ouvrir des crises limitées pour en éviter de plus graves, comme le faisait le général De Gaulle. Ce n'est pas une question d'époque, mais de caractère, de conception de la politique comme volonté humaine dans l'histoire et de sens donné au mot souveraineté. Comme une ruse de l'histoire, l'idéologie de la table rase de l'État a débouché sur une quantité astronomique de chèques que l'État s'est mis à distribuer à toutes les catégories sociales, quoi qu'il puisse en coûter. Le paradoxe, finalement, c'est que ceux qui avaient tant abaissé et affaibli l'État, sont passés sans transition de l'idéologie de l'État minimum à celle du « quoi qu'il en coûte » indéfiniment reconduit. On n'a jamais vu des gens autant gaspiller l'argent public pour essayer d'atténuer des maux dont ils étaient eux-mêmes à l'origine et qu'ils laissaient s'aggraver parce qu'ils n'arrivaient pas à se remettre en cause. Ils préfèrent faire des chèques à tout le monde pour amortir la hausse des factures d'électricité, plutôt que de sortir du marché unique de l'électricité et mettre en place des boucliers dans tous les sens contre l'inflation, plutôt que de réfléchir sérieusement aux avantages, aux inconvénients et aux modalités possibles d'une indexation des salaires et des retraites sur les prix. Incompréhension de ce à quoi aspirent les Français qui ne demandent pas la charité, mais veulent pouvoir vivre de leur travail ou de leur retraite. Quand l'inflation repart en 2022-2023, à cause du prix de l'énergie notamment, le Gouvernement se défausse de ses responsabilités en matière de pouvoir d'achat sur la grande distribution. Il fait la morale aux distributeurs, mais il continue à prétendre contre toute évidence que la France ne peut pas sortir du marché unique de l'électricité à cause des interconnexions au prétexte qu'en sortant du marché unique, la France ne pourrait plus acheter du courant quand elle en a besoin. Pourquoi raconter n'importe quoi ? Pourquoi cacher des choix politiques derrière de faux arguments techniques ? Comment espérer rétablir la confiance en agissant ainsi ? Et qui ne pressent qu'après la débauche de chèques et de boucliers anti-inflation viendra, de nouveau, l'austérité et le rabot des crédits qui abîment un peu plus les services publics et le pouvoir d'achat ?

La table rase de l'humain

Il y a bien des façons de faire table rase de l'humain. La façon la plus pratique et au fond la plus efficace aujourd'hui est de le faire disparaître dans la statistique et la comptabilité, et de le dissoudre dans les moyennes, les données de masse et le numérique.

« La seule chose qui ne se discute pas, ce sont les chiffres », proclamait Santé publique France au cours de la pandémie. Comment est-il possible qu'aucune protestation ne se soit élevée contre cette affirmation qui bafoue la science ? Ce qui ne se discute pas n'est pas de la science. Et s'il y a bien quelque chose qui se discute dans la science, ce sont les chiffres. Il y a plusieurs sortes de chiffres. Il y a ceux qui résultent d'un comptage comme les chiffres de Pôle emploi, ou ceux des morts de telle ou telle maladie, ou les statistiques des douanes, avec toutes les incertitudes liées à l'intervention humaine. Il y a ceux qui sont enregistrés par des machines, comme les données des sismographes qui sont fiables si la machine est bien réglée et en état de marche. Il y a les données de recensement, censées être exhaustives, celles des enquêtes qui sont déclaratives tout comme celles des sondages et qui sont tributaires de la subjectivité des personnes interrogées et de la représentativité des échantillons. Il y a les chiffres de la comptabilité et ceux de la statistique…

Tous les chiffres ne sont pas comparables et ils ont chacun leur marge d'incertitude. Tout chiffre mesure quelque chose qui fait l'objet d'une définition qui est plus ou moins discutable, comme le taux de chômage ou le pouvoir d'achat, le produit intérieur brut ou le taux d'endettement. Et puis, il y a les moyennes qui ne valent que si les données sont groupées autour de celles-ci. Il y a les indices qui ne valent que ce que valent leurs pondérations. Il y a les chiffres du passé, ceux de la comptabilité générale, ceux de la comptabilité budgétaire, ceux de la comptabilité nationale, qui valent ce que valent les conventions comptables. Il y a les chiffres de l'avenir qui valent ce que valent les prévisions ou les extrapolations, ceux des lois de finance initiales qui valent ce que valent les hypothèses économiques du budget. Il y a les chiffres du présent qui ne valent que pour l'instant présent, ceux qui proviennent des cotations sur des marchés, comme ceux qui sont issus des cours de Bourse et qui servent à évaluer la valeur des entreprises et le montant des fortunes. Mais que signifient ces montants, quand un milliardaire peut perdre 80 milliards en une journée, ou les gagner et les perdre à nouveau dans le même laps de temps ? Oui, les chiffres, ça se discute : pendant la pandémie de 2020-2022, les chiffres ont été surabondamment utilisés par les autorités sanitaires pour justifier leurs décisions. Mais quels chiffres ? France 3 Provence-Alpes-Côte d'Azur avait relevé que les chiffres de l'épidémie dans la région pouvaient varier du simple au triple selon les sources. Ainsi, l'enquête menée par la chaîne faisait-elle ressortir que :

> lorsque Santé publique France a annoncé quatre cent quatre-vingt et une personnes hospitalisées pour cause de la Covid-19 dans les Alpes-Maritimes le 16 décembre 2020, l'agence régionale de Santé (ARS) n'en a compté que deux cent quatre et le CHU, qui collecte les chiffres pour tous les établissements de santé, publics et privés, pour le département, n'en a enregistré que cent soixante-dix-huit. [...] Santé publique France a expliqué qu'ils comptent toutes les hospitalisations Covid-19, y compris les « soins de suite ». Dans ces soins, sont incluses les personnes qui ont eu la Covid-19 et sont sortis de réanimation et vont en maison de repos par exemple. Ce sont donc les personnes en convalescence. À l'inverse, au CHU, on ne compte pas tous les patients testés positifs à la Covid-19 ! On ne compte que ceux qui sont entrés à l'hôpital en étant déjà positifs à la Covid-19. [...] Du côté des chiffres en réanimation, Santé publique France et l'ARS ont donné les mêmes chiffres, mais, là encore, les données fournies du CHU ont été différentes.

Mais, bien sûr, « les chiffres ne se discutent pas ».

Au cours de la pandémie, nous avons créé notre ministère de la Vérité, le Miniver d'Orwell dans *1984*, mais ce n'était pas de la science-fiction. Et, si vous vous écartiez de cette vérité officielle, si vous preniez avec elle quelque distance critique que ce fut, vous deveniez aussitôt un obscurantiste, voire un complotiste ennemi de toute science, quand ce n'était pas les vérificateurs des médias, les gardiens de la vérité officielle, les *fact checkers* comme on les appelle, qui vous clouaient au pilori en manipulant bien souvent des données qu'ils ne maîtrisaient pas.

Le problème de cette vérité scientifique, c'est qu'elle peut changer avec des travaux ultérieurs et que, à la vouloir indiscutable, on la discrédite. Comme le montrent les publications du très sérieux National Bureau of Economic Research américain, aucune étude statistique et économétrique sur les cinquante États américains et sur plusieurs dizaines de pays ne vient conforter l'idée que le confinement a diminué la mortalité[25-26]. Certaines études indiquent même que le confinement pourrait avoir accru le nombre des décès. L'une d'entre elles estime que ce surcroît de décès pourrait être, pour les États-Unis, de l'ordre de deux cent mille entre avril 2020 et fin 2021, avec des chiffres proportionnellement du même ordre de grandeur pour les pays européens, à l'exception de la Suède qui n'a pas recouru au confinement[27].

Qui en parle en France, ne serait-ce que pour en tirer des leçons pour l'avenir ? Qui parle des enquêtes qui attestent de la dégradation de la santé mentale des gens causée par le confinement[28] ? Qui parle des résultats des études sur l'effet du port obligatoire des masques comme ceux publiés par la très sérieuse organisation Cochrane, organisation internationale indépendante et à but non lucratif qui établit les revues systématiques des données de recherche des essais cliniques répondants aux critères scientifiques les plus rigoureux dans le domaine de la santé, et que tous les chercheurs connaissent. Il en ressort que, avant la pandémie, tous les essais répertoriés ne laissaient apparaître aucune évidence de l'effet significatif des masques sur la

25. Phil Kerpen, Stephen Moore, Casey B. Mulligan, « A final report card on the states' response to covid-19 », *Working Paper*, vol. 29928, avril 2022, http://www.nber.org/papers/w299282.
26. Virat Agrawal, Jonathan H. Cantor, Neeraj Sood, Christopher M. Whaley, « The impact of covid-19 pandemic and policy responses on excess mortality », *Working Paper*, vol. 28930, juin 2021 (mis à jour en septembre 2022), http://www.nber.org/papers/w28930.
27. Casey B. Mulligan, Robert D. Arnott, « Non-covid-19 excess deaths, 2020-21, collateral damage of policy choices ? », *Working Paper*, vol. 30104, juin 2022, http://www.nber.org/papers/w30104.
28. Étude Ipsos réalisée auprès d'un échantillon de 1 000 Français âgés de 18 ans et plus, du 24 au 27 septembre 2021.

transmission des maladies respiratoires, et que toutes les données recueillies au cours de la pandémie ne font que confirmer ce résultat. Il faut aussi tenir compte du fait que les masques ne peuvent pas être portés avec la même rigueur dans un service de chirurgie, et quand on les étend à toute la vie courante et à toute la population. Aux États-Unis, la comparaison des données épidémiologiques entre les États qui ont imposé l'obligation du masque et ceux qui ne l'ont pas imposée ne laisse pas apparaître la moindre évidence d'une différence entre les premiers et les seconds[29], alors que de nombreuses études ont mis en évidence des effets négatifs sur la psychologie et sur la santé du port obligatoire du masque. Tel est l'état de la science.

Pourtant, aujourd'hui encore, il semble impossible de mettre en question les choix de politique sanitaire qui ont été faits à l'époque, prétendument au nom de la science et des chiffres qui ne se discutaient pas.

Mais les chiffres, ça se discute : on peut annoncer que les effectifs de la fonction publique ont augmenté deux fois plus vite que la population depuis la fin des années 1990 et en conclure que les fonctionnaires sont beaucoup trop nombreux. Mais si l'on corrige ce chiffre avec les 10 % de diminution du temps de travail imputable aux trente-cinq heures à partir de l'an 2000 et du développement du temps partiel, l'augmentation du volume de travail disponible est légèrement inférieure à l'augmentation de la population. Et, comme la société a été beaucoup abîmée par la crise sociale, que l'insécurité a augmenté et que la population a vieilli, les besoins ont en réalité crû plus vite que les effectifs.

Les chiffres, ça se discute. Pourtant personne ne discute le taux d'endettement public qui rapporte le montant de la dette publique au PIB. Ce ratio, cité à tout bout de champ, rapporte un stock à un flux, ce qui ne nous dit absolument rien sur notre capacité de faire face aux échéances du service de la dette. Pour cela, c'est le montant du service de la dette qu'il faudrait rapporter au PIB, qui est à la nation ce que

29. John TIERNEY, « Masks make no difference in reducing the spread of Covid, according to an extensive new review by Cochrane the gold standard for evaluating health interventions », 17 février 2023.

le revenu est à un ménage. Comme pour un ménage, on évalue la capacité d'emprunt en rapportant les échéances mensuelles du prêt à ses revenus mensuels, on doit évaluer celle d'un pays en rapportant le service annuel de sa dette à ses revenus de l'année.

Les chiffres, ça se discute. Pourtant, personne n'ose discuter les notes censées mesurer le risque de défaillance que les agences de notation financières attribuent aux dettes privées et publiques.

Personne ne sait comment est fabriqué cet indice synthétique ni sur quelles informations il repose. Ces notes, bien qu'elles aient été souvent prises en défaut et qu'elles aient eu une lourde responsabilité dans la crise des *subprimes* en 2008, sont prises, si l'on peut dire, pour argent comptant et peuvent mettre en difficulté des banques, de grandes entreprises ou même des États. Dictature du chiffre, même quand tout le monde sait qu'il ne signifie pas grand-chose.

Et que dire du PIB, le chiffre-roi de la statistique, objet de toutes les attentions, réponse à toutes les attentes, clé de tous les grands équilibres comptables ? Qui se demande encore ce qu'il mesure ? Malgré une abondante littérature qui en explore les limites, il est encore tout le temps utilisé dans le débat public comme la mesure ultime de l'enrichissement du pays, de son niveau de vie. Et pourtant, un tremblement de terre fait augmenter le PIB…

Cela devrait faire réfléchir, mais non. Fétichisme du chiffre. Il serait absurde de mettre le PIB à la poubelle, mais garder toujours à l'esprit ses limites éviterait de lui faire dire n'importe quoi et de passer à côté de bien des choses essentielles qu'il ne peut pas appréhender.

Le chiffre a fini par devenir une vérité indiscutable. Les chiffres nourrissent les éléments de langage, qui sont devenus à la politique ce que jadis la réclame était à la lessive, masquant la réalité psychologique, sociale et même économique du pays à des responsables politiques, qui bien souvent mentent et se mentent à eux-mêmes. Ils se mentent à eux-mêmes en prenant pour argent comptant les chiffres qu'on leur donne pour les conforter dans leurs certitudes. Ils mentent en citant comme des données des chiffres produits par des simulations, comme ce ministre qui a dit sur un plateau de télévision : « À Bercy, nous avons tout ce qu'il faut pour faire des simulations et nos simulations montrent que... » Or, les simulations ne montrent rien, en dehors des hypothèses sur lesquelles elles reposent. A-t-on jamais entendu un ministre, celui-là comme un autre, se lancer dans l'examen critique des hypothèses sur lesquelles reposaient les simulations dont il brandissait les résultats ?

Ce qui a beaucoup contribué à installer le chiffre en arbitre suprême de la politique et du débat public, c'est l'importance accordée à ce que l'on appelle la politique comptable, c'est-à-dire celle qui n'a pour objectifs, pour seuls critères, pour seul horizon que des agrégats comptables, pris comme des fins en soi. Mais comme il y a plusieurs types de comptabilité, on s'y perd vite et on fait dire n'importe quoi aux chiffres.

L'exemple le plus visible, parce que l'on bute sans arrêt sur lui, est celui des déficits. Le mot est lesté d'une lourde charge négative, au point que l'on ne se demande plus ce que ce mot signifie. Il est parfois le produit des seules conventions comptables sans la moindre signification économique, comme le déficit d'un hôpital public. On oublie souvent la mécanique comptable sur laquelle repose son calcul, ce qui conduit à des interprétations erronées, comme c'est fréquemment le cas par exemple pour le déficit de la balance des paiements courants soumise à la mécanique de la comptabilité en partie double. Un excédent de la balance courante signifie que la balance des capitaux est en déficit, c'est-à-dire que les capitaux préfèrent aller s'investir à l'étranger. Un déficit de la balance courante signifie que la balance des capitaux est en excédent, c'est-à-dire que les capitaux préfèrent s'investir en France. Qu'est-ce qui est le mieux ? À quelles conditions ? On emploie le mot déficit à tort et à travers. Des génies ont même réussi à calculer un prétendu déficit, de l'ordre de trente milliards, du régime des retraites de la fonction publique, ce qui est aussi absurde que de calculer un pseudo-déficit de l'Éducation nationale. Puisque l'État paie à la fois les traitements des fonctionnaires et les pensions de retraite, dans un tel système, toute cotisation est fictive, et n'est qu'une écriture comptable. Dans un tel système, il ne peut y avoir ni déficit, ni excédent. On peut débattre du niveau des rémunérations des fonctionnaires, trop haut ou trop bas, du niveau de leurs pensions de retraites, de l'âge de départ de certaines catégories d'agents, mais pas du déficit ou de l'excédent de leur régime de retraites puisqu'il ne peut pas exister. Mais, ça ne fait rien, le fonctionnaire est un bon bouc émissaire et tous les moyens sont bons, même les plus absurdes. Et, avec quelques chiffres, ça fait tout de suite plus sérieux, même si ces chiffres sont imaginaires.

Le déficit qui revient le plus souvent dans le débat public est celui des finances publiques qui, dans l'esprit de beaucoup de gens, s'apparente au résultat négatif d'une entreprise. Or, il y a entre les deux une différence essentielle, puisque dans la comptabilité d'une entreprise la dépense d'investissement financée par l'emprunt ne creuse pas ses pertes, tandis que dans la comptabilité budgétaire de l'État qui s'apparente à une comptabilité de caisse, tout investissement financé par l'emprunt creuse comptablement le déficit. Ce qui explique que les critères européens de déficit budgétaire ont souvent conduit à sacrifier l'investissement public.

En 2023, la valse des chiffres censés justifier la réforme des retraites, aussitôt dévoilés, aussitôt démentis, a donné le tournis aux Français qui n'en ont retenu qu'une seule chose, c'est le sentiment que l'on se moquait d'eux. Les quelque deux millions de retraités supplémentaires qui devaient, grâce à la réforme, voir leur pension portée à 1 200 €, d'abord nets puis finalement bruts, et dont le Gouvernement a fini par reconnaître qu'ils ne seraient en fin de compte que dix mille à vingt mille, resteront dans les annales. Le comble du ridicule a été atteint lors des débats parlementaires, où la vérité a éclaté au grand jour lorsque le ministre du Travail a répondu, en séance, à un député qui lui demandait d'où venaient ses chiffres : « Je n'ai pas de comptes à rendre, ni sur les canaux, ni sur la manière dont je fais mes prévisions ! » La seule explication raisonnable d'une telle réponse est qu'il ne savait pas d'où venaient les chiffres qu'il citait à longueur de temps, comme c'est en réalité bien souvent le cas.

Le conseil d'orientation des retraites a établi des projections. Comme tout exercice de ce genre, elles sont fondées sur des hypothèses qui peuvent être discutées. Les uns trouvent que les hypothèses sur l'évolution de la productivité sont trop optimistes. Les autres, comme le démographe Hervé Le Bras, considèrent que les prévisions démographiques du scénario retenu par le Gouvernement pour justifier la réforme des retraites écartent l'hypothèse la plus probable au regard des évolutions récentes, celle d'une plus faible augmentation de l'espérance de vie[30].

Ce que l'on mesure est toujours une construction de l'esprit. Voici un exemple parmi d'autres, tiré de la comptabilité générale, celle de toutes les entreprises : quand une entreprise est confrontée à un risque sérieux de pertes sur une créance, elle doit passer une provision dans sa comptabilité. Dans les années 1980, au moment des crises des dettes souveraines, certains analystes expliquaient à propos des banques qui avaient prêté à des pays en développement au bord de la cessation de paiement qu'elles ne couraient pas de risques parce qu'elles avaient provisionné ces prêts à 100 % dans leurs comptes. Mais les provisions ont pour seul effet de réduire le bénéfice net comptable et éventuellement les dividendes versés aux actionnaires et les impôts versés au fisc. À part ça, elles n'ont aucune réalité économique. La banque a reprêté l'argent économisé sur l'impôt et les dividendes et, lorsque les débiteurs font faillite, il n'est disponible nulle part pour régler les échéances des emprunts que la banque elle-même a contractés pour financer ses prêts.

Même provisionnée à 100 % sur toutes ses créances douteuses, la banque peut donc faire faillite quand ses débiteurs font faillite. La comptabilité vise à être un reflet de la réalité économique, non la réalité économique elle-même.

Ce qui est vrai de la comptabilité générale l'est aussi de la comptabilité nationale. Ainsi, par exemple, le taux de prélèvement obligatoire qui paraît, à première vue, quelque chose de très simple, n'échappe pas à la nécessité de toujours s'interroger sur la signification à donner aux chiffres. Il y a trente ans, le Conseil national de l'information statistique soulignait déjà que c'était « un concept aux frontières imprécises dont la signification économique reste limitée ». Il constatait que la liste des prélèvements considérés

---

30. *Le Monde*, 4 février 2023.

comme obligatoires variait beaucoup d'un pays à l'autre, ce qui compliquait les comparaisons internationales[31]. Outre le fait que le taux de prélèvements obligatoires peut augmenter mécaniquement en période de reprise économique à cause de la progressivité de l'impôt et du retour des profits, on ne peut pas l'interpréter sans le mettre en regard avec les dépenses des ménages que l'on peut qualifier de quasi obligatoires, parce que leur privation exercerait un effet négatif très important sur leur bien-être, telles que l'école, l'université, la retraite, l'assurance maladie ou l'assurance chômage. La France est dans le peloton de tête des pays développés pour la socialisation des dépenses, les États-Unis dans le peloton de queue.

Mais quand on additionne les prélèvements obligatoires et les dépenses quasi obligatoires qui ne sont pas prises en charge par la collectivité, les États-Unis remontent dans le classement, juste derrière la France[32]. L'interprétation du taux de prélèvement obligatoire est donc inséparable du jugement que l'on porte sur le contrat social, qui est propre à chaque pays, et sur les inégalités acceptables.

Il ne faut pas rejeter les chiffres, nous en avons besoin. Mais il faut garder à l'esprit que les chiffres se discutent et que les interpréter est souvent un peu plus compliqué qu'il y paraît. Mais justement, c'est ce que la plupart de ceux qui les brandissent semblent avoir oublié. Il n'y a rien de pire que d'opposer les chiffres et les sentiments, mais c'est précisément ce qui arrive quand le chiffre est utilisé pour interdire tout débat. C'est ainsi que, au fur et à mesure qu'il devenait plus difficile de discuter les chiffres, ils se sont heurtés au sentiment. Le sentiment d'insécurité s'opposait aux statistiques de l'insécurité qui affirmaient que l'insécurité baissait ; le sentiment que la justice était laxiste s'opposait aux statistiques qui démontraient qu'elle était sévère ; le sentiment de la violence qui montait à l'école s'opposait à la statistique de la violence à l'école qui disait le contraire ; le sentiment que le niveau scolaire baissait, aux chiffres qui prétendaient qu'il n'y avait

31. Conseil national de l'information statistique, *Prélèvements fiscaux et sociaux*, t. I, décembre 1992.
32. Anthony B. Atkinson, *Inégalités*, Le Seuil, 2016 (trad. fr.).

pas lieu de s'inquiéter ; le sentiment que le pouvoir d'achat diminuait, aux chiffres de la comptabilité nationale qui affirmaient le contraire. Et la statistique avait toujours raison contre le sentiment. À présent, ce que vivent les gens, et ce que les statistiques masquent, nous saute à la figure non parce que tout à coup un vaste complot de statisticiens et de politiciens serait dévoilé, mais parce que le statisticien fait ce qu'il peut avec ce qu'il a. Si les victimes de la délinquance ne portent pas plainte parce qu'elles ont peur des représailles, les statistiques de la délinquance ne peuvent pas mesurer l'explosion de la délinquance.

En 2002, après l'audition du directeur général de la police nationale, une commission d'enquête du Sénat constatait qu'il existait

> de nombreux « filtres » entre la commission d'une infraction par un mineur et sa mise en cause. Il faut d'abord que la victime porte plainte, ce qui est loin d'être toujours le cas, que l'infraction soit signalée au parquet, enfin que le parquet prononce la poursuite de l'infraction et que celle-ci soit élucidée.
> En conséquence, les statistiques fournies par la police et la gendarmerie fournissent plus une mesure de l'activité de leurs services qu'une mesure de la délinquance réelle[33].

Vingt ans plus tard, c'est toujours vrai, sauf que tout s'est aggravé et que l'écart entre les statistiques et ce que vivent les gens s'est creusé.

Les statistiques sur les atteintes à la laïcité et la violence à l'école, en particulier contre les enseignants, étaient rassurantes, et sur l'école comme sur tant d'autres sujets, les cassandres étaient montrées du doigt. Les fauteurs de troubles étaient ceux qui, contre l'évidence des chiffres, prétendaient que la situation empirait. Cette tranquille indifférence au sort de l'école prit fin en 2018 quand une enseignante a été menacée en classe par un élève, qui a pointé sur elle une arme à feu qui, par la suite, s'est révélée factice. C'était la goutte d'eau qui a fait déborder le vase et inondé les réseaux sociaux d'une multitude

---

33. Rapport de commission d'enquête n° 340 (2001-2002) de MM. Jean-Claude CARLE et Jean-Pierre SCHOSTECK, fait au nom de la commission d'enquête, déposé le 27 juin 2002.

de témoignages d'enseignants ayant subi des violences verbales ou physiques, qui n'avaient fait l'objet d'aucun signalement au prétexte qu'il ne fallait pas faire de vague. Le succès du mouvement *#pasdevague* avait fait apparaître au grand jour que les statistiques sur les violences à l'école sous-estimaient grandement le phénomène et que, loin de se placer du côté des enseignants agressés, l'administration était encline à les désavouer. On jura que cette époque était révolue et les autorités reconnurent que l'explosion de la violence à l'école n'était pas seulement un sentiment, mais une réalité, et qu'il y avait de bonnes raisons pour que dans de nombreux établissements, les enseignants exercent leur métier avec la peur au ventre. Deux ans plus tard, Samuel Paty, professeur d'histoire-géographie dans un collège de Conflans-Sainte-Honorine, était décapité parce qu'il avait voulu faire son devoir d'enseignant sans céder à l'autocensure de la peur. L'on comprit assez vite que, dans les semaines qui avaient précédé cette mise à mort, le « pas de vague » avait encore sévi.

On doit à cet écart grandissant entre ce que les gens vivent et les chiffres censés leur dévoiler la réalité de ce qu'ils vivent, le sentiment qu'on les méprise ou qu'on leur ment. Mais quand presque tout le monde ressent le contraire de ce que dit la statistique, c'est sur la statistique qu'il faut s'interroger et non sur la santé mentale des gens.

Or, quand tant de gens trouvent dans leur propre vie beaucoup de raisons de penser que les institutions leur mentent on peut commencer à s'inquiéter pour la suite de l'histoire.

Nous avons pris l'habitude de vivre dans la vérité postulée des nombres, des quantités et des moyennes et cela nous a fait commettre bien des erreurs dont nous subirons longtemps les conséquences.

Nous sommes tous, plus ou moins, les enfants de saint Thomas, que la Tradition surnomme l'Incrédule parce qu'il avait dit : « Si je ne vois pas dans les mains la marque des clous, si je ne mets pas ma main dans son côté, non, je ne croirai pas. »

Ces preuves, nous les avons de plus en plus cherchées dans du tangible, du solide, du concret, du chiffré, du mesuré, le reste ne comptant pas.

Cette religion du chiffre qui écarte tout le reste a masqué de plus en plus tout un pan de la réalité dans laquelle nous vivons, qui est invisible à l'œil nu et dont nous devrions pourtant tenir compte dans tout ce que nous faisons.

Nous pouvons toujours considérer, comme ce fut le cas au cours de toutes ces dernières décennies, qu'évoquer ce reste est inutile pour élaborer des politiques, pour diriger des administrations ou pour gérer des entreprises, comme Laplace qui répondait à Napoléon que, dans son système, Dieu était une hypothèse inutile. Mais s'agissant, non plus du mouvement des planètes, mais de la manière dont les gens se comportent dans la vie, c'est une erreur fatale. Une erreur que, hélas, pendant les quarante ans qui ont suivi les Trente Glorieuses, nous n'avons cessé de commettre.

Ce reste non quantifiable, qui exprime ce qui est proprement humain, il est vrai qu'il semble se dissoudre dans le numérique qui pénètre progressivement dans tous les aspects de notre vie. Après ce que l'on a appelé la politique du tableau Excel, dans lequel le chiffre remplaçait l'homme, voici la politique de l'algorithme qui, en fouillant une grande masse de données sur les préférences individuelles, prétend révéler ce que tout le monde souhaite. Opération pourtant logiquement impossible.

Condorcet avait soulevé le problème de la relation entre préférences individuelles et choix collectifs dès le XVIIIe siècle. En 1951, Kenneth Arrow, qui recevra le prix Nobel d'économie en 1972, a établi la démonstration de l'impossibilité logique d'induire des préférences collectives à partir des préférences individuelles si les préférences ne sont pas quantifiables et s'il n'y a pas de système d'arbitrage. Mais, bien que l'on connaisse ce résultat depuis longtemps, après l'épisode des Gilets jaunes, toutes les remontées du grand débat voulu par le président de la République ont été passées au crible d'un algorithme – dit d'analyse sémantique parce qu'il analyse la fréquence des mots utilisés –, à partir de quoi on a prétendu savoir ce que les Français voulaient. Cette escroquerie intellectuelle est passée comme une lettre à la poste, parce qu'une intelligence artificielle ne se discute pas. Mais si l'intelligence humaine se dissout dans la fascination de l'intelligence artificielle et des données de masse, c'est aussi la table rase de la raison qui est en marche. Se pose alors aussi la question : jusqu'où peut-on gouverner en se fondant sur des données dans lesquelles les gens n'ont aucune chance de se reconnaître ? Et comment pourront-ils exprimer leur frustration s'ils ne sont confrontés qu'à des chiffres qui ne se discutent pas et à des machines ?

Au cours des dernières années, nous nous sommes mis à stocker et à fouiller des masses de plus en plus grandes de données qui ouvraient de nouveaux horizons à la science et à la technique. Mais il y a un risque. Il y a toujours un risque. Il est que, si l'algorithme qui brasse les données pense pour nous, il n'y ait plus lieu de penser, et plus qu'à se laisser guider. Mais vers où ? La fouille des masses de données nous dit parfois une vérité, mais jamais toute la vérité sur ce que nous cherchons à mesurer. Et elle ne nous dit rien sur la vérité des chiffres eux-mêmes. Comment les vérifier quand il y en a autant ?

En 2020, le scandale du *Lancet* a illustré cette difficulté. Le *Lancet*, revue de référence mondiale pour les publications médicales, vieille de deux cents ans, avait publié en mai 2020 une étude sur l'hydroxychloroquine effectuée à partir de quatre-vingt-seize mille dossiers médicaux provenant de six cent soixante et onze hôpitaux situés sur tous les continents. La fiabilité d'une telle quantité de données peut d'autant plus difficilement être mesurée que celles-ci sont enregistrées par des personnes qui peuvent faire des erreurs de saisie. Mais le problème n'est pas seulement que l'erreur est humaine. Les données peuvent aussi être biaisées.

Les chiffres peuvent être manipulés. Le papier du *Lancet* avait déjà conduit à infléchir la politique sanitaire française et les recommandations de l'OMS, quand des chercheurs plus curieux que les autres ayant repéré quelques incohérences, il est apparu, de fil en aiguille, que les données sur lesquelles reposaient les résultats obtenus étaient biaisées, voire manipulées. Jusqu'à ce que le directeur de l'étude, éminent spécialiste de cardiologie de Boston, demande lui-même le retrait de la publication en reconnaissant : « Je n'ai pas fait assez pour m'assurer que la source de données était appropriée. »

La table rase de l'humanisme

La civilisation, c'est d'abord l'effort de mettre une limite aussi bien aux instincts animaux qu'à l'orgueil démesuré de l'homme qui se prend pour Dieu. L'orgueil démesuré de l'homme occidental a commis bien des fautes contre la nature. Ces dommages, bien qu'ils nous concernassent tous, nous ne nous en préoccupions pas parce que nous ne voulions pas les voir. Comme souvent, nous regardions ailleurs. Nous nous étions convaincus que, le moment venu, nous les réparerions facilement grâce aux progrès de la science et de la technique. Jusqu'à ce qu'ils nous sautent à la figure et que nous ne puissions faire autrement que de les regarder en face.

Mais sous couvert de sauver la planète et toutes les espèces qui y vivent, un courant d'idées qui a gagné en Occident une influence de plus en plus grande dans les cercles intellectuels, universitaires, politiques et dans les médias, a entrepris d'imposer une idéologie, pour ne pas dire une religion, naturaliste et radicalement antihumaniste, qui entend non pas corriger, mais détruire la place singulière que l'humanité s'était faite au sein de la nature, au point de céder à la fascination pour tout ce qui est sauvage au détriment de ce qui est humain.

La question de la corrida, sans cesse remise sur le tapis par ceux qui veulent qu'on l'interdise, reflète bien cette fascination. Les anticorrida la réduisent à de la maltraitance animale sans pouvoir concevoir qu'elle ait une signification plus profonde. Telle que nous la connaissons, elle a été codifiée au XVIIIe siècle. Mais même si l'on ne sait rien sur ses origines véritables dont une partie se perd dans la nuit des temps, elle n'est pas née de rien. On sait que le taureau est associé à la naissance du sacré depuis les grottes de la préhistoire, jusqu'à Thésée tuant le Minotaure ou à Zeus devenant taureau pour enlever Europe. Dans l'Antiquité, Dionysos était parfois représenté avec des cornes ou sous la forme d'un taureau.

> L'énergie animale du taureau est alors identifiée à une force fondamentale de la Nature. Affronter le taureau, c'est donc revivre et commémorer l'histoire de notre nature instinctuelle[34].

Il y a quelque chose dans la corrida qui vient de ce qu'incarnait Dionysos – taureau pour les Grecs, même si le chemin est long de la transe dionysiaque qui peut brusquement basculer dans la violence de l'affrontement du toréador et du taureau[35]. Les anthropologues peuvent bien se disputer pour savoir si la corrida est ou non un sacrifice. Au moins, la tauromachie reste-t-elle

> le spectacle d'un affrontement, celui de l'homme et du bovin, de la culture et d'une nature idéalisée par les normes de l'élevage[36].

La corrida apparaît à la fois exutoire de la violence sauvage qui est en l'homme et canalisation de cette sauvagerie par une forme de rituel. La corrida, on peut l'aimer ou la détester, mais elle n'a rien d'anecdotique et rien d'un jeu malsain. Elle met en scène l'éternelle lutte entre ce qui est ancré au plus profond de notre nature et la culture qui cherche à le maîtriser. Il est frappant de voir à quel point cette mise en scène de notre violence animale suscite à son tour de la violence chez ceux qui prétendent l'éradiquer. C'est la même violence qui embrase le débat autour de la chasse. Elle procède, dans les deux cas, de la conjonction entre un désir d'effacer la frontière entre l'homme et l'animal et une remontée de la fascination pour l'animalité et même pour la sauvagerie.

Si la lutte intérieure entre la culture et la nature remonte bien avant la civilisation occidentale, cette dernière a enfanté l'humanisme, et l'humanisme a tracé une frontière entre l'homme et l'animal et

---

34. Joël Thomas, *Le Mythe du Taureau et les racines de la tauromachie De Dyonisos au duende*, Presses universitaires de Perpignan, 2012.
35. *Id.*
36. Frédéric Saumade, « L'obsession sacrificielle », *Ethnologie française*, 2001/2 (vol. 31), p. 337-341.

enseigné à l'homme à ne pas faire ce que l'animal qui est en lui, lui dictait. Malraux a dit :

> L'humanisme ce n'est pas dire : « Ce que j'ai fait, aucun animal ne l'aurait fait », c'est dire : « Nous avons refusé ce que voulait en nous la bête[37]. »

Peu de gens se sont rendu compte que, depuis trois décennies, l'antihumanisme revenait en force. Il faut dire que beaucoup de gens ne savent plus très bien ce que ce mot veut dire. L'antihumanisme, c'est l'effacement de la frontière entre l'humanité et l'animalité, l'homme remis dans le grand tout de la nature, soumis à la loi de la nature, en oubliant que la loi de la nature est impitoyable.

Un fait divers survenu en novembre 2021 est révélateur de ce que charrie ce courant.

Un chasseur avait été attaqué par une ourse en Ariège. Le journal *La Dépêche* annonçait : « Il a été traîné sur quinze mètres par l'animal et a les jambes déchiquetées. » Le chasseur avait été sauvé *in extremis*.

Sur ma page Facebook, je n'avais pu m'empêcher d'écrire :

> Heureusement, il a tué l'ourse. Oui, heureusement, parce que si je suis attristé par la mort de l'ourse, je l'aurais été sans commune mesure par la mort du chasseur. En 2004, un autre chasseur avait tué un ours qui le chargeait. Il plaidait la légitime défense tandis que les associations de défense des ours parlaient d'une simple charge d'intimidation. Résultat : une condamnation du chasseur à verser des dizaines de milliers d'euros d'indemnisation aux associations de défense de l'ours.
> Cette fois-ci, aucun doute : ce n'était pas « une simple charge d'intimidation ». Mais qu'arrivera-t-il au chasseur qui a eu le tort, dans un air du temps qui ne lui est pas très favorable, de croiser l'aimable plantigrade ? Les desseins de la justice sont comme ceux de Dieu, impénétrables.

37. André MALRAUX, *Les voix du silence*, Gallimard, 1951.

> Quand on pense qu'il y a trois ans, le Gouvernement réintroduisait deux ours dans les Pyrénées en les transportant dans la montagne par hélicoptère. La biodiversité a bon dos.
> Il y a dans le cas d'espèce, comme dans celui des loups, une étrange, et, à mes yeux inquiétante, fascination pour l'animalité et la sauvagerie qui exprime quelque chose de profondément malsain et s'inscrit de façon plus ou moins consciente dans un retour d'un refoulé naturaliste et antihumaniste. À l'aune des grands idéaux de notre époque, le mouton ou le cheval égorgés valent-ils moins que l'animal sauvage ? Et le berger auquel, une fois ses moutons massacrés, il ne restera que ses yeux pour pleurer, compte-t-il pour rien aux yeux des défenseurs de l'ours et du loup et pour les pouvoirs publics ? Et l'enfant qui un jour se fera déchiqueter par un ours ou un loup ? Il faut protéger les animaux contre toutes les formes de cruauté, et protéger les espèces ; mais pourquoi remettre de la sauvagerie animale là où il n'y en avait plus ? Où ce culte du sauvage nous mène-t-il ?

Un an auparavant, Emmanuel Macron avait promis aux éleveurs, légitimement en colère, de cesser les réintroductions d'ours. Mais les associations qui militent pour le retour des ours lui avaient répondu :

> Il faut donc être très clair : il y aura de nouveaux lâchers d'ours dans les Pyrénées, parce que c'est une obligation européenne.

L'Europe ne peut pas sauver nos pêcheurs, ni protéger nos frontières, mais elle nous oblige à aller chercher des ours en Slovénie.

J'avais conclu en écrivant :

> À quoi rêvent les adeptes d'un nouveau monde ? À un monde sans pêcheur, sans berger, sans éleveur de montagne, sans agriculteur, après avoir rêvé d'une France sans usine et sans ouvrier ?

J'ai reçu en retour une flopée d'injures qui m'avaient conduit à publier cette réponse « à ceux qui auraient préféré que l'ourse tue l'homme plutôt que l'homme tue l'ourse qui lui déchiquetait la jambe » :

J'ai publié sur ma page un commentaire sur la mort dans l'Ariège d'un ours tué par un chasseur auquel l'aimable animal était en train de déchiqueter une jambe. Ce qu'un flot de sectaires, excités sans doute par l'odeur du sang (de l'ours) se sont crus obligés d'écrire sur ma page à la suite de ma publication m'oblige à publier les quelques lignes ci-dessous en réponse à ces propos écrits et assumés.

J'en cite quelques extraits :

« La montagne, la faune sont le territoire des ours ! L'être humain n'a pas à coloniser leurs lieux de vie. »
« Je suis dégoûtée de lire qu'il est heureux que ce chasseur ait tué l'ourse ! Se pose-t-il la question de savoir ce qu'il faisait là sur le territoire de l'ourse avec son fusil chargé ? »
« L'homme est le pire prédateur et massacreur de notre chère Terre »
« C'est pas la "sauvagerie", mais la nature. Il y a les prédateurs et les proies ».

Et même :

« Elle aurait mieux fait de le bouffer ce pauvre con de chasseur… Même en haute montagne ils empiètent sur le territoire des ours… »
« La mort d'un ours c'est rien évidemment… En outre, ce monsieur était un tueur-chasseur ?
Serait-ce un petit tout petit rééquilibrage de la part du Tout Haut. Allez, je pleure, mais sur qui ? »
Si je lis bien, la morale de l'histoire c'est que la montagne appartient désormais à l'ours (comme les territoires où on laisse proliférer les loups appartiennent désormais à ces derniers ?) et les hommes n'ont rien à y faire, et donc que la « loi de la nature » veut que le chasseur (qui ne chassait pas l'ours, mais le sanglier) aurait dû mourir. Pour beaucoup de ces défenseurs de la loi de la nature, le « tueur-chasseur » est moins qu'un animal, et tant

pis pour toute personne qui s'aventure sur ces territoires dont les hommes doivent bien comprendre qu'ils ne sont plus légitimes à s'y trouver. On pleurera l'ours, mais pas l'homme.
Je ne suis pas heureux que l'ourse soit morte, mais, oui, je préfère que l'homme ait tué l'ourse plutôt que l'ourse l'ait tué, puisque c'est ainsi que s'est posé ce tragique dilemme.
L'animal mérite d'être respecté, mais je trouve moralement effrayante l'équivalence entre l'homme et l'animal.
Et, encore pire, de faire prévaloir la vie de l'animal sur celle de l'homme.
Encore une fois, il serait bon de nous demander où nous mène cet antihumanisme radical.
Car c'est bien le vieil humanisme, le chrétien, comme celui de la Renaissance et des Lumières, qui est en cause derrière ces réactions. Car tous les humanismes ont en commun de tracer une frontière entre l'humain et le non humain. Où nous mène l'effacement ou du moins le brouillage entre l'humanité et l'animalité ? S'il faut être fou pour vouloir détruire la nature, car détruire la nature c'est détruire l'humanité, faire de la loi de la nature une religion avec le culte du prédateur et de la sélection naturelle, est d'une égale folie.
Entre l'homme et l'ours, je préférai toujours l'homme. Entre le loup et l'enfant, je préférerais toujours l'enfant. Je constate que certains préfèrent l'inverse.
Est-il encore possible de se demander où nous mène cet antihumanisme radical ?
Est-il encore possible d'avoir une réflexion sur un tel sujet sans se faire insulter ou sommes-nous déjà entrés dans une nouvelle ère totalitaire ?

Ma réponse n'a fait qu'exciter davantage ceux qui pensent que l'homme vaut moins que l'animal ! L'histoire pourrait être anecdotique si elle n'avait pas suscité un bon millier de commentaires souvent hystériques, ce qui est révélateur d'un fait de société.

On peut ne pas aimer la chasse et même détester les chasseurs, mais considérer que l'ours slovène que l'État avait fait déposer dans la montagne par hélicoptère y est désormais chez lui et que tous ceux qui vivent dans la montagne et de la montagne – et plus généralement tout être humain – y sont désormais des intrus, que les animaux sauvages, ours ou loups, qui avaient disparus de nos contrées, y ont plus de droits que les humains et même que les autres animaux, puisqu'il est devenu normal, pour beaucoup de gens, que le loup égorge l'agneau. Mettre en équivalence l'humain avec l'animal et bientôt peut être aussi avec le végétal, « l'arbre vivant » pour parler comme certains maires écologistes, effacer la frontière entre l'espèce humaine et le reste du vivant, considérer que la vie d'un être humain et celle d'un animal, c'est finalement la même chose, cela a des conséquences morales incalculables. Si un enfant et un animal traversent brusquement la route et que l'automobiliste ne peut en éviter qu'un seul, il serait donc indifférent d'éviter l'un ou l'autre.

Après tout, saint François d'Assise parlait aux animaux et prêchait l'amour pour toutes les créatures de Dieu. Mais l'antispécisme radical ne propose pas seulement d'aimer les animaux, il regrette que l'animal n'ait pas tué le chasseur. La question n'est pas : « Où veulent aller les antispécistes qui effacent la frontière entre l'homme et l'animal ? », mais : « Où peut nous conduire l'effacement de cette frontière et une certaine fascination pour tout ce qui est sauvage ? » Les nazis, dans leur paganisme naturaliste, vénéraient l'animalité. On sait le prix qu'ils attachaient à l'inverse à la vie humaine.

Il nous faudra bien reconnaître un jour qu'en cédant trop à tous ceux qui avaient rêvé de laisser conduire toutes les activités humaines par les instincts animaux et par la loi la plus cruelle de la nature, celle de la sélection naturelle, cette loi du plus fort que l'on appelle, lorsqu'elle s'applique à la société, le darwinisme social, nous avons, pendant quarante ans, joués aux apprentis sorciers avec la nature humaine. Nous avons laissé se fissurer la civilisation sans être capables de construire autre chose pour endiguer notre sauvagerie. Et cette sorte de reniement civilisationnel, qui est une forme de nihilisme, nous a conduits à nouveau au bord de cet abîme de radicalité et de violence que, dans l'histoire, toutes les sociétés ont un jour ou l'autre côtoyé pour leur plus grand malheur.

La table rase de la civilisation

En 2021, un professeur de philosophie d'une université américaine qui a fini par démissionner a expliqué son geste ainsi :

> L'université m'a recruté afin de développer la pensée critique de ses étudiants et leur enseigner la discipline philosophique de l'éthique. Mais la culture *woke* qui y règne a rendu cela impossible. L'université, certains de mes collègues et étudiants adeptes de cette idéologie, ont tout fait pour me discréditer. C'est devenu insoutenable. J'ai été témoin de choses sidérantes : des étudiants qui refusent de discuter avec des personnes qui ne partagent pas leurs valeurs ; des professeurs à qui l'on a reproché l'étude de philosophes parce que ces derniers étaient blancs et Européens. Nous sommes en train de voir apparaître une culture dans laquelle les gens ont peur de parler ouvertement et honnêtement. L'université ne cherche qu'à opposer des réponses morales aux questions posées. L'université ne promeut plus la diversité intellectuelle alors qu'elle ne parle que de « diversité ». Ce qu'elle veut en réalité, c'est une homogénéité idéologique[38].

L'idéologie *woke* détruit tout ce qu'elle touche. Une fois qu'elle a pénétré une institution, elle ne recule devant aucun moyen, de l'intimidation au harcèlement et à la persécution, du lynchage sur les réseaux sociaux, de la mise à l'index au *boycott* sur les campus.

Le scandale de l'université américaine d'Evergreen révélé en 2017 par la démission d'un professeur de biologie de cette université a dévoilé le caractère totalitaire de cette idéologie victimaire qui ne tolère aucun débat, aucune discussion, pour laquelle toutes les accusations sont bonnes pour discréditer celui qu'elle veut détruire : racisme, sexisme, colonialisme, appropriation culturelle, homophobie, transphobie, islamophobie…

Ce professeur, pourtant issu de la gauche américaine, a été persécuté pour avoir dénoncé l'instauration d'une journée sans Blancs, a dû

---

38. Peter Boghossian, entretien dans *Le Figaro étudiant*, 7 octobre 2021.

démissionner parce que les activistes *woke* lui rendaient la vie impossible. Les images d'une vidéo tournée sur le campus et qui ont fait le tour du monde sont sidérantes. Il faut prendre au sérieux son avertissement :

> Les gens ne prennent pas ces mouvements au sérieux parce qu'ils sont ridicules, mais quand ils s'y retrouvent confrontés, ils n'ont plus qu'un choix : soit se soumettre, soit être détruits[39].

Ce n'était qu'un début. Le mouvement s'est répandu partout. Partout les autorités ont laissé faire, quand elles n'ont pas été complices, parce qu'elles avaient peur de devenir la cible de minorités agissantes dont le statut auto proclamé de victime légitime l'agressivité sans limite. La violence *woke* est une violence extrême au même titre que celle des bandes dont elle est le pendant dans le monde universitaire, des médias et de la culture. Elle est l'une des voies, que personne, dix ans plus tôt, n'aurait pu imaginer, par lesquelles s'exprime ce communautarisme tribal qui monte dans tout l'Occident. Elle y a aggravé une insécurité culturelle qui est aussi dangereuse pour la stabilité des sociétés que l'insécurité physique. Elle exige un repentir qui, loin de refermer les plaies du passé, les ravive.

Elle prend le contre-pied de ce que la France de De Gaulle avait fait avec l'Allemagne d'Adenauer : « En n'oubliant rien du passé, nous avons décidé de regarder ensemble vers l'avenir. » Elle impose une épuration de l'histoire, de la littérature, du cinéma, de la musique, pour en éradiquer les stéréotypes ethniques ou de genre, épuration qui fera un peu plus de chaque communauté une tribu enfermée dans sa propre vision du monde. Jusqu'à ce qu'éclate la guerre des tribus, guerre sauvage, primitive. Le wokisme prépare, lui aussi, le retour des boucs émissaires et de la violence mimétique. Nos universités sont-elles condamnées à être déchirées par des guerres entre islamophobes supposés et islamo-gauchistes, entre afrophobes soupçonnés et décolonialistes revendiqués ?

En 2019, on a pu lire dans toute la presse française qu'une cinquantaine de militants se revendiquant de l'antiracisme et dénonçant

39. Bret Weinstein, entretien *Le Figaro*, 18 décembre 2020.

une « propagande afrophobe, colonialiste et raciste » avait empêché une représentation à la Sorbonne des *Suppliantes* d'Eschyle. Une tragédie grecque écrite au IVe siècle avant Jésus-Christ. En cause :

> Le maquillage et les masques sombres utilisés par les acteurs s'apparenteraient au *blackface*, issu du folklore ségrégationniste américain quand un comédien blanc se peignait le visage en noir pour incarner une caricature raciste d'une personne noire.

Dans notre société d'offensés qui veulent changer de civilisation, les masques traditionnels du théâtre antique étaient devenus du racisme inconscient.

Au Royaume-Uni, des universités ont supprimé les enseignements de littérature anglaise avant 1500 pour les remplacer par des enseignements « innovants » sur « la race, l'ethnicité, la sexualité et la diversité », ou « un programme décolonisé[40] ». Tout cela se passe dans des universités qui, en Occident, ont toujours été des creusets de civilisation. Mais le phénomène a débordé des frontières universitaires.

Au Canada, on a organisé des autodafés tout à fait officiels de livres pour enfants appartenant aux bibliothèques d'écoles, au motif que ces livres, parmi lesquels des *Astérix*, des *Tintin*, des *Lucky Luke*, véhiculaient des stéréotypes d'autochtones inappropriés. On pouvait lire sur le site du journal *Le Monde* en date du 9 septembre 2021 que

> Le conseil scolaire catholique Providence, qui gère une trentaine d'écoles francophones dans le sud-ouest de l'Ontario, a procédé en 2019 à une cérémonie dite « de purification par le feu », en brûlant une partie de quelque cinq mille livres de jeunesse bannis des bibliothèques, tous accusés d'entretenir les préjugés contre les autochtones. [...] Les cendres ont servi d'engrais à la plantation d'un arbre.

Certains livres ont été brûlés pour la seule raison qu'y figuraient les mots « Indiens » ou « Amérindiens » plutôt que les mots

40. *Le Point*, 24 janvier 2021.

« autochtones » ou « premières nations » imposés par la nouvelle police du langage.

Si au Canada on brûle les livres pour enfants, en Angleterre, on les réécrit. La presse a rapporté que

> les ayants droit de Roald Dahl, décédé en 1990, auteur à succès de *Matilda* et *Charlie et la Chocolaterie*, ont entrepris de lisser le langage de tous ses romans pour enfants pour en supprimer des termes jugés offensants.

On a appris quelques semaines plus tard que le même sort était réservé aux romans d'Agatha Christie. Ce n'est évidemment qu'un début.

Une traductrice blanche s'est vue contester le droit de traduire un auteur noir, un acteur blanc s'est vu contester le droit de jouer le rôle d'un Indien d'Amérique du Nord, que l'on doit désormais appeler « autochtone » sous peine d'être accusé « d'appropriation culturelle ». L'Amérique répudie ses Pères fondateurs parce qu'au XVIIIe siècle ils étaient propriétaires d'esclaves. Partout en Occident, l'antiracisme a viré au racisme anti-Blanc quand le Blanc s'est vu accusé de détenir le monopole du racisme, devenu « racisme systémique blanc », et le féminisme lui-même a tourné au sexisme racialisé quand il a instruit le procès du « mâle blanc », bouc émissaire de tous les péchés de la société patriarcale. Mais on attend encore, de la part des mêmes le procès de l'islamiste qui pense que la femme n'est pas l'égale de l'homme. L'islamiste est devenu l'allié objectif de toutes les minorités agissantes qui refusent toute assimilation dans une civilisation commune, il est celui qui va le plus loin dans ce refus, celui pour lequel le terroriste incarne la figure héroïque de ce refus radical. Au harcèlement qui, sur les campus universitaires, pousse le professeur à la démission et parfois au suicide, aux menaces en tous genres, y compris les menaces de mort, il a ajouté le meurtre du professeur qui enseignait à ses élèves la liberté de conscience et la pensée critique.

À un journaliste qui lui posait la question « Comment vit-on avec ces verrous du politiquement correct ? », le chef d'orchestre Riccardo

Muti qui dirigeait alors l'orchestre de l'opéra de Chicago et qui avait refusé de supprimer du livret de l'opéra de Verdi *Un bal masqué* une phrase censurée par le wokisme a répondu :

> C'est comme marcher sur des œufs, tu dois prendre garde à ne pas dire ceci ou cela ; chaque référence, même vague, peut éveiller le soupçon, offenser, se retourner contre toi. Je suis absolument opposé aux théâtres qui maquillent et changent les mots des livrets. L'histoire, tu ne peux pas la changer. Elle doit être respectée dans son essence, dans le bien et dans le mal, pour que les prochaines générations puissent savoir. Nous n'aidons pas les jeunes de cette façon.

Si l'on descendait au cœur du malaise de notre civilisation on y trouverait, entre autres, l'idée que la distinction entre l'homme et la femme n'est qu'une construction sociale. Cette idée, c'est dans l'idéologie du genre qu'elle s'est manifestée avec force. En France, une circulaire a imposé aux agents de l'administration fiscale de ne plus s'adresser aux contribuables en les appelant Monsieur ou Madame, pour ne pas blesser ceux qui ne se reconnaissaient ni dans l'un ni dans l'autre, ou qui récusaient leur état civil et qui inondaient l'administration de courriers scandalisés. Une fois de plus, toute la société a été sommée de vivre selon la norme décrétée par une minorité très revendicative. C'est ainsi que s'est enclenchée une nouvelle révolution des mœurs.

Sur ce terrain, c'est Mai-68 à l'envers. L'idéologie de 1968 avait gagné son combat contre l'autorité. Cinquante-cinq ans plus tard, l'autorité est en miettes et l'on commence à se rendre compte qu'aucune société n'est viable quand cela se produit. Mais sur les mœurs, on a fait le chemin inverse : on est passé du « jouir sans entraves » à une dictature puritaine, de l'apologie de la pédophilie à la proscription de la drague. Dans le monde des soixante-huitards, la libération sexuelle avait triomphé. Dans le nouveau monde, le baiser d'un prince de conte de fées à une princesse endormie fait de celui-ci un prédateur sexuel. Il y a cette volonté farouche de ne plus voir l'homme que comme un prédateur sexuel. Mais la répression des instincts par un totalitarisme puritain est la pire des façons de les canaliser.

On dira que la civilisation n'est pas menacée par ce genre de choses sans importance et encore l'apanage d'une minorité. Mais souvenons-nous que le problème du voile à l'école a commencé avec seulement trois collégiennes d'un collège de Creil en 1989. Et ce qui se passe avec le wokisme et la convergence des luttes, ce ne sont pas de si petites choses qu'on le dit. D'abord parce qu'il y a la violence.

Ensuite, parce que les civilisations reposent sur d'innombrables petites choses apparemment sans importance, comme les codes d'un savoir-vivre, la politesse, des manières d'être, des catégories mentales forgées durant des siècles et qui ne changent, qui n'évoluent qu'imperceptiblement, comme toutes les tentatives de table rase, l'entreprise de déconstruction de toutes ces soi-disant petites choses échouera sans doute à détruire la civilisation. Mais elle y fait déjà des ravages sous prétexte de corriger quelques biais de comportement souvent inconscients, mais qui entretiendraient un soi-disant sentiment d'inégalité et d'injustice.

Témoin, cette charte de communication inclusive d'une université française dont le président décrit ainsi le contenu :

> « Cette charte pour une communication inclusive ou non genrée est destinée avant tout à éviter, dans la communication de l'université, de recourir à des formes qui conforterait les stéréotypes de genre, qu'il s'agisse de la communication écrite ou visuelle. » L'objectif est de « promouvoir des modes de communication qui introduisent le moins de biais possible liés au genre masculin ou féminin. Une partie concerne les modalités d'écriture avec l'écriture inclusive. » La charte recommande d'utiliser des mots qui « permettent d'avoir une totalité englobante » comme « le corps enseignant » plutôt que « les enseignants ». Elle préconise d'éviter des « représentations qui peuvent nourrir des stéréotypes : présenter des jeunes étudiantes qui sont passives, pensives ou rêveuses, alors que les garçons sont plus dans l'action. [...] On est sur des mécanismes parfois inconscients, une sorte

> d'inconscient collectif qui fait que même sans le vouloir, on peut reproduire cela[41]. »

La charte recommande aussi de « représenter les femmes et les hommes en nombre égal » et de « veiller à représenter de façon égalitaire les différentes ethnies, morphologies, genres et orientations sexuelles ainsi que les personnes en situation de handicap » ou encore d'« éviter de réserver les tons pastel aux femmes et les couleurs sombres aux hommes ».

Dans le registre de la « déconstruction », il y a celle de la langue, avec l'écriture inclusive et la féminisation des fonctions, dont la cible principale est le masculin comme instrument du neutre dans la langue française. Interdite dans le primaire et le secondaire en France – mais pour combien de temps ? –, l'écriture inclusive n'a cessé de progresser à l'université, comme la théorie du genre ou le *wokisme*.

Georges Dumézil et Claude Lévi-Strauss, auxquels l'Académie française avait confié, en 1984, la rédaction d'un texte sur le sujet[42] avaient conclu que :

> Les règles qui régissent dans notre langue la distribution des genres remontent au bas latin et constituent des contraintes internes avec lesquelles il faut composer. L'une des contraintes propres à la langue française est qu'elle n'a que deux genres : pour désigner les qualités communes aux deux sexes, il a donc fallu qu'à l'un des deux genres soit conférée une valeur générique afin qu'il puisse neutraliser la différence entre les sexes. L'héritage latin a opté pour le masculin. [...] En français, la marque du féminin ne sert qu'accessoirement à rendre la distinction entre mâle et femelle. La distribution des substantifs en deux genres institue, dans la totalité du lexique, un principe de classification permettant éventuellement de distinguer des homonymes, de souligner des orthographes différentes, de classer des suffixes,

41. France 3 Auvergne Rhône-Alpes, 23 juin 2022.
42. Adopté à l'unanimité dans la séance du 14 juin 1984.

> d'indiquer des grandeurs relatives, des rapports de dérivation, et favorisant, par le jeu de l'accord des adjectifs, la variété des constructions nominales… Tous ces emplois du genre grammatical constituent un réseau complexe où la désignation contrastée des sexes ne joue qu'un rôle mineur. Des changements, faits de propos délibéré dans un secteur, peuvent avoir sur les autres des répercussions insoupçonnées. Ils risquent de mettre la confusion et le désordre dans un équilibre subtil né de l'usage, et qu'il paraîtrait mieux avisé de laisser à l'usage le soin de modifier.

En 2002, l'Académie française rappelait que :

> Aucun texte ne donne au Gouvernement « le pouvoir de modifier de sa seule autorité le vocabulaire et la grammaire du français ». Nul ne peut régenter la langue, ni prescrire des règles qui violeraient la grammaire ou la syntaxe : elle n'est pas en effet un outil qui se modèle au gré des désirs et des projets politiques. Les compétences du pouvoir politique sont limitées par le statut juridique de la langue, expression de la souveraineté nationale et de la liberté individuelle, et par l'autorité de l'usage qui restreint la portée de toute terminologie officielle et obligatoire. Et de l'usage, seule l'Académie française a été instituée « la gardienne ».

En 2014, encore, elle déclarait que :

> L'Académie française n'entend nullement rompre avec la tradition de féminisation des noms de métiers et fonctions, qui découle de l'usage même […] elle rejette un esprit de système qui tend à imposer des formes qui sont contraires aux règles ordinaires de dérivation et constituent de véritables barbarismes.

Tout à sa traque obsessionnelle du moindre signe de ce qu'elle considérait comme des vestiges insupportables d'une société patriarcale et de la domination du « mâle blanc », sans souci du chef-d'œuvre qu'est la langue française, une idéologie destructrice a engagé un combat sans merci contre sa beauté. Transcrivez en écriture inclusive un poème de Victor Hugo, de Verlaine ou de Baudelaire et vous verrez la laideur anéantir la beauté.

Des deux vers de Victor Hugo dans la *Tristesse d'Olympio* que Malraux rangeait parmi les plus beaux vers de la langue française :

> Lorsque nous dormirons tous deux dans l'attitude
> Que donne aux morts pensifs la forme du tombeau

L'écriture inclusive en fait :

> Lorsque nous dormirons tou•te•s deux dans l'attitude
> Que donne aux mort•e•s pensif•ive•s la forme du tombeau

L'écriture inclusive a accouché de la synthèse monstrueuse du il et du elle en « iel », ce nouveau mot qu'un célèbre dictionnaire de la langue française a introduit dans ses pages. La laideur devrait être au moins la limite pour tous ceux qui pensent que la langue est leur propriété et qu'elle doit se plier à leurs lubies. Institutrice, directrice, cela s'entend, ce n'est pas laid. Ambassadrice, préfète, ce n'est pas pertinent puisque la fonction n'appartient pas à son titulaire, mais ce n'est pas un attentat à l'harmonie de la langue, tandis que « Première ministre », « procureure », « défenseure », « auteure », « proviseure », « professeure », « docteure » sont des atteintes à l'harmonie de la langue.

Cédant à la pression, l'Académie a fini par concéder en 2019 que

> L'emploi de ces formes en « -eure », qui fait débat, et cristallise certaines oppositions au mouvement naturel de la féminisation de la langue, ne constitue pas une menace pour la structure de la langue ni un enjeu véritable du point de vue de l'euphonie.

Pour ajouter aussitôt cette restriction qui ferait rire si la langue n'était pas un sujet aussi sérieux : « à condition toutefois que le "e" muet final ne soit pas prononcé[43]. »

---

43. Académie française, *La Féminisation des noms de métiers et de fonctions*, 2019.

Le problème, c'est qu'il l'est, parce que c'est pour qu'il le soit que les minorités qui militent en sa faveur le réclament.

Mais même la laideur n'arrête pas les déconstructeurs. Et que nous le voulions ou non, cela nous concerne tous puisque nous serons tous obligés de vivre dans cette laideur.

Le wokisme, la culture de l'effacement, l'idéologie du genre, l'écriture inclusive se répandent dans l'université et les écoles, dépassant le champ de la communication pour envahir inexorablement celui de la vie universitaire, des enseignements, de la recherche. Toutes les disciplines ne sont pas affectées de la même manière, mais une partie croissante de la fabrique des élites est touchée, ce qui ne va pas demeurer longtemps sans conséquence sur la société tout entière. Cette avancée s'adosse de plus en plus à une dynamique institutionnelle qui joue en sa faveur, soit en s'abstenant, en refusant par exemple d'interdire l'usage de l'écriture inclusive dans les universités au nom de la liberté pédagogique, soit en y apportant ouvertement son appui comme le font, aux côtés des minorités agissantes, les institutions européennes pleinement engagées dans ce combat tant par ses campagnes de promotion que par leurs crédits à la recherche et par leurs subventions. Maintenant, comme jadis avec le marxisme pour certaines disciplines, on fait carrière plus facilement, on a une vie d'étudiant et d'enseignant plus paisible et gratifiante en adoptant l'idéologie du genre et l'écriture inclusive, avec la double satisfaction psychologique et matérielle d'être dans le camp qui s'est autoproclamé le camp du bien, et qui impose sa norme morale par tous les moyens. On peut d'autant mieux le comprendre, qu'en dehors des frontières de l'université qui fabrique les élites, tous les secteurs qui fabriquent de l'imaginaire collectifs sont atteints. De l'édition aux médias, en passant par la communication, le cinéma ou la mode, au-delà du décolonialisme, du racialisme, du révisionnisme historique, l'alibi de la transparence, des mémoires blessées et de la lutte contre les discriminations, est en train d'accoucher d'une société intolérante où un puritanisme féministe et un puritanisme islamiste se tendent la main, le premier diabolisant l'homme, le second, la femme.

Jusqu'où ?

Toute table rase se heurte à la nature humaine qui ne change pas

Ce que l'on ne voit pas est ce qui résiste le plus

À la Noël 1951, un fait divers avait suscité un vif débat : le 24 décembre 1951, le Père Noël avait été pendu en effigie aux grilles de la cathédrale de Dijon et brûlé sur le parvis devant les élèves des patronages, parce qu'on lui reprochait d'introduire du paganisme dans la célébration de la naissance du Christ[1]. Cet épisode ne manquera pas d'étonner ceux comme moi qui, une décennie après, ont vu dans chaque maison provençale la crèche cohabiter tout naturellement avec le sapin de Noël.

Lévi-Strauss avait consacré quelques mois plus tard un très bel article à ce « Père Noël supplicié ». Il y relève que le sapin de Noël ne se répand en France qu'au XIXe siècle, en venant d'Allemagne, des vieilles mythologies nordiques et germaniques de l'arbre, et que la présence du Père Noël ne s'y développe qu'après la Seconde Guerre mondiale. Mais il reconnaît dans cette nouvelle façon de célébrer Noël, invention moderne qui « n'est pas née de rien », des correspondances avec des rites d'initiation, avec des rituels d'Indiens du sud ouest des États-Unis, et des racines qui, même si le chemin est long entre le roi des Saturnales et le Père Noël, remontent à la fête des Saturnales que les Romains célébraient le 17 décembre et qui, à la fin de l'empire, duraient une semaine, jusqu'au solstice d'hiver. On décorait les

1. Claude Lévi-Strauss, « Le Père Noël supplicié », *Les Temps modernes*, n° 77, Gallimard, Paris (1952), p. 1572-1590.

maisons avec des plantes, on faisait des festins, on échangeait des cadeaux, on en offrait aux enfants, et on inversait l'ordre social. Il rappelle que « les païens priaient les morts, tandis que les chrétiens prient pour les morts », que, sans doute, il y a loin de la prière aux morts à cette prière toute mêlée de conjurations, que chaque année et de plus en plus, nous adressons aux petits enfants – incarnations traditionnelles des morts – pour qu'ils consentent, en croyant au Père Noël, à nous aider à croire en la vie.

Il y voit ce bref moment, comme dans les rituels d'inversion sociale, où les enfants ont droit à exiger des cadeaux.

> D'où vient que les enfants aient des droits, et que ces droits s'imposent si impérieusement aux adultes que ceux-ci soient obligés d'élaborer une mythologie et un rituel coûteux et compliqués pour parvenir à les contenir et à les limiter ? On voit tout de suite que la croyance au Père Noël n'est pas seulement une mystification infligée plaisamment par les adultes aux enfants.

On comprend que, même dans ce qui nous est le plus familier, il y a bien des choses qui font que :

> Les raisons apparentes que nous prêtons aux événements dont nous sommes les acteurs sont fort différentes des causes réelles qui nous y assignent un rôle.

Il note malicieusement que :

> Le roi des Saturnales est lui-même l'héritier d'un prototype plus ancien qui, après avoir personnifié le roi Saturne et s'être, pendant un mois, permis tous les excès, était solennellement sacrifié sur l'autel du Dieu. Grâce à l'autodafé de Dijon, voici donc le héros reconstitué avec tous ses caractères, et ce n'est pas le moindre paradoxe de cette singulière affaire qu'en voulant mettre fin au Père Noël, les ecclésiastiques dijonnais n'aient fait que restaurer

dans sa plénitude, après une éclipse de quelques millénaires, une figure rituelle.

Soixante-dix ans plus tard, ce sont les islamistes qui s'en prennent au sapin de Noël dans les écoles et au Père Noël, pour des raisons religieuses assez semblables à celle de l'Église en 1951. La différence, c'est que le christianisme avait finalement su composer, tout au long de l'histoire, avec le paganisme antique en christianisant, autant que possible, ses fêtes et ses traditions. Ce n'était pas par hasard si l'Église avait choisi de commémorer la nativité le 25 décembre, jour de la célébration du dieu solaire Mithra et de la fin des Saturnales. L'islamisme, qui est la fraction la plus radicale de l'islam, lui, ne veut pas composer avec le Noël chrétien. Il ne s'inscrit pas dans la civilisation occidentale. Il ne veut pas s'y enraciner, il veut la faire disparaître, il veut la remplacer.

Les sapins de Noël sont confrontés à d'autres adversaires : les maires écologistes, qui veulent en finir avec eux. Mais alors que les islamistes, comme les auteurs de l'autodafé de Dijon, prennent le Père Noël très au sérieux, les maires écologistes ne sont pas capables de voir dans le sapin de Noël autre chose qu'un arbre mort.

Il faut méditer la conclusion de Lévi-Strauss sur l'épisode du Père Noël supplicié :

> Le développement moderne n'invente pas : il se borne à recomposer de pièces et de morceaux une vieille célébration dont l'importance n'est jamais complètement oubliée.

Nous ne le savons pas toujours, mais des choses invisibles, des mythologies ou l'empreinte inconsciente d'événements qui remontent parfois à la nuit des temps demeurent présentes dans ce que nous faisons et elles continuent de nous parler.

Soixante-dix ans après l'autodafé de Dijon du Père Noël, en mars 2023, les manifestants contre la réforme des retraites ont brûlé à Dijon des mannequins à l'effigie du président de la République, du Premier ministre et de plusieurs ministres. Violence symbolique qui évoque les mannequins des condamnés à mort par contumace que l'on brûlait au Moyen Âge et sous l'Ancien Régime, et des rites de sacrifice et de purification dont le souvenir ne s'est jamais complètement effacé.

Rien n'est plus dangereux que la superficialité avec laquelle nous abordons trop souvent le problème humain.

Nous devons comprendre que ce que nous ne voyons pas est souvent plus important que ce que nous voyons.

Nous ne voyons pas dans la nature toutes les forces qui, souterrainement, invisiblement, travaillent en permanence à l'incessante poussée de la vie, à sa fécondation. Nous voyons les champs de maïs, nous ne voyons pas la germination sous la terre. Nous voyons les marées, mais nous ne voyons pas les forces cosmiques qui poussent et qui repoussent l'océan. Nous ne voyons pas les virus, mais ils nous entourent de toutes parts et parfois, ils nous rendent malades et même, ils nous tuent. Et ce n'est que lorsqu'ils nous rendent malades ou qu'ils nous tuent que nous nous rendons compte de leur présence. Les sociétés sont comme la nature : elles sont travaillées par des forces invisibles dont on ne voit que les effets lorsqu'ils apparaissent au grand jour. Il en va de l'esprit humain comme de la nature. Il y a dans l'esprit des Polonais, des Lituaniens, des Ukrainiens, des Russes de terribles fantômes qui hantent les cauchemars de chacun de ces peuples et dont on ne perçoit l'existence que lorsqu'ils ramènent la guerre.

Il y a beaucoup de choses que nous ne voyons pas quand nous nous en tenons aux apparences, beaucoup de choses qui sont invisibles quand nous ne faisons aucun effort pour aller au fond des choses. Et nous allons de plus en plus rarement au fond de ces choses, nous vivons à la surface, parce que c'est plus simple, plus facile ou moins dérangeant : les faits sociaux dont nous sommes partie prenante, comme la plupart de nos intuitions, de nos réactions, de nos émotions, viennent de cette part de nous-même qui se dérobe aux regards et à la statistique, et qui est en partie indéchiffrable par la raison.

Nous ne voyons pas la « main invisible du marché » des économistes, ni les « structures invisibles du langage » des linguistes, ni « l'esprit invisible de la Cité » des historiens de l'Antiquité, ni les règles de comportement « dont les individus n'ont pas clairement ou pas du tout conscience » de l'anthropologue. Nous ne voyons pas les racines mythologiques du Père Noël. Mais nous sommes imprégnés de ces structures mentales, de ces règles de comportement, de ces dispositions d'esprit dont les origines nous échappent, héritages multiséculaires partagés qui nous relient les uns aux autres dans l'espace et dans le temps. Sans cesse remaniés, mais toujours en filigrane dans ce que nous faisons, dans ce que nous éprouvons, comme y sont, même si nous n'y pensons jamais, les forces invisibles de la nature et de notre nature. Nous essayons désespérément de mettre un prix sur chaque chose. Comme si tout relevait d'un calcul économique, comme si tout pouvait s'acheter et se vendre. Moyennant quoi, ne pouvant mettre un prix sur le sacré, le symbolique, l'anthropologique, nous avons tendance à ne plus leur donner aucune valeur ni leur attacher aucune importance. Ils disparaissent de notre vision utilitariste du monde. Ils n'en sont pas moins là, invisibles, mais présents, prégnants, agissants.

Il y a au musée des Beaux-Arts de Nice un beau dessin du début du XXe siècle du peintre Maurice Denis intitulé *La Prière*. La jeune femme a les yeux clos et la figure tournée vers le ciel. Elle s'adresse, comme des milliards de croyants depuis les origines de l'humanité, à l'invisible qui est en elle et au-dessus d'elle.

Puissance de l'invisible…

Les religions, mais aussi les peintres, les poètes, nous font ressentir la présence de l'invisible que notre raison et notre regard ne peuvent atteindre, mais qui nous accompagne dans tout ce que nous faisons. René Char avait dit que, dans un monde sans poésie, nous ne pourrions plus respirer. Peut-être est-ce l'une des raisons pour lesquelles nous respirons de plus en plus mal dans notre monde.

Puissance de l'invisible…

Des millions de gens qui n'étaient pas croyants ont pleuré en voyant Notre-Dame brûler.

Puissance de l'invisible…

Dimanche 18 septembre 2022. La file des gens qui ont attendu leur tour pour s'incliner devant le cercueil de la reine Élisabeth II était interminable. Cela faisait déjà trois jours que la foule défilait calmement, sans interruption. Combien seraient-ils au terme de ce deuil national à s'être déplacés et avoir attendu parfois jusqu'à vingt-quatre heures pour rendre cet hommage ? Sept cent mille ? Un million ? Tant de patience tout à coup, tant de recueillement, dans l'une de ces villes-mondes du XXIe siècle, d'ordinaire si fiévreuse, si impatiente, comment cela était-il possible ? D'où venait que cette foule, d'habitude si pressée, avait pris le temps d'aller saluer la dépouille d'une souveraine qu'on disait sans pouvoir ? Qu'est-ce qui a bien pu faire que, dans une société qui n'accordait aucune valeur à ce qui ne présentait aucune utilité visible et qui ne rapportait rien, tant de gens attachaient autant d'importance à quelque chose qui ne leur était d'aucune utilité et ne leur rapportait rien ?

Mardi 20 septembre, la presse a dit que quatre milliards de téléspectateurs dans le monde avaient suivi les funérailles de la reine. C'est plus d'une fois et demie la population totale du Commonwealth, plus de la moitié de la population mondiale.

Puissance de l'invisible…

Même la décapitation du roi d'Angleterre, Charles Ier, et la table rase de la dictature puritaine de Cromwell n'étaient pas venue à bout de cette puissance de l'invisible sur laquelle repose la monarchie britannique.

Et plus de deux siècles après la table rase de la guillotine et de la Révolution, les Français ne se sont toujours pas débarrassés de leur surmoi monarchique.

En 2018, le surmoi monarchique français habitait encore le mouvement des Gilets jaunes, dont beaucoup n'avaient sans doute que peu de souvenirs de ce qu'ils avaient appris sur la Révolution française, mais qui dessinaient tout aussi instinctivement des guillotines sur les murs de Paris. Comme l'a dit Catherine Ney, « ils étaient montés à Paris pour tuer le roi ».

Le bruit que font en 2023 avec des casseroles les manifestants contre la réforme des retraites et contre le Gouvernement et le président de la République est l'écho d'un bruit qui vient du Moyen Âge. Au fil des âges, ce qui fut d'abord un « rituel d'humiliation » est devenu l'une des formes d'expression de la contestation politique[2]. Sous la monarchie de Juillet, les députés élus au suffrage censitaire qui soutenaient le pouvoir étaient poursuivis par les partisans du suffrage universel tapant sur des casseroles. Mystérieuse réminiscence, le député du parti présidentiel qui déroule son argumentaire contre ces concerts sur une chaîne d'information en continu sait-il qu'il ne fait que répéter les éléments de langage suggéré en 1832 par le journal des débats qui soutenait le pouvoir :

> Que les députés de la majorité répondent aux charivaris par le dédain et la moquerie. C'est le moyen d'en finir avec ces sottises. Qu'ils les narguent hardiment : je sais bien que la démagogie appellera cela de l'Insolence aristocratique. C'est dédaigner le peuple, dira-t-elle. Eh quel peuple est-ce donc que le peuple des charivaris ? Que si elle prêche à sa milice de mépriser le dédain que nous conseillons, eh bien ! soit : la lutte s'engagera entre le mépris des honnêtes gens et le mépris des faiseurs de charivaris ; on verra auquel de ces deux mépris restera la victoire nous n'en doutons pas grâce à Dieu ! Il y a dans le mépris des honnêtes gens quelque chose qui tombe de haut et qui écrase. Quant au mépris des autres, il ne s'élève pas plus haut que l'esprit et la condition de ses auteurs. Qui donc pourrait-il atteindre[3] ?

Il fallut du temps, mais à la fin, ce fut ce qu'il y avait dans le bruit des casseroles et que le pouvoir ne voulait pas entendre qui gagna. Et au fond, ce qu'il y a dans le bruit des casseroles d'aujourd'hui est à peu près la même chose que ce qu'il y avait dans le bruit de celles du temps de la monarchie de Juillet : un sentiment de mépris.

---

2. Joël Cornette, Catherine Saliou, Emmanuel Fureix, Claude Gauvard, *Histoire de la rue : de l'Antiquité à nos jours*, Tallandier, 2022.
3. *Journal des débats politiques et littéraires*, 1er mai 1832.

L'historien Pierre Chaunu dénombrait, en 1982, quinze milliards de tombes sous les pieds des Français[4]. Quinze milliards de tombes dont seule une infime partie est visible, cela pèse lourd dans la conscience d'un peuple et son rapport charnel à la terre sur laquelle il vit.

Puissance de l'invisible…

Dans l'invisible, il y a le conscient et l'inconscient. Dans l'inconscient, il y a la nature humaine dans ce qu'elle a de meilleur et ce qu'elle a de pire. Ce qu'il y a de pire, c'est la grande violence qui est dans l'homme.

Puissance et dangerosité de l'invisible. En le négligeant nous jouons avec le feu : quand on ébranle tout ce qui canalise les instincts animaux de l'homme, on prend le risque de les libérer. Toute l'histoire de l'humanité est remplie de leurs ravages.

Les psychologues relèvent que les risques que nous avons l'impression de pouvoir contrôler nous effrayent beaucoup moins que ceux qui nous échappent parce que nous ne les voyons pas ou parce qu'ils sont indépendants de ce que nous pouvons faire même quand les premiers sont beaucoup plus dangereux que les seconds.

C'est peut-être l'une des raisons pour lesquelles nous faisons tout ce que nous pouvons pour occulter ce que nous ne voyons pas. Mais occulter un risque ne le fait pas disparaître, au contraire.

La table rase du passé nous masque ce que l'histoire nous apprend sur la nature humaine

Le 22 février 1358, la foule avait envahi le palais de la Cité, avec à sa tête Étienne Marcel, prévôt des marchands de Paris, et obligé le Dauphin, le futur Charles V, régent du Royaume durant la captivité de Jean le Bon, prisonnier des Anglais depuis la bataille de Poitiers, à se coiffer du bonnet rouge et bleu aux couleurs de Paris. Le 20 juin

4. Pierre CHAUNU, *La France*, Pluriel, 1982.

1792, la même foule rageuse avait envahi les Tuileries et obligé Louis XVI à se coiffer du bonnet phrygien, rejouant inconsciemment, la scène où, quatre siècles plus tôt, la monarchie avait été ébranlée.

L'histoire ne se répète pas, mais nous nous répétons.

À force de répéter que l'histoire ne se répète pas, nous avons fini par oublier tout ce qu'elle nous apprenait.

Croire que nous sommes devenus plus forts que la nature humaine, et capables de changer à notre gré de civilisation, d'histoire, d'identité, de genre, est une prétention qui se heurte à ce qui au plus profond de nous appartient à la très longue durée et avec lequel toute volonté humaine doit composer.

Nous avons cru que les explosions de violence du Moyen Âge, des guerres de Religion, de la guerre de Trente Ans, de la Terreur, des guerres de Vendée, de trois révolutions ou de deux guerres mondiales nous seraient désormais à jamais épargnées.

Nous avons cru que la baisse de la violence physique et meurtrière se poursuivrait, que cette diminution était irréversible. Mais nous avons dû nous rendre à l'évidence que les adolescents du XXIe siècle qui s'entre-tuent à coups de couteau, de barres de fer ou de marteaux ne sont pas moins capables de violence que ceux du Moyen Âge.

Nous avons cru, comme les vainqueurs de la Première Guerre mondiale, que nous pourrions indéfiniment tirer les dividendes de la paix, parce que nous ne pouvions pas nommer la menace qui nous entraînerait dans une de ces guerres totales de jadis qui se faisaient avec des chars et de l'artillerie et des masses humaines. « Qui pourrait nous attaquer ? », répétaient ceux qui voulaient réduire le budget de la défense. « Maintenant qu'il n'y a plus de risque de guerre en Europe », disaient les tenants d'une armée exclusivement vouée aux interventions extérieures et qui voulaient se débarrasser des chars et de l'artillerie.

Nous avons cru que nous pouvions négliger les risques d'épidémie parce que nous ne connaissions pas de virus qui pouvait nous menacer. Il n'y aurait plus de guerre en Europe, ni d'épidémie qui pourrait submerger notre système de santé.

Nous avons cru que la mondialisation nous dispensait de produire nous-mêmes les médicaments dont nous avions le plus besoin, et de stocker des masques parce que nous pourrions toujours nous approvisionner sur le marché mondial.

Nous avons cru qu'abaisser l'État permettrait à la société civile de s'épanouir. Et elle est malade de l'effondrement de l'État.

Nous avons cru que nous n'avions plus besoin de la politique et que nous pouvions mettre la société en pilotage automatique, mais les crises ont tout fait dérailler.

Nous avons cru pouvoir enterrer la nation alors que partout dans le monde se réveillaient les nations et les empires.

Nous avons cru que dans notre ère de raison nous pouvions éteindre les passions populaires alors que les passions populaires se radicalisent parce qu'on ne les entend plus.

Nous avons beaucoup cru et nous avons beaucoup eu tort.

Nous avons cru que nous pouvions nous débarrasser de l'histoire, et nous affranchir de notre nature humaine. Et les événements nous ont donné tort. L'histoire n'est pas finie comme on l'a proclamé à la fin de la guerre froide. Les événements nous ont montré qu'elle continue et que les hommes se répètent dans leurs comportements et dans leurs penchants. Ils nous ont montré que notre présent est rempli de nos histoires personnelles, mais aussi de toutes les histoires que nous partageons avec les autres.

La table rase du passé bute sur un inconscient sur lequel elle n'a pas de prise. Cet « inconscient » n'est pas celui de la psychanalyse, cette part de nous-même que nous rejetons, « mais ce que nous ne pouvons pas atteindre en nous, qui ne nous appartient pas en propre et que nous partageons avec tous les autres[5] ».

Cette part de nous-même qui nous échappe, celle qui nous rattache aux autres, joue un rôle décisif dans les grandes évolutions du monde comme dans la vie des sociétés. C'est elle qui, pour l'essentiel, depuis la nuit des temps, fait l'histoire qui s'écrit à la première personne du

5. Marcel Hénaff, *Claude Lévi-Strauss et l'anthropologie structurale*, coll. « Points. Essais », Points, 2011.

pluriel. La conversion au christianisme de l'Empire romain n'avait pas été le produit de la seule volonté d'un empereur, mais le fruit d'un changement dans les croyances collectives qui s'étaient opérées par ce que Renan a appelé des canaux secrets. Dans sa *Vie de Jésus*, en 1863, il a écrit :

> Il n'y a pas de monde si muré qui ne reçoive quelque vent du dehors.
> L'histoire est pleine de synchronismes étranges qui font que, sans avoir communiqué entre elles, des fractions de l'espèce humaine très éloignées les unes des autres arrivent en même temps à des idées et à des imaginations presque identiques.
> Au xiiie siècle, les Latins, les Grecs, les Syriens, les Juifs, les Musulmans font de la scolastique, et à peu près la même scolastique, de York à Samarcande ; au xive siècle, tout le monde se livre au goût de l'allégorie mystique, en Italie, en Perse, dans l'Inde ; au xvie, l'art se développe d'une façon toute semblable en Italie, au mont Athos, à la cour des grands Mogols, sans que Dante et Pétrarque aient vu aucun soufi, sans qu'aucun élève des écoles de Pérouse ou de Florence ait passé à Delhi. On dirait de grandes influences morales courant le monde, à la manière des épidémies, sans distinction de frontière et de race. Le commerce des idées dans l'espèce humaine ne s'opère pas seulement par les livres ou l'enseignement direct. [...] Tout cela se faisait par des canaux secrets et par cette espèce de sympathie qui existe entre les diverses portions de l'humanité.

Quand s'était enclenchée la révolution galiléenne de la science, quand Newton et Leibnitz avaient inventé presque en même temps le calcul infinitésimal, quand les Lumières avaient bouleversé la pensée européenne, des idées semblables étaient nées simultanément dans des esprits différents qui y avaient été préparés par la longue évolution d'une intelligence collective. Quand les révolutions avaient embrasé l'Europe en 1848, c'était les nationalités qui, d'un bout à l'autre du continent s'étaient éveillées en même temps. Quand, dans l'entre-deux-guerres, dans des pays aussi différents que le Portugal, l'Espagne, l'Italie, l'Autriche, la Hongrie, la Roumanie, la Pologne, l'Allemagne, des régimes autoritaires, ou totalitaires, avaient accédé au pouvoir, ils y étaient parvenus portés par des opinions publiques agitées par des pulsions semblables à travers toute l'Europe et qui se manifestaient même dans les démocraties les mieux ancrées.

Dans la conscience collective ou dans l'inconscient partagé, l'histoire proche ou lointaine laisse sa trace. Pendant vingt siècles, les juifs ont rêvé de Jérusalem. Tout le XIXe siècle fut habité par la légende napoléonienne. Depuis un siècle, une partie de l'Europe vit dans le souvenir de l'empire des Habsbourg qui, durant quatre siècles, rassembla les peuples de ce que l'on nommait jadis la Mitteleuropa.

L'éclatement des empires laisse toujours derrière lui des débris hautement inflammables, des minorités éparpillées dans des États aux frontières qui n'obéissent le plus souvent à aucune logique de peuplement ni d'imaginaire, tellement dans les empires les peuples, les ethnies, les religions, les cultures sont imbriquées. Les signes clairement identifiables des nationalités selon lesquelles le président Wilson voulait redessiner la carte de l'Europe après la Première Guerre mondiale, n'existaient pas tant le vieil empire austro-hongrois avait brassé les peuples.

> Les Habsbourg avaient réussi à créer une administration qui malgré ses tares et son bureaucratisme excessif, fonctionna depuis Prague et la Galicie jusqu'en Bosnie-Herzégovine. Un espace économique unifié, urbanisé, un creuset des peuples qui, en se mariant entre eux et en se détestant, en s'assimilant et en s'opposant, créèrent une culture diversifiée [...] une espèce humaine à la sensibilité et à la mentalité différentes de celles des grandes nations de l'Est et de l'Ouest[6].

Et si les vainqueurs de 1918 avaient détruit l'empire, ils n'en avaient pas effacé les traces dans des millions de consciences qui se

---

6. François FEJTÖ, *Requiem pour un empire défunt*, Tempus Perrin, 2014.

transmettent encore « par des canaux secrets et par cette espèce de sympathie qui existe entre diverses portions de l'humanité ».

L'avoir ignoré, avoir rompu un équilibre patiemment forgé par l'histoire, a été la cause de bien des malheurs pour l'Europe. C'était le fruit amer de la table rase wilsonienne d'où sortirent les Sudètes et l'Anschluss et, bien plus tard, ce droit d'ingérence dans les affaires des autres que s'accorde l'Occident, au nom d'une idée abstraite de la démocratie qui serait valable pour tous les peuples du monde.

Même au XXIe siècle, pour le meilleur et pour le pire, toutes les traces de ce vieil empire des Habsbourg n'ont pas disparu.

Et trois quarts de siècle de communisme soviétique ne les ont pas effacées non plus.

Ne voyons-nous pas ressurgir aujourd'hui, au cœur de notre présent, des choses auxquelles plus personne n'accordait d'importance parce que tout le monde les croyait mortes ?

Dans cette partie de l'Europe qui s'étend sur la Pologne, la Russie l'Ukraine, la Biélorussie et les pays baltes et que l'historien anglais Timothy Snyder appelle les « terres de sang[7] », les quatorze millions de civils qu'Hitler et Staline y ont assassinés entre 1933 et 1945, et les innombrables victimes des innombrables guerres et des innombrables massacres qui les ont précédés, redeviennent des acteurs de la tragédie qui s'y joue à nouveau. Tous ces morts que l'on avait presque oubliés hantent l'Allemagne, qui a hésité à fournir à l'Ukraine des chars lourds, craignant de voir rouler de nouveau des chars allemands dans les plaines d'Ukraine, lancés contre les Russes et réveillant le souvenir de toutes ces souffrances et, avec lui, le goût de sang des haines et des vengeances que l'on croyait enfin apaisées. Et ayant trop hésité aux yeux des plus va-t-en-guerre, contrainte de chercher par tous les moyens à se faire pardonner de son hésitation pourtant si légitime, elle a cédé.

---

7. Timothy SNYDER, *Terres de sang. L'Europe entre Hitler et Staline*, coll. « Folio histoire », n° 280, Gallimard, 2019.

Du passé, Hitler et Staline n'ont finalement rien effacé, ils lui ont seulement ajouté leurs crimes. Et notre idéologie de la fin de l'histoire n'a rien effacé non plus ; elle n'a guéri ni les violences ni les blessures, elle les a simplement refoulées.

Ne voit-on pas aujourd'hui, dans toute l'Europe, qui va jusqu'à l'Oural et la Baltique, se réveiller les spectres des guerres, des massacres, et des persécutions, et des peurs du passé tant bien que mal refoulés ? Et la Pologne, cinq fois démembrée, cinq fois partagée depuis le XVIIIe siècle, comment ne serait-elle pas angoissée à la première menace qui pointe à l'est ? Et les Russes qui ne se sont fait une place sur la scène du monde qu'au milieu de violences extrêmes ne peuvent-ils pas se sentir instinctivement menacés sans que nous soyons capables de le comprendre ? Et l'Ukraine, déchirée entre deux mondes, et théâtre de tant de massacres passés ?

Ici, comme ailleurs, l'histoire fait l'histoire, plus encore que les calculs des hommes.

Faire, comme le préconisait De Gaulle, la politique à partir des réalités, c'est la faire aussi à partir de ces réalités souvent invisibles, souvent impensées que sont les structures mentales façonnées par l'histoire et les éternels instincts de violence de l'homme qu'elle nous montre éternellement à l'œuvre de l'Irak à l'Ukraine, des tortionnaires d'Abou Ghraib à ceux de Kherson, des dictatures aux démocraties, des baignoires de la Gestapo à celles de la police chinoise[8] ; l'histoire de la sauvagerie humaine, de la violence de l'homme continue. Notre seul remède est de la regarder en face avec son visage terrible, pour nous convaincre que nous devons tout faire pour tenter de la canaliser. Les tables rases ne font que l'attiser, parce que tout ce qui résiste dans l'homme à la destruction de sa mémoire et de son identité suscite en retour un surcroît de violence symbolique, psychique, physique pour en venir à bout, à bout de l'intégrité de l'être, quitte, s'il le faut, à aller jusqu'à son anéantissement. Mais, on ne peut pas tuer tout le monde.

8. Citons par exemple *Le Point*, « Chine : un responsable soupçonné de corruption périt sous la torture », 4 septembre 2013.

Alors, à la fin, il reste toujours quelque chose que la table rase n'a pas détruit et qui va enfanter l'avenir.

Les événements nous ont donné tort, mais rien n'y a fait. Les pensées et les doctrines dominantes sont des cercles vicieux dont il est toujours difficile pour une société de sortir parce qu'elles sont devenues des dogmes, des paradigmes que chacun hésite à remettre en cause de peur de se mettre en marge. Et puis, il y a les bons élèves qui sont formés à ces pensées et à ces doctrines, qui occupent les postes de responsabilité où ils appliquent trop bien ce qu'ils ont si bien appris. Marc Bloch le dit très bien dans *L'Étrange Défaite*: le drame, c'est qu'en 1940 ils occupaient tous les postes de responsabilité…

Pendant les trente ans qui ont suivi la Seconde Guerre mondiale, les esprits étaient restés marqués par le traumatisme de la Grande Dépression des années 1930. Ce traumatisme nourrissait une volonté de canaliser la puissance créatrice du capitalisme, d'endiguer sa sauvagerie instinctive, de l'humaniser, un besoin de protections sociales, d'encadrement de la finance, d'équilibre entre l'État et le marché. Il avait fallu les chocs pétroliers et la *stagflation* pour que l'on oubliât le traumatisme et que, en prenant le contre-pied de tout ce qui avait été fait depuis 1945, on refît le chemin déjà bien balisé par l'histoire des crises financières qui menait à la grande crise des *subprimes* de 2008 qui faillit si mal tourner.

À vrai dire, nous ressemblons beaucoup, sans vouloir l'admettre, à ceux qui nous ont précédés. On a coutume de dire, pour se rassurer à bon compte, que le pire n'est jamais sûr. Mais nous aurions dû garder à l'esprit qu'il était toujours possible. C'est ce que nous n'avons pas fait durant les trente ou quarante dernières années, où nous avons jeté l'histoire et la mémoire par-dessus bord et, avec elles, la conscience de notre nature humaine dont nous ne voulions plus entendre parler, parce qu'elle nous aurait rappelé que nous ne décidons pas seul en toute liberté ce que nous sommes et ce que nous faisons. Inné et acquis se donnent la main pour qu'il en soit ainsi.

Quand la table rase comptable se heurte à ce qui ne se voit pas

J'ai bien souvent entendu l'argument selon lequel les Français n'avaient pas de raisons de se plaindre, puisque toutes nos statistiques montraient que, dans toute l'histoire, nos sociétés n'avaient jamais été aussi riches et que le niveau de vie y était bien supérieur à celui du reste du monde. On ne peut pas juger de l'état d'une société sans prendre en compte la psychologie, même si ce n'est pas une donnée quantifiable. Et l'un des traits psychologiques les plus partagés, que toutes les études et toutes les expériences ont confirmé[9], est que les gens préfèrent être riches dans un pays pauvre que pauvres dans un pays riche, quand bien même le pauvre du pays riche serait plus riche que le riche du pays pauvre. Pour dire les choses autrement : les gens apprécient leur situation économique à l'aune de leur époque et de la société dans laquelle ils vivent, et la comparer à celle de leurs aïeux ou à celle des habitants d'un pays moins avancé n'a tout simplement aucun sens pour eux.

Nos statistiques nous conduisent bien souvent à sous-estimer les difficultés que peuvent éprouver les gens dans leur vie réelle, parce que les moyennes de la comptabilité nationale ne peuvent pas donner une image correcte de ce que vivent les gens, non seulement parce que lorsque certains gagnent beaucoup tandis que d'autres perdent beaucoup, la moyenne devient un mensonge pour ceux qui perdent, mais aussi parce que chaque vie a sa propre trajectoire. Amartya Sen, qui a reçu le prix Nobel d'économie en 1998 pour ses travaux sur l'économie comme « science morale », a souligné les limites de la comparaison des situations personnelles à partir des revenus réels :

> Les différences d'âge, de sexe, de talent, de handicap, de prédisposition aux maladies induisent pour deux personnes des opportunités divergentes de qualité de vie, même quand elles disposent d'un ensemble de biens matériels strictement égal. La diversité

---

9. Par exemple : Dani Rodrick, « Who needs the Nation-State ? », *Economic Geography*, 2012.

> humaine constitue l'une de ces difficultés qui limitent à la fois la validité des comparaisons par les revenus réels et les tentatives d'en tirer des conclusions quant aux avantages respectifs des individus. [...] Toute confusion entre comparaison de bien-être et comparaison des revenus réels se paie au prix fort[10].

Aucune méthode de calcul du pouvoir d'achat ne peut résoudre ce problème intrinsèque à la diversité humaine. Il faut toujours y penser lorsque l'on se réfère à des statistiques sur le pouvoir d'achat, si l'on ne veut pas que des millions de gens tirent de l'écart entre ce qu'ils vivent et ce qu'on leur raconte la conviction qu'on leur ment ou que leur vie compte pour quantité négligeable aux yeux de ceux qui gouvernent comme de ceux qui font les statistiques. En résumé, il est dangereux de faire table rase des vies des personnes réelles en les dissolvant dans les moyennes et les grands agrégats statistiques. Il faut aussi tenir compte de tous les biais statistiques qui peuvent interférer avec l'interprétation des chiffres. Un exemple courant en matière de pouvoir d'achat est celui du vieillissement d'une population donnée. L'effet de l'ancienneté sur les rémunérations, peut provoquer statistiquement une augmentation mécanique du pouvoir d'achat de la population, même si, à âge égal et à qualification égale, le pouvoir d'achat a baissé d'une génération à l'autre.

Ces avertissements sont restés lettre morte, tout comme bien des leçons du rapport Stiglitz sur la façon de mesurer nos performances collectives, rédigé en 2008 à la demande du Gouvernement français par une commission internationale composée d'économistes parmi les plus réputés du monde, dont quatre prix Nobel.

On a ainsi trop longtemps prétendu que les Français n'avaient pas de raison de se plaindre puisque les statistiques montraient que finalement leur pouvoir d'achat augmentait, comme cette étude, souvent citée, de l'Insee de 2021 qui faisait apparaître une augmentation du pouvoir d'achat des salaires nets du secteur privé de l'ordre de 0,6 % par an en moyenne pour la période 1996-2018. On a beaucoup dit que si la plupart des ménages ne se reconnaissaient pas dans les statistiques du

10. Amartya Sen, *L'économie est une science morale*, La Découverte, 2004.

pouvoir d'achat ce n'était qu'une question de ressenti qui se heurtait à la vérité des chiffres. Mais comme l'avait dit l'un des experts de la commission Stiglitz : « Quand la plupart des gens doutent de nos statistiques, ce ne sont pas les gens qu'il faut remettre en question, mais nos statistiques ». En tout cas, ce qu'on leur fait dire. Sur les 0,6 % de hausse annuelle du pouvoir d'achat des salaires du privé, les auteurs de l'étude de l'Insee estiment que 55 % sont imputables à l'évolution des qualifications. À qualifications identiques, il ne reste plus qu'une hausse d'à peine 0,27 %. Cette faible augmentation en moyenne cache une hausse pour quelques-uns et une baisse pour un grand nombre. Les biais des moyennes ont moins d'importance quand le pouvoir d'achat des salaires augmente au rythme de 4,3 % par an en moyenne comme durant les 30 glorieuses jusqu'en 1978, que lorsque l'on descend à 0,27 %. Derrière les moyennes rassurantes, il y a des millions de Français qui ne sont pas imaginaires et, avec leur famille, des dizaines de millions qui ont vu laminer au cours des dernières décennies le pouvoir d'achat de leurs salaires et se détériorer leur mode de vie.

Nous n'avons jamais autant calculé d'indicateurs pour mesurer nos performances et nos performances ont décliné au fur et à mesure qu'a grandi le nombre des indicateurs, comme si ces derniers nous dispensaient de réfléchir à ce que nous faisons et nous faisaient oublier que, derrière il y a des vies. Nous savons bien que les gens ne sont pas réductibles à des quantités ni assimilables à des marchandises, mais nous faisons pourtant comme si c'était le cas. Nous savons bien que les gens ne sont pas que des consommateurs, et que l'intérêt du consommateur n'est pas au rendez-vous s'il se paie de la destruction de l'emploi, de la détérioration des conditions de travail et de la compression des salaires. Et pourtant, nous faisons comme si nous ne le savions pas. Nous savons bien que les gens ne sont pas des machines et qu'ils réagissent aux décisions concernant leurs conditions de travail, leur rémunération et aux récompenses et aux sanctions par lesquelles on cherche à les inciter à être productifs. Et pourtant, nous les avons traités comme s'ils étaient des machines. Depuis longtemps, nombreux sont les économistes qui reconnaissent l'importance de la dimension psychologique dans l'organisation du travail. Prix Nobel d'économie, Robert Solow, écrivait il y a plus de trente ans :

> Les salaires et les emplois ne s'identifient pas aux autres prix et quantités. Ils déterminent en profondeur la manière dont les individus se perçoivent eux-mêmes, se représentent leur statut social et évoluent si la société les traite équitablement[11].

La dimension psychologique de l'économie a été consacrée par l'attribution en 2002 et en 2017 de deux prix Nobel d'économie à des psychologues. Dans la bible du management qu'est la *Havard Business Review*, un professeur de psychologie à Harvard écrivait en 2015 :

> Je ne connais aucune donnée démontrant que les employés inquiets et stressés sont plus créatifs ou productifs. [...] Nous savons que les individus sont plus heureux lorsqu'on les met face à un défi approprié, lorsqu'ils font leur possible pour atteindre des objectifs qui sont difficiles, mais pas hors de portée. Il ajoutait que cela faisait un siècle que les psychologues étudient la question des récompenses et des sanctions, et la réponse est parfaitement claire : les récompenses fonctionnent mieux[12].

C'était à la fin des années 1920 que le psychologue australien, alors lui-même Professeur à la Harvard Business School, Elton Mayo, avait conduit ses expériences devenues célèbres avec les employés de la société Western Electric. En testant l'influence de variations d'intensité de la lumière sur la productivité des ouvriers, il avait découvert que la productivité augmentait quelle que soit la modulation de l'intensité de l'éclairage. Il en avait tiré la conclusion que ce n'était pas l'intensité lumineuse qui augmentait la productivité, mais le fait de participer à une expérience, d'avoir été choisi, d'être l'objet d'une attention particulière qui les valorisait et augmentait leur motivation.

---

11. Cité par Edmond Malinvaud *in* « Réformes structurelles du marché du travail et politiques macroéconomiques », *Revue de l'OFCE,* juin 2003.
12. Daniel Tood Gilbert, *Harvard Business Review*, décembre 2015-janvier 2016, p. 62-64.

Oui, nous savons depuis longtemps que la motivation a un grand rôle dans l'implication des salariés dans les tâches qu'ils ont à accomplir. Et pourtant, force est de constater qu'au cours des dernières décennies, aussi bien dans les entreprises que dans les services publics, à l'hôpital que dans les administrations, la prolifération des critères de performance quantitatifs, des objectifs chiffrés inatteignables qui démotivaient les ouvriers, les employés, les cadres ont illustré jusqu'à la caricature les propos du professeur de psychologie de Harvard. Et comme le dit un professeur de l'ESSEC : « qui peut évaluer le coût de tout ce que refuse la personne démobilisée à son entreprise[13] ? »

Dès 1995, le rapport d'une commission du Plan composée de tout ce que la France comptait alors de spécialistes du travail – économistes, sociologues, juristes, statisticiens, démographes, praticiens de l'entreprise – arrivait à la conclusion que « les réponses par le recours à ce qu'il est convenu d'appeler la flexibilité, ne sont jamais satisfaisantes » et clouait au pilori la flexibilité externe comme « une voie pleine de dangers pour la capitalisation des savoir-faire de l'entreprise et pour l'action de moyen-long terme » et

> fait peser lourdement l'incertitude économique sur les salariés et précarise une partie des actifs, ceux que leur âge ou leur absence de diplômes exposent plus que d'autres aux ruptures[14].

Et pourtant, les politiques publiques sont restées obstinément rivées sur la flexibilité comme réponse au problème du chômage et sur la sanction comme incitation au travail. On savait bien que la flexibilité en situation de chômage de masse était dure à vivre et qu'elle pouvait aggraver les choses au lieu de les améliorer, en tirant un peu plus l'économie vers le bas. Mais on disait que c'était temporaire, qu'il y avait un mauvais moment à passer et qu'ensuite tout irait mieux, que la flexibilité nous ramènerait vers le plein-emploi. On ne nous

---

13. J.-M. Perreti, *Les Clés de l'équité – Enjeu managérial*, Éditions d'organisation, 2004.
14. *Le Travail dans vingt ans*, Rapport de la commission présidée par Jean Boissonnat, Commissariat général du Plan, 1995.

disait pas ce que serait la proportion des travailleurs pauvres dans ce plein-emploi, mais enfin tout irait mieux. On nous donnait en exemple les réformes du chancelier Schröder en Allemagne à la fin des années 1990 et au début des années 2000. Mais, à y regarder de plus près, on aurait constaté que le surcroît de flexibilité ne portait que sur les emplois précaires de moins en moins protégés. Combinée avec le durcissement des conditions d'indemnisation du chômage, les emplois d'insertion à un euro de l'heure, et au recours à une main-d'œuvre venue des pays de l'Est pour combler les pénuries imputables à la chute démographique, les réformes avaient conduit à la constitution d'une armée de réserve de travailleurs précaires, mal payés, exerçant, dans une économie où, à l'époque, il n'y avait pas de Smic, une forte pression dans le sens de la modération salariale qui en moins de dix ans avait fait reculer les salaires de sept points dans le partage du produit national. Au bout du compte, une société fracturée en deux. D'un côté les salariés bien payés, bien protégés des grands groupes et des grosses PME. De l'autre les précaires, les travailleurs pauvres, les femmes de ménage à un euro de l'heure. Derrière le faible taux de chômage et l'excédent commercial, une réalité bien moins reluisante que celle que l'on nous promettait. Ce qui a fait dire à un très bon connaisseur de l'économie allemande qu'Angela Merkel – arrivée au pouvoir en 2005 – n'a fait « que corriger les dégâts de Schröder[15] ».

Une fois de plus, l'illusion statistique a joué à plein et nous a fait prendre de mauvaises décisions au regard des objectifs affichés.

On nous a beaucoup promis, mais ce que nous avons fait allait à rebours de toutes les promesses. On avait promis la réhabilitation de la valeur travail, la revalorisation du travail et l'on a tout fait pour abîmer le travail. La concurrence des pays à bas salaires dans la mondialisation, la pression sur le pouvoir d'achat des salaires au profit des actionnaires et le pouvoir donné aux réducteurs de coûts, ceux que l'on surnomme les *cost killers*, avec des objectifs de gains de

---

15. Guillaume Duval, *Made in Germany. Le modèle allemand au-delà des mythes*, Le Seuil, 2013.

productivité souvent inatteignables n'ont fait qu'aggraver les choses en détériorant les conditions de travail, tant sur le plan matériel que psychologique. Comme la mondialisation contraignait les salaires, on a cherché à accroître l'attractivité du travail, non en le payant mieux, mais en diminuant les allocations. En 2019, l'approche comptable a poussé à une réforme des allocations-chômage : pour y avoir droit, il faut avoir travaillé six mois, au cours des vingt-quatre derniers mois contre quatre auparavant. Et pour recharger ses droits, le chômeur doit travailler six mois au lieu d'un mois auparavant. Pour calculer le montant de l'allocation, les salaires bruts perçus sont désormais divisés par le nombre de jours travaillés et non travaillés, alors qu'auparavant seuls comptaient les jours travaillés. Une loi de 2014, fixant une durée légale minimale de travail hebdomadaire pour les emplois à temps partiel, avait déjà mis à mal les petits boulots. La loi de 2019 a dévalorisé un peu plus les emplois précaires et les emplois saisonniers. Cette loi a logiquement conduit à une pénurie de plusieurs centaines de milliers de travailleurs saisonniers dont certains secteurs d'activité ne peuvent pourtant pas se passer. Comment s'en étonner ? Comment ne pas avoir envisagé une conséquence aussi prévisible ? À moins que le dessein caché fût d'épouser la logique de la politique allemande de la fin des années 1990 en comblant les pénuries de main-d'œuvre par l'immigration pour éviter la hausse des salaires.

La réforme des retraites de 2023 n'a pas été seulement un cas d'école de manipulation des chiffres qui ne voulaient rien dire, mais elle a aussi réussi l'exploit de concentrer dans un seul texte presque tous les défauts rédhibitoires des politiques comptables au point de provoquer la plus grave révolte sociale et politique depuis des décennies, parce que la plupart des gens ont senti que cette comptabilité n'avait rien à voir avec la réalité de la vie. Intuition profonde et non pas déni de réalité : l'économie réelle se fait avec la vie et non pas contre elle. Cette révolte fut l'esquisse pas seulement d'une révolte de la vie contre la tyrannie de chiffres qui ne veulent rien dire mais d'une révolte de la vie qui veut avoir son mot à dire sur ce qu'on lui fait subir. S'enfermer dans les comptes, c'est exclure tout ce qui ne se comptabilise pas, et qui est pourtant très important pour la prospérité économique. Les économistes ont montré depuis longtemps qu'entre un tiers et la moitié de la croissance économique ne peuvent pas être expliqués par la quantité de travail et de capital matériel. Ce qui n'est pas marchand compte autant dans la productivité que ce qui est marchand, la qualité autant que la quantité, les conditions de travail autant que le nombre d'heures travaillées. Ne voir que les comptes du système de retraite, c'est passer à côté de l'essentiel. C'est s'enfermer dans l'illusion que le système des retraites vit sa vie à part du reste de la société et de l'économie alors qu'il en est indissociable, à la fois cause et conséquence de tout ce qui se passe autour de lui. La problématique économique des retraites est macroéconomique, sociale et sociétale. Et, encore une fois, ce n'est pas le désordre dans les comptes qui met du désordre dans l'économie et la société, c'est l'inverse ; c'est le désordre dans l'économie et la société qui met du désordre dans les comptes. L'approche comptable existe aussi dans les entreprises, tout naturellement, puisqu'elles doivent afficher des chiffres pour s'attirer les bonnes grâces des marchés et pour calculer ce qu'elles doivent au fisc. Mais quand il faut redresser la situation d'une entreprise qui traverse une passe difficile, prendre le sujet par le redressement des comptes comme le font les « *cost killer* » conduit plus souvent à tuer l'entreprise qu'à la sauver. Il ne faut pas redresser les comptes pour redresser l'entreprise, mais redresser l'entreprise pour redresser les comptes, comme il faut remettre de l'ordre dans l'économie et la société pour redresser les comptes publics.

L'approche comptable occulte que les réformes des retraites par le recul de l'âge légal de départ sont une autre façon de dévaloriser le travail. La double condition d'annuités de cotisation et d'âge pour avoir une retraite à taux plein fait que, avec le recul de l'âge, ceux qui ont commencé à travailler tôt se trouvent contraints de travailler plus longtemps que les autres, sans acquérir pour autant de droits supplémentaires. C'est financièrement rentable pour le système de retraites, mais en contradiction totale avec la revalorisation de la valeur travail. Il serait plus juste de supprimer la condition d'âge et d'ajuster la durée de cotisation quand c'est rendu nécessaire par l'allongement de la durée de la vie. Et, pour couronner le tout, on ment en affirmant que le système de retraite est au bord de l'effondrement et qu'il n'y a le choix pour le sauver que de travailler plus longtemps ou d'augmenter les cotisations.

Or, il y a bien d'autres leviers qui peuvent être actionnés pour réduire les désordres dans l'économie et la société qui menacent nos retraites : l'emploi, la productivité, l'assiette du financement de la protection sociale. L'une des grandes questions est de savoir si, dans le monde tel qu'il est, où le travail est concurrencé par les robots et les algorithmes, par une main-d'œuvre immigrée bon marché et par les travailleurs des pays à bas salaires, et où ce que l'on appelle l'ubérisation de l'économie crée de plus en plus de distorsion entre ceux qui ne paient pas de charges et ceux qui en paient pour tous les autres, faire porter tout le financement de la protection sociale sur le travail est bien raisonnable ? On ne veut pas voir non plus que les politiques qui ont engendré le chômage de masse et étouffé les salaires, ont une grande part de responsabilité dans les problèmes de financement des retraites puisqu'elles ont rétréci l'assiette des cotisations. On ne veut pas non plus regarder cette réalité en face : avec le retour de l'inflation, si les pensions de retraite sont indexées sur les prix et que les salaires ne le sont pas, le déficit des retraites se creuse. À partir des données fournies par le Conseil d'orientation des retraites dans son rapport de 2022, on peut calculer que si les salaires prennent chaque année deux points de retard sur la hausse des prix, le manque à gagner pour le financement des retraites est d'environ trois milliards et demi sur la première année, et, toutes choses égales par ailleurs, d'environ sept milliards sur la deuxième. Au bout de quatre ans, le manque à gagner sur l'année atteint l'ordre de grandeur du déficit prévisionnel qui a servi à justifier le recul de deux ans de l'âge légal de départ à la retraite.

Au lieu de reculer l'âge de la retraite et de faire des chèques alimentaires, le Gouvernement aurait mieux fait de se pencher sur la question des salaires et sur celle de l'assiette du financement. La question de l'assiette du financement des retraites est d'autant plus pertinente que les projections du conseil d'orientation des retraites, quels que soient les scénarios retenus pour la productivité, prévoient au pire une stabilisation, au mieux une baisse de la part des dépenses de retraites dans le produit national qui pourrait aller, si les tendances actuelles de la productivité se confirment, jusqu'à un à deux points d'ici 2070, compte tenu des réformes déjà engagées avant 2023. Ce qui laisserait une marge pour améliorer le pouvoir d'achat des pensions en élargissant l'assiette.

Alors que, au cours des Trente Glorieuses, le travail était le grand gagnant, dans le nouveau monde tout va au capital. Mais en pressurant autant le travail, nous avons abîmé le travail, abîmé l'économie et la société, abîmé des vies. La gestion de la pandémie par le confinement qui a mis à rude épreuve la sociabilité et, en particulier, la sociabilité au travail n'a rien arrangé. Tout cela n'a certainement pas été sans rapport avec l'engrenage qui va de la perte de sens du travail à la difficulté croissante à recruter pour des emplois pourtant essentiels à la vie en société et au phénomène que l'on a appelé aux États-Unis « la grande démission ».

L'explosion de la rente foncière et la dévalorisation du travail ont conduit au grand malaise des classes moyennes. Les classes moyennes inférieures ont d'abord été atteintes, puis à leur tour les classes moyennes intermédiaires, et enfin les classes moyennes supérieures. Et quand les classes moyennes ne vont pas bien, c'est l'ascension sociale qui se grippe et la stabilité de la société qui est menacée. Ce délitement des classes moyennes, dans une société qui les avait tant fait espérer, fait courir le risque de laisser face à face, dans une opposition frontale, les classes populaires et celles qui sont les grandes gagnantes de la mondialisation. En laissant se répandre dans les classes moyennes le sentiment d'un déclassement, nos démocraties ont une fois encore joué avec le feu. Même si cette confrontation demeure latente tant qu'elle reste diluée dans la multitude des intérêts catégoriels qui fragmentent la société.

Ce sentiment de déclassement repose sur des réalités. Dans une grande étude publiée en 2019 sur « une classe moyenne hantée par le risque du déclassement », on a relevé que « le coût d'un mode de vie "typique" de la classe moyenne » augmentait plus rapidement que les revenus intermédiaires. En cause, en premier lieu, le coût croissant de l'accession à la propriété qui est l'un des marqueurs sociaux typiques de cette catégorie sociale. Ce coût n'entre pas dans le calcul de l'indice des prix qui permet de calculer l'évolution du pouvoir d'achat, bien qu'une commission officielle ait soulevé la question en 2008 :

> Pour les accédants à la propriété, un prix de l'immobilier plus élevé correspond effectivement à un coût supplémentaire pour se loger. Même si cette hausse du coût a pour contrepartie la perspective ultérieure d'une revente plus élevée, elle se traduit bien par des sacrifices à moyen terme, liés au remboursement des emprunts. Plus encore, la hausse des prix de l'immobilier peut augmenter la proportion des ménages qui se trouvent dans l'impossibilité d'acheter, les sommes nécessaires devenant trop élevées au regard de leurs revenus pour que les banques acceptent de prêter[16].

En cause aussi, la dégradation du pouvoir d'achat des plus diplômés à leur entrée dans la vie active, qui atteint en moyenne jusqu'à 20 % sur les 20 dernières années pour un ingénieur ou un diplômé d'une école de commerce qui gagne désormais en moyenne 2 Smic, contre 2,5 Smic au début des années 2010, quand le coût pour accéder à la propriété dans les grandes villes a explosé. Et ce ne sont que des moyennes.

En quelques décennies, comme on l'a vu, la position sociale et le niveau de vie relatif de professions du secteur public pourtant essentielles à la marche de la société se sont tellement dégradés que les candidats manquent et que nous nous trouvons pris au piège d'une montagne de revalorisations devenues inéluctables, à la facture desquelles s'ajoute celle d'un accroissement des effectifs, devenu dans bien des cas lui aussi inéluctable face aux demandes sociales. Les médecins libéraux qui font grève à leur tour pour demander le doublement du tarif de consultation fixé par l'assurance maladie nous montrent le mur au pied duquel nous ont conduits des décennies d'aveuglement. Effets cumulés du *numerus clausus* dont la réforme ne se

16. Rapport de la commission présidée par A. Quinet sur « la mesure du pouvoir d'achat des ménages », 6 février 2008, La Documentation française.

ressentira sur la démographie médicale que dans une dizaine d'années, et de l'attractivité de plus en plus faible pour tant d'années d'étude, de moins en moins de généralistes s'installent, le nombre de médecins n'a suivi ni l'accroissement de la population ni son vieillissement et, dans les zones denses où les charges sont les plus élevées, de plus en plus de médecins sont dans le secteur 2, qui autorise les dépassements d'honoraires. Cette évolution, combinée au déremboursement de nombreux médicaments, rend financièrement plus difficile l'accès aux soins pour une frange de plus en plus grande de la population, qui renonce à se soigner ou en retarde le moment, laissant les pathologies s'aggraver malgré les mutuelles de santé complémentaires. Les délais pour obtenir un rendez-vous s'allongent, parfois de plusieurs mois pour certaines spécialités, provoquant un recours accru aux urgences hospitalières déjà saturées. Toujours cette myopie de l'approche comptable à laquelle nous avons tant cédé : l'assurance maladie fait des économies sur le dos des patients comme des médecins, et dépense plus d'un côté que ce qu'elle a économisé de l'autre. Et qui peut chiffrer le coût de la faillite de l'hôpital ? Mais comment maintenant rattraper rapidement tous les retards, en investissements et en pouvoir d'achat ? Ce sera la grande question politique des années à venir. Ce qui est certain, c'est que la réponse ne sera pas dans les politiques comptables, ni dans la mise en concurrence de tous avec tous.

La concurrence est parfois une bonne chose, parfois une moins bonne : la concurrence peut faire monter les prix, comme avec le marché unique européen de l'électricité, la guerre des prix peut faire s'effondrer les marges des entreprises, créer les concurrences déloyales, susciter les *dumpings* qui vont pousser à des efforts de productivité déraisonnables qui abîmeront la santé et le moral des salariés, et ce mal-être , à son tour, peut engendrer des effets délétères sur l'économie et la société. L'avancée de la mondialisation a engendré du désespoir et attisé la révolte de l'ouvrier et du cadre de 50 ans dont les emplois ont été délocalisés à l'autre bout de l'Europe ou du monde, dans un pays à bas salaire, avec peu ou pas du tout de protection sociale ; ils savent qu'ils ne retrouveront jamais du travail.

La mondialisation, dont les statistiques et beaucoup d'économistes ont longtemps raconté qu'elle n'était coupable d'aucun des maux qui affectaient nos sociétés occidentales, personne n'a essayé de la canaliser. Elle a conduit à ce que, pour une bonne partie des classes moyennes comme des ménages les plus modestes, et les deux millions de familles monoparentales avec leurs quatre millions d'enfants, une fois payées leurs charges fixes comme les loyers, les remboursements d'emprunt immobilier, les assurances, l'eau, le gaz, l'électricité, les abonnements au téléphone, à Internet, les impôts directs, le carburant et les abonnements de transport pour les trajets domicile-travail, les gardes d'enfants ou les frais de scolarité, leur pouvoir d'achat finisse par s'apparenter à un reste à vivre, voire, pour beaucoup, à survivre. C'est sur le pouvoir d'achat de ce reste à vivre qu'il faut mesurer les ravages de l'inflation, en particulier alimentaire.

L'inflation revenue avec les désajustements entre l'offre et la demande, à la suite de la pandémie, de la guerre en Ukraine et des sanctions contre la Russie, a encore aggravé les choses. Les salaires et les pensions ne suivant pas la hausse des prix, le pouvoir d'achat baisse. Même si l'inflation des prix revenait à zéro, le pouvoir d'achat aurait été amputé de toutes les hausses précédentes. Et les prix ont peu de chance de baisser. Si l'on s'en tient à l'indice des prix à la consommation, l'inflation négative est extrêmement rare et correspond à des périodes de grandes dépressions économiques, comme celle liée au passage de l'économie de guerre au tout début des années 1920 ou la Grande Dépression des années 1930, entre 1931 et 1935. En dehors de ces périodes, sur un siècle, l'indice des prix n'a été négatif qu'une seule fois, en 1953. En principe, l'inflation allège le poids des endettements, ceux des ménages comme pour la classe moyenne salariée des Trente Glorieuses, ou ceux des États, accumulés pendant les guerres, les épidémies, les récessions. Mais si les salaires ne suivent pas la hausse des prix, la charge des remboursements s'alourdit au lieu de s'alléger dans le budget des ménages. Les finances publiques sont logées à la même enseigne : pour que l'inflation fasse fondre les dettes, il faut que les recettes soient indexées sur les prix et donc les revenus du travail qui constituent l'essentiel de l'assiette des impôts et des cotisations sociales. Et l'inflation, si elle dure et si les revenus ne suivent pas, peut ébranler une société déjà au bord de la rupture. L'inflation sur l'alimentation et les produits de première nécessité fait des ravages. Dans un sondage de l'Ifop, portant sur les 30 % de Français gagnant le Smic ou moins que le Smic, plus de quatre sur dix déclarent que l'inflation les a conduits à supprimer un repas. Dans le baromètre de la précarité hygiénique de mars 2023, 8 % des sondés déclarent que, par manque d'argent, il leur arrive de se laver sans savon, et 7 % de se brosser les dents sans dentifrice. La proportion des femmes réglées confiant qu'il leur arrive de manquer de protections hygiéniques pour elles-mêmes ou leurs filles, a presque doublé depuis 2019, passant de 8 % à 15 %. Et 28 % des parents de jeunes enfants indiquent renoncer au moins occasionnellement à l'achat de produits d'hygiène pour bébés. On relève une recrudescence des vols à l'étalage. Le FMI prévoit que l'inflation va durer même si elle ralentit.

Quand la hausse moyenne de l'indice du salaire mensuel de base dans le secteur privé est de seulement 3,9 % en 2022 alors que l'indice des prix a augmenté de 6 %, il n'y a pas de cadeau aux salariés. *A fortiori* si l'on tient compte du fait qu'il s'agit d'une moyenne qui inclut les revalorisations de quelques professions et les salaires au Smic qui sont indexés alors que tous les autres ne le sont pas. Quand le point d'indice de la fonction publique, gelé depuis onze ans, n'est revalorisé que de 3,5 % en juillet 2022, et de 1,5 % en juillet 2023 pour une hausse des prix sur un an de plus de 5 %, il n'y a pas de cadeaux aux fonctionnaires. Quand les enseignants reçoivent entre cent et deux cent trente euros de plus par mois et que 70 % d'entre eux subiront quand même une perte de pouvoir d'achat, il n'y a pas de cadeaux aux enseignants.

On peut duper un peu les gens quand l'inflation est très faible. Les économistes appellent ça « l'illusion monétaire ». Mais, quand l'inflation est forte, l'illusion monétaire s'estompe rapidement, et la frustration grandit dangereusement. Il devient alors urgent d'y répondre.

Mais pour comprendre cette vulnérabilité d'une société déjà si éprouvée, il faut être conscient qu'il y a derrière cette vulnérabilité quelque chose d'autre que des quantités.

La morale de cette histoire est celle du salut par la souffrance. Mais au bout du compte, on fait payer des fautes à des gens qui ne les ont pas commises et dont le seul tort est d'avoir laissé faire ceux qui les ont commises.

La dégradation de l'état matériel et moral d'une grande partie de la société n'a pas été prise en compte par ceux qui exerçaient le pouvoir et qui préféraient ne pas chercher à savoir. Le commissariat du Plan a publié en 1997 un rapport expliquant que lorsque l'on comptait trois millions et demi de chômeurs, il y avait près de sept millions de personnes directement concernées par les difficultés de l'emploi, sans compter leur famille[17]. La réaction du Gouvernement de la gauche plurielle a été de limoger le commissaire au Plan qui en avait trop dit. À droite comme à gauche, il fallait se voiler la face devant les victimes de l'effacement des frontières, d'un libre-échange débridé, des politiques dites de « désinflation compétitives », et de l'impuissance publique que les responsables politiques avaient eux-mêmes organisée avec la religion européenne de « la concurrence libre et non faussée ».

L'utilisation systématique d'indicateurs ou de ratios de façon mécanique, sans réfléchir aux conséquences qui pourraient en résulter n'a pas manqué d'avoir bien des effets pervers. Un des exemples est celui du ratio qui rapporte le nombre d'agents publics au nombre d'habitants sur un territoire dont la population est en baisse. La hausse du nombre d'agents publics par habitant qui en résultait automatiquement a conduit à ajuster à la baisse les effectifs des services publics, à fermer des gendarmeries, des maternités, des hôpitaux, des lits, des écoles, des classes, des bureaux de poste. Ces fermetures à leur tour, incitaient encore plus de gens à aller vivre ailleurs, ce qui contribuait au « déménagement du territoire » vers les grandes métropoles et à l'explosion de la rente foncière dans ces dernières. Au début de l'année 2023, un rapport présenté à l'Académie de médecine alertait sur la nécessité de fermer les maternités qui font moins de mille accouchements par an, au prétexte qu'elles seraient

17. Robert CASTEL, Paul FITOUSSI, Jacques FREYSSINET, Henri GUAINO, *Chômage : le cas français*, La documentation française, 1998.

dangereuses, alors même qu'elles n'accueillent plus les grossesses à risque. Du temps où j'étais commissaire général au Plan, le seuil était fixé à moins de trois cents accouchements par an. Ce chiffre ne relevait d'aucune étude statistique sérieuse du risque, mais de ce que l'on appelait des conférences de consensus qui réunissaient des gens qui étaient tous d'accord entre eux pour fermer les petites maternités de proximité. Derrière ce chiffre qui sortait de nulle part, rien de scientifique, seulement l'argument d'autorité, un peu comme durant la pandémie. En vérité, l'argument le mieux étayé n'est pas celui de l'insuffisance de pratique, mais celui du manque de moyens, pour les petites maternités sous-dotées et pour les grands hôpitaux qui veulent récupérer pour eux tout ce qu'ils peuvent. Mais, à vouloir résoudre le problème du manque de personnel et de moyens en déshabillant l'un pour habiller l'autre, tout le monde finit par être perdant, on alimente aussi le cercle vicieux de la concentration urbaine, on ajoute au gaspillage des ressources et à la dégradation de la qualité de la vie. Ce sera autant de moins demain pour la santé.

Alors que le calcul économique rationnel est tourné vers l'avenir, la comptabilité est, par nature, rétrospective. Parmi les conséquences les plus délétères de l'approche comptable, il y a la façon dont on a abordé le problème du déficit et de la dette publique pour respecter les ratios imposés par l'Union européenne. J'ai vu beaucoup de gens très intelligents et très humains dans leur vie personnelle qui, sur ce sujet, ne réfléchissaient plus et qui, dans une invraisemblable inversion des valeurs, considéraient la dette et les déficits comme immoraux et pas les souffrances infligées aux gens par les sacrifices que les politiques d'austérité exigeaient d'eux. Si l'on devait donner un caractère péjoratif au mot technocratie, qu'on l'applique à la politique, à l'administration ou à l'entreprise, on le trouverait dans l'incapacité totale d'essayer de se mettre à la place de l'autre, de celui qui va subir, d'imaginer ce qu'il peut ressentir avant de prendre une décision uniquement étayée par des chiffres. Mais, là aussi, l'humain impose ses limites. Ces politiques d'austérité justifiées par le respect des critères de convergence de la monnaie unique, qui n'ont même pas une signification économique, nourrissent la révolte sociale jusqu'à ce que devenant politiquement intenables au regard du calendrier électoral, les vannes budgétaires s'ouvrent de nouveau, puis se referment, de sorte que ces politiques comptables font en définitive, souffrir pour rien. C'est pour satisfaire aux critères comptables en faisant rentrer tout de suite de l'argent dans les caisses, que l'État a concédé l'exploitation des autoroutes à des sociétés privées par des contrats qui se sont révélés trop avantageux pour ces dernières. C'est pour la même raison que l'État a ouvert le capital d'EDF – là encore les finances publiques et les consommateurs d'électricité paient un lourd tribut. Toujours pour améliorer à court terme les comptes publics, l'État a vendu en 2004 les locaux de l'Imprimerie nationale pour 85 millions d'euros et, en manque de locaux, le ministère des Affaires étrangères les a rachetés trois ans plus tard au prix de presque 377 millions d'euros, bien au-delà du coût des travaux réalisés entre-temps. On pourrait allonger la liste des mauvaises affaires réalisées par l'État sous la pression de l'approche comptable.

L'homme n'est pas réductible à une quantité. Ni le bonheur national brut, ni l'indice de développement humain ne nous disent grand-chose sur le bonheur. Personne ne sait ce qu'est une quantité d'amour, de joie, de peine, de désespoir ou de courage, et même le quotient intellectuel ne nous dit pas grand-chose sur l'intelligence.

Nous avons oublié que les comportements humains ne sont pas dictés que par des choses matérielles et que bien des choses qui le motivent, qui le rendent heureux ou malheureux, bienveillant ou violent, ne sont ni mesurables ni visibles. Le culte de la quantité et l'obsession comptable ne les ont pas fait disparaître. Mais en disqualifiant tout ce qui lui échappe, l'approche quantitative et comptable a fait, en quelque sorte, table rase, dans le débat public, de ce qui est humain.

Ne sommes-nous pas allés, en 2022, jusqu'à faire dépendre le montant des allocations-chômage, non plus seulement des efforts de chacun pour trouver un emploi, mais aussi du taux de chômage national, calculé selon la définition du Bureau international du Travail, à partir d'une enquête ? Je dis encore « nous » parce que personne ou presque n'a protesté contre le problème moral que posait l'ouverture des droits en fonction d'une statistique aussi imprécise, à partir d'une définition forcément arbitraire, aussi discutable et discutée que le taux de chômage, et qui ne tient compte ni de la situation très différente d'un bassin d'emploi à un autre, ni de la diversité des tensions sur l'emploi d'une profession à une autre, et présuppose que chaque chômeur est capable de changer du jour au lendemain de bassin d'emploi, de profession et même de statut social, ce qui est naturellement impossible pour la plupart des gens. C'était pousser très loin le cynisme statistique et politique en jouant sur le préjugé que tout chômeur était un fainéant qui ne cherchait pas de travail et voulait juste profiter des allocations. Mais force est de constater que cette mesure, aberration juridique et intellectuelle, faute morale, a été adoptée sans rencontrer une grande opposition, comme une compensation démagogique jetée à ceux qui sont excédés de toujours payer pour ceux qu'une politique qui ne veut pas voir la vie des gens derrière les comptes sacrifie en toujours plus grand nombre.

À la racine des politiques comptables, il y a cette erreur très répandue qui réduit l'économie à ce qui est monétisable. La comptabilité ne compte que ce à quoi elle peut donner un prix. C'est déjà très restrictif pour n'importe quelle entreprise dont la prospérité dépend de beaucoup de choses qui n'entrent pas dans la comptabilité. Cela l'est d'autant plus pour les politiques publiques, parce que dans la société considérée dans son ensemble le non-marchand et le non-monétisable occupent une place considérable, et conditionnent la marche de ce qui est marchand et monétisable et *vice versa*. Il faut bien être conscient, et c'est hélas trop rarement le cas, que si le bien-être n'a de place dans aucune comptabilité, ce qu'il produit comme effets bénéfiques, au bout du compte, en a une. Il faut être conscient, et c'est trop rarement le cas, que si le mal-être et la souffrance n'ont de place dans aucune comptabilité, elles ont quand même un coût qui finit par peser sur les comptes. C'est aussi par ignorance délibérée de ces effets qu'ont été prises sur des bases purement comptables tant de mauvaises décisions qui ont fini par mettre nos comptes, notre économie et notre société dans l'état où ils sont.

En ne nous préoccupant pas assez de toutes les choses que les chiffres ne peuvent pas cerner, en faisant d'elles, en quelque sorte, les variables d'ajustement implicites de nos politiques comptables et de nos statistiques, en les écartant de nos raisonnements, nous tournons le dos à l'humain. Mais à la fin, c'est quand même toujours l'humain qui a le dernier mot. Et, à force, ce dernier mot ne peut être qu'un mot de révolte. Nous n'en sommes peut-être pas loin.

Que l'on soit keynésien ou pas, comment ne pas partager pour aujourd'hui cet autre constat de Keynes à propos de « la place extravagante donnée, pour faire court, aux "résultats financiers", promus critère d'appréciation de toute action, qu'elle soit publique ou privée. Mener sa vie était devenu une sorte de parodie du cauchemar d'un comptable. »

Depuis l'époque de Keynes, on a, en la matière, dépassé toutes les limites.

Aucune table rase ne vient à bout de la nature humaine

Zweig, 32 ans, à Vienne, dans l'ambiance d'élan patriotique des premiers jours de la Grande Guerre :

> Malgré toute ma haine et mon horreur de la guerre, je ne voudrais pas être privé dans ma vie du souvenir de ces premiers jours ; ces milliers et ces centaines de milliers d'hommes sentaient comme jamais ce qu'ils auraient dû mieux sentir en temps de paix : à quel point ils étaient solidaires. Une ville de deux millions d'habitants, un pays de près de cinquante millions éprouvaient à cette heure qu'ils participaient à l'histoire universelle, qu'ils vivaient un moment qui ne reviendrait plus jamais et que chacun était appelé à jeter son moi infime dans cette masse ardente pour s'y purifier de tout égoïsme. Toutes les différences de rangs, de langues, de classes, de religions, étaient submergées pour cet unique instant par le sentiment débordant de la fraternité. Des inconnus se parlaient dans la

> rue, des gens qui s'étaient évités pendant des années se serraient la main, partout on voyait des visages animés. Chaque individu éprouvait un accroissement de son moi, il n'était plus l'homme isolé de naguère, il était incorporé à une masse, il était le peuple, et sa personne, jusqu'alors insignifiante, avait pris un sens. [...] Mais peut-être une puissance plus profonde, plus mystérieuse, était-elle aussi à l'œuvre sous cette ivresse. Cette houle se répandit si puissamment, si subitement sur l'humanité que, recouvrant la surface de son écume, elle arracha des ténèbres de l'inconscient, pour les tirer au jour, les tendances obscures, les instincts primitifs de la bête humaine, ce que Freud, avec sa profondeur de vues, appelait « le dégoût de la culture » [...] le besoin et quelle part d'assouvir les instincts sanguinaires immémoriaux. Peut-être ces puissances obscures avaient-elles aussi leur part dans cette brutale ivresse de l'aventure et la foi la plus pure[18].

Elles y avaient leur part, ces puissances obscures dont parle Zweig, et quelle part ! On leur ouvrait grand la porte de cette prison intérieure dans laquelle la civilisation essaie tant bien que mal de les contenir. On allait leur sacrifier des millions de vies. Mais on ne le savait pas encore. Dans cette « ère de raison », on les avait oubliées.

Les circonstances aidant, le psychisme de l'individu le plus raisonnable peut basculer dans la psychologie des foules où il se dissout dans la masse exaltée, ne fait plus qu'un corps et une pensée avec elle, s'y noie, s'y perd comme Zweig.

Quand il l'avait écrit sa *Psychologie des foules*, dans les années 1890, Gustave Le Bon avait parlé, s'agissant des sociétés les plus avancées, de l'ère des foules. Il ne pouvait pas encore imaginer à quel point le XXe siècle serait, pour ces sociétés, l'ère des meutes, comme nous n'avions pas imaginé le retour en force de ces dernières au début du XXIe siècle, après une relative accalmie. La foule, c'est la dilution de

18. Stefan Zweig (1941), *Le Monde d'hier. Souvenirs d'un Européen*, Librairie générale française, 1996.

l'individualité consciente dans le groupe. La meute, c'est la foule qui est prise dans l'engrenage de la violence mimétique où chacun surenchérit sur la violence de l'autre. Après que les masses s'étaient enivrées de la violence du siècle le plus sanglant de l'histoire, il y avait eu comme une période de dégrisement. Puis, insidieusement les meutes sont revenues. On les a vues d'abord sur les réseaux sociaux, puis dans l'information en continu, puis sur les campus américains, puis dans les ZAD, puis dans les émeutes urbaines, puis autour des bassines… Les lynchages sur les réseaux sociaux sont vite devenus fréquents, mais aussi violents fussent-ils, ils ne donnaient qu'une petite idée de la férocité que pouvaient atteindre les vraies meutes dans la rue. Va-t-on les y revoir s'acharner sur les boucs émissaires ?

L'homme est dans la nature et la nature est dans l'homme, et nous savons que, dans la nature, la vie ne va pas sans la cruauté. Pulsion de vie, pulsion de mort avait dit Freud, pulsions naturelles, primitives, indissociables l'une de l'autre, qui sont en nous puisque la nature est dans l'homme. Empédocle dissertait déjà sur les pulsions primordiales de l'amour et de la haine il y a deux mille ans.

Une part de lumière dans l'homme fabrique de la civilité, de la beauté, de l'amour, celle du sentiment et de la raison. Une part sombre, part de l'animalité, de l'instinct, fabrique de la violence. La première contient la seconde. Quand elle faiblit, des monstres se libèrent.

Pulsions de vie, pulsions de mort, malgré tous nos moyens matériels, malgré tous les progrès des sciences et des techniques, nous n'avons pas réussi et nous ne réussirons sans doute jamais à nous en débarrasser. Et périodiquement quand l'effort se relâche, notre nature primitive reprend ses droits.

La grande différence entre l'individu contemporain et celui qui a émergé de l'antiquité tardive c'est que ce dernier reconnaissait et explorait par l'introspection le mal qui était en lui, « ses pulsions pleines de péchés », « les forces démoniaques qui marquent les frontières intérieures de sa personnalité[19] », c'est-à-dire ce qui demeure

19. *Ibid.*

de sombre et sauvage dans la nature humaine et qu'il faut sans cesse canaliser, alors que l'individu d'aujourd'hui pense et agit comme si ce qui demeure de sauvage dans la nature humaine avait disparu. C'est une illusion, la plus dangereuse peut-être des illusions : elle nous livre désarmés à ce qu'il peut y avoir de pire en nous. Les mentalités évoluent, la nature humaine, elle, change peu. Elle conserve les traits psychologiques qui la caractérisent depuis toujours et auxquels nous n'attachons plus assez d'importance. L'un des problèmes les plus graves que nous ayons à affronter, est celui de notre incapacité à nous regarder tels que nous sommes au plus profond de nous-même, à comprendre ce qu'il s'y trouve.

La transmutation du Droit en véritable religion censée changer la nature de l'homme est l'une des manifestations les plus frappantes de cette fuite devant nous-mêmes. Le Droit, quand il n'est pas le fruit d'un constat lucide sur ce qu'il y a de dangereux en nous et que nous devons chercher, tant bien que mal à canaliser, mais qu'il se présente comme une négation de ce que nous sommes vraiment ne bute pas que sur l'empreinte de l'histoire et les soubassements mythiques oubliés de nos comportements. Il entre en collision avec la nature humaine et à la fin, c'est toujours elle qui gagne. Mais l'idée que nous sommes des êtres assez évolués pour qu'à notre époque le Droit suffise à canaliser nos instincts animaux, et cette violence primitive qui sommeille en chaque être humain est une facilité qui nous détourne des efforts que nous avons à accomplir sur nous-mêmes pour ne pas être écrasés par la fatalité de notre condition. C'est particulièrement vrai pour ce qui concerne la paix et la guerre entre les peuples.

De Gaulle le rappelait en 1932 dans *Le fil de l'épée*, à l'époque où la Société des Nations avait mis la guerre hors la loi et où Giraudoux, diplomate de carrière, écrivait sa pièce :

> Mais quoi ? Sans désarmer aucune espérance voit-on que les passions et les intérêts d'où sortent les conflits armés taisent leurs exigences [...] que les hommes, enfin, cessent d'être des hommes ? [...] Comment stabiliser les frontières et la puissance si l'évolution continue. Au reste, en supposant que les hommes

> acceptent pour un temps de régler leurs rapports au moyen d'un code souverain, suffira-t-il de dire le droit si l'on ne peut l'impose ?

Et dans les rapports entre les peuples, entre les États, on ne peut imposer le Droit que par la guerre. Or, la guerre ce n'est pas une opération de police. La guerre, c'est le contraire du Droit, c'est ce que le Droit est censé supprimer.

Le Droit international est d'abord un droit des traités. Réaliste, De Gaulle disait aussi que les traités sont des engagements qui ne valent que pour les circonstances dans lesquelles ils ont été pris.

Autant dire que dans les rapports entre les États, il y a le Droit, certes, mais que ce dernier ne pouvant évoluer qu'avec l'accord de tous les pays signataires des traités qui le fondent ne peut pas s'adapter aux circonstances changeantes et qu'une fois épuisées ses ressources, il doit laisser la place à la diplomatie, à la négociation, puis à la dissuasion, voire à l'intimidation, c'est à dire à la politique. Et, quand la politique a échoué, il y a la guerre. La guerre n'est pas la continuation du droit ni de la politique. Mais leur échec.

Après la guerre froide, comme après la Première Guerre mondiale, avec la Société des Nations, et après la deuxième Seconde, avec l'organisation des Nations unies, nous avons cru, une fois de plus, conjurer la guerre avec le Droit. Dans les années quatre-vingt-dix comme dans les années vingt, les horreurs de la guerre nous ont conduits à céder à l'illusion que l'homme avait changé, qu'une grande mutation anthropologique s'était produite et que, à jamais dégoûté de la violence, il ne ferait plus la guerre, malgré la multitude de conflits meurtriers qui n'ont cessé, depuis 1945, d'ensanglanter le monde. Le philosophe allemand Jürgen Habermas résume ainsi cet état d'esprit :

> À la suite des expériences barbares des deux guerres mondiales et de la tension nerveuse induite par la guerre froide, un déplacement conceptuel latent s'était largement opéré au cours du siècle dernier dans les esprits des populations concernées. De leurs expériences elles avaient tiré la conclusion, souvent de manière inconsciente, que les guerres – ce mode de solution des conflits internationaux qui jusque-là allait de soi – étaient tout

> bonnement incompatibles avec les critères d'une cohabitation civilisée[20].

Mais le droit qui devait remplacer la guerre, était fatalement celui des vainqueurs, de leurs principes et de leurs valeurs.

Les vainqueurs de 1945 furent cependant moins naïfs, ou moins aveugles sur la nature humaine que ceux de la Première Guerre mondiale. Et ils mirent une limite au Droit international avec le droit de veto des grandes puissances au Conseil de sécurité. Il faut le prendre pour ce qu'il est, c'est à dire ni un renoncement, ni une lâcheté mais la limite politique posée avec lucidité à la pure logique juridique aveugle aux conséquences qu'elle peut engendrer, comme toute logique poussée jusqu'à ses extrémités :

> j'ai décidé d'être logique, déclare le Caligula de Camus, et puisque j'ai le pouvoir, vous allez voir ce que la logique va vous coûter.

C'est ce droit de veto, tant décrié, qui est un mécanisme semblable à celui du disjoncteur en électricité, qui a le plus contribué à nous épargner jusqu'à présent une Troisième Guerre mondiale et que les arsenaux nucléaires ont rendu encore plus nécessaire. Le nombre grandissant, dans le monde occidental, de responsables politiques, de chefs d'État et de gouvernement, d'experts en géopolitique, de juristes qui expliquent doctement qu'il faut supprimer purement et simplement le droit de veto des membres permanents du Conseil de sécurité montre à quel point l'aveuglement juridique gagne du terrain sur la conscience lucide du tragique de l'histoire et de la condition humaine.

En attendant, le droit international avec son principe de l'intangibilité des frontières n'a pas mis fin à l'occupation du Tibet par la Chine depuis le début des années cinquante, ni au conflit du Cachemire qui oppose l'Inde, la Chine et le Pakistan, ni à la violation des frontières de l'Irak et de la Syrie par la Turquie au Kurdistan, ni à

---

20. Jürgen Habermas : « Plaidoyer pour des négociations après un an de guerre en Ukraine », *Le Monde*, 22 février 2023.

l'occupation turque à Chypre, ni empêché la guerre entre l'Arménie et l'Azerbaïdjan, les tensions récurrentes autour de la frontière entre l'Azerbaïdjan et l'Iran, ni, en Asie centrale, la guerre quasi permanente, depuis l'effondrement de l'URSS, entre le Tadjikistan et le Kirghizistan, ni entre la Serbie et le Kosovo, ni les deux guerres du Golfe, ni les sanglants conflits frontaliers récurrents en Afrique dans la région des Grands Lacs, ou la guerre au Tigré, à la frontière entre l'Éthiopie et l'Érythrée, dont on dit que, à elle seule, elle aurait fait six cent mille victimes en deux ans, ou l'occupation par l'Égypte, depuis 1992, du territoire du « triangle de Hatayeb » à la frontière soudano-égyptienne, ou l'occupation d'une grande partie du Sahara occidental par le Maroc, ou l'annexion par Israël du Golan syrien en 1981 et l'occupation de la Cisjordanie.

En 1978, la guerre a été évitée de justesse entre l'Argentine et le Chili. Et le dernier affrontement armé entre l'Équateur et le Pérou date de 1995, dernier épisode en date d'un conflit commencé en 1830.

« Où voit-on que les hommes cessent d'être des hommes » ?

Là où le Droit international a jusqu'à présent évité le plus de conflits est certainement la mer, les détroits, le ciel et l'espace.

Souvent présentée comme l'une des grandes victoires du Droit sur la force, la délimitation des zones économiques exclusives est exemplaire. Mais là aussi, le règne du Droit s'arrête là où, du fait de la géographie, les intérêts s'entrechoquent. Ce sont les tensions, les rapports de force et parfois la violence qui prévalent en Méditerranée orientale autour des gisements de gaz et d'hydrocarbures entre la Grèce et la Turquie, entre Chypre et la Turquie, entre Israël et la Turquie, le Liban, l'Égypte, comme en mer de Chine entre la Chine et ses voisins, quel sera l'avenir de la Baltique au cœur des tensions politiques et des problèmes économiques exacerbés, et aussi de la mer Noire ? Que deviendront les zones de pêche face à la raréfaction des ressources, et la haute mer, objet de plus en plus de convoitises ? Dans un monde où la sécurité des approvisionnements et l'indépendance énergétique, minière et alimentaire semblent voués à devenir des enjeux majeurs, pour ne pas dire vitaux, et où l'appât du gain, l'instinct du lucre est porté à l'incandescence, comment espérer que le Droit seul puisse contenir les tensions ?

« Où voit-on que les hommes cessent d'être des hommes » ?

Il y a ce qui ne dépend pas de nous. Il y a ce sur quoi nous pouvons agir. Nous ne pouvons pas changer notre nature humaine, mais nous pouvons nous efforcer de la canaliser et d'en tirer le meilleur. C'est un empereur romain, Marc Aurèle, qui l'a le mieux dit : « Que la force me soit donnée de supporter ce qui ne peut être changé et le courage de changer ce qui peut l'être, mais aussi la sagesse de distinguer l'un de l'autre. »

Mais cette sagesse est aujourd'hui la chose la moins bien partagée au monde. Le paradoxe est que nous avons décrété que nous étions capables de changer la nature humaine, mais que nous n'avions aucune prise sur les contraintes économiques que nous imposait la mondialisation.

La nature humaine, ce sont les grands mythes qui nous viennent du fond des âges qui nous en parlent le mieux. Mythe est un mot ambivalent que nous employons tantôt pour parler d'une histoire fausse que nous nous sommes habitués à tenir pour vraie, tantôt pour désigner un de ces récits par lesquels l'humanité cherche à ordonner sa vision du monde et à accepter sa condition. Tantôt, c'est un récit trompeur et sans valeur, tantôt, c'est un récit d'une valeur inestimable et qui exprime une vérité profonde dont nous avons besoin pour être pleinement homme.

Ces mythes, de grands savants dans les sciences humaines et sociales ont consacré leur vie à les étudier. Ils ne sont pas dans l'air du temps. Ce sur quoi ils ont réfléchi, ce qu'ils ont découvert n'est pas assez tangible, mesurable, saisissable par la comptabilité ou la statistique ; parfois c'est inclassable dans une discipline dûment répertoriée, débordant les frontières académiques, s'aventurant sur les terres inconnues de la connaissance au confluent de plusieurs savoirs. Il y a des époques où l'on admire ces grandes synthèses pluridisciplinaires, où on leur prête une grande attention, et d'autres, comme la nôtre, où on les dévalorise au prétexte qu'elles sortiraient du domaine de la rationalité. Qu'est-ce que désigne ce mot dont on abuse et qui est brandi à tout bout de champ comme on brandissait jadis les dogmes de la foi catholique dans les bulles d'excommunication ? Au sens strict du terme, la rationalité c'est la recherche de l'adéquation des moyens aux fins – et ces fins ne sont ni rationnelles, ni irrationnelles, elles sont ce qu'elles sont. Et ce sont bien ces fins, ces motivations conscientes ou inconscientes qui poussent chacun à faire ce qu'il fait de façon tout à fait rationnelle.

C'est à Georges Dumézil, savant aux connaissances encyclopédiques, que nous devons la contribution la plus importante à la redécouverte que les mythes ne sont pas que de jolies histoires fausses. Ils véhiculent, sous d'infinies variations, fruits d'innombrables transformations dans le temps et dans l'espace, des formes de pensée et des structures mentales qui demeurent invariantes.

Georges Dumézil a montré que la question de savoir si les personnages mythiques de l'histoire romaine, telle que les Romains se l'étaient racontée durant des siècles, avaient réellement existé, n'était pas aussi importante qu'on le croyait. Aucune preuve n'atteste la réalité historique des premiers rois de Rome – Romulus, le fondateur, Numa, le créateur des *sacra*, Tullius Hostilius, celui des légions, Ancus Marcius, celui du port d'Ostie –, mais ils participent d'une mythologie, ou, si l'on veut, d'une idéologie qui a façonné la manière dont les Romains voyaient le monde et concevaient le destin de Rome. Cela en fait des personnages importants de l'histoire et non des personnages de contes de fées. Et même des personnages importants de notre histoire, tant cette idéologie romaine a continué à façonner aussi notre vision du monde, et notre façon de l'habiter.

Ces grandes œuvres débusquent dans les créations de l'esprit et les faits sociaux les traces de leurs origines inconscientes. Dumézil pour les Indo-Européens et les trois fonctions de la souveraineté, de la guerre et de la fécondité, Lévi-Strauss pour les structures élémentaires de la parenté, la pensée sauvage, ou l'origine des manières de table, René Girard pour la violence mimétique et le bouc émissaire, Mircea Eliade pour l'éternel retour, Jean-Pierre Vernant pour les mythes de la Grèce antique et tant d'autres, anthropologues, historiens des religions et des mentalités, psychologues ou psychanalystes.

Dans leurs recherches ils ont rencontré, comme Lévi-Strauss, ces

> motifs récurrents qui n'affleurent pas en surface, mais se tapissent tantôt dans la théologie, tantôt dans les mythes, tantôt dans la littérature épique, tantôt même dans l'histoire ou ce qu'on avait pris pour telle, alors qu'il s'agissait d'une projection, sur l'écran du passé, d'une sorte de genèse idéale de l'ordre social imposée aux réflexions des annalistes par de très vieilles exigences philosophiques.

Motifs récurrents parfois depuis la nuit des temps jusque dans notre rapport aux événements actuels. Accueillant Georges Dumézil sous la coupole de l'Académie française en 1979, Claude Lévi-Strauss eut ces mots :

> « Un peuple qui n'aurait pas de mythes, avez-vous écrit, serait [...] mort. » Vos analyses font mieux comprendre le rôle fondamental que, parmi nous encore, jouent l'historien des événements qu'il a lui-même vécus, le publiciste : comme par le passé, ne contribuent-ils pas à garder actuelles « ces questions philosophiques et morales que pose implicitement tout récit mythique ou légendaire », et n'espèrent-ils pas que leur témoignage aidera leurs continuateurs à entretenir – je vous cite encore – « cette collection de ressorts bien agencés dont est faite partout la conscience morale des peuples » ?

Les plus anciens mythes, les plus universels, les plus récurrents renvoient aux rapports de l'homme avec l'animalité et d'abord celle qui est en lui, au passage de la nature à la culture, aux « origines sanglantes de la culture » selon les mots de René Girard. Ils nous parlent de psychologie des profondeurs, de notre condition humaine et des questions qu'elle suscite en nous de toute éternité et auxquelles nous devons absolument apporter des réponses pour rendre supportable notre vie sur cette terre. Les plus anciens mythes de l'humanité, sans cesse repris, sans cesse remaniés, se perpétuent jusqu'à nous et continuent d'imprégner nos façons d'être, de penser, de questionner.

Imprégnation bien réelle, mais en partie invisible. Comme le remarquait René Girard, le mécanisme universel du sacrifice du bouc émissaire présent dans toutes les mythologies humaines

> ne peut opérer sans un élément d'illusion. La preuve que nous sommes tous sujets à ce genre d'illusion apparaît de façon indirecte dans le paradoxe suivant : si chacun d'entre nous voit très bien les boucs émissaires des autres et s'en indigne, en revanche aucun d'entre nous n'a le sentiment d'avoir eu lui-même dans le passé ni surtout d'avoir encore présentement des boucs émissaires.

Pour paraphraser René Girard, les mythologies sont comme la révélation de l'Évangile qui « s'infiltre dans le cours de l'histoire et dont les effets sont de plus en plus grands même si on ne les reconnaît pas ». Ce sont, en quelque sorte, des récits « agissants ».

Jean-Pierre Vernant, qui passa sa vie à essayer de comprendre quelle signification les Grecs donnaient à leurs propres mythes et comment ils vivaient avec eux, voyait derrière celui d'Œdipe, dans la version qu'en donne Sophocle dans les deux tragédies qu'il lui a consacré,

> le problème de l'identité, le problème de la faute, le problème de la culpabilité, comment quelqu'un qui, aux yeux des Grecs, ne peut plus aller dans un temple, qu'on ne peut plus toucher, qui est une souillure, une espèce d'impureté dans le corps social, et en même temps est parfaitement innocent. Alors, qu'est-ce que c'est que l'action humaine ? Qu'est-ce que c'est qu'être coupable ? Qu'est-ce que c'est qu'être responsable ? Tous ces problèmes sont derrière. Moi, j'ai vu ça en même temps comme une façon de montrer comment celui qui est au plus haut, le roi presque divin, être tout d'un coup simplement l'autre face de celui qui est tout à fait en bas, une souillure épouvantable, un bouc émissaire, un chassé. L'homme là-dedans, point d'interrogation. Il donne lieu

à toute sorte d'enquête. C'est une enquête policière qui n'est pas terminée[21].

Ces récits agissants changent dans le temps et il s'en crée de nouveaux au fil de l'histoire des tragédies humaines qui se fixent à grands traits dans la mémoire des hommes.

Il nous faut accorder de l'importance à ce genre de chose dont la persistance est d'autant plus grande qu'elles appartiennent pour une large part au domaine des motivations inconscientes. À ce qu'elles nous disent sur l'humanité et à ce qu'elles nous disent sur tel ou tel peuple.

Dans un petit livre tiré de trois conférences données au Japon en 1986, Lévi-Strauss rappelle que le mythe ordonne notre vision du monde qui nous entoure et de l'avenir auquel nous aspirons, cela aujourd'hui comme il y a des centaines de milliers d'années. Il y présente le Japon comme un pays qui a accompli son insertion dans l'économie mondiale et dans le grand courant du progrès scientifique et technique engendré par la civilisation occidentale en imitant cette dernière sans renoncer à ses repères spirituels, en partageant « son allégeance entre des divinités nationales et des dieux invités », bref, en restant fidèle à ses mythes qui ont leur part non négligeable dans la réussite d'un Japon passé directement du Moyen Âge à la modernité. Ailleurs, il explique qu'à la fin de la guerre, c'est une anthropologue américaine, Margaret Meade, qui avait convaincu le général MacArthur, qui gouvernait le Japon vaincu avec les pleins pouvoirs du vainqueur, de ne pas détruire l'institution impériale, pierre angulaire d'une société qui aurait vécu comme un sacrilège la destruction du mythe d'une lignée vieille de deux mille six cents ans aux origines divines et que, bien que ce soit difficile à comprendre pour un non-Japonais, cette société se serait effondrée. Pour tout autre qu'un Japonais ou un anthropologue, le mythe impérial est une fable. Un général américain, imprégné des mythes de l'Amérique et

21. Transcription par Taos Aït Si Slimane de l'émission « Les grands entretiens », du 2 mai 2002, consacrée à Œdipe, réalisée à partir des archives de la Télévision suisse romande (TSR).

de l'Occident, ne pouvait concevoir sa puissance d'imprégnation sur l'ordre social d'une nation à la pointe de la technique et de la science, pas plus qu'il ne pouvait imaginer comment les vieilles structures mentales du féodalisme avaient irrigué depuis la restauration du Meiji et allait continuer d'irriguer le capitalisme japonais et, finalement, faire sa force. Le capitalisme n'a pas broyé les mythes du Japon, pas plus que le socialisme n'a broyé les mythes chinois, ni les mythes indiens, ni ceux de la Russie. L'univers mental de chaque groupe humain qui forme un peuple ou une société est structuré par des mythes qui lui sont propres et qui font chacun leur propre synthèse entre l'universel et ce qui lui est spécifique, entre la nature de l'homme et la manière dont il répond à ses besoins et la canalise.

L'histoire fabrique aussi ses mythes. La France a son mythe monarchique, son mythe révolutionnaire, ceux de son roman national. L'Allemagne a les siens. Dans le discours du transfert des cendres de Jean Moulin au Panthéon, il y a cette phrase de Malraux qui voyait « glisser sous les chênes nains du Quercy, avec un drapeau fait de mousselines nouées, les maquis que la Gestapo ne trouvera jamais parce qu'elle ne croit qu'aux grands arbres ». Qu'évoquait-il sinon les forêts profondes de la Germanie primitive et du romantisme allemand et les grands arbres qui dans la mythologie nordique et germanique relient la terre au ciel et soutiennent la voûte de l'univers ? Un peuple rude y vivait sous le sombre regard de dieux barbares et guerriers. La forêt germanique qui avait englouti les légions de Varus.

> Le chêne est encore aujourd'hui le symbole de la nationalité allemande [...] c'est l'arbre le plus grand et le plus vigoureux de la forêt

écrivait dans les années 1830 le poète Heinrich Heine, dont les Nazis brûleront les livres parce qu'il avait dénoncé cette part sombre de l'Allemagne

> qui se perd dans les rêves les plus insensés sur la germanitude, l'essence du peuple et les vieilles coutumes consistant à ingurgiter les fruits du chêne originel.

Mais, ce faisant, Heine en reconnaissait l'existence et l'importance. Et l'histoire de l'Allemagne au xxe siècle lui a donné raison.

Comme le Japon a son mythe impérial, l'Allemagne ses grands arbres, la France son surmoi monarchique et révolutionnaire, la Russie a ses mythes slavophiles, celui de la « troisième Rome » – « Deux Rome sont tombées, la troisième est debout, et il n'y en aura pas de quatrième » –, celui de l'affrontement éternel entre la sainte Russie et l'Occident impur, entre le catholicisme et l'orthodoxie. Même si, en Russie et en Ukraine, comme ailleurs dans le monde chrétien, la pratique religieuse s'est effondrée.

Comment ne pas voir qu'au milieu de considérations de toutes natures, de ce qui est imputable à la nature du régime russe, à la psychologie, la personnalité, la volonté de puissance de Vladimir Poutine, les mythes de la Russie éternelle sont présents dans la politique russe et ont joué un rôle dans le déclenchement de la guerre russo-ukrainienne.

Il faut peut-être chercher les racines de cette guerre, non pas tant dans la nostalgie de l'URSS que dans l'âme russe, dans ce qu'elle a de sombre dans son rapport compliqué à l'Occident, qui est celui d'un pays qui a choisi l'Europe contre l'Asie depuis le xve siècle, mais qui se heurte à ce qui dans cette âme russe veut rester russe. Et comment, disait Fernand Braudel, « reprocher au Moscovite de vouloir rester moscovite » ?

Occidentalisme, marxiste ou libéral contre slavophilisme : c'est dans la première moitié du xixe siècle que cet affrontement a pris son tour le plus aigu avec la naissance d'une intelligentsia qui ne voulait plus se contenter d'imiter l'Occident comme elle le faisait depuis Pierre le Grand. De ce courant slavophile sont nés la grande littérature russe du xixe siècle, mais aussi un sentiment national qui cheminait souterrainement depuis longtemps dans les consciences : la génération des années 1820

> avait aspiré à rattraper le retard, à égaler les nations les plus cultivées, les plus favorisées par le sort. Puis, le nationalisme instinctif aidant, un nationalisme conscient avait fini par voir

entre la Russie et l'Occident une différence de qualité, une opposition d'essence[22].

Nationalisme teinté de cette dimension messianique qui vient de loin, nourrie par la foi inébranlable, dans la destinée hors du commun que la Providence aurait réservée à la Russie, et qui ferait de Moscou la capitale politique des peuples slaves et la capitale spirituelle de l'orthodoxie, le mythe de « la troisième Rome ». Nous voyons la guerre, mais nous ne voyons pas ce qui se passe dans le psychisme des peuples qui s'entre-tuent. Et pourtant ce que nous ne voyons pas contribue à faire l'histoire qui se déroule sous nos yeux.

Les mythes slavophiles font regarder par certains Russes la guerre avec l'Ukraine comme une guerre de Sécession, et les guerres de Sécession sont parmi les plus sanglantes des guerres parce qu'elles sont fratricides.

Cette guerre entre deux peuples frères ne donne-t-elle pas aussi le spectacle de la débauche de violence que mettent en scène les vieux mythes universels de la rivalité et de la violence mimétiques, qui sont au fond de chaque être humain et que les religions, les rites, les cultures, les civilisations, l'instruction, les institutions, le droit, s'efforcent depuis la nuit des temps de canaliser ? Nous voyons les horreurs de la guerre et sa sauvagerie, mais avons-nous bien conscience que ce qu'elle nous donne à voir est notre nature soudain livrée à elle-même, à ses instincts animaux, ce « moment sombre » du sacrifice sanglant qui fonde ou refonde l'unité des sociétés et des peuples et par lequel le peuple ukrainien est peut-être en train de forger la sienne ? Comprenons-nous que cette sauvagerie n'est pas seulement russe et ukrainienne, mais qu'elle est identique à celle qui est tapie au fond de nous et qui attend son heure, celle où l'effort se relâche, où nous nous mettons à croire que plus rien ne peut nous arriver, où nous oublions que la civilité est un combat constant contre notre propre nature ?

La nature humaine est ainsi faite que dans les sociétés malades, les souffrances se comparent, les têtes qui dépassent doivent être coupées :

---

22. Alexandre KOYRÉ, *La Philosophie et le problème national en Russie au début du XIXe siècle*, Gallimard, 1976.

« Ah, ça ira ! Celui qui s'élève on l'abaissera. Ah, ça ira ! Le bon temps viendra. » Et puis un jour, on chante : « Ah ça ira, les aristocrates on les pendra. » Et dans une société qui souffre, chacun finit par regarder le malheur des autres comme une consolation au malheur qui l'accable. La nature humaine, nous l'avions oubliée, nous avions cru que nous en étions débarrassés, en tout cas, nous avons agi comme si c'était le cas, comme si nous n'avions plus besoin de prendre des précautions, de la canaliser, de la contenir.

En mars 2023, les millions de personnes défilent dans les rues contre la réforme des retraites. Les trois quarts des Français sont vent debout contre cette réforme. Le Gouvernement décide de la faire adopter sans vote, contre tout le monde, même l'Assemblée nationale, en utilisant l'article 49-3 de la constitution. Il espère que la violence de la contestation mobilisera le parti de l'ordre autour de lui. Après cette provocation pour tous les opposants et tous les syndicats, le Premier ministre en ajoute une autre en déclarant que cette adoption avec à peine neuf voix de majorité contre la motion de censure, est une victoire pour le Gouvernement et le ministre du Travail, que c'est un succès. Ils jouent avec le feu.

Alors que la tension sociale grandit, le président de la République déclare que la foule n'a « pas de légitimité face au peuple qui s'exprime à travers ses élus ».

Mais l'irruption de la foule dans le débat public, c'est le symptôme d'un malaise, d'un fossé qui a commencé à se creuser entre le peuple et les institutions, c'est le peuple qui commence à contester la légitimité de ses représentants, la légitimité du pouvoir, pour le meilleur quand c'est contre la tyrannie, pour le pire quand c'est contre la liberté. La foule de 1789, celle qui va chercher le roi à Versailles, celle qui prend d'assaut la Bastille et qui commet ses premiers meurtres sacrificiels, c'est l'ouverture de la première brèche dans la légitimité multiséculaire des rois de France. La foule, il ne faut pas la suivre aveuglément, mais il ne faut pas la mépriser non plus, il faut la prendre au sérieux, parce que la légitimité c'est la question la plus sérieuse qui soit posée à n'importe quel pouvoir, à n'importe quelle autorité, et parce que la foule qui gronde, c'est la violence qui monte, la violence que l'autorité et la légitimité ne contiennent plus et la violence est aveugle, et elle est épidémique. Dénier toute légitimité à la foule, c'est faire une grave erreur d'analyse, une erreur de jugement, c'est ne pas comprendre ce qu'est la foule, ce qu'elle veut, ni où elle va si on ne fait pas attention à elle, si on ne lui répond pas, si on la méprise, c'est-à-dire vers la délégitimation de l'autorité. Dire à la foule qu'elle n'est pas légitime, autre façon de lui dire qu'elle ne compte pas, qu'elle n'a pas voix au chapitre – « circulez, il n'y a rien à voir ! » – c'est prendre le risque de la transformer en meute. La « meute », c'est la violence des instincts animaux qui se libèrent tout à coup de toute entrave. Face à la meute, il n'y a plus de légitimité, plus d'autorité qui tiennent. La meute ne fait plus le tri entre le bon et le mauvais. Elle dévore tout sur son passage. C'est ce qu'il y a de sauvage dans la nature humaine qui prend le dessus sur tout le reste. C'est une boîte de Pandore qu'il faut tout faire pour ne pas ouvrir, en se souvenant que l'art de gouverner c'est l'art de discerner la limite du consentement au-delà de laquelle l'ordre social est mis en péril, parce que l'on a imprudemment ignoré la nature humaine. La loi sur les retraites est passée de force sans même avoir été votée une seule fois par l'Assemblée nationale. Les manifestants sont rentrés chez eux. Victoire à la Pyrrhus par le pouvoir. La colère est rentrée mais demeure. Un jour elle ressortira et elle enfantera la violence.

Comme Soljenitsyne nous l'a rappelé, le mal n'est pas une question purement historique et sociale et il revient, à la politique d'aménager le monde en séjour pour les hommes, mais pas de résoudre le problème humain.

La politique ne peut pas résoudre le problème humain en changeant la nature humaine et quand elle s'y est essayée elle a commis les plus grands crimes. Mais quand elle cherche à instrumentaliser la nature humaine ou qu'à l'inverse elle fait comme si elle n'existait pas, comme si elle n'était pas le grand problème de l'homme, qu'elle laisse s'affaiblir les institutions qui contribuent à la contenir, elle ouvre la porte à une violence qui libère des monstres qui peuvent tout dévorer sur leur passage.

La nature humaine qui est toujours la nôtre veut des boucs émissaires à ses malheurs. Elle veut des coupables à punir pour ses souffrances. Tous coupables, tous pourris ! C'est le cri des sociétés malades. En général, ça finit mal.

Car, de l'indifférence à ce qui arrive aux autres, à la joie mauvaise devant les têtes qui tombent, le risque de l'épidémie de violence est toujours là, puisqu'il est en nous, même s'il est tapi dans un inconscient qui nous est inaccessible. La politique ne peut pas résoudre le problème humain, mais elle doit le regarder en face et y penser tout le temps. N'a-t-on pas vu au cours de la pandémie, sous l'empire d'une politique de la peur qui battait en brèche la digue de la civilité, ressurgir sur une grande échelle, au cœur d'une société démocratique du XXIe siècle, la violence instinctive, primitive, animale contre l'autre, subitement devenu le bouc émissaire, l'étranger qui amène la maladie, contre le citadin qui vient se confiner avec sa famille dans sa résidence secondaire, contre le locataire de l'étage en dessous qui travaille à l'hôpital et qu'on cherche par tous les moyens à chasser, contre le voisin qui invite des amis chez lui et que l'on dénonce à la police ? Menaces, vandalisation, délation… Tout y est passé. Une malade guérie rentre chez elle après avoir été hospitalisée. Le lendemain matin, sur sa porte, elle trouve écrit : « Assassin ! »

La violence primitive, mimétique, on l'a vue ressurgir autour des gilets jaunes. On l'a revue lors des émeutes urbaines de juillet 2023, où les deux tiers des auteurs de violences, des casseurs et des pilleurs interpellés étaient inconnus des services de police et se sont laissés gagner par une épidémie de violence comme l'histoire en est remplie. Et si ce n'était que des commencements ? Et si la violence mimétique commençait de nouveau à nous échapper ?

Nous sommes entrés dans une crise de civilisation dont nous sous-estimons la gravité

Albert Camus, dans *Le Premier Homme* :

> Quand l'ordre d'évacuation est arrivé, il n'a rien dit. Ses vendanges étaient terminées, et le vin en cuve. Il a ouvert les cuves, puis il est allé vers une source d'eau saumâtre qu'il avait lui-même

> détournée dans le temps et l'a remise dans le droit chemin sur ses terres, et il a équipé un tracteur en défonceuse. Pendant trois jours, au volant, tête nue, sans rien dire, il a arraché les vignes sur toute l'étendue de la propriété. [...] Et quand un jeune capitaine, prévenu par on ne sait qui, est arrivé et a demandé des explications, l'autre lui a dit : « Jeune homme, puisque ce que nous avons fait ici est un crime, il faut l'effacer. »

N'est-ce pas ce que nous avons fait, ou du moins laissé faire. Puisque notre civilisation n'a commis, nous répète-t-on, que des crimes dont nous devrions éternellement nous repentir, ne faut-il pas tout arracher, tout effacer, ici aussi, comme le viticulteur en Algérie ? La culture de l'effacement n'est-elle pas en train de gagner la partie ? Une civilisation plusieurs fois millénaire est-elle condamnée à céder devant une jeunesse émotive qui se sent blessée et discriminée à la seule évocation d'une œuvre, d'une pensée, d'une histoire qui ont quelque chose à voir avec cette civilisation ? N'a-t-on pas pris l'habitude d'admettre qu'« aujourd'hui, on ne peut plus dire ceci ». Ceci ? La moindre parole qui serait susceptible de blesser une seule personne qui aurait décidé de se sentir blessée. Mais une civilisation qui n'a plus que l'autocensure pour se défendre n'est-elle pas condamnée ? Les enquêtes auprès des enseignants ont révélé que plus de la moitié d'entre eux s'autocensurent dans leur enseignement par crainte de la réaction des élèves ou des parents. Ce n'est pas que de la faute des autorités. La société dans son ensemble y a sa part de responsabilité : dans le temps, les parents prenaient toujours le parti de l'enseignant contre leur enfant. Dans ces quarante années où tout a basculé, bien des parents se sont mis à toujours prendre le parti de leur enfant contre l'enseignant jusqu'à le menacer, le frapper ou même, comme pour Samuel Paty, inciter à son assassinat, jusqu'à ce qu'un détraqué réponde à leur appel. Car cette tragédie a été rendue possible par cette sorte de réflexe pavlovien qui caractérise notre époque où l'enfant est roi, et qui a poussé tout le monde, même l'Éducation nationale, à préférer croire la parole de l'élève plutôt que celle du professeur. Et l'élève avait menti.

Fernand Braudel, qui a écrit une *Grammaire des civilisations*, a dit que

> les civilisations sont assurément des personnages à part dont la longévité dépasse l'entendement. Fabuleusement vieilles, elles persistent à vivre dans chacun d'entre nous ; et elles nous survivront longtemps encore.

Elles persistent en effet et vivent très longtemps comme la plupart des héritages culturels. Les économistes ont ainsi observé pour les États-Unis que les caractéristiques culturelles ou religieuses des pays d'origine étaient des variables explicatives significatives des comportements d'épargne, de la valeur accordée à l'éducation des enfants, ou de l'attitude face à la redistribution. Tous les travaux sur ce sujet confortent l'idée que les caractéristiques culturelles persistent longtemps et influencent toujours les comportements et les préférences au bout de plusieurs générations après l'installation dans un autre pays[23]. C'est pourquoi même l'assimilation comme politique doit se fixer des limites et ne pas sombrer dans l'illusion de la table rase.

D'autres études ont fait aussi apparaître ces persistances de longue durée à travers les différences de performances économiques de l'Italie du Nord et de l'Italie du Sud en remontant au Moyen Âge où, au nord, les cités-États italiennes qui se gouvernaient elles-mêmes semblent avoir engendré une culture de l'engagement civique qui a façonné les mentalités pour des siècles, tandis qu'au sud ce sont les relations féodales qui paraissent laisser pour des siècles leur empreinte sur les mentalités, même lorsque les institutions dans le cadre desquelles se sont forgées ces cultures ont disparu depuis très longtemps[24].

De leurs côtés, les anthropologues ont mis en évidence la persistance sur des siècles des modèles familiaux[25].

---

23. Guiso, Sapienza, Zingales, « Does culture affect economic outcomes ? » *Journal of Economic Perspectives*, Printemps 2006, vol 20, n° 2.
24. Guiso, Sapienza, Zingales, « Long-term persistence », *National Bureau of Economic Research working*, août 2008, p. 14-278.
25. Hervé Lebras, Emmanuel Todd, *L'Invention de la France*, Gallimard, 2012.

Comment comprendre que même pour des esprits éclairés, il soit si difficile d'admettre que notre nature ne change pas et joue un rôle essentiel dans tout ce que nous faisons, ou d'accepter l'idée que nous portons en nous des héritages de civilisations et de culture qui se transmettent très longtemps, de génération en génération. La résistance à ces évidences explique que bien des intelligences passent à côté des crises de civilisation et en réfutent même la possibilité.

Le mot civilisation fait partie de cette catégorie des mots que nous employons couramment et qu'il est très difficile, sinon impossible, de définir même s'ils désignent bel et bien des réalités auxquelles nous sommes sans arrêt confrontés. Le plus difficile est sans doute de distinguer la civilisation de la culture. Dans l'une de ces formules lapidaires, mais souvent profondes dont il a le secret, Régis Debray dit que la culture fait des musées et que la civilisation fait des routes. La civilisation romaine est inséparable des voies romaines et la civilisation chinoise des routes de la soie. Que l'empreinte du réseau des voies romaines soit encore visible dans les réseaux routiers des anciennes provinces de l'empire et que la Chine ressuscite des routes de la soie montre la prégnance des civilisations dans la très longue durée.

Et, au fond, c'est peut-être cela la civilisation : la culture plus tout le reste ; les idées, les croyances, les mentalités, les savoirs qui relèvent du domaine de la culture plus la manière dont elles s'expriment dans la matière, dans les formes, dans l'organisation et le fonctionnement de la société, dans les institutions, dans le droit, dans les routes, dans les paysages, dans les systèmes familiaux…

Habitués à avoir constamment sous les yeux ce que produit notre civilisation, ses œuvres de l'esprit et ses œuvres matérielles, ses sciences, ses arts, ses techniques, sa façon de faire des routes, des ponts, des villes, des villages, des églises, tout autant que ses manières de table ou les codes qui régissent jusqu'aux moindres détails de notre vie sociale, nous sont si familiers, nous apparaissent si naturels que nous ne percevons réellement ce qu'elle a de singulier que lorsque nous découvrons les autres civilisations et que nous établissons des comparaisons. Mais comme tout ce qui nous est précieux sans que nous en ayons conscience, c'est lorsque nous sommes sur le point de la perdre, lorsqu'elle traverse une crise profonde ou lorsqu'elle est attaquée par une autre qu'alors seulement nous comprenons à quel point nous sommes liés les uns aux autres par « ce commandement informulé, informulable souvent et qui jaillit de l'inconscient collectif[26] ».

Toutes les civilisations ont un jour ou l'autre été traversées par des courants divers qui ont débouché sur des remises en cause, toutes connu des divisions, des déchirements entre divers courants qui, bien que s'abreuvant à la même source, s'opposaient sur le sens à donner à l'héritage commun. Elles ont toutes eu leur lot de guerres civiles, de guerres de Sécession, de guerres de Religion : catholiques contre protestants, sunnites contre chiites, Latins contre Grecs, shintoïstes contre bouddhistes.

Quand les civilisations ne se font pas la guerre les unes aux autres, il leur arrive de se faire la guerre à elles-mêmes, parfois jusqu'à leur épuisement. Mais aucune civilisation ne s'est autant dénigrée que la nôtre aujourd'hui, tout en prétendant imposer son modèle au reste du monde.

Le reste du monde voit la faiblesse d'un Occident qui semble ne plus avoir aucune force ni intellectuelle, ni spirituelle, ni morale, ni vitale, à opposer à ceux qui veulent le détruire de l'intérieur. Le reste du monde voit l'Occident qui donne aux minorités agissantes qui veulent détruire sa civilisation un pouvoir sans cesse accru sur la société. Il voit qu'en Occident, désormais l'élève a toujours raison contre le professeur dès lors qu'il déclare se sentir blessé par un propos de ce dernier. Il voit, aux États-Unis, au Canada, le professeur harcelé, obligé de quitter son poste et parfois même poussé au suicide. Il voit, en France, le professeur frappé par l'élève qui refuse d'enlever sa casquette en classe. Il voit l'université qui ne soutient pas ses enseignants.

Dans nos sociétés modernes, l'école est la principale matrice du sentiment d'appartenance à une civilisation et à une société et l'institution qui porte la plus lourde responsabilité dans son affaiblissement. Durant quarante ans, l'école s'est affaissée, minée par

26. Fernand Braudel, *Grammaire des civilisations*, Arthaud, 1987.

l'idéologie qui mettait l'enfant, sa psychologie, ses envies, devant le savoir, l'exigence, la reconnaissance du mérite, et qui faisait la part plus belle au culte des origines, à la diversité, aux revendications communautaires qu'à l'assimilation qui avait été la grande force de l'école républicaine. Pour échapper à la violence des élèves, des parents ou des réseaux sociaux, l'école va-t-elle céder toujours davantage aux exigences des minorités agissantes et agressives en renonçant à enseigner des pans entiers du savoir dans les sciences de la vie, la philosophie, l'histoire ou la littérature, laissant s'enraciner dans les jeunes esprits qui lui sont confiés l'obscurantisme, le complotisme, le fanatisme, le sectarisme, le communautarisme, et ce que les sociologues appellent l'anomie, l'absence de normes de conduite qui permettent de vivre en société ? Encore une fois, le sommeil de la raison engendre des monstres. Et ces monstres dévoreront aussi ceux qui pour toutes sortes de raisons ne se sentent pas concernés.

Il n'y a pas d'école, pas d'enseignement qui, en fin de compte, ne repose sur une idée de l'homme. Quelle idée de l'homme notre école fonde-t-elle ? Quel rôle attribuons-nous à cette dernière dans notre civilisation, alors que l'Éducation nationale qui peine de plus en plus à transmettre la connaissance et les fondamentaux de la civilité donne le sentiment d'encourager le changement de sexe des enfants. Alors que le ministère aurait pu s'en tenir à rappeler la nécessité pour les enseignants et les chefs d'établissement de dialoguer avec les parents, d'adopter une attitude bienveillante vis-à-vis des enfants perturbés par cette question parfois douloureuse et de faire en sorte qu'ils ne soient pas mis à l'écart par les autres enfants, c'est une circulaire de plusieurs dizaines de pages qui a été signée en novembre 2021 par le ministre et validée par le Conseil d'État, si détaillée qu'elle donne l'impression que l'école sortant de son rôle, a vocation à devenir un acteur, une sorte de facilitateur du changement de genre. Certes avec l'accord des parents, le passage d'un prénom masculin à un prénom d'usage féminin ou d'un prénom féminin à un prénom d'usage masculin devient possible à l'école, indépendamment de l'état civil. Le Gouvernement écossais est allé beaucoup plus loin en donnant aux enfants le droit dès l'entrée en primaire de changer de prénom d'usage et de sexe à l'école sans le consentement de leurs parents et même sans que ceux-ci en soient informés si l'enfant en fait la demande. C'est aller trop loin et faillir à la mission de l'école qui est de protéger les enfants contre l'air du temps, et s'il le faut contre eux-mêmes.

Mais ce n'est pas seulement le changement du prénom d'usage qui est en jeu dans cette évolution que la bien-pensance du moment se sent obligée d'encourager. Le risque majeur c'est celui des traitements médicaux, des interventions chirurgicales qui feront des dégâts irréversibles et l'adulte, plus tard, dans bien des cas, regrettera douloureusement ce que l'adolescent aura fait.

En Suède, selon les statistiques officielles, les dysphories de genre ont augmenté de 2 000 % en dix ans[27]... Et, un peu partout, on a commencé à voir des jeunes gens ayant cédé pendant l'adolescence à la tentation de changer de genre en recourant à la médecine ou à la chirurgie et qui, quelques années après, le regrettent au point parfois d'intenter des procès.

Le malaise dans la civilisation, beaucoup ont fini par le sentir, mais peu ont osé le dire et ceux-là, on les a rangés à l'extrême droite réactionnaire. Le mot même de civilisation fut jugé connoté, il était maudit. Rien qui aurait pu ressembler d'une façon ou d'une autre aux années 1930 ne pourrait recommencer. La crise de civilisation, c'était trop dérangeant pour beaucoup de gens. Ils ont regardé ailleurs. Ils n'ont surtout pas voulu se sentir concernés.

C'est aller en somnambules vers la destruction de la civilisation que de l'enfermer dans l'entre-deux d'une mystique de la nature et d'une mystique de la culture. La civilisation, c'est l'effort de mettre une limite aussi bien aux instincts animaux qu'à l'orgueil démesuré de l'homme qui se prend pour Dieu. Et, pour sauver la nature comme pour sauver l'homme, nous avons besoin, comme le disait Camus, d'une philosophie des limites.

---

27. « Quand les ados transgenres regrettent », *Le Journal du Dimanche*, 11 décembre 2022.

Il n'est pas malsain, au contraire, qu'une civilisation se penche sur ce qu'elle a fait de mal, à condition qu'elle ne tombe pas dans le travers de l'anachronisme qui lui fait juger le passé avec les préjugés d'aujourd'hui et qu'elle soit capable aussi d'être fière de tout ce qu'elle a accompli de grand.

« Puisqu'on dit que ce que nous avons fait ici est un crime, il faut tout effacer. »

Mais ce n'est pas vers Camus que s'est tournée une partie de l'opinion occidentale qui s'est reconnue bien davantage dans une Greta Thunberg venant tout à coup prêter son visage d'imprécateur juvénile à la culpabilisation de l'Occident par ses propres enfants. Allons-nous, nous aussi, tout arracher parce que tout ce que nous avons fait serait mal ? Tous ceux qui dans le monde admiraient sa littérature, sa poésie, son théâtre, n'ont-ils pas commencé à se demander ce qu'il resterait d'une civilisation dans laquelle les parents et les maîtres se couchent devant les enfants, où l'on apprenait aux enfants à détester sa culture, ses valeurs, son histoire, qui passe son temps à s'autoflageller, qui a effacé tous ses repères jusqu'à prétendre effacer toute différence entre le masculin et le féminin, remplacer père et mère par parent un et parent deux et supprimer la frontière entre l'animal et l'homme.

Beaucoup de gens n'ont trop longtemps attaché aucune importance à tout cela, considérant que tout cela se passait dans le ciel des idées et non sur la terre où chacun a déjà bien assez à faire avec les problèmes de son quotidien. Et puis, on s'est habitué. On s'habitue à tout. On s'habitue aux voitures qui brûlent. Un jour, on apprend que la nuit de la Saint-Sylvestre six cent quatre-vingt-dix véhicules ont été incendiés. C'est 20 % de moins que l'année dernière. Le ministre a l'air content… Tout est normal.

On s'habitue au RER en panne. Aux attentats. Aux attaques contre les pompiers, les policiers, les élus, les enseignants. Aux expéditions punitives des ethnies contre d'autres ethnies – des Tchétchènes contre des Maghrébins, des Maghrébins contre des Gitans. Aux écoles désertées par les enfants juifs parce qu'ils n'étaient plus assez nombreux pour se défendre. Aux trafiquants qui contrôlent l'accès à certains quartiers. Aux lynchages sur les réseaux sociaux et aux menaces de mort qui peuvent aboutir à des assassinats, comme au totalitarisme *woke* qui s'installe sur certains campus, au cœur de la fabrique des élites. Tout est normal.

Peu à peu s'est organisée entre les minorités radicalisées une convergence des luttes à laquelle un mélange d'indifférence et de lâcheté a ouvert un espace considérable.

Mais quand chaque groupe religieux, ethnique, culturel, social, revendique le droit d'effacer de l'histoire, de la littérature, des bibliothèques, du cinéma, de la presse, de l'espace public, du langage, des mœurs, des traditions tout ce qui le dérange, tout ce qui lui déplaît et que tout le monde lui cède, c'est l'idée même de civilisation qui se trouve dangereusement menacée. Dans l'Occident postmoderne, le multiculturalisme fait exploser le cadre de la civilisation et de la civilité. Le multiculturalisme des grands empires européens de jadis, comme le Saint Empire ou de l'empire austro-hongrois dont une partie de l'Europe centrale est demeurée si profondément nostalgique, était très différent de celui qui se développe avec notre consentement. Toutes les cultures ou presque y participaient d'une seule et même civilisation et se soumettaient à un seul État, alors que le multiculturalisme auquel nous sommes confrontés pousse une multitude de groupes sociaux à une sécession civilisationnelle et à ne plus reconnaître l'autorité de l'État et la règle commune. Le progressisme dont il se réclame n'est pas l'idéologie du progrès poussée plus loin, c'est un amalgame hétéroclite de revendications contradictoires pour le droit à la gestation pour autrui contre la nature et pour le retour à la nature contre la culture, pour l'émancipation des femmes et pour laisser le champ libre à l'Islam radical qui prône leur asservissement, pour l'antiracisme et pour réintroduire partout le critère racial. Ce qui les réunit par-delà leurs contradictions c'est la mise en accusation de tout l'héritage de la civilisation occidentale. C'est la répudiation en bloc de tout ce que l'homme occidental a pensé et accompli depuis qu'il a entrepris d'acculturer le monde, c'est-à-dire depuis la Renaissance et même depuis les croisades. C'est, en quelque sorte, le programme de la revanche sur l'occidentalisation du monde. On peut comprendre que ce soit le programme des civilisations qui ont subi le joug de l'Occident et qui aspirent à s'émanciper de l'empreinte qu'a laissée l'occidentalisation forcée. Mais il est beaucoup moins compréhensible qu'une partie croissante de l'élite occidentale travaille sans relâche à se couper elle-même de sa source tout en continuant à prétendre imposer au reste du monde sa vision du bien et du mal. Mais quelle vision ? La nouvelle vision ou l'ancienne ? Celle de la *cancel culture*, du wokisme, de l'islamisme, ou celle de l'humanisme ?

Après la guerre froide, deux thèses concernant l'avenir du monde se sont affrontées, celle de la fin de l'histoire dans le triomphe planétaire du marché et de la démocratie et celle du choc des civilisations. Trente ans durant, la fin de l'histoire s'est imposée comme idéologie dominante à travers la mondialisation dans laquelle le monde entier allait forcément converger vers un modèle unique, celui d'un Occident converti au néolibéralisme après sa victoire sur le socialisme, sous la domination d'une seule superpuissance, celle des États-Unis appuyés par leurs alliés, et avec une seule monnaie internationale, le dollar qui permet à l'Amérique de vivre à crédit sur le reste du monde sans jamais avoir à rembourser, et d'imposer ses lois à toutes les banques et les entreprises du monde qui l'utilisent dans leurs transactions. Puis le choc des civilisations a pris le dessus. Dans son orgueil démesuré, son *hubris*, l'ivresse de sa toute-puissance, l'Occident a trop négligé que les autres ne pensaient pas toujours comme nous, que l'empreinte que leur a laissé leur histoire n'était pas la même que la nôtre, que leur imaginaire, leur psychologie collective, leurs mentalités ont été façonnés par des cultures, des civilisations souvent bien différentes de la nôtre. C'est notamment la leçon que Maurice Gourdault-Montagne, ancien secrétaire général du quai d'Orsay, a tirée de sa longue carrière de diplomate dans un livre intitulé *Ils ne pensent pas comme nous*.

Le périple africain du président de la République en mars 2023, lorsqu'il a visité, non sans une certaine désinvolture, quatre États en soixante-douze heures, a vu cette vérité lui sauter à la figure. Après que, selon l'expression d'un ancien diplomate, le président Macron se fut adressé publiquement au président de la République démocratique du Congo, Félix Tshisekedi, comme à un enfant, ce dernier lui a répondu :

> Regardez-nous autrement en nous respectant, en nous considérant comme de vrais partenaires et non toujours avec un regard paternaliste avec l'idée de savoir toujours ce qu'il faut pour nous. [...] Je crois qu'il doit y avoir du respect dans la considération que nous avons les uns envers les autres.

Il ne faisait que lui signifier ce que tous les Africains, tous les peuples du sud, et tous ceux du reste du monde veulent signifier à l'Occident : le reste du monde ne veut plus confier à l'Occident le destin d'un monde qui lui appartient aussi.

Nous avons oublié que notre universalisme est dans notre manière de regarder chaque homme dans le monde et non dans la façon dont les autres se regardent eux-mêmes et nous regardent. Les valeurs que nous jugeons universelles au regard de notre civilisation ne sont pas forcément universelles pour les autres. Surtout quand nous sommes nous-mêmes si profondément divisés sur nos valeurs. Projeter sur eux la façon dont nous voyons les choses, cela a toujours fait commettre à l'Occident bien des fautes contre sa propre morale, depuis les croisades jusqu'à la Première Guerre mondiale qui a fait vingt millions de morts et qui a été d'abord la plus atroce et la plus destructrice des guerres civiles européennes. Encore une fois nous devons garder à l'esprit qu'après celle-ci, les vainqueurs ont redessiné la carte du monde, et tenté de construire une paix durable sans tenir compte ni de l'histoire, ni des mentalités, ni des civilisations, au nom de grands principes abstraits plaquées sur ces réalités profondes. La guerre elle-même a été mise hors la loi. On sait ce qu'il en est advenu : le fascisme, le nazisme et le stalinisme, une seconde Guerre mondiale avec soixante millions de morts puis la guerre froide. À la fin de la guerre froide il n'y a pas eu de traité de Versailles, mais la réorganisation du continent européen s'est faite sans davantage tenir compte de ces réalités, qui finissent toujours par remonter d'autant plus violemment à la surface qu'elles ont été plus fortement niées.

Et, avec la guerre en Ukraine, a peut-être commencé le temps où nous allions en payer le prix, et ce d'autant plus qu'elle tourne à la guerre de civilisation entre l'Occident et la Russie. Les guerres de civilisation sont comme les guerres de Religion, elles sont totales, elles durent très longtemps, parfois des siècles, quand aucune ne peut anéantir l'autre, et elles sont inexpiables. Tout ce qui conduit sur ce chemin prépare l'irréparable. En décembre 2022, dans le journal anglais *The Guardian*, le ministre ukrainien de la culture appelait à boycotter Tchaïkovski et tous les auteurs russes tant que durerait la guerre[28]. Dans beaucoup de pays occidentaux, on n'a pas attendu cet appel pour bannir les auteurs russes des enseignements, des salons du livre, des théâtres et des bibliothèques : à Milan, c'est un cours sur Dostoïevski qui est annulé, tandis que Prokofiev, Tchaïkovski sont chassés des programmes de concert, des chefs d'orchestres russes licenciés… Dans l'entre-soi des milieux artistiques, universitaires et culturels, malgré quelques protestations, quelques résistances, c'est à celui qui boycottera le plus, qui ira le plus loin dans son combat contre le mal, contre tous les Russes, les morts comme les vivants, embarqué dans une escalade psychologique qui ne fait plus la différence entre Tolstoï et Poutine et qui n'a d'équivalent que la fuite en avant des politiciens, qui vivent dans la hantise d'être montrés du doigt s'ils n'en font pas assez. Quelqu'un parmi les boycotteurs et parmi les va-t-en-guerre s'est-il seulement demandé où menait ce vent de folie qui souffle de part et d'autre de la ligne de front et qui emporte même des gens d'habitude si raisonnables ? Quelqu'un a écrit sur les réseaux sociaux : s'il doit y avoir quinze millions de morts, tant pis…

La civilisation étant une digue contre la sauvagerie qui demeure au fond de chaque être humain, sa fragilisation en France et dans tout l'Occident, entrouvre, comme toujours, la porte au retour de la violence physique et la remontée des homicides et des tentatives d'homicides qui, en France, ont presque doublé en vingt ans. Sans doute les explosions de sauvagerie des deux guerres mondiales

28. *The Guardian*, 7 décembre 2022.

avaient-elles rassasié pour un temps les appétits de violence. Mais le criminologue Alain Bauer a raison de souligner au sujet de la violence au quotidien que

> la tentation de violence et d'homicide au cours des derniers siècles a rencontré un processus de décivilisation notamment dans l'espace urbain

et de pointer ainsi la responsabilité de la régression civilisationnelle dans l'explosion actuelle de la violence physique et le passage à l'acte. Mais employer le mot « décivilisation », c'est aussitôt encourir l'accusation d'avoir basculé à l'extrême droite : le président de la République en a lui-même fait l'expérience. Et parler de « civilisation », c'est déjà susciter le soupçon. En attendant le totalitarisme politique, le totalitarisme intellectuel se porte bien. L'effacement intellectuel et moral de la frontière entre l'humain et l'animal, entre l'humanité et la nature par les idéologies anti humanistes, anti-Lumières, antioccidentalistes n'en est pas la seule cause, mais il reflète bien les pulsions qui de nouveau travaillent en profondeur l'humanité qui se pensait la plus civilisée et qui se disait qu'elle avait appris des violences du XXe siècle dans lesquelles elle avait pris une si grande part.

Quand les sociétés sont trop divisées, elles cherchent toujours à rétablir leur unité par la violence. Une leçon de l'histoire est que les crises de civilisation libèrent toujours, en dégénérant, des forces de destruction d'une violence inouïe. Tout s'est passé quarante ans durant comme si nous avions oublié cette leçon et ce que la dernière crise de la civilisation, celle des années 1920 et 1930 – dont on avait exclu qu'elle puisse, d'une manière ou d'une autre, se reproduire –, avait coûté à l'humanité d'indicibles souffrances.

Et nous avons beaucoup divisé et laissé se fissurer le ciment de notre civilisation. En pensant et en agissant comme si ce qui était en nous depuis toujours ne pouvait plus ressortir, nous avons réveillé ce qu'il y a de plus primitif dans l'homme.

L'Évangile nous a bien enseigné durant presque deux mille ans que nous devions nous aimer les uns les autres, mais cela n'a pas réussi à extirper la violence qui nous habite. Nous avons même beaucoup tué au nom de l'Évangile, tout au long des siècles, depuis la croisade des Albigeois jusqu'aux bûchers de l'Inquisition, aux croisades en terre sainte et aux guerres de Religion ont ensanglanté l'Europe. Mais qui se souvient de la guerre de Trente Ans ? Le Christ nous a appris, a dit René Girard, que le bouc émissaire était innocent. Mais cela n'a pas suffi à éliminer ce besoin inavoué que nous avons toujours d'en trouver un pour lui faire porter la responsabilité de nos malheurs, alors que nous en sommes bien souvent les seuls artisans, et pour évacuer une violence que nous ne pouvons plus contenir. Toute l'histoire, et celle du XXe siècle encore, nous a montré que nous n'en avions jamais fini avec le bouc émissaire. Et nous avons recommencé à en fabriquer.

Comme jadis un syndicat de magistrats avait désigné à la vindicte des juges des personnalités dont les noms étaient inscrits sur un « mur des cons », des étudiants ont inscrit sur un « mur de la honte » les noms de leurs camarades qu'ils désignaient à la vindicte publique, réminiscence des journaux muraux qui, sur les murs de l'université de Pékin dans la Chine de Mao et de la révolution culturelle, désignaient les « révisionnistes ». Le directeur de l'école a écrit ces mots justes :

> Ces pratiques sont insupportables et condamnables. Elles visent à imposer une police de la pensée, une vision unique du bien, de ce qu'il est possible de dire et interdit d'exprimer. Celles et ceux qui s'en écartent sont accusés sans aucune nuance d'être des « fascistes » ou des « identitaires » et condamnés au nom d'une sorte de morale indépassable.

Mais, dans la société de violence et de radicalisation où nous vivons, les auteurs de ces actes sont-ils encore capables d'en mesurer l'extrême violence symbolique ? Rien n'est moins sûr.

Et que penser de l'avenir de la civilisation en regardant l'image d'une jeune femme de 20 ans qui pose devant le tableau de Van Gogh, heureusement protégé par une vitre, qu'elle vient d'asperger de soupe, et qui proclame doctement, sous l'œil des caméras du monde entier: « Il faut savoir si la culture c'est plus important que la vie ! » Et que penser face à ces jeunes gens hallucinés qui s'asseyent sur la route en croyant qu'ils vont sauver la planète, ou en apprenant que la ville de Pantin a un maire qui a décidé que sa commune s'appellerait Pantine pour un an afin de mettre en valeur la lutte pour l'égalité homme-femme, ou en entendant ces féministes qui ont décrété que l'homme était l'ennemi de la femme ?

La table rase s'attaque toujours à l'identité[29]

« L'identité française » : avons-nous encore le droit d'employer cette expression sans soulever d'épouvantables polémiques ? Prononcer ces deux mots a fini par sembler relever de la provocation. Fernand Braudel avait essuyé des critiques virulentes quand il avait fait paraître *L'Identité de la France*. Il n'avait dû alors qu'à son immense prestige d'historien de ne pas être cloué au pilori. Quelques décennies plus tard, il l'aurait été sans ménagement par une intelligentsia qui condamnerait aussi Marc Bloch ou Lucien Febvre comme elle voue aux gémonies Michelet coupable d'avoir écrit : « L'Angleterre est un empire, l'Allemagne un pays, la France est une personne » et d'avoir fait de cette personne un acteur de l'histoire. Un historien n'a plus le droit d'évoquer le récit national, encore moins le roman national, même pas l'histoire de France. Un homme politique, encore moins. Jaurès aurait été désigné à la réprobation universelle pour avoir dit un jour qu'il fallait apprendre aux enfants à

> connaître la France, la vraie France, la France qui n'est pas résumée dans une époque ou dans une journée, dans le jour d'il y a des siècles, ni dans le jour d'hier, mais la France qui est tout entière dans la succession de ses jours, de ses nuits, de ses

29. Une partie des développements qui suivent sont issus de la préface de l'auteur au numéro hors-série de *Valeurs Actuelles* sur « L'identité française ».

> aurores, de ses crépuscules, de ses montées, de ses chutes et qui, à travers toutes ces ombres mêlées et toutes ces vicissitudes, s'en va vers une pleine clarté qu'elle n'a pas encore atteinte, mais dont le pressentiment est dans sa pensée[30].

Ainsi donc, pour Jaurès, internationaliste dans l'âme, mais profondément français par la culture et par la sensibilité, la France aurait une pensée qui lui serait propre et de la pensée française à l'identité française, il n'y a qu'un pas, et, pour certains, de la reconnaissance de l'identité d'une nation au nationalisme, il y a encore moins. Une pensée française ? Une identité nationale ? On ne discute plus de leur contenu, on les nie. La France comme un être pensant qui agit dans l'histoire est devenue un mensonge, une chimère, une construction imaginaire qui a infusé dans les esprits le poison du nationalisme pour les uns ou qui pour les autres a trop longtemps fait obstacle à l'émergence du grand marché unique mondial sans frontières, où tous les consommateurs auraient les mêmes goûts, les mêmes désirs, les mêmes besoins.

Identité, il est vrai, est un mot qui pose problème en ce qu'il peut laisser supposer quelque chose d'acquis pour toujours, d'immuable, une France éternellement la même, alors que tout être vivant est voué au changement, ce changement fût-il, au fil des jours, imperceptible. Seules les statues sont immuables et encore, le temps, « ce grand sculpteur », les marque-t-il de son empreinte. La France est un être vivant dont la gestation a été lente, l'accouchement douloureux, la survie toujours incertaine et l'éducation à jamais inachevée. Identité ne veut pas dire « éternellement figé », elle veut dire « continuité ». « Tel qu'en lui-même l'éternité le change ». L'identité partagée, c'est ce qui permet à un peuple de continuer à se reconnaître comme tel à travers les vicissitudes de l'histoire et les métamorphoses inhérentes à la vie. C'est ce qui nourrit chez un peuple la revendication à disposer de lui-même. Braudel avait dit qu'il avait longtemps hésité à choisir pour titre le mot « identité » et qu'une fois qu'il l'avait choisi, il l'avait aussitôt regretté, mais qu'il n'en avait pas trouvé d'autre pour dire ce

---

30. Jean Jaurès, « Pour la laïque », discours à la Chambre des députés, 24 janvier 1910.

qu'il cherchait à cerner. Et qu'était-ce donc sinon ce qui, dans tout ce qui fait l'histoire, est irréductible à la statistique et dont les savants historiens de cette école des Annales, par laquelle l'usage des données quantitatives est entré dans la science historique par la grande porte, connaissaient l'importance ?

Si l'amour de la patrie, cet attachement charnel à ces quatre coins de terre et aux pauvres honneurs des maisons paternelles dont parlait Péguy, remonte à la nuit des temps, l'idée de nation a mis très longtemps à éclore dans les consciences et dans les institutions. Qu'importe la date, celle de Valmy ou une autre, le sentiment national qui en prépare l'avènement est ancien. Ce dernier s'est forgé d'épreuves en épreuves, de guerres en guerres, mais aussi par les œuvres dans lesquelles se reconnaît le génie d'un peuple. Lucien Febvre a décrit mieux que personne ce

> perpétuel travail de remaniement, d'adaptation, de synthèse qui, d'une somme disparate d'individus de provenances diverses, d'une masse hétéroclite de produits importés du dehors, de techniques apprises d'autrui, d'habitudes contractées une fois pour toutes, mais aussi d'idées et de croyances venues, parfois, du bout du monde, réussit à forger, à reforger, à maintenir l'unité perpétuellement changeante elle aussi, mais toujours marquée d'une marque connue. Une marque telle qu'en regardant les créations successives qu'elle estampille, personne ne s'y trompe : elles sont françaises[31].

Tout peuple qui s'est livré, dans la longue durée de son histoire, à ce perpétuel travail de remaniement, d'adaptation et de synthèse, s'est forgé une exception culturelle ou, si l'on préfère, une singularité qui imprime sa marque dans les œuvres de la civilisation, dans tous les domaines, du religieux au politique, de la littérature à la peinture, de la philosophie à la science, de l'art de vivre à celui de mourir, de l'architecture à la cuisine. Cette singularité est dans nos paysages et dans nos têtes. Elle nous donne une idée de ce que nous perdrions, si

31. Lucien FEBVRE, *Nous sommes tous des sang-mêlés*, Albin Michel, 2012.

l'identité française venait à être dissoute sous l'effet de toutes les forces qui se coalisent au-dedans et au-dehors, contre la civilisation et contre la forme singulière que la France lui a donnée, mais aussi de ce que le monde perdrait car tout ce qui contribue à uniformiser le monde contribue à appauvrir l'humanité tout entière.

Mais qu'a donc de si précieux cette identité singulière, sinon d'abord que c'est la nôtre, celle qui nous fait nous reconnaître les uns, les autres comme partageant une même envie de demeurer dans une communauté de destin, celle qui nous a fait ce ciment invisible par lequel nous nous reconnaissions des obligations particulières les uns vis-à-vis des autres, jusqu'à donner parfois notre vie les uns pour les autres ?

La difficulté avec l'identité, c'est qu'il est bien difficile d'en faire le tour. Elle est la résultante de tant de pensées, de visages, d'événements, d'histoires vraies et fausses, d'objets, de souvenirs, de réminiscences, de parfums, de goûts, de couleurs, de sensations qu'une devise ne peut pas résumer celle d'une nation et qu'au bout de trois tomes, Braudel n'y était pas parvenu non plus. Son identité française, un Français ne la découvrira bien souvent qu'à travers ce qu'il ne pourra pas s'empêcher d'éprouver malgré lui. Combien, croyants ou non croyants, n'avaient pas pris conscience que dans celle-ci, il y avait des cathédrales et qu'elles étaient importantes pour eux que le jour où ils ont vu Notre-Dame brûler ? À ce moment-là, ils n'ont pas pensé à Suger et à saint Denis, ni aux innombrables bâtisseurs et à leur foi, ni au Moyen Âge, mais ils ont eu envie de pleurer.

La France est une nation et une patrie. La patrie, c'est le corps, la nation c'est l'idée. Cette idée entretient toujours un rapport étroit avec la géographie, le relief, le climat. Nous avons oublié que nous ne pouvons pas habiter le monde de la même manière, avoir la même conception de la vie selon que nous l'habitons au bord de la Baltique ou sur les rivages de la Méditerranée. La France, intercesseur entre l'Europe du nord et l'Europe méridionale, entre l'Europe continentale et celle de la mer, doit à sa géographie d'être un carrefour anthropologique entre les Celtes, les Germaniques, et les Latins. Dans *L'Invention de la France*, Emmanuel Todd et Hervé Le Bras avaient relevé la persistance dans la France moderne des modèles familiaux propres à chacune de ces ères culturelles. Il y a, au cœur de l'identité française, une force mystérieuse qui a accompli le miracle de réunir et de maintenir ensemble des peuples d'une extrême diversité anthropologique pour en faire un seul peuple. Cela a fait une identité forgée contre la nature, contre la biologie, fortement empreinte de transcendance et de verticalité pour compenser les tendances à l'éclatement qui travaillent depuis toujours, et qui travailleront sans doute éternellement, contre l'unité. Obsession de son unité, persistance de sa diversité, telle est la France dans ce qu'elle a de plus permanent.

Cette unité, il lui a fallu une tête, ce fut Paris. Il lui a fallu un cadre, ce cadre a été l'État capétien, jacobin, napoléonien, gaullien, le droit romain. Il lui a fallu une unité sociale, elle s'était faite par l'égalité, le mérite, l'assimilation. Il lui a fallu une unité spirituelle et une unité de civilisation, qui lui a été donnée longtemps par le catholicisme dont le principe de laïcité a pris la place sans en effacer l'héritage et l'empreinte multiséculaire. Il lui a fallu une grandeur qui transcende ses particularismes, cela a été l'universalisme, celui du christianisme, celui de l'humanisme, celui des Lumières. Il lui a fallu une unité linguistique, elle l'a accomplie par la langue française, l'Académie française et la littérature. Il lui a fallu une pensée, elle l'a forgée dans un aller-retour incessant du général au particulier, de l'idéal au réel. La France de Clemenceau, « toujours soldat de l'idéal », celle de De Gaulle, « animée par l'idéalisme qui est, depuis l'origine des temps, comme la seconde nature de la France ». Nous avons beaucoup reproché à cette identité française d'être trop catholique, trop monarchique, trop égalitaire et en même temps trop élitiste, trop portée à la verticalité, à la centralisation, à l'idéalisme, ne faisant pas assez confiance au marché, aux corps intermédiaires, se défiant des communautés... Toute pensée se trouve confrontée au risque de ses excès.

Nous avons voulu voir dans les excès de la nôtre, qui se manifestent de temps à autre, les vieux démons d'une exception culturelle qui mettraient les Français toujours dans l'attente de l'homme providentiel, du sauveur, qui ne feraient avancer le pays que par des spasmes révolutionnaires et qui auraient fait manquer à la France toutes les opportunités que les autres ont su saisir. Mais, nous avons oublié que l'identité française est dialectique, qu'en elle s'opposent et se dépassent les contraires : idéalisme et empirisme, unité et diversité, liberté et égalité, classicisme et romantisme, parisianisme et provincialisme, jacobinisme et girondisme, Descartes et Pascal, Voltaire et Rousseau, tout cela a fait la France et les Français. Et faut-il se plaindre d'une culture, d'un imaginaire, d'une pensée qui ont certes accouché des quelques mois de la Terreur, mais n'ont engendré ni l'équivalent du totalitarisme nazi, ni de celui du stalinisme ou du maoïsme. Nous disons que la France est orgueilleuse, mais elle est masochiste, se plaignant sans cesse de ce prétendu mal français, dont a parlé Alain Peyrefitte, qui, au bout du compte ne l'a pourtant pas empêchée de toujours se relever des plus grands désastres et dont sont sortis tant de progrès pour l'humanité, de grands hommes d'État, de grands capitaines, d'immenses savants, d'immenses artistes, d'habiles artisans, de paysans qui ont su tirer de la terre ce qu'elle pouvait donner de meilleur, d'ouvriers ne revendiquant que le droit de vivre dignement de leur travail, de patriotes sincères, de soldats attachés à défendre leur pays, de résistants dont Malraux disait qu'ils ne se battaient que pour cette fierté mystérieuse dont ils ne savaient au fond qu'une chose, c'est que la France à leurs yeux l'avait perdue et qui ont hissé la France si souvent au premier rang des nations. Il y a une question que nous ne nous sommes pas posée, essentielle pourtant : finalement, les démons des autres n'étaient-ils pas pires ? Si, aujourd'hui, l'identité française est devenue si malade, comme le sont toutes les identités occidentales, plutôt qu'à cause de ses travers, ne serait-ce pas parce qu'une grande partie des élites politiques, intellectuelles, économiques se sont convaincues qu'il fallait la liquider, faire rentrer par tous les moyens la France dans le moule de la nouvelle idéologie dominante qui voulait araser les identités, au prétexte que la France, puissance moyenne, ne pouvait plus se permettre le luxe d'une quelconque exception culturelle ou politique ni l'obsession gaullienne de la grandeur ? La France sans la grandeur, la France enfin rentrée dans le rang, alignée dans tous les domaines, le contraire de la France du général De Gaulle, de Clemenceau, de Napoléon, de Colbert, du roi de France empereur en son royaume.

Voilà ce que les élites ont voulu et ce que le peuple a laissé faire. On a parlé de réalisme, on aurait plutôt dû parler de reniement.

« France, mère des arts, des armes et des lois », vas-tu donc céder à ceux qui t'ont appelé au reniement ? Tout a été bon pour y parvenir, de la mondialisation à la construction européenne, de la lutte pour les droits des minorités à la lutte contre le nationalisme, de la guerre des mémoires à la repentance. Les puissances financières qui ont installé la dictature des marchés et les minorités agissantes qui ont semé sur les campus les germes de leurs idéologies totalitaires, alliées objectives contre la civilisation et la civilité, le sont aussi contre les identités nationales qu'elles minent. Les grandes entreprises du capitalisme financier ont intégré sans mal, dans leurs calculs de rentabilité, aussi bien le multiculturalisme, que l'idéologie du genre, le racialisme, le communautarisme, l'islamisme, que l'animalisme. Et elles partagent avec eux de ne pas aimer les frontières et les nations. L'identité nationale bien comprise n'est pas un enfermement, une sacralisation de l'ordre et un rejet du mouvement qui seraient mortifères, comme la civilisation dont elle est la fille, elle est un autre rempart en nous contre ce qui menace de nous asservir à l'aplatissement du monde et à l'argent et contre des enfermements identitaires autrement plus dangereux.

Pour une nation, identité veut dire « continuité ». Pour la France, elle veut dire aussi « unité », elle veut dire « assimilation ». Pour assimiler il faut avoir quelque chose à faire partager, et ce quelque chose c'est notre identité culturelle qui ne se limite pas aux principes de la République, mais qui s'étend aussi à des valeurs de civilisation, à des formes de civilité. Si la France, à l'unité si improbable, a toujours réussi à surmonter les pires déchirures de son histoire, c'est parce que, malgré ce qui opposait les Français les uns aux autres, ils partageaient au fond ce même socle de culture et de civilité qu'aujourd'hui les déboulonneurs de statues veulent détruire.

Ce que semblent ne pas comprendre ceux qui veulent effacer l'identité nationale, c'est que celle-ci est constitutive de ce que nous sommes et qu'ils n'y parviendront pas : on n'efface pas l'identité d'une nation même avec les moyens du totalitarisme, tout juste peut-on la refouler. Ce sont les mêmes que ceux qui avaient ricané quand

De Gaulle avait dit que la Russie boirait le communisme comme un buvard. Mais ils peuvent rendre l'identité nationale bien malade.

Les identités nationales malades sont des identités nationales refoulées. C'est alors qu'elles deviennent dangereuses : il faut craindre le violent retour du refoulé. Les contempteurs de l'identité nationale n'ont pas préparé la paix. Par ignorance ou par aveuglement, ils ont préparé la guerre. On verra un jour que cela a été leur grand crime et on jugera sévèrement la lâcheté qui a conduit à leur céder.

En cédant trop, nous avons pris le mauvais chemin : défendre l'identité de la France, la faire aimer, la faire partager à ceux qui veulent s'associer à la communauté de destin du peuple français, n'est pas le fruit d'une pathologie nationaliste, d'un repliement sur soi ou d'un mépris des autres, mais un impératif intellectuel et moral. L'estime de soi est toujours la condition pour aller vers les autres et c'est par l'authenticité, non par l'imitation, que l'on parvient à l'universel. On ne fait pas aimer vivre ensemble dans un pays dont on apprend dès le plus jeune âge à détester l'histoire, la culture, les mœurs et l'art de vivre. C'est sur la fierté partagée que l'on construit les nations ouvertes sur le monde. C'était tout ce à quoi nous avons tourné le dos.

En laissant s'abîmer la transmission à laquelle toute la société et toutes les institutions sont parties prenantes, en confondant délibérément l'attachement à l'identité nationale avec le nationalisme qui en est la pathologie, en reniant l'idéal d'une nation une et indivisible, dressant sa puissance d'assimilation contre les forces centrifuges qui portent en elles éternellement les germes de la guerre de tous contre tous, nous avons commis un péché contre l'intelligence, contre la paix civile et contre la démocratie qui ne peut imposer ses droits, ses devoirs et ses règles qu'à des citoyens ayant le sentiment que ce qui les unit est plus fort que ce qui les divise.

Pour nous représenter le morcellement de la société française nous utilisons l'image d'un archipel. *L'Archipel français*, titre d'un livre à succès du politologue Jérôme Fourquet, est composé d'une multitude d'îlots, chaque communauté, chaque tribu vivant sur le sien. Dans les années 1990, les intellectuels les plus réputés en sciences humaines et sociales se partageaient, à quelques exceptions près, en deux camps. Il y avait ceux qui ne voyaient aucun signe ni aucune possibilité de cassure de la société dans l'avenir. Le point de vue du sociologue Henri Mendras invité en 1994 par la Datar à réfléchir, avec une vingtaine d'autres experts, à la France de 2015[32], illustrait bien cette thèse :

> dire que la société se fractionne en une myriade de groupes antagonistes est un trompe-l'œil. [...] La trame de la société n'est plus faite de groupes juxtaposés, de « communautés », mais de réseaux d'actions, et de relations d'intérêts, de passions, de convictions.

En résumé, les craintes de voir émerger une France fracturée, atteinte d'anomie, où le lien social serait en train de se distendre, qui serait fractionnée en groupes divers pour lesquels l'État n'arriverait plus à faire prévaloir l'intérêt général, étaient à ranger dans les anxiétés traditionnelles et les épouvantails anachroniques de notre esprit public. Trente ans plus tard, les « épouvantails anachroniques » sont redevenus d'actualité. L'historien René Rémond, invité à faire le même exercice, ne voyait pas lui non plus de raison de penser que la cohésion de la société française était menacée, mais, prudence d'historien, relevait quand même que si la crise qui durait depuis déjà vingt ans n'avait pas encore provoqué de fracture grave, cette situation était précaire et que des signes annonciateurs se dessinaient « auxquels il serait dangereux de ne pas prêter attention ». Dans l'autre camp, il y avait ceux qui voyaient se dessiner l'archipel, comme le sociologue Jean Viard, auteur en 1994 d'un petit essai intitulé *La Société d'Archipel* qui annonçait, pour s'en réjouir, que « les nouvelles mobilités » allaient imposer à tous les groupements humains une structuration tant imaginaire que sociale qui serait à l'image des archipels. Et il appelait à faire le deuil difficile de l'État jacobin, de la nation et de la société telle que nous la connaissions, à « mettre en histoire le passé » pour « faire entrer dans le patrimoine ce qui nous a quittés et pour rouvrir le champ des imaginaires et du politique en nous arrachant d'un deuil mal consommé », à « poser le

32. Collectif, *La France au-delà du siècle*, L'Aube, 1998.

passage entre le monde d'hier et celui qui émerge ». Et c'est bien sur cette représentation que nous avons mobilisé tous nos efforts pour reconstruire le monde dans lequel nous habitions, non sans un certain succès. Les sociétés, les nations, se sont bel et bien fragmentées, et fracturées. Mais il n'y a pas de quoi nous en réjouir, car les îlots de l'archipel français sont devenus des îlots d'indifférence aux autres, et le risque de tension, de friction, de confrontation n'ont cessé de s'accroître. Si les îles qui composent un archipel sont séparées par la mer et ne bougent les unes par rapport aux autres qu'au rythme lent, imperceptible, de la dérive des continents, dans la société les groupes sociaux ne peuvent rester éloignés les uns des autres : aucun bras de mer ne les sépare, ils sont condamnés à se mélanger, à s'entendre ou à s'affronter. Leurs sorts sont liés, pour le meilleur ou pour le pire. En réalité, nous allons moins vers la société d'archipels que vers une société de tribus et nous sommes moins menacés par l'isolement sur des îlots que par la guerre des tribus. La mobilité est certes un fait majeur de notre époque, mais va-t-elle tellement changer l'homme ? Un regard sur le monde actuel ne nous montre-t-il autre chose que l'éternelle opposition entre le nomade et le sédentaire qui sont parfois deux aspirations contradictoires à l'intérieur d'une même personne ? Et, à la fin, sommes-nous bien sûrs d'avoir géré les migrations avec moins d'aveuglement et d'inconséquence que les Romains du Bas-Empire ?

Malgré la table rase de l'occidentalisation et de la mondialisation, les autres ne pensent toujours pas comme nous

Nous sortons de plus de cinq siècles durant lesquels la civilisation occidentale a cherché à s'imposer au reste de l'humanité contre toutes les autres civilisations. Si le métissage des civilisations est dans l'ordre naturel des choses, l'acculturation du monde par l'occidentalisme a largement dépassé le stade de l'enrichissement réciproque. Par la puissance de sa science, de sa technique, de son industrie, de son armement, par la colonisation, le clientélisme, la fascination et l'envie que pouvait susciter cette puissance, l'Occident avait imposé au monde sa morale, ses valeurs, ses idées, son rationalisme, tantôt le communisme, tantôt le socialisme, tantôt la démocratie libérale, tantôt le collectivisme, tantôt le capitalisme, qui sont tous ses enfants. Mais sous l'empire presque sans partage de sa civilisation matérielle, quelque chose des anciennes civilisations était demeuré qui avait résisté au rouleau compresseur de l'occidentalisation. Il y a un capitalisme russe, un capitalisme indien, un capitalisme chinois, un capitalisme japonais comme il y avait eu un socialisme russe, indien, ou chinois. « La fin de l'histoire », voulait dire pour l'Occident l'avènement d'une seule civilisation mondiale, la sienne, débarrassée du communisme qu'elle avait aussi engendré, civilisation des droits de l'homme, de la démocratie, de l'économie de marché dans leur conception occidentale. Cet avènement aurait pour leviers la mondialisation, la finance globale, le droit et le devoir d'ingérence que l'Occident s'était reconnu à lui-même. L'Occident n'a pas compris que la longue période de l'occidentalisation touchait à sa fin et que, à trop vouloir uniformiser le monde autour de ses propres valeurs, il allait nourrir contre lui le ressentiment d'une bonne partie de l'humanité – et pas seulement celui des slavophiles russes.

Dans sa volonté de façonner le monde à son image, l'Occident a fini par buter sur la profondeur des imaginaires tenaces des vieilles civilisations et des vieux empires, comme il bute sur le sien quand il cède à la tentation de la table rase. La Russie, la Chine, l'Inde, l'Iran, le monde arabe, jusqu'à la Turquie qui se laisse parfois aller à rêver du Califat ottoman, aspirent à retrouver leur rang dans la conduite des affaires du monde dont trop longtemps l'Occident les a écartés, et à restaurer le prestige culturel dont ils ont été dépossédés. Les nouvelles puissances émergentes, en Afrique, en Amérique latine, ne sont pas en reste de contestation de la suprématie de l'Occident, de son rôle autoproclamé de gendarme du monde et de gardien d'une morale universelle dont il serait le dépositaire. Ce retour des autres civilisations longtemps refoulées par l'occidentalisation est l'une des clés de la géopolitique du XXIe siècle. Dans ce monde du retour des refoulés des civilisations et des identités, la civilisation la plus malade, c'est la nôtre, celle de l'Occident. Le politologue américain, Samuel Huntington, qui avait dès la fin de la guerre froide averti du risque d'un choc des civilisations, a posé, quelques années plus tard, aux Américains, la question : « Qui sommes-nous ? » Elle est plus que jamais d'actualité.

Qui sommes-nous ? C'est bien la question existentielle qui se pose à tout homme sur la terre, et la plus angoissante tellement il nous est devenu difficile d'y répondre. C'est le rôle des civilisations de libérer l'homme de cette angoisse en lui apportant une partie de la réponse. Que nous soyons amenés à nous demander avec autant d'insistance qui nous sommes et que nous ayons autant de difficultés à répondre est le signe de l'affaiblissement d'une civilisation qui non seulement n'est plus assez sûre d'elle-même pour être encore capable d'assimiler ceux qui viennent d'ailleurs, mais qui est désormais entrée dans un processus de désassimilation, dissimulant derrière sa puissance matérielle et militaire une faiblesse intellectuelle et morale que tous ceux qu'elle avait acculturés dans le monde des siècles durant appellent désormais « décadence ». Pour ce qui est spirituel et moral, une partie de l'humanité nous juge trop décadents pour accepter nos leçons, et en vient à penser comme Alexandre Soljenitsyne, en 1978, à Harvard :

> Non, je ne prendrais pas votre société comme modèle pour la transformation de la mienne. On ne peut nier que les personnalités s'affaiblissent à l'Ouest, tandis qu'à l'Est, elles ne cessent de devenir plus fermes et plus fortes.

Dans les années 1970, au temps de la guerre froide, Raymond Aron, écrivant son *Plaidoyer pour l'Europe décadente*, ne voyait en Occident de danger sérieux pour la civilisation que dans le socialisme et un seul pays, les États-Unis, lui semblait à l'abri d'une révolution, le seul où « les libertés, au sens courant de ce terme », n'étaient rejetées par aucun des partis.

Et ce sont les États-Unis qui quarante ans plus tard ont offert au monde le spectacle du Capitole pris d'assaut.

Le commerce et la communication, pour mondialisés qu'ils soient, n'éradiquent pas plus les particularismes que ne l'a fait la colonisation. Comme le disait Lévi-Strauss, dans les apports que se font les civilisations les unes aux autres, chacune fait sa propre synthèse et celle-ci est loin d'accoucher d'un monde où tout le monde pense de la même façon. Il nous faut arrêter de croire que tous ceux qui refusent de nous suivre en tout sont simplement des attardés que nous devons aider à nous rejoindre. Nous pouvons être convaincus de la supériorité de nos valeurs, mais nous ne pouvons plus chercher à les imposer aux autres. Nous n'en avons d'ailleurs plus les moyens. Pour paraphraser encore De Gaulle, nous devons accepter de vivre avec les autres tels qu'ils sont. Ce qui exige au moins d'essayer de les comprendre.

Tout indique que s'est ouverte une période de l'histoire où la civilisation occidentale va se trouver de plus en plus confrontée à d'autres civilisations qui contesteront son hégémonie. Nul ne sait où mènera cette confrontation si nous n'abandonnons pas l'esprit wilsonien et la tentation de la croisade. Reste à savoir si l'Occident pétri par la haine de soi croit encore assez en lui pour cela car la haine de soi est toujours le chemin le plus direct vers la haine de l'autre.

Qu'attendre d'un Occident où, quand Vladimir Poutine, ayant fustigé l'utilisation de parent 1 et parent 2 à la place de père et mère, il s'est trouvé toute une *intelligentsia*, une partie de la classe politique et de l'opinion, pour faire de l'idéologie du genre et du wokisme la ligne de démarcation entre le monde libre et les dictatures ?

Pourquoi la plupart des gens se bouchent-ils les yeux et les oreilles jusqu'à ce que tout ce qui ne doit plus arriver finisse par arriver ?

Quand le présent dévore le passé et l'avenir

Pour comprendre ce qui nous arrive, il nous faut mettre aussi ce que nous avons fait de nos institutions et de nos politiques, en regard avec ce qu'est devenu notre rapport au temps.

Les anciens avaient cherché une issue à l'angoisse de l'avenir en s'enfermant dans le passé comme dans un éternel recommencement. Nous, en nous enfermant dans le présent. Non pas dans l'éternel présent des sociétés où le temps ne s'écoule pas, mais dans l'instant présent qui ne dure pas. Saint-Augustin dit qu'il y a trois temps dans le temps : le présent du passé, le présent du présent, le présent du futur. Nous sommes enfermés dans le présent du présent. « Le présent du passé, c'est la mémoire ; le présent de l'avenir, c'est son attente. » En troquant le durable contre l'éphémère, nous n'avons pas seulement tué le passé, mais aussi l'avenir. Pour se projeter dans l'avenir, il faut pouvoir s'adosser à quelque chose. L'instant présent qui nous obsède tant n'est rien : aussitôt là, il tombe dans le vide de la table rase du passé. L'avenir n'est pas un commencement à partir de rien, c'est toujours une suite. Quant au mouvement, il a besoin de la durée, donc du passé, du présent et de l'avenir, de la mémoire et de l'attente. La mémoire de quoi ? De tout ce que nous continuons. L'attente de quoi ? Des conséquences de nos actes. Des résultats de ce nous avons entrepris. Du devenir de ce que nous avons créé.

Entreprendre, créer, exige des idées et de la suite dans les idées.

Mais l'idée ne vient pas de rien, elle ne peut donc surgir que dans la mémoire du passé proche ou lointain. Encore une fois, en oubliant le passé, on se prive de ses leçons de sorte que l'on est conduit à répéter des idées qui ont déjà échoué, des erreurs qui ont déjà été commises : « Ceux qui ne gardent pas le passé en mémoire sont condamnés à le répéter. »

« Changeons la vie ici et maintenant », proclamait déjà en 1977 l'hymne du Parti socialiste en pleine ascension, qui avait bien saisi l'air du temps. « Ici et maintenant » : l'état d'esprit de toute une époque qui n'est pas achevée. Nos sociétés occidentales modernes ne voulaient vivre que dans le présent. Profiter de l'instant présent, le mot d'ordre d'une société qui, ne sachant ni d'où elle vient, ni où elle va, devient frénétique. Tantôt le futur y dévore le passé, tantôt le passé y dévore l'avenir.

Depuis, ça ne s'est pas arrangé, comme il y a presque une vingtaine d'années, l'historien Jean-Pierre Rioux en faisait le constat :

> Nous n'avons de cesse de tuer l'avenir, de délaver le souvenir au flot de l'actualité, d'instrumentaliser le passé et, de fait, de ruiner un peu plus le mystérieux processus cumulatif, nourri de projets, d'héritages et d'actions, que la mémoire exprime et qui la fait vivre[1].

Cette tendance s'est encore aggravée au long des années qui ont suivi.

Une des causes de cet enfermement dans le présent du présent qui tue le souvenir et l'avenir, se trouve dans la pression constante qu'exerce l'information en continu à travers les réseaux sociaux. Cette pression émotionnelle devenue quasi insoutenable a fait du fait divers

---

1. Jean Pierre Rioux, *La France perd la mémoire*, Perrin, 2006.

le premier législateur de France. À l'inflation législative, le fait divers ajoute ses lois émotionnelles, mal pensées, improvisées, rédigées à la va-vite, pour être jetées à l'opinion ulcérée de découvrir tous les jours que l'on a laissé les problèmes s'aggraver depuis des années sans s'en préoccuper jusqu'à ce que survienne un drame. Mais les lois fabriquées dans l'urgence du présent ne peuvent pas être de bonnes lois : faire la loi doit être un acte mûrement réfléchi et, en la matière, on ne rattrape pas le temps perdu par la précipitation. C'est l'une des causes de la qualité de plus en plus déplorable de notre législation.

Cette question du rapport au temps, cette obsession de l'immédiateté, cet enfermement dans le présent, loin de se poser seulement dans le ciel des idées, s'étend à tous les aspects de nos vies. L'approche comptable qui n'a pour horizon que la fin de l'exercice comptable ou budgétaire, place la question du rapport au temps au cœur de toutes les politiques publiques. Dans la sphère publique, l'approche comptable conduit le plus souvent à sacrifier l'investissement, qui est une dépense d'aujourd'hui pour des revenus de demain. Ce faisant, c'est l'avenir qui est sacrifié au présent. L'investissement est le pont entre le présent et l'avenir. Dans toute l'histoire économique, les retards d'investissement se sont toujours payés au prix fort. Et il n'y a pas de plus grande faute économique qui se paie sur la longue durée que celle de ne pas investir massivement quand les taux d'intérêt sont nuls, voire négatifs, quand on emprunte gratuitement, *a fortiori* quand on est payé pour emprunter, comme ce fut le cas durant des années. Nous avons beaucoup emprunté pour régler la facture des désordres qu'avaient engendrée de mauvaises politiques mais très peu pour préparer l'avenir.

Nous étions entrés dans les Trente Glorieuses avec un grand effort d'investissement, malgré l'état désastreux de nos finances publiques au sortir de la guerre. Dans les années 1990, à l'orée d'une révolution technologique et d'un nouveau cycle économique, il aurait fallu consentir un effort d'investissement équivalant, au lieu de quoi on l'a sacrifié à la monnaie forte. Et quand les taux d'intérêt sont devenus très bas, on n'en a pas profité pour constituer une masse critique de capitaux qui ne coûtaient rien dans le but de financer un plan d'investissement très ambitieux.

L'une des causes qui ont conduits à sacrifier l'investissement et par conséquent l'avenir a été l'obsession de réduire le ratio de la dette publique rapportée au revenu national. Mais au lieu de chercher à obtenir ce résultat par une croissance plus rapide du revenu national, on a cherché à l'obtenir par des politiques d'austérité.

L'une des conséquences les plus visibles est la dégradation des infrastructures. Revenons à l'exemple si parlant du chemin de fer. Le sous-investissement public a particulièrement affecté les infrastructures ferroviaires et les petites lignes, qui ont été négligées au moment où il aurait fallu les relancer. Dans une métropole comme la métropole francilienne, le coût de ce sous-investissement est devenu, à force de défaillances, d'incidents et d'accidents, exorbitant pour la collectivité. Le manque d'entretien des infrastructures met en péril tout le réseau et augmente considérablement les coûts d'exploitation. Ce sous-investissement et les risques considérables qu'il faisait courir au réseau ont été dénoncés par tous les rapports parlementaires et tous les audits d'experts ferroviaires depuis vingt ans. Mais cela n'a rien changé. En 2021, la France dépensait par habitant pour ses infrastructures ferroviaires, alors qu'elle a le deuxième réseau le plus long d'Europe, trois fois moins que le Royaume-Uni, deux fois et demie moins que l'Allemagne, deux fois moins que l'Italie. On a cherché une issue illusoire dans la fuite en avant de la décentralisation qui prolongeait l'abandon de la politique nationale d'aménagement du territoire. C'était continuer de creuser les fractures territoriales et fragmenter un peu plus la nation.

Ici, la facture de l'approche comptable est colossale. On a oublié que si le rail n'est pas rentable financièrement pour l'investisseur, il l'est collectivement, et autrement, et encore plus en pleine transition écologique où l'on veut réduire les émissions de gaz à effets de serre et l'usage de la voiture. Le Gouvernement a annoncé au début de 2023 qu'il comptait programmer un plan de 100 milliards d'euros pour le ferroviaire s'étalant jusqu'en 2040. C'est peut-être un début de prise de conscience. Mais nul ne sait ce que recouvriront ces chiffres, s'ils seront en euros constants ou en euros courants, ce qui avec l'inflation, sur dix-sept ans, change tout. Nul ne sait s'ils engloberont les dépenses actuelles ou s'ils viendront s'y ajouter, s'ils seront retranchés ou non d'autres investissements publics, quelle sera la part qui ira à la remise en état du réseau et à d'autres besoins, ni à combien et comment sont estimés les financements nécessaires à cette remise à niveau, sachant que sur dix-sept ans il va falloir aller plus vite que l'usure : entre la réparation et l'usure, laquelle gagnera la course ? Ce sera l'usure si l'on repousse les dépenses en fin de période. L'expérience montre que, hélas, bien souvent pour annoncer un gros chiffre bien rond, on additionne tout ce que l'on a sous la main, même ce qui ne s'additionne pas, en utilisant tous les faux-semblants et les trompe-l'œil de la technique financière et comptable. Les entreprises cotées le font avec les actionnaires, l'État avec les citoyens. Le doute vient ici de l'absence d'une stratégie des finances publiques et d'une politique macroéconomique qui rompraient avec les schémas anciens. Tout a l'air improvisé au cas par cas, de la réforme des retraites à la distribution de chèques à tout va pour répondre à une inflation dont on élude les causes.

Ce qui est vrai pour le réseau de chemin de fer l'est aussi pour le réseau de distribution de l'électricité. C'est le cas encore pour le réseau des canalisations d'eau : on crie à la pénurie d'eau, on envisage des restrictions, on prévient que c'est la fin de l'abondance mais, du fait de leur vétusté, les canalisations laissent fuir un milliard de mètres cubes d'eau chaque année, soit la consommation annuelle de 18,5 millions de Français. En juin 2022, un rapport du Sénat chiffrait à plus de 30 000 le nombre de ponts routiers « en mauvais état structurel », contre 25 000 en 2019. Les statistiques de l'investissement public étant en général présentées en données brutes, la comptabilité nationale ne parle que de la formation brute de capital fixe, qui ne tient pas compte de l'usure, des dégradations que le temps et l'usage infligent à toutes choses. De sorte que, le retard de l'investissement a été sous-estimé compte tenu de l'importance et du rythme de la dégradation des équipements. C'est le cas dans beaucoup de pays occidentaux qui, de ce fait, se sont moins enrichis qu'on le croit depuis quelques décennies en ne prenant en compte que l'évolution de leur PIB, lui-même établi en données brutes. Et puis, quand un pont n'est pas assez entretenu, au bout, il y a l'effondrement du pont. Quand les digues ne sont pas assez entretenues, au bout, il y a l'inondation. Quand les infrastructures ferroviaires ne sont pas assez entretenues, au bout il y a le déraillement du train. L'imprévoyance est coûteuse et elle peut-être aussi mortelle.

L'entretien des monuments a lui aussi souffert, et il n'est pas sûr que l'incendie de Notre-Dame de Paris changera beaucoup les choses tant que l'on ne considérera pas qu'il y a des dépenses inéluctables qu'il vaut mieux faire tôt que trop tard.

Pour essayer d'atteindre les objectifs de déficit et de dette fixés par les traités européens et l'approche comptable, on n'a pas hésité pendant des décennies à faire des économies qui allaient provoquer une explosion des dépenses dans les années à venir.

Ce que les économistes appellent le capital humain a été sacrifié de la même manière, avec le chômage de masse qui est la conséquence de nos politiques économiques et auquel nos sociétés et ceux qui les dirigent ont fini par s'habituer, avec le délabrement de l'école que personne n'a réellement cherché à arrêter, avec l'insuffisant effort en matière de recherche qui nourrit la fuite des chercheurs vers des pays où ils sont mieux traités et où les moyens mis à leur disposition sont plus importants. Et pour atteindre l'objectif national annuel de dépenses d'assurance maladie on n'a pas hésité à sacrifier la santé pour l'avenir. On ne voyait pas plus loin que le bout de l'année. Mais avec le « quoi qu'il en coûte », on ne voit pas plus loin que le bout de la crise.

Les critères comptables des politiques d'austérité ont aussi désorganisé les services publics, conduit à dérembourser des dépenses de santé, à rationner les dépenses d'éducation, à augmenter les prélèvements et à amputer le pouvoir d'achat, à mettre en péril la cohésion sociale. L'une des décisions les plus délétères fut la mise sous conditions de ressources de prestations à vocation universelle, comme les prestations familiales dont l'universalité faisait partie du pacte civique. Une autre fut de réduire les charges sur les bas salaires en fixant des seuils qui freinaient l'augmentation des salaires créant ainsi de véritables trappes à bas salaires au lieu de procéder par des franchises de charges qui auraient profité à tout le monde sans créer d'effets de seuil. Tout aussi délétères sont les tentations récurrentes de renflouer les caisses en modulant sur les revenus le prix de l'électricité, les droits d'inscription dans les universités, les remboursements de l'assurance maladie, ou de rompre avec le principe de la gratuité de l'école publique à partir d'un certain niveau de revenu, ou de supprimer la couverture par l'assurance maladie pour ce que les assureurs appellent les petits risques ou en ne remboursant plus à 100 % les maladies de longue durée. À force, un jour le rabot finira par passer là aussi, au risque de briser un peu plus le pacte social et le pacte civique. Ces tentations reviennent sur le tapis à chaque fois qu'un Gouvernement cherche où faire des économies. Depuis des décennies, c'est à chaque fois une sorte de concours Lépine des économies qui est lancé, où chaque administration se voit imposer de fournir sa liste.

En attendant, on n'a pas réduit les déficits ni la dette, mais on a abîmé la société, abîmé des vies, hypothéqué l'avenir. Pourtant, on a dit et répété que c'était pour le bien des générations futures qui, sinon, devraient payer nos dettes. On a fait semblant d'oublier qu'elles hériteraient des dettes qui avaient servi à financer la santé, l'école, la recherche, les infrastructures ou les allocations-chômage de leurs parents, dépenses dont elles sont aussi les bénéficiaires et, dans certains cas, davantage que leurs parents. Mais surtout, les générations futures hériteront aussi des créances, elles n'auront à supporter que le poids de l'endettement extérieur net des créances détenues sur l'étranger, qui est bien moins élevé que celui de la dette publique. À l'intérieur de chaque génération, certains hériteront des créances et d'autres non, ce qui fait qu'en réalité, la dette soulève un problème d'inégalité à l'intérieur des générations, plus qu'elle ne pose un problème d'inégalité entre les générations. De ce fait, en mettant en œuvre des politiques d'austérité pour résoudre un problème d'inégalité qui ne se posait pas, on a pris le risque d'aggraver un problème d'inégalité qui se posait réellement. La dette, c'est l'héritage du passé. L'austérité pour réduire la dette à tout prix, c'était le passé qui dévorait l'avenir comme le progressisme dévorait le passé.

L'une des ironies de cette histoire est que les politiques d'austérité qui réduisent les dépenses dans tous les sens, en général sans aucun discernement, diminuent le potentiel de la croissance future et appauvrissent durablement la nation. Elle diminue donc sa capacité à dégager de nouvelles ressources pour payer ses dettes et pour investir.

Si nous avions davantage le souci de savoir où nous menaient les décisions que nous prenons, peut-être aurions-nous eu plus de lits de réanimation pour les malades de la Covid, plus de lits de pédiatrie pour accueillir les enfants qu'il a fallu transporter de Paris à Lille lors de l'épidémie de bronchiolite à l'automne 2022, plus de médecins et plus d'infirmières, moins de déserts médicaux. La pandémie a révélé l'étendue des dégâts que pouvait engendrer dans le domaine de la santé une approche fondée uniquement sur des objectifs comptables et des ratios statistiques. Nous devons à l'inconséquence d'être devenus dépendants pour les médicaments d'usage courant dont la production a été délocalisée en Chine et ailleurs. La pénurie, durant l'hiver 2022-2023 de paracétamol, d'antibiotiques tels que l'Amoxicilline, l'Augmentin, et d'autres encore très utilisés en pédiatrie, de certains corticoïdes et de certaines insulines, a inquiété, à juste titre, les médecins et l'opinion. Un pharmacien a déclaré à un journaliste :

> On ne sert pas nos clients correctement pour la molécule antidouleur la plus vitale, l'antibiotique le plus banal à un moment où les maladies de l'hiver explosent[2].

Avec le retour de l'épidémie en Chine, nous avons découvert que, si les Chinois étaient malades, ils garderaient pour eux les médicaments qu'ils produisaient dans leurs usines. Nous n'avions jamais réfléchi à ces problèmes ni aux conséquences que pourrait entraîner notre politique de génériques bon marché sur la localisation de la production. Jusqu'au moment où ces conséquences nous ont sauté à la figure.

2. *L'Opinion*, « Pénurie de médicaments, la souveraineté en échec », 14 décembre 2022.

Le souci de faire des économies à court terme sans se préoccuper de l'avenir a présidé à la destruction des stocks de masques et était-il si difficile d'anticiper, au regard des données de la démographie, qu'un *numerus clausus* sévère pour diminuer le nombre des prescriptions qui pèsent sur les comptes de l'Assurance Maladie allait finir par provoquer une pénurie de médecins? Mais nous n'avons pas voulu voir le futur sanitaire derrière le présent budgétaire. Et finalement nous avons aussi sacrifié le futur budgétaire car cela nous a finalement coûté très cher.

Le comble de l'absurdité économique s'agissant de la dette a été atteint avec le débat sur l'annulation de notre dette Covid. Le cercle de la raison a une fois de plus étouffé le débat. Il fallait, disait-on, rembourser la dette! L'annuler ruinerait la confiance. Mais la dette en question a été rachetée par le système européen de banques centrales et elle se trouvait dans les comptes de la Banque de France. Nous sommes nos propres créanciers, nous payant à nous-mêmes, quand il y en a, les intérêts que nous versons et qui nous reviennent dans les caisses de l'État avec les dividendes que la Banque de France versait au Trésor public. Le montant des dettes détenues par cette dernière atteint presque six cents milliards sur les trois mille milliards du total de notre dette publique. Cette annulation n'aurait ni enrichi ni appauvri l'État. Elle n'aurait pas ruiné la confiance des investisseurs privés qui n'y auraient rien perdu. L'intérêt de cette annulation aurait été de garantir que ces 600 milliards ne seraient jamais revendus sur le marché et qu'ils pouvaient donc être exclus de notre taux d'endettement, ce qui aurait rassuré les prêteurs pour le futur. Tout cela était un problème de politique monétaire et non une histoire de reniement de la signature de la France. L'obstacle était dans les traités européens et à la BCE et nulle part ailleurs. Toute l'hystérie qui s'est exprimée à cette occasion a reflété la principale caractéristique du débat public depuis des décennies, c'est-à-dire l'impossibilité de débattre sérieusement des questions importantes.

La crise de l'électricité enclenchée en 2022 a été l'occasion de relire l'histoire de cette myopie et de prendre la mesure de ses conséquences.

Pour ne pas avoir suffisamment investi dans le nucléaire ou pour avoir, comme l'Allemagne, désinvesti, l'Europe, qui s'est retrouvée piégée par la hausse du prix du gaz due à la reprise de l'activité mondiale à la sortie de la pandémie, a subi de plein fouet le contrecoup de la guerre en Ukraine du fait de sa dépendance au gaz russe, des sanctions et du sabotage des gazoducs de la mer du Nord qui l'ont peut-être condamnée pour un assez long temps à une énergie chère. La France qui avait fait, au début de la Ve République, le choix du nucléaire avec le plan Pompidou-Messmer, avec ses centrales hydroélectriques et ses cinquante-huit réacteurs, produisait, avant la fermeture de la centrale de Fessenheim, son électricité à un coût bien plus bas que celui des centrales à gaz de ses partenaires. Et pourtant, en 2022, les factures d'électricité ont grimpé vertigineusement. Il y a bien des raisons à cela, qui ne datent pas toutes d'hier. Tout a commencé dans les années 1990 quand l'État a fixé comme nouvelle priorité à EDF d'augmenter rapidement son chiffre d'affaires à l'étranger. C'était la mode du moment, dans le sillage de la mondialisation heureuse. Jusque-là focalisé sur le nucléaire, l'essentiel des forces vives de l'entreprise s'est alors concentré sur le développement international à coups d'acquisitions très coûteuses. À partir de là, le financier et le *trader* ont pris le pas sur l'ingénieur. C'était bien dans l'esprit de l'époque où la croissance externe rapide à coups de fusions-acquisitions et d'OPA supplantait la croissance interne jugée trop lente. Pendant ce temps, plus personne n'a pensé à la suite de l'EPR. C'était à trop long terme pour intéresser quiconque, à l'exception des ingénieurs du nucléaire qui tiraient en vain la sonnette d'alarme quant à l'avenir de la filière. Alors Commissaire général au Plan et administrateur d'EDF, j'ai vécu ce moment qui n'était que le début de l'engrenage qui nous conduirait au naufrage une trentaine d'années plus tard, quand l'EPR de Flamanville aurait pris une dizaine d'années de retard et aurait vu son coût multiplié par quatre. En 2022, il n'avait toujours pas de successeur. La victoire de la finance sur la culture de l'ingénieur a atteint son apogée avec le passage au statut de société anonyme et l'ouverture du capital. Entre-temps, les directives européennes avaient installé la concurrence et le marché unique de l'électricité qui a abouti à un prix unique indexé sur le coût des centrales à gaz, qui n'avait plus aucun lien avec le coût de production de l'électricité française.

Avant de se laisser aller à la fascination des marchés financiers jusqu'à leur confier le sort de l'électricité, les gens de ma génération, qui occupaient alors tous les postes de responsabilité, auraient dû se souvenir du désastre d'Enron, cette société américaine spécialisée dans le *trading* et la distribution du gaz, qui s'était lancée en 1993 dans le commerce de l'électricité en mettant le *trading* au cœur de son activité. En quelques années, elle était devenue l'une des plus grosses capitalisations boursières mondiales et le modèle de l'entreprise innovante. Son P-DG s'était rendu célèbre en proclamant : « Je crois en Dieu et je crois dans le marché ».

Tous les électriciens du monde aspiraient à adopter son modèle. Jusqu'à son effondrement retentissant en 2001 qui a entraîné avec lui celui de la firme d'audit Arthur Andersen, qui avait certifié des comptes qui dissimulaient les risques pris par l'entreprise. Au lieu d'en tirer la leçon que l'électricité s'accommode mal de la culture spéculative du *trading* et de son rapport au risque, les institutions et les États membres de l'Union européenne ont fait de l'Europe un grand Enron de l'électricité, entièrement dirigé par un marché unique spéculatif. Il faut dire que, dans cette période de floraison des innovations financières, on baignait dans la même ambiance empreinte de naïveté que celle dans laquelle baignait Max Weber, quand il faisait l'apologie des marchés à terme lorsqu'ils se multipliaient partout dans l'Europe de la fin du XIXe siècle. Les achats à terme, les ventes à découvert, les options ont été créées comme des instruments de gestion des risques, comme des produits d'assurance pour les acheteurs et les producteurs. On avait négligé cet engrenage maintes fois constaté dans le passé, qui condamne ces produits d'assurance, lorsqu'ils sont livrés à eux-mêmes, à devenir progressivement, et presque exclusivement, des instruments de spéculation, de sorte que l'on aboutit à ce paradoxe qu'ils finissent toujours par assurer contre le risque qu'ils créent eux-mêmes. Et naturellement, cela finit toujours mal.

Les consommateurs finaux ayant conservé le droit d'acheter l'électricité produite par le parc nucléaire historique à un tarif régulé plus proche des coûts, la Commission européenne a constaté que les concurrents d'EDF ne pouvaient pas vendre à un prix aussi bas que le prix de l'électricité produite en France, donc que le marché restait insuffisamment ouvert à la concurrence. Elle a obligé le Gouvernement français à faire voter une loi, la loi sur la nouvelle organisation du marché de l'électricité, qui a contraint EDF à vendre de l'électricité à prix coûtant à ses concurrents pour qu'ils puissent plus facilement lui faire concurrence. Subventionner ses concurrents pour qu'ils vous fassent concurrence, seule l'Europe de Maastricht a pu accoucher d'une chose aussi absurde. La concurrence imposée de force à ce que les économistes appelaient jusque-là un monopole naturel a eu pour conséquence que les réseaux soient ouverts aux concurrents en les séparant de leur maison mère. Comme si cela ne suffisait pas, les financiers ont décidé de recourir à la sous-traitance pour la maintenance des centrales. EDF a cessé d'être un service public à part entière, un producteur d'électricité performant et un outil de politique énergétique et industrielle. Pendant des années, les financiers ont fait ce qu'ils savent le mieux faire et que l'État leur avait demandé de faire: réduire les coûts sans se préoccuper des conséquences, c'est-à-dire de l'affaiblissement de notre parc nucléaire. Ce qui sera finalement bien plus ruineux à long terme que ce que rapportaient les économies réalisées à court terme.

Jusqu'à ce que la concurrence fasse monter les prix et que la sous-traitance de la maintenance se révèle une très mauvaise idée.

Comme l'a résumé Marcel Boiteux, qui a tellement œuvré pour la réussite d'EDF, avant qu'elle ne soit ruinée par les financiers et les idéologues de la concurrence:

> Sous diverses pressions – et tout spécialement celle de Bruxelles – l'État français a décidé, au tournant du siècle, de confier au jeu de la concurrence et aux disciplines du marché la « régulation » du secteur de l'électricité. [...] En fait et comme la poule qui a couvé un canard, le Gouvernement français se trouve confronté, dix ans après, à une situation impossible: on avait ouvert les frontières et livré l'électricité à la concurrence pour faire baisser les prix... et, ces prix, il faudrait aujourd'hui accepter de les

> laisser monter considérablement pour jouer normalement, et en tous lieux, le jeu du marché européen[3].

La concurrence a fait monter les prix. L'engagement pris par le Gouvernement sous le mandat de François Hollande, cette fois-ci pour des gains électoraux à court terme, sous la pression des écologistes, de ramener la part du nucléaire de 75 % de la production française à 50 %, la fermeture de Fessenheim, l'absence de successeur à l'EPR, ont fait le reste et laissé la filière nucléaire sans avenir. Une filière sans avenir n'attire plus les talents. Jean-Bernard Levy, alors P-DG d'EDF, a bien identifié la cause des risques de pénurie de l'année 2022, dus à l'indisponibilité d'une partie du parc :

> On manque de bras parce que l'on n'a pas assez d'équipes formées... Un soudeur, un tuyauteur, il faut deux-trois ans pour le former. [...] Et pourquoi on n'a pas assez d'équipes formées ? Parce que l'on nous a dit : « Préparez-vous à fermer des centrales. » On a déjà fermé les deux premières. On nous a dit : « Préparez-vous à fermer les douze suivantes. » Nous, avec la filière, nous n'avons pas embauché de gens pour construire douze centrales, nous en avons embauchés pour en fermer douze.

Il aura fallu attendre 2022 pour que, devant l'ampleur des dégâts, le Gouvernement commence à faire marche arrière en promettant la construction de nouveaux réacteurs et en décidant de renationaliser EDF. En vingt-deux ans, l'entreprise aura vu sa valeur divisée par dix et l'une des plus belles réussites industrielles françaises se transformer en échec. Ouverture à la concurrence, changement de statut, séparation de la production et des réseaux, création d'un marché de l'électricité où les *traders* mènent le jeu, ouverture du capital, cotation en Bourse, financiarisation, voilà l'engrenage fatal par lequel on en est arrivé à l'hiver 2022 à craindre des coupures de courant qui auraient pu entraîner la fermeture des écoles, mettre en faillite des collectivités locales et des entreprises qui n'auraient plus eu la possibilité de

3. Marcel BOITEUX, *Intermines*, n° 452, mars 2011.

payer leurs factures, à prendre le risque que des ménages ne puissent pas se chauffer l'hiver, que des respirateurs artificiels ne puissent plus fonctionner et que, en fin de compte, beaucoup d'activités consommatrices d'électricité et de gaz se délocalisent vers l'Amérique du Nord. Mais pourquoi se moquer du monde en affirmant que nous ne pouvons pas sortir du marché unique de l'électricité à cause des interconnexions et parce que nous avons besoin parfois d'importer de l'électricité ou d'en vendre ? Même si nous revenions au monopole naturel d'antan qui a pour lui la raison économique, pourquoi ne pourrions-nous pas importer et exporter du courant au prix du marché sans pour autant tarifer toute notre production à nos clients domestiques à ce prix ? Une boulangère a dit : « Ce que nous voulons pour l'électricité, c'est le juste prix », et le juste prix, c'est celui qui est calculé à partir de nos coûts de production.

Des années durant, beaucoup de dirigeants d'entreprise ont pris l'habitude de justifier leurs décisions par les exigences des actionnaires et les gouvernements par la nécessité d'amadouer les marchés. Le poids croissant de la finance globale joue dans le sens de la dictature du court terme. C'est la logique des marchés financiers : ils veulent du rendement tout de suite. Ils sont organisés pour ça. Ce que l'on appelle le *trading* sur les marchés financiers est, par nature, à courte vue. Keynes avait décrit les marchés financiers comme un concours de beauté où le gagnant était celui qui désignait comme la plus belle celle que les autres désignaient comme la plus belle. C'est-à-dire que l'on y prend ses décisions en fonction de l'idée que l'on se fait de ce que les autres vont faire. On a remis le « concours de beauté » au centre de l'économie. Pour gagner de l'argent, les *traders* doivent acheter avant les autres ou vendre avant les autres. Les prix des actifs se fixent donc au hasard des informations, vraies ou fausses, qui incitent les *traders* à acheter ou à vendre. On dit qu'un marché financier qui fonctionne bien suit une marche au hasard. La spéculation est inhérente au marché, mais elle occupe une place plus ou moins grande. Sur les marchés financiers, elle occupe la première place. Nous avons livré au hasard et à la spéculation la vie des entreprises, mais aussi les monnaies, les dettes, les matières premières et jusqu'à l'électricité. Dans les années 1980, la cotation en continu s'est généralisée. Et avec le *trading* automatique, on est progressivement passé à la cotation à la nanoseconde. Or, la valeur réelle d'une entreprise, c'est-à-dire, pour l'actionnaire, celle qui lui vient de sa capacité à produire des profits pour l'avenir, ne change pas toutes les nanosecondes et, au lieu que ce soit l'économie qui fasse la Bourse, c'est plutôt la Bourse qui fait l'économie. Les actionnaires auxquels les marchés ont donné tout le pouvoir pressent les entreprises à la course au rendement à court terme, quitte à sacrifier l'avenir des entreprises. Et c'est la spéculation sur la dette et non un défaut de paiement qui a été à l'origine de la crise grecque de 2008. L'information en continu répond à la même logique : ne pas se laisser distancer par les autres, quitte à vérifier l'information après l'avoir diffusée.

Pourtant, dans ce capitalisme financier de la fin du XXe siècle et des premières décennies du XXIe, les plus grandes réussites économiques ont été réalisées, comme toujours, par ceux qui ont vu le plus loin et qui ont tenu bon dans la durée. Mais ces réussites n'ont pas suffi à faire reculer l'accablante tyrannie du court terme.

La finance de marché et l'approche comptable ont partie liée : ce sont d'abord les informations comptables qui font réagir les marchés, que la comptabilité donne ou non une image fidèle de la réalité économique. La finance, on n'a rien fait pour la canaliser. On l'avait libéré de toutes les contraintes à l'ère de la déréglementation tous azimuts au tournant du XXe et du XXIe siècle. Et, quand le temps des bulles et des crises est revenu, on a prétexté des difficultés techniques insurmontables pour ne pas changer grand-chose. Il y avait bien des difficultés, mais elles étaient politiques. Si tous les membres du G20 s'accordaient pour rendre obligatoire que toutes les transactions financières passent par des marchés organisés, comme en France les transactions immobilières passent chez le notaire, il serait alors facile de les réglementer, de les taxer et d'alléger leur pression sur l'économie. En 2009, le G20 a bien confié une mission au FMI sur la taxation des transactions financières, mais la conclusion était écrite d'avance et cela n'a rien donné parce qu'en réalité, à part la France, les chefs d'État et de Gouvernement ne voulaient surtout pas réfléchir à un monde différent de celui que la plupart d'entre eux avaient toujours connu, et dans lequel ils avaient réussi à se hisser au pouvoir en pensant d'une certaine manière. Ils n'ont pas trouvé la force de remettre en cause le fonctionnement de la finance globalisée, parce que cela les aurait conduits à se remettre eux-mêmes en cause. En 2011, le G20 de Cannes a rejeté la proposition française de taxe sur les transactions financières. Une taxe française a bien vu le jour en France en 2012. Mais faute d'une application à l'échelle de la planète financière ou à tout le moins à l'échelle de l'Union européenne, elle est inopérante pour freiner la spéculation. Après dix ans de discussions au sein de l'Union européenne, en 2023 le projet n'a toujours pas vu le jour et la finance continue de raccourcir le temps des économies et des sociétés.

L'enfermement dans le présent a aussi des raisons psychologiques qui pèsent lourd. Elles sont dans la crise de l'idée de progrès qui avait structuré notre rapport à l'avenir depuis le siècle des Lumières. Au cours des Trente Glorieuses, cette idée avait connu une sorte d'apothéose. L'élan économique des années qui vont de la reconstruction au milieu des années 1970 avait été porté par la conviction quasi unanime que demain serait mieux qu'aujourd'hui et que la génération qui grandissait vivrait mieux que celle de ses parents. Après deux guerres mondiales et la Solution finale, tout le monde croyait que la vie serait plus facile grâce au développement économique, à l'extension de la protection sociale et aux avancées de la science et de la technique. Puis, d'un coup, l'avenir qui était plein d'espoir s'est rempli d'angoisse : angoisse du chômage, angoisse du déclassement, angoisse pour l'avenir de ses enfants. Il n'est pas anodin que, peu à peu, le progressisme ait remplacé le progrès.

Alors que tous ceux qui se revendiquaient du cercle de la raison s'obstinaient à affirmer que la France allait mieux qu'elle ne le croyait et que, en se plongeant avec plus d'enthousiasme dans le grand bain de la mondialisation, elle irait encore mieux, alors que l'injonction de l'optimisme forcé se faisait de plus en plus pressante, la plupart des gens commençaient à trouver que ce qu'on leur racontait ne correspondait pas à ce qu'ils vivaient. En 1995, Édouard Balladur, le Premier ministre qui a dit : « Nous avons bien travaillé, la France va mieux », a été battu à l'élection présidentielle par Jacques Chirac qui dénonçait la fracture sociale.

Mais rien n'y faisait, plus les Français allaient mal et plus les bien-pensants leur expliquaient qu'il fallait, comme on disait alors, « être positif ». Il nous suffisait de croire davantage dans la concurrence, dans le marché, dans l'Europe, dans la mondialisation, et l'avenir serait radieux. « Croyez et vous serez sauvés ! » Mais l'optimisme, cette facilité qui consiste à peindre l'avenir en rose, n'a jamais sauvé personne. Ce qui sauve, c'est l'espérance. L'espérance ce n'est pas une facilité comme l'optimisme. C'est une vertu héroïque, comme le dit Bernanos. Sans espérance, il n'y a pas de foi, pas d'engagement, pas de révolte, pas de résistance. L'espérance, ce n'est pas la conviction que tout va bien finir pour nous, mais que ce nous accomplissons sert à quelque chose, elle est dans le Christ sur la croix, dans Lord Byron allant mourir sur les remparts de Missolonghi pour la liberté de la Grèce, dans les maquisards des Glières, dans Jan Palace s'immolant par le feu dans un Prague occupé par les chars soviétiques. C'est une pulsion de vie, c'est une force qu'il faut trouver en soi-même, tandis que l'optimisme est une faiblesse, un renoncement. L'espérance est une volonté, l'optimisme est une fuite. L'espérance est une lucidité, l'optimisme est un aveuglement. Remplacer l'espérance par l'optimisme, c'est se contenter d'une illusion rassurante qui nous conduit, finalement, à n'être que le jouet des événements. C'est ce qui s'est produit.

De l'angoisse, on est passé à la peur, la peur de l'avenir. Tout s'en est mêlé : l'économie, la santé, la retraite, l'insécurité, l'immigration, puis, pour couronner le tout, la pandémie, la guerre, l'inflation, le climat, et le flot des faits divers qui font les beaux jours de l'information en continu et des réseaux sociaux. D'année en année, il est devenu de plus en plus difficile de peindre l'avenir en rose et de plus en plus héroïque d'espérer.

Cette dimension psychologique de notre rapport au présent et à l'avenir est plus importante que le croient ceux qui pensent qu'il n'y a rien qui compte en dehors de ce qui est mesurable. Comme le rappelait la commission Stiglitz,

> l'attente des personnes ou des ménages qui pensent que leur avenir, celui de leurs enfants et de leurs petits-enfants devrait être meilleur ou au moins aussi satisfaisant que la situation présente, ne contribue pas seulement au bien-être de la génération actuelle, elle a aussi des conséquences sur la nature de la société. Des recherches récentes soulignent que lorsque la plupart des familles forment une telle anticipation, la société devient plus tolérante, plus équitable et plus favorable à la démocratie.

On peut en déduire, que, *a contrario*, des anticipations inverses produisent une société moins tolérante, moins équitable, moins favorable à la démocratie. C'est bien ce qui nous arrive.

Enfermés dans le rythme vertigineux de l'information en continu, des réseaux sociaux, des marchés financiers qui cotent à la nanoseconde, nous n'avons plus assez accordé d'importance à la durée et nous n'avons cessé d'abîmer notre rapport à l'avenir en même temps que note rapport du passé. Certes, Keynes avait eu raison de dire que dans le long terme nous serions tous morts, nous rappelant qu'avant de songer au futur lointain, il nous fallait répondre à l'urgence. Mais nous sommes allés trop loin en hypothéquant gravement l'avenir. La table rase du passé détruit même l'avenir. La table rase du passé a ruiné tous les pays qui ont cédé à sa tentation, que ce soit pour créer l'homme nouveau des totalitarismes ou pour accomplir une modernisation à marche forcée. C'est une constante de l'histoire, la table rase n'accouche jamais de lendemains qui chantent. Malraux l'avait dit en 1948 à propos du communisme :

> il n'était pas entendu que les lendemains qui chantent seraient ce long ululement qui monte de la Caspienne à la mer Blanche, et que leur chant serait le chant des bagnards[4].

---

4. André MALRAUX, discours du 5 mars 1948 à la salle Pleyel.

Nous n'en sommes pas encore au chant du malheur, mais nous avons déjà passé bien des lendemains qui déchantaient et ne savons pas ce que nous réservent les surlendemains. Mais ils ne s'annoncent pas radieux.

Cette désespérance de l'avenir, que les dérèglements de plus en plus profonds et violents de nos sociétés avancées ont nourrie, n'incite pas à se projeter dans l'avenir et à attacher de l'importance aux conséquences futures de ce que nous faisons. Il ne s'agit plus tellement de jouir de l'instant présent mais, quand on a trop souffert et que l'on ne sait pas de quoi demain sera fait, hormis le fait qu'il sera probablement pire qu'aujourd'hui, on veut tout, tout de suite, et on ne veut plus attendre. Non sans raison, le futur c'est l'attente. Mais qu'attendre, s'il n'y a rien à espérer ? D'année en année, nos actes n'ont été de plus en plus dictés que par ce souci de répondre à l'urgence. C'était un cercle vicieux : au fur et à mesure que le temps passait, nous nous retrouvions de plus en plus confrontés aux effets cumulatifs des décisions que nous avions prises, sans nous préoccuper tellement des conséquences qu'elles pourraient avoir, ce qui rendait l'instant présent de plus en plus dur à vivre. Notre préférence collective de plus en plus forte pour le présent nous a fait oublier que, même si l'histoire comme discipline enseignée dans les écoles et les universités se dissout dans les tables rases, le passé lointain laisse des traces psychiques, non seulement dans la conscience collective et dans l'inconscient, mais aussi des traces dans l'économie et dans la société, qui conditionnent leur avenir. Et, à ne plus s'inscrire psychologiquement dans la durée, on en perd de vue les engrenages qui mettent en jeu tous les rouages de la société et qui font l'histoire passée, présente et à venir.

Car l'histoire, c'est une suite d'engrenages comme l'intrigue d'un roman est un engrenage. Une révolution industrielle est un engrenage. Une révolution scientifique et une révolution tout court, aussi. La spéculation est un engrenage. L'inflation et la déflation sont des engrenages. La dépression et l'expansion sont des engrenages. L'escalade dans la guerre et la montée aux extrêmes est un engrenage. La violence est un engrenage.

À ne pas nous demander sérieusement quelles pourraient être les conséquences à cinq, dix, vingt ou trente ans des décisions que nous prenions, nous avons enclenché bien des engrenages qui nous ont échappé et dont nous subissons maintenant les effets.

Le souci de l'avenir que nous avons pour le réchauffement climatique ou la biodiversité, nous ne l'avions pas et nous ne l'avons toujours pas assez pour le devenir des sociétés et des civilisations, comme si nous n'avions plus conscience que les crises de civilisation aussi peuvent produire de grandes catastrophes, et que rien ne sera fait pour la planète par des sociétés en crise morale, sociale, économique et politique.

Ce n'est pas tant d'un principe de précaution dont nous avons besoin, que d'un principe de responsabilité.

Sans perdre de vue l'urgence, nous aurions dû nous préoccuper davantage de ce que notre négligence du temps long pourrait un jour nous coûter. L'histoire nous enseigne que les grandes crises qui secouent périodiquement les sociétés humaines viennent en général de loin, qu'elles éclatent quand beaucoup de tensions accumulées et auxquelles on n'a pas prêté suffisamment attention atteignaient un point critique. L'événement déclencheur n'est rien sans les causes proches et lointaines qui l'ont précédé. Mais l'histoire, nous l'avons expulsée de ce qui paraît utile.

Tous ces changements, parfois petits riens imperceptibles qui paraissaient ne pas nous concerner, additionnés les uns aux autres ont accouché de grands changements que nous n'avons pas tous voulus. C'est la loi du calcul infinitésimal : une addition de petits riens invisibles finit par faire quelque chose de visible. Ne dit-on pas que l'on ne voit pas ses enfants grandir, parce que nous ne pouvons pas percevoir au jour le jour les infimes métamorphoses qui feront du bébé un enfant, de l'enfant un adolescent, de l'adolescent un adulte ?

Une faible inflation des prix chaque année fait au bout de vingt ans, si les revenus ne s'ajustent pas, une grosse ponction sur le pouvoir d'achat. Au jour le jour, on n'a pas vu grossir le Code général des impôts, et un jour on a compris que c'était devenu un monstre. Au jour le jour, on n'a pas vu l'engrenage de la concurrence dans l'électricité, et un jour on a découvert la facture. Au jour le jour, on n'a pas vu l'engrenage de la déréglementation financière et un jour on s'est retrouvé en face de marchés financiers qui dévoraient toute l'économie. Au jour le jour, on n'a pas vu l'engrenage des petites et des grandes décisions qui menait l'école à sa ruine, jusqu'au jour où sa ruine a été si visible que plus personne ne pouvait la nier. Au jour le jour, on n'a pas vu l'engrenage qui a conduit à l'extension indéfinie du domaine du droit pénal dans nos sociétés, jusqu'au jour où on a commencé à comprendre que trop de décisions n'étaient plus prises pour servir l'intérêt général, mais seulement pour conjurer un risque pénal et que celui-ci relevait davantage de l'incertitude des jurisprudences que de la loi.

Comme il fallait bien essayer de rationaliser ce qui ne procédait d'aucune rationalité, on a mis en avant la nécessité d'être réactif dans une époque dominée par l'incertitude. La réactivité, c'est ce que l'on a trouvé pour vivre sans la durée. Il faut pouvoir s'adapter sans délai à tous les changements. Planifier n'est pas compatible avec la société de l'obsolescence rapide qui touche toutes les dimensions de la vie, jusqu'à celle des idées.

On a donc fait table rase de la planification. Fini le commissariat général du Plan et la Datar. Ce fut l'une des traductions dans le domaine institutionnel de ce nouveau rapport au temps, qui à l'épreuve des faits devait se révéler si désastreux, mais qui fut d'abord considéré comme un signe de modernité.

La planification à la française, qui avait été une idée de Jean Monnet après la guerre, soutenue par le général De Gaulle, n'avait rien à voir avec le *Gosplan*. Le commissariat du Plan faisait travailler ensemble toutes les forces vives de la nation pour définir des priorités, puis organisait les choses pour qu'elles soient atteintes. Il avait été l'instrument de la reconstruction et de l'avènement de nos Trente Glorieuses, et la Datar, créée en 1963, celui de l'aménagement du territoire qui ne se pense qu'à très long terme et ne se réalise que dans la durée.

Dans les années 2000, on a achevé de faire table rase de la planification, on l'a remplacée par la stratégie. Mais la stratégie c'est une idée de manœuvre et quand on a l'idée de manœuvre, encore faut-il l'organiser. On a élaboré un grand nombre de stratégies, qui se sont succédé à un rythme effréné au gré des effets d'annonce et des changements de majorité, mais on n'a pas organisé grand-chose. La planification disparaissant, c'était la continuité qui disparaissait. Puis la stratégie elle-même a dû céder la première place à la réactivité et à l'agilité, qui sont devenues des fins en soi. On ne savait plus où on allait, mais il fallait être agiles et réactifs.

On n'a même pas réussi à l'être. C'est plutôt la bureaucratie qui a gagné partout du terrain. Et contrairement à ce que beaucoup de gens pensaient, le numérique qui était censé tout simplifier, comme jadis l'informatique, n'a, de ce point de vue, rien arrangé. Il a seulement déshumanisé un peu plus la bureaucratie.

Les crises nous réapprennent que, pour bien réagir à l'urgence, il faut s'y être préparé, il faut avoir élaboré auparavant des plans, ce que l'on n'a pas fait.

En 2016, personne ne s'est interrogé sur les conséquences de la suppression, pour des raisons d'économies budgétaires, de l'Établissement de préparation et de réponse aux urgences sanitaires, l'EPRUS, créé en 2007 pour nous préparer à faire face à des crises sanitaires comme celle de la Covid-19. Cet établissement avait été chargé de la fonction logistique qui est centrale dans la préparation et la gestion des crises. Les économistes de la santé avaient jugé que, en 2007, « la France avait su mettre au point un dispositif de protection très ambitieux contre des pandémies[5] ». Mais, après l'expérience de la gestion de l'épidémie de grippe H1N1 où l'on avait bêtement jugé que l'excès de précaution avait finalement conduit à gaspiller l'argent public, son budget avait été divisé par dix entre 2007 et 2015, et ses stocks réduits de moitié. Puis,

5. Claude Le Pen, *Le Monde*, 31 mars 2020.

en 2016, on l'a dissous dans Santé publique France, où la dimension logistique, si importante dans la gestion des crises, a disparu. Calcul à courte vue, on l'a constaté quatre ans plus tard. Un rapport de l'inspection générale des Affaires sociales remis en novembre 2020 au ministre de la Santé, mais rendu public en mars 2023 seulement, a mis en évidence l'impréparation des administrations sanitaires à une épidémie. Le rapport révèle notamment que, à une époque où tout le monde est censé se préoccuper des données,

> ni le ministère de la Santé, ni Santé publique France n'étaient outillés, au début de l'épidémie, pour organiser les remontées de données nécessaires au suivi et à la gestion de la crise. L'enjeu des données n'avait pas été identifié comme prioritaire et cette lacune a créé de fortes tensions sur le terrain.

On a redécouvert à cette occasion l'évidence que la réponse aux crises sanitaires ne s'improvisait pas, comme on n'improvise pas la réindustrialisation, ni la transition écologique, ni l'indépendance énergétique, ni la reconstruction du système de santé, ni celle de l'école, ni celle de la défense nationale.

C'est pourquoi après tant d'errements, la planification, telle que nous l'avions expérimentée avec l'idée de Jean Monnet, revient à la mode, au moins dans les mots. C'est un début. En 2020, on a nommé un haut commissaire au Plan, mais le commissariat général au Plan de Monnet et de De Gaulle c'était un lieu et une institution inséré dans l'appareil de l'État, dans les rouages de la décision, pas seulement une personnalité. On verra la suite mais on est loin d'avoir renoué collectivement avec le souci de temps long, avec le recul et la durée. Nous nous perdons toujours dans l'impatience, l'agitation bouillonne, la valse ininterrompue des réformes et des contre réformes qui cassent même ce qui marche, et l'inconséquence qui ne voit pas plus loin que le bout de son nez, le bout de l'annualité budgétaire ou l'horizon des élections.

L'une des plus graves erreurs que l'on puisse commettre, quand le temps du monde s'accélère, c'est de mettre le temps des institutions au diapason de cette accélération. Il faut, à l'insoutenable pression du présent, des contrepoids pour garder une place à la durée. Quand la politique se met au rythme des marchés, il n'y en a plus. C'est aux institutions de ménager à la politique la possibilité de ne pas être que réactive et de ne pas courir après l'information en continu, les réseaux sociaux et les marchés financiers. C'est à l'aune du rapport au temps qu'il faut analyser les institutions. C'est ce que les fondateurs de la Ve République avaient cherché à faire, non sans efficacité : dès lors que les gouvernants eux-mêmes voyaient loin, la constitution leur donnait les moyens d'agir. Aux présidents était dévolu le temps long, aux Premiers ministres, le temps court. Le quinquennat, en faisant du président un Premier ministre *bis*, a cassé cette logique. La limitation à deux mandats successifs n'a fait qu'aggraver les choses. D'une façon ou d'une autre, toutes les réformes de la constitution, après celle de 1962, ont contribué à détruire la cohérence et la force de la Ve République. Le retour à la constitution telle qu'elle était après l'instauration de l'élection du président de la République au suffrage universel, redonnerait au pouvoir politique une maîtrise du temps long. Ce ne serait pas tourner le dos au monde actuel, mais, au contraire, saisir sa réalité à bras-le-corps au lieu de la subir. Toujours la même question, celle de la politique comme expression d'une volonté humaine dans l'histoire contre la fatalité.

Lors de ses vœux aux Français du 31 décembre 2022, le président de la République déclara que personne ne pouvait prévoir les crises climatiques qui avaient marqué l'année 2022, ni le retour de l'inflation. C'était avouer que l'on gouvernait sans se préoccuper des conséquences.

Si la part de responsabilité de l'homme dans le réchauffement climatique fait débat, comme les meilleurs moyens pour un pays comme la France de le combattre, il y a quelque chose qui ne fait pas débat, c'est le réchauffement lui-même. Comme les climatologues l'ont fait remarquer, après 27 COP et six rapports du GIEC, il était quand même difficile de dire que l'on ne savait pas que la température montait et que cela pouvait provoquer des phénomènes climatiques extrêmes auxquels il aurait fallu se préparer.

Quant à l'inflation, tous les économistes avaient prévenu que les masses énormes de liquidités déversées par les banques centrales dans l'économie pour juguler les effets de la crise financière de 2008 et de la crise sanitaire créaient un terrain favorable à la reprise de l'inflation qui s'était cantonnée longtemps à l'inflation des prix des actifs financiers mais que des événements déclencheurs pouvaient l'étendre à toute l'économie. La manière dont a été gérée la crise sanitaire en arrêtant quasiment toute l'économie a été la première cause. Lorsque l'activité redémarra avec la fin des confinements, l'écart était tel entre l'offre et la demande que les prix ne pouvaient que s'envoler, en se nourrissant des masses de liquidités en circulation. La guerre en Ukraine et les sanctions prises contre la Russie sont venues amplifier le phénomène, comme c'était parfaitement prévisible. Pour l'électricité, le marché unique européen de l'électricité a fait le reste, comme on pouvait s'y attendre, puisqu'il était indexé sur le prix du gaz, qui dépendait beaucoup des livraisons russes.

Quand, à toutes les imprévoyances et les inconséquences, des chocs violents auxquels nous n'étions pas préparés, le piège d'une impatience à laquelle nous ne pouvons pas répondre se referme sur la politique. Quand on a laissé se répandre la violence durant des décennies, quand le pouvoir d'achat du travail a pris trente ou quarante ans de retard sur le capital, quand l'électricité menace de manquer, quand l'on n'arrive plus à recruter des personnels qualifiés pour le nucléaire, ni des soignants pour l'hôpital, quand il commence à manquer des médecins, des enseignants, des chauffeurs pour conduire les bus, les métros ou les trains, quand les infrastructures ont souffert des décennies durant d'une insuffisance d'entretien, quand la désindustrialisation a atteint un seuil critique, quand il faut renouer les fils de la cohésion sociale, refaire une armée et une nation, on prend vite conscience qu'on ne remontera pas la pente en un jour, ni même en cinq ans. Mais il arrive toujours le moment où ceux qui souffrent depuis longtemps ne veulent plus attendre. C'est, pour n'importe quelle société ou n'importe quel régime, le moment le plus dangereux. Nous sommes peut-être en train d'y arriver.

Nous n'avons pas su voir que tous ces engrenages, s'entraînant les uns les autres, fabriquaient ensemble une machine infernale qui produirait un jour un grand malaise dans la civilisation et une crise de la démocratie.

Aucune des crises du passé ne nous donne les clés de notre avenir. Les unes ont engendré plusieurs siècles de désordres, d'insécurité et de chaos. D'autres ont finalement accouché d'une Renaissance, après des heures sombres et des guerres civiles, d'autres encore ont débouché sur des totalitarismes. Aucune ne nous dit comment nous allons nous en sortir, mais toutes nous avertissent de ce qui peut arriver lorsque l'homme, baissant la garde, se laisse aller à ses penchants éternels. Tandis que, à l'est de l'Europe, on recreuse des tranchées comme à Verdun et que réapparaissent des armées privées au service des États, Blackwater aux États-Unis ou Wagner en Russie, qui se vendent comme les condottières de la Renaissance. Non, décidément, les lendemains qui chantent, ce n'est pas pour tout de suite.

Le moment que nous vivons est d'autant plus dangereux que la guerre s'en mêle. Notre penchant, si vif depuis des décennies, à toujours repousser l'interrogation sur l'avenir, à ne pas nous poser la question de savoir où nous conduit ce que nous faisons ou ce que nous laissons faire aujourd'hui, est l'une des causes de la guerre en Ukraine – une guerre de plus que nous n'avons pas vu venir, que nous n'avons pas voulu voir venir, alors que nous contribuions tous les jours à tendre les ressorts de la tragédie. Quand les Américains ont renversé Saddam Hussein, ils n'ont pas voulu penser aux conséquences autres qu'à très court terme. Quand, nous, Occidentaux, avons séparé, en 2008, le Kosovo de la Serbie, en violant le droit international dont nous prétendions imposer le respect au monde entier, nous n'avons pas voulu réfléchir aux conséquences à venir de ce précédent. Et pas davantage quand l'Otan s'est ouverte aux pays de l'Europe de l'Est jusqu'à la frontière russe.

Quand la guerre en Ukraine a éclaté, on aurait pu penser que l'Occident, et l'Europe en particulier, allait enfin ouvrir les yeux sur l'avenir, tant il apparut d'emblée que ce conflit allait bouleverser le monde. Mais c'est le contraire qui s'est produit. L'enfermement psychologique dans le présent n'a fait que s'accentuer. Il se manifeste dans l'abolition du passé d'où la guerre est sortie : revenir sur ce passé, ce serait prendre le risque d'introduire un doute sur la certitude d'être du côté du bien absolu contre le mal absolu, donc ce serait prendre le parti des dictatures contre celui des démocraties. La table rase du passé ne s'embarrasse jamais de subtilités dans ses arguments.

L'enfermement dans le présent se manifeste aussi dans l'abolition du futur quand il est question de la Russie. Évoquer ce qui pourrait arriver dans l'avenir s'agissant de la guerre en Ukraine, c'est déjà trahir. Encore est-ce naturel pour l'Ukraine luttant pour sa survie, compréhensible pour les pays les plus à l'est de l'Europe – la Pologne, les pays Baltes, la Finlande, la Moldavie, la Roumanie hantés par les fantômes du passé –, mais les pays de la vieille Europe, la France, l'Allemagne, l'Italie, l'Espagne, la Belgique, les Pays-Bas et le Royaume-Uni – dont le destin, malgré le Brexit, se joue encore pour l'essentiel, comme depuis le commencement de son histoire, sur le continent –, comment peuvent-ils à ce point ne pas penser à l'avenir, à ce que peut produire cette guerre pour le futur ? La psychologie commande les hommes plus que leurs calculs. Nous en avons une nouvelle fois la preuve ici avec une fuite en avant psychologique lourde de conséquences que l'on ne veut pas voir, dans laquelle chaque dirigeant européen semble prisonnier du regard des autres, incapable de s'extraire d'une surenchère sans fin.

Surenchère dans les mots qui parlent de crimes contre l'humanité, qui laissent planer la menace d'un nouveau procès de Nuremberg. Surenchère dans les buts de guerre, qui vont jusqu'au refoulement des Russes hors de la Crimée, et pour certains jusqu'à la chute du régime russe. Surenchère dans les livraisons d'armes de plus en plus offensives, de plus en plus lourdes, de portée de plus en plus longue. Surenchère dans les sanctions financières, commerciales, énergétiques. Chacun veut être plus maximaliste, plus inflexible, plus en pointe du combat pour la liberté que les autres, veut faire mieux que les autres, plus que les autres, sans se demander un seul instant où cela nous mène. Tous sont comme des joueurs fous qui remettraient sans cesse leur mise sur le tapis au risque de tout perdre. Et, ici, « tout perdre » a tout son sens. On parle du destin de l'Europe et peut être de celui de l'humanité, de l'équilibre du monde. On parle d'arsenaux nucléaires, de centrales nucléaires au milieu du champ de bataille, de faim et de pauvreté pour des centaines de milliers de personnes dans le monde, de fracture entre l'Occident et le reste du monde, d'une guerre qui peut durer des années, qui peut dégénérer. Ne pas se projeter dans l'avenir, ne pas s'y fixer des limites, c'est prendre le risque d'aller trop loin. Comme beaucoup d'autres, Bernard-Henri Levy explique que « tant que le peuple russe se tiendra derrière Poutine, le peuple russe sera l'ennemi[6]. » Mais plus le sentiment antirusse se développe en Occident, plus il s'exacerbe, plus il se montre au grand jour avec une agressivité grandissante et plus il risque de précipiter le peuple russe, sentant la Russie assiégée et menacée par l'Occident, dans la grande guerre patriotique qui sera une lutte existentielle, une lutte à mort.

Ne pas peser sérieusement ces risques, c'est en prendre d'incommensurables. C'est, dit-on, le prix de notre liberté. Mais comment pouvons-nous le savoir si nous ne savons pas où nous allons ? C'est un cas de figure de politique étrangère où le quoi qu'il en coûte est vraiment très dangereux. Le philosophe a le droit de préférer ses idées à toutes les autres données du problème. Le responsable politique, qui est comptable de la vie des autres, non.

Reste que nous avons tous notre part de responsabilité dans ce qui arrive. En 1926, Keynes écrivait :

> Nous avons besoin d'un ensemble nouveau de convictions découlant naturellement d'un examen lucide de nos propres sentiments intérieurs confrontés à la réalité des faits extérieurs[7].

Ses contemporains n'ont pas pris cette peine, ni le temps. Nous encore moins.

Devant l'Assemblée générale de l'ONU, son secrétaire général sonnait l'alarme à l'orée de l'année 2023 :

---

6. Bernard-Henri LEVY, « Grand entretien », *Le Figaro*, 21 février 2023.
7. John Maynard KEYNES, *La Fin du laissez-faire*, 1926.

> Les politiciens et les décideurs sont prisonniers de ce que j'appelle une préférence pour l'instant présent. Dans la vie politique et économique, il y a un parti pris pour le court terme. Le prochain sondage. La prochaine manœuvre politique pour s'accrocher au pouvoir. Ou encore le prochain cycle économique, voire le cours de l'action du lendemain. L'avenir, c'est le problème de quelqu'un d'autre [...] ne vous limitez pas uniquement à ce qui peut vous arriver aujourd'hui, pour tergiverser. Regardez ce qui nous arrivera à tous et à toutes demain.

« Redescendons sur terre ! »

Durant la campagne des élections législatives de 2022, un député sortant tenait une réunion publique dans un village de sa circonscription. Il avait commencé par parler de la guerre en Ukraine. Son propos achevé, une personne a pris la parole : « Maintenant, revenons sur terre ! »

Qu'y avait-il dans ce : « Revenons sur terre ! » ? Il y avait : « Cela ne nous concerne pas ! »

Cette personne ne pouvait pas concevoir que la guerre en Ukraine pût la concerner. Elle ne pouvait pas imaginer que ce conflit mettait la paix du monde entier à la merci d'un accident ou d'une escalade incontrôlée, ni qu'il allait bouleverser l'économie mondiale et les marchés de matières premières au point qu'elle se trouverait exposée à l'inflation et au risque de coupures d'électricité l'hiver suivant. Elle ne pouvait pas l'imaginer – ou quelque chose en elle s'y refusait.

« Revenons sur terre ! », c'est-à-dire sur ma terre, dans ma famille, dans mon travail, dans mon village, revenons à ce que je peux voir de mes propres yeux, toucher de mes propres mains, ressentir par moi-même. Revenons dans ma vie.

« Je sais, avait dit Camus, que le monde préfère le plus souvent fermer les yeux pour garder sa tranquillité. »

Il arrive souvent que nous nous comportions ainsi et que nous refusions inconsciemment de nous sentir concernés par ce qu'il se passe ailleurs que dans notre propre vie, tant que nous n'en subissons pas directement les conséquences. C'est un vieux penchant humain qui fait que, la plupart du temps, pour notre tranquillité d'esprit, nous refusons l'idée que notre sort est lié à celui des autres. Ces dernières décennies nous avons beaucoup cédé à ce vieux penchant qui nous empêche bien souvent de voir venir les épreuves et de nous y préparer. C'est la raison pour laquelle nous avons été si souvent surpris au cours des dernières années par des catastrophes qui avaient commencé à l'autre bout du monde et dont il était pourtant évident qu'elles finiraient par venir jusque chez nous.

« Revenons sur terre ! » oui ! Mais celle où s'affrontent des passions humaines, des civilisations, des religions, des idéologies, des ambitions, des intérêts, des instincts animaux. Un monde où il y a toujours des guerres, des persécutions, des guerres civiles, des révolutions, des famines, des catastrophes naturelles, le réchauffement climatique, l'épuisement des ressources, de la pollution, des épidémies, des crises économiques, de l'extrême pauvreté…

À faire l'autruche en regardant ailleurs pour se rassurer ou en regardant le monde et les autres tels que l'on voudrait qu'ils soient et non tels qu'ils sont, ce n'est pas seulement prendre le risque de ne pas se préparer aux crises qui viennent, ce n'est pas seulement se condamner à ne rien faire pour les empêcher, c'est aussi contribuer à en faire naître d'autres par de graves erreurs de jugement.

Dans le monde tel qu'il est, parmi les autres tels qu'ils sont. L'expression est du général De Gaulle.

Voir le monde tel qu'il est, c'est regarder en face les conséquences de ce qui s'est passé, dans les années 2000, dans ce Moyen-Orient dont nous avions dessiné les frontières après l'effondrement de l'Empire ottoman, à la fin de la Première Guerre mondiale. Y intervenir, c'était prendre le risque d'y semer le chaos avec un Irak divisé entre Chiites et Sunnites qui se combattaient depuis des siècles, une Syrie qui l'était entre Sunnites, Chrétiens et Alaouites, un Liban déchiré entre Sunnites, Chiites, Druzes et Chrétiens, une Libye qui était une mosaïque de tribus, les Kurdes, qui n'avaient pas de pays et qui aspiraient depuis des siècles à en avoir un, étaient à cheval sur quatre États et condamnés à être les victimes expiatoires de leurs rivalités.

Voir le monde tel qu'il est, c'est se souvenir que tout ce qui s'est passé dans cette région du monde depuis des millénaires a toujours eu des répercussions sur notre propre destinée. C'est comprendre qu'avoir bombardé l'Irak, la Syrie ou la Libye pour renverser les tyrans, a aussi semé le malheur qui a fait plus d'un million de morts et qui a conduit jusqu'à nous des millions de réfugiés et les tueurs de Daesh.

Voir le monde tel qu'il est, c'est avoir conscience des horreurs de la guerre, de l'engrenage de la guerre, de la montée aux extrêmes de la violence de la guerre. C'est avoir conscience des risques que nous fait courir, que fait courir à l'Europe, au monde, l'engrenage de la guerre qui se déroule à nos portes et des dégâts que provoquent les sanctions dans nos sociétés et dans le reste du monde.

Voir le monde tel qu'il est, c'est se confronter à cette dure réalité qu'une crise alimentaire sur d'autres continents peut produire des effets jusque chez nous à travers les marchés mondiaux, et que nous ne pouvons pas sanctionner un pays qui exporte beaucoup de matières premières sans en payer le prix en retour. C'est comprendre que ce prix est d'autant plus élevé que nous n'avons cessé, des décennies durant, de promouvoir, à l'échelle de la planète, une intégration toujours plus poussée de l'économie qui a multiplié les canaux par lesquels se transmettent les ondes de choc économiques d'un bout à l'autre du monde. La guerre ajoutant ses effets à de multiples autres causes, la pénurie de matières premières fait monter les prix en Europe et, comme les coûts salariaux demeurent contraints par la concurrence internationale, l'inflation rogne un peu plus le pouvoir d'achat déjà trop bas pour une grande partie de la population. Et si c'était le prix à payer pour notre aveuglement et notre inconséquence plutôt que pour notre liberté ?

Voir le monde tel qu'il est, c'est entendre la leçon que nous fait le reste du monde, comme lorsque le président argentin déclare que cette guerre, qui fait planer un risque de famine sur l'hémisphère sud, n'est pas seulement une guerre des pays du Nord, mais aussi une guerre des pays du Sud.

Redescendons sur terre: le monde tel qu'il est n'est pas régi uniquement par le droit. Les rapports de force comptent davantage. Les États-Unis, à la tête du monde libre, l'ont amplement démontré depuis la fin de la guerre froide. Le droit international est un droit occidental, qui est bien souvent celui du plus fort. La Cour pénale internationale créée en 1998, qui juge les crimes de guerre et les crimes contre l'humanité, n'est reconnue ni par les États-Unis, ni par la Russie, ni par l'Inde, ni par la Chine, ni par la Turquie, ni par le Pakistan, ni par Israël, ni par l'Iran, et une bonne partie du monde lui reproche de pratiquer le deux poids, deux mesures. L'émergence de ce droit pénal international ferme la porte, dans bien des cas, à la politique dans le règlement des conflits en rendant difficile, voire impossible tout arrangement politique et diplomatique. Cette idéologie du droit pénal qui se place au-dessus de tout nie la nature des choses qui veut que, pour faire la paix, pour préserver beaucoup de vies humaines, il faut parfois oublier les crimes des guerres. C'est ce que le droit ne sait pas faire, c'est ce que la politique peut faire. On touche du doigt ce qu'il peut y avoir d'irresponsable dans ce jusqu'au-boutisme juridique quand, en mars 2023, la cour pénale internationale a émis un mandat d'arrêt international contre Vladimir Poutine. Car que peut bien signifier ce mandat, sinon que pour la Cour, désormais, aucune négociation avec Vladimir Poutine n'est envisageable. Les partisans du pire seront comblés. Les autres se demanderont avec angoisse où ce genre de chose peut conduire le monde. Ce mandat d'arrêt illustre ce que l'on enseigne parfois aux futurs magistrats, à savoir qu'ils ne doivent se prononcer que sur le fondement du droit, sans tenir compte des conséquences de leurs décisions, et c'est bien la raison pour laquelle il ne faut pas leur confier le gouvernement du monde.

Voir le monde tel qu'il est, c'est ne pas s'obstiner à croire que, dans la politique, il n'y a que des intérêts ou que de l'idéologie, mais comprendre qu'il y a aussi de la psychologie et que, si les convictions et les compétences comptent, les caractères comptent aussi. C'est la psychologie des dirigeants qui nous entraîne dans l'escalade de la guerre. Si, du côté russe, c'est la psychologie de Vladimir Poutine qui seule compte, du côté occidental et en particulier européen, c'est la logique du club qui prévaut. S'il ne veut pas être exclu du club des dirigeants dont il est membre, chaque chef d'État et de gouvernement doit faire comme les autres membres. Le club est soudé non par l'adhésion des cœurs et des esprits, mais par le mimétisme. Pour chacun, il faut suivre le courant ou s'exclure. Pour un dirigeant occidental, s'exclure du club des dirigeants occidentaux demande une force de caractère peu commune. Être critiqué par ses pairs, lire la désapprobation dans leur regard, être assailli par les médias, les experts appointés, les intérêts menacés, c'est psychologiquement très difficile à vivre, surtout quand on est sommé de choisir entre le camp du bien et celui du mal.

Tout le monde n'est pas capable de faire le discours de Phnom Penh. Tout le monde n'est pas capable de résister à une trop forte pression psychologique, même si c'est ce que l'on pourrait attendre de tout chef d'État et de gouvernement. De Gaulle y parvenait. Jacques Chirac y est parvenu pour la guerre en Irak, non sans avoir été attaqué de toutes parts. Quand le président de la République a déclaré, au début de la guerre en Ukraine, qu'il fallait maintenir le dialogue avec Vladimir Poutine et ne pas « humilier » ou « acculer » la Russie, la pression psychologique a été tellement forte qu'il est rentré dans le rang.

Dans le salon vert de l'Élysée, beaucoup ont dû se sentir soulagés. Pour la plupart de ceux qui, dans les pays démocratiques, encerclent les chefs d'État ou de gouvernement pour faire valoir leurs opinions, leurs conseils ou leurs intérêts, il fallait rester dans le club, non parce que l'union fait la force, mais parce que c'était le camp du bien, celui de la bonne conscience et des intérêts bien compris, soudés par une posture morale et politique. Question de caractère, donc, pour tous les dirigeants européens qui, consciemment ou non, sont prêts à sacrifier au confort psychologique de leur bonne conscience les intérêts vitaux de l'Europe et de leur propre pays quand les Américains, eux, n'agissent qu'en fonction des leurs. Nous restons prisonniers de cette fuite en avant psychologique vers la bonne conscience qui nous entraîne dans la surenchère sans limite des mots, des sanctions, des livraisons d'armes et des buts de guerre : il faut toujours être mieux disant que les autres.

Dans le monde tel qu'il est, il y a, depuis toujours, des épidémies et pourtant nous ne nous sommes pas du tout préparés à leur faire face.

Revenons sur terre ! Nous savions depuis toujours que, quand elles ne se propagent pas par la guerre, elles se propagent par les échanges, les routes commerciales, les migrations. Comment pouvions-nous imaginer que, dans ce monde où les voies du commerce se sont multipliées, où les brassages de populations n'ont jamais été aussi grands, les voyages aussi nombreux, le virus de la Covid-19 ne pourrait pas se propager rapidement jusqu'en Europe à partir de la Chine ? Et pourtant, nous ne nous sommes pas beaucoup intéressés à ce qui se passait en Chine à la fin de 2019 et au début de 2020, au point même que le 29 février 2020, soit à peine 17 jours avant de confiner tout le monde, le Gouvernement concluait un conseil de défense prétendument consacré à la pandémie par l'autorisation d'utiliser l'article 49-3 pour faire passer en force, déjà, une réforme des retraites, ce qui en disait long sur l'importance qu'il attachait, à ce moment-là, à la menace épidémique. Et toujours cette question lancinante : comment avions-nous pu, aussi, détruire nos stocks de masques chirurgicaux alors qu'en cas de pandémie, tout le monde solliciterait en même temps le marché mondial et que celui-ci ne pourrait alors pas répondre à la demande, comme c'est toujours le cas quand tout le monde veut tout de suite la même chose ?

Dans le monde tel qu'il est, les marchés n'ont pas toujours raison, mais il faut compter avec eux, avec le capital qui se déplace d'un pays à l'autre, avec la spéculation.

Nous savons depuis longtemps qu'il faut en canaliser les forces. Pourtant, à la sortie des Trente Glorieuses, les États ont refait le chemin inverse de celui qu'ils avaient fait après avoir tiré les leçons du krach de 1929. Tout ce qui canalisait les marchés, le capital, la spéculation, a été détruit.

La déréglementation financière des années 1970-1980 a fait circuler à grande vitesse les capitaux sur toute la planète accentuant l'interdépendance des économies répercutant d'un bout à l'autre de la planète tous les chocs et les emballements, les crises et les surchauffes ? Dans le monde tel qu'il est, les marchés financiers sont des caisses de résonances psychologiques et économiques qui étendent les effets des sanctions contre la Russie à toute la planète.

Dans le monde tel qu'il est et que nous habitons tous ensemble, demandons-nous comment nous avons pu produire autant de rapports et mesurer avec autant de précision les conséquences du réchauffement climatique, de la pollution, de la surexploitation des ressources naturelles, de la déforestation ; parler autant de transition écologique et abandonner la planification, l'aménagement du territoire, sous-investir à ce point dans le transport ferroviaire, affaiblir autant notre filière nucléaire si peu aider les pays pauvres à adapter leurs modes de production, ou faire si peu d'efforts pour que le projet d'une union pour la Méditerranée atteigne ses objectifs initiaux ?

Dans le monde tel qu'il est, la détresse des autres est notre problème : les peuples qui n'auront pas d'eau, pas de nourriture se déplaceront vers les régions où il y aura de l'eau et de la nourriture, il y aura des conflits et des guerres, et le droit international, et l'intangibilité des frontières n'y pourront rien.

« Revenons à mes problèmes » : au fond de nous-même, nous avons souvent du mal à penser que ce qui arrive aux autres nous concerne, comme cet électeur qui pensait que la guerre aux portes de l'Europe sur fond d'arsenaux nucléaires ne le concernait pas.

Pourtant, nous savons que le battement d'ailes d'un papillon au Brésil peut, en théorie, provoquer une tornade au Texas, nous savons depuis quinze siècles que la crucifixion d'un inconnu à l'autre bout de l'empire romain a changé le sort de la civilisation antique. Nous savons qu'un simple petit mot ajouté en 589 par soixante-douze évêques réunis en concile à Tolède, au *credo* que les catholiques récitent avant de communier, avait réveillé une querelle théologique sur la question de savoir si l'Esprit Saint procède du Père et du Fils ou seulement du Père, querelle que l'on pensait tranchée depuis deux siècles. Cette querelle, rebondissant de pays en pays, de siècle en siècle, avait débouché, en 1054, sur le grand schisme entre les Églises d'Occident et d'Orient, qui avait empêché qu'en 1453 l'Occident chrétien vienne au secours de Byzance assiégée par les Turcs, ville dont la chute allait expulser pour toujours la civilisation gréco-latine de la Méditerranée orientale. Cinq siècles et demi après la ruine de Byzance, la fracture entre l'orthodoxie et le reste de la chrétienté est encore ouverte dans l'arrière-plan des rapports entre l'Occident et la Russie.

Comme les ailes du papillon brésilien, un coup de pistolet tiré sur un archiduc autrichien au fin fond des Balkans par un jeune nationaliste serbe le 28 juin 1914 avait déclenché la machine infernale toute prête, et provoqué un conflit sanglant impliquant en même temps, pour la première fois dans l'histoire, tous les continents.

De cette cécité presque systématique vis-à-vis des événements qui peuvent traverser les océans et enjamber les continents et les siècles, les décennies, les années ou les mois, nous payons le prix, comme tant d'autres avant nous l'ont payé. Comme les États européens l'avaient payé quand ils avaient laissé l'Autriche seule face à la Prusse en 1866, puis la France en 1870, ou les vainqueurs de 1918 quand ils ne s'étaient pas souciés du sort du peuple allemand dans les années 1920 sinon pour le punir, ou quand ils avaient mis si longtemps à comprendre que la crise financière américaine de 1929 allait traverser l'Atlantique et qu'elle portait en elle les germes des grandes catastrophes politiques qui fleurissent sur le malheur des gens.

De la crise des *subprimes* à l'extension de l'Otan jusqu'aux frontières de la Russie, de la guerre en Irak jusqu'aux printemps arabes, d'al-Qaïda à Daesh, de la mondialisation à la globalisation financière, du climat à la démographie et des guerres aux migrations, nous avons à chaque fois négligé que nous habitions tous le même monde.

Regardons la vérité en face. Dans les quarante dernières années, pas grand monde chez nous ne s'est senti vraiment concerné par ce qui se passait ailleurs, loin de nous, en Chine, au Moyen-Orient ou en Afrique, sauf quand le virus, le terroriste ou le migrant franchissait les mers, ou quand l'usine dans laquelle on travaillait depuis vingt ans s'en allait dans un pays où il n'y avait pas de protection sociale, où les salaires étaient plus bas et la monnaie pas chère. Mais nous faisions tout pour ne pas regarder cette réalité en face.

Redescendons sur terre ! Il n'y a pas de destin viable pour l'homme sans un aller-retour permanent entre le ciel des idées, des grands principes, des grandes abstractions, et l'ici-bas dans le monde, où la vie de chacun dépend de celle des autres, où se déroule la vie des hommes tels qu'ils sont. Et quand il y a des hommes, il y a toujours les instincts animaux qui rôdent et qu'il faut contenir. C'est cela, le monde tel qu'il est.

« Je ne m'occupe jamais de ce que font mes locataires »

Une histoire racontée par Camus en 1946 et qui avait circulé à la fin de la Seconde Guerre mondiale, avait très bien dit jusqu'où pouvait aller cet égoïsme instinctif contre lequel nous devrions tous lutter tout le temps. Il nous pousse à protéger à tout prix notre tranquillité d'esprit. À tout prix :

> Dans l'immeuble de la Gestapo d'une capitale européenne, après une nuit d'interrogatoire, deux inculpés encore sanglants se trouvent ligotés et la concierge de l'immeuble procède soigneusement au ménage, le cœur en paix puisqu'elle a pris sans doute son petit déjeuner. Au reproche d'un des torturés, elle répond avec indignation une phrase qui, traduite en français, donnerait à peu près ceci : « Je ne m'occupe jamais de ce que font mes locataires[8]. »

Naturellement, après coup, cette attitude paraîtra insoutenable à tout être humain. Mais qu'en avait-il été sur le moment, dans la tête de la concierge, et qu'en aurait-il été sur le moment dans la tête de la plupart de ceux qui auraient pu se trouver à sa place ?

L'attitude de la concierge faisait écho à ce qu'avait décrit, d'une autre manière, Primo Lévi qui avait vécu à Auschwitz l'expérience des camps de concentration :

---

8. Albert Camus, conférence à l'université de Colombia à New York, 28 mars 1946.

> Si, en dépit des différentes sources d'information dont ils disposaient, la majorité des Allemands ne savaient pas ce qui se passait, c'est parce qu'ils ne voulaient pas savoir, ou plutôt parce qu'ils voulaient ne rien savoir. [...] Dans l'Allemagne hitlérienne, ceux qui savaient ne parlaient pas, ceux qui ne savaient pas ne posaient pas de question, ceux qui posaient des questions n'obtenaient pas de réponse. [...] En se fermant la bouche et les yeux, en se bouchant les oreilles, il cultivait l'illusion qu'il ne savait rien, et qu'il n'était donc pas complice de ce qui se passait devant sa porte.

L'homme est capable de cela aussi, capable de faire totalement abstraction de ce qui l'entoure, au point d'en perdre toute humanité. Quand, après coup, nous nous penchons sur ce passé, nous ne pouvons pas nous empêcher de nous étonner de ce type d'attitude, de nous demander comment un tel aveuglement volontaire avait pu être possible. Aurions-nous tous eu davantage la force de regarder la réalité en face ? L'avons-nous eu au cours des décennies qui ont suivi la fin des Trente Glorieuses ?

Et, dans tout ce que nous avons fait, avons-nous été meilleurs que la concierge qui, par principe, ne se mêlait pas des affaires de ses locataires, ou que les Allemands qui ne voulaient rien savoir des camps de concentration ? Nous avons passé notre temps à vouloir nous en convaincre, en nous répétant que nous étions devenus tellement meilleurs que nous ne serions plus capables d'une telle inhumanité. Mais rien n'est moins sûr.

Combien de fois avons-nous fait la politique de l'autruche, regardée ailleurs lorsque quelque chose nous dérangeait, non seulement à l'autre bout du monde, mais au sein même de la société dans laquelle nous vivons, et qui, depuis la nuit des temps, a engendré tant de drames qui auraient pu être évités ?

Tout le monde a été coupable. La plupart d'entre nous, de haut en bas de l'échelle sociale, nous préférions mettre la tête dans le sable pour préserver notre tranquillité d'esprit : comme bien souvent dans l'histoire, nous n'avons pas eu envie de savoir, pas non plus envie d'aller au fond des choses ni au fond de nous-même de peur, peut-être, de ce que nous y trouverions ?

Les instincts animaux tiennent le haut du pavé et la violence aussi. Alors que l'école, l'université, les médias, les réseaux de toutes sortes multiplient, comme jamais ces « synchronismes étranges » dont parlait Renan, nous n'avons jamais autant occulté leur rôle. Nous nous obstinons à croire que nous sommes notre propre commencement et notre propre fin, qu'il n'y a rien à transmettre ni à recevoir. Cela débute à l'école où l'on a inventé qu'au lieu d'instruire l'enfant, il fallait le laisser exprimer librement ses aspirations et ses talents. Cela se poursuit dans toute la vie sociale. Tout accaparés par le culte de la réussite individuelle, nous ne nous rendons même plus compte que sans la division du travail qui ne concerne pas seulement la spécialisation des tâches dans l'entreprise et la spécialisation économiques des nations, mais aussi la répartition des rôles dans la société, il n'y a plus de société. Quand on a arrêté toute l'économie pendant la pandémie, n'a-t-on pas entendu dire que nos vies valaient plus que les profits ? Mais l'économie, ce n'est pas les profits. L'économie, ce sont tous les services que nous nous rendons les uns aux autres. L'économie, c'est aussi la vie. En arrêtant tout, nous avons aussi porté atteinte à la vie, sans peser le pour et le contre.

Nous ne pouvons pas vivre seul au monde, ni matériellement, ni intellectuellement, ni psychologiquement, sans le regard des autres, sans confrontation avec la pensée des autres. Nous ne vivons pas seulement à côté d'eux, mais avec eux, et une multitude de liens visibles ou invisibles rattachent le sort de chacun à celui de tous. Ce que l'histoire nous dit, la vie quotidienne nous le dit aussi.

La façon dont vit mon voisin a des effets sur ma propre vie, et la façon dont je vis a des conséquences sur la sienne. Une fuite d'eau chez lui peut m'inonder. Un incendie chez lui peut se propager chez moi. S'il fait du bruit chez lui, je ne peux pas dormir. S'il souffre d'une maladie infectieuse, il peut me contaminer. Mais il n'y a pas que les maladies qui peuvent être contagieuses : la violence est contagieuse, comme la peur, la tristesse ou la joie. Et l'on ne peut pas être longtemps joyeux quand tout est triste autour de soi. Comme l'on ne peut pas se sentir libre quand on baigne dans la servitude ou en sécurité quand, autour de soi, règne la terreur. On peut toujours proclamer que chacun a bien le droit de vivre comme il veut et mettre la vie privée à l'abri, derrière un mur d'égoïsme, ou derrière le mur de lois qui la sépare de l'espace public et qui est censé la protéger de toute intrusion intempestive. Mais, sauf à aller vivre sur une île déserte – et encore Robinson a-t-il besoin de Vendredi –, ou dans une grotte comme un anachorète, nous sommes forcés de vivre en société, avec les autres, pris dans la trame des relations sociales, donc condamnés à subir un environnement qui dépend autant, sinon plus, de ce que font les autres que de ce que nous faisons nous-mêmes. Si beaucoup de gens décident d'aller à la plage en même temps que nous, nous savons que nous devrons supporter qu'il y ait beaucoup de monde sur la plage ou renoncer à y rester. Si tout le monde va acheter son pain au même moment que nous, nous savons qu'il nous faudra faire la queue chez le boulanger ou revenir plus tard, si tout le monde décide de partir en vacances à la même heure que nous, nous savons que nous devrons supporter de longues heures d'embouteillage.

Nous connaissons les heures d'affluence et les heures creuses, les dates où les prix des hôtels sont plus élevés parce que la demande est plus forte, et nous faisons nos choix en fonction de cette connaissance du comportement des autres, quand nous le pouvons. Nous ne le pouvons pas toujours : peu de gens peuvent choisir librement leurs horaires de travail, et partir en vacances avec ses enfants oblige à se caler sur les dates des vacances scolaires. Nous savons que l'insécurité est plus grande dans tel quartier que dans tel autre, ou que le temps de transport entre le domicile et le travail y est plus long, mais tout le monde ne peut pas choisir d'habiter là où il le voudrait faute de moyens, ni déménager s'il ne veut pas perdre le bénéfice d'un logement social. Tout le monde ne peut pas vendre sa maison pour en acquérir une autre ailleurs quand il habite dans un bassin d'emploi où la dépression économique ou l'insécurité a fait chuter la valeur de son bien. La banque se croit à l'abri d'une défaillance de l'emprunteur quand elle a garanti son prêt par une hypothèque. Mais l'hypothèque, qui valait beaucoup au sommet de la bulle immobilière, ne vaut plus grand-chose quand la bulle éclate. Si les salaires d'une entreprise baissent, elle gagne peut-être un avantage concurrentiel ou une augmentation de ses marges, mais si les salaires de toutes les entreprises baissent, elles sont toutes entraînées dans la dépression.

Le conducteur d'une voiture peut être prudent au volant, il peut, à force d'expérience, anticiper les réactions des autres conducteurs, mais il ne peut pas se prémunir totalement de leurs imprudences qui peuvent mettre sa propre vie en danger.

Ces évidences au quotidien de notre dépendance aux autres s'imposent à nous, nous les avons intériorisées. Et pourtant, nous n'en tirons pas souvent des leçons pour nos façons de penser et de nous comporter.

Mais, pas plus pour une personne que pour une nation, la politique de l'autruche n'est une bonne politique, même si elle est finalement le réflexe le plus courant. Pour la pratiquer, nul besoin de mettre sa tête dans le sable ou de la couvrir avec un sac. Il suffit de regarder ailleurs, de n'attacher aucune importance aux événements dont nous ne sommes pas partie prenante, ou encore de décider de ne voir que le bon côté des choses même quand le mauvais côté est beaucoup plus grand que le bon. Ce penchant est en nous depuis toujours. Mais il y a des moments où l'on y cède davantage. Les décennies qui ont suivi les Trente Glorieuses ont été l'un de ces moments. Maurice Allais n'a cessé de le répéter :

> Il n'y a pire aveugle que celui qui ne veut pas voir. Il n'y a pire sourd que celui qui ne veut pas entendre. Et tel semble bien, aujourd'hui, le comportement des dirigeants – politiques, économiques, médiatiques : ils ne veulent ni voir ni entendre.

La montée de la violence ? Trop longtemps, elle n'a pas intéressé ceux qui ne s'y sentaient pas directement exposés. Jusqu'à ce qu'elle les atteigne. Ce qui se passait dans certains quartiers ? Cela n'a pas beaucoup intéressé ceux qui n'y habitaient pas et qui n'y allaient jamais. Jusqu'au moment où ces quartiers sont venus chez eux. La vie dans le rural ? Elle n'intéressait pas les citadins, sauf pour y passer des vacances. Le sort des chômeurs ? Il n'intéressait pas beaucoup ceux qui avaient un emploi, sauf quand leur usine fermait ou quand leur conjoint ou leurs enfants finissaient par se retrouver eux aussi au chômage. Le sort des actifs ? Il n'a pas beaucoup intéressé les retraités, sauf quand il s'agissait de leurs propres enfants ou quand ils craignaient que les actifs ne puissent plus payer les cotisations de retraites. Le sort des retraités ? Il n'intéressait pas beaucoup ceux qui se sentaient loin de l'âge de la retraite, sauf quand il s'agissait de leurs propres parents. Le sort de ceux qui n'avaient rien ? Il n'a jamais intéressé ceux qui avaient tout, sauf quand ceux qui n'avaient rien, par désespoir, devenaient dangereux. L'état de l'hôpital ? Il n'intéressait pas les bien portants, sauf quand eux-mêmes ou l'un de leurs proches tombaient malades, ou quand ils se sont sentis menacés par la pandémie.

Tout le monde voyait bien cette fragmentation de la société. Car il vient toujours un moment où ces choses-là finissent par se voir, dans la vie de tous les jours. Les responsables politiques accusent souvent l'individualisme de rendre la société ingouvernable. Mais ils passent leur temps à diviser et à dresser les uns contre les autres. Rejeter la faute sur l'individualisme, c'est une façon de se donner la double satisfaction morale de se défausser et en même temps de montrer qu'ils n'y peuvent rien. À part le dénoncer, que peut-on, en effet sur l'individualisme ? Que peut-on sur un mouvement qui est au cœur de notre civilisation depuis que, aux IIIe et IVe siècles, l'individu moderne est né d'un rapport différent, plus intime, avec Dieu, et que s'est opéré le passage entre la conscience du moi de l'individu antique qui se forgeait dans le regard de l'autre et celle de l'individu moderne qui se construit d'abord par le regard qu'il porte sur lui-même[9].

Nous avons perdu Dieu en route. Mais on ne change pas de civilisation comme on change de vêtements. L'individu, nous devons faire avec. L'individualisme, cependant, s'est exacerbé avec l'accroissement sans fin des droits de la personne. Ce n'est pas nouveau. Durkheim le constatait déjà au tout début du XXe siècle : « C'est devenu aujourd'hui un lieu commun historique que de dire que les droits de l'individu vont se multipliant. » Mais les choses ont mal tourné surtout quand nous n'avons plus mis en avant que les

9. J.-P. Vernant, *L'Individu, la mort, l'amour. L'individu dans la cité*, Gallimard, 1989.

droits de la personne au détriment de ses devoirs envers les autres, et quand a commencé à se répandre l'idée que donner des droits aux uns sans en retirer aux autres enlèverait à ces derniers toute légitimité de s'y opposer. Chacun pouvait penser ce qu'il voulait du mariage pour tous. Mais l'affirmation selon laquelle l'évolution d'une institution comme le mariage ne concernait pas tout le monde revenait à nier l'idée même de société dans laquelle les droits de la personne, quelle qu'elle soit, concernent tout le monde, y compris ceux qui n'en bénéficient pas : la filiation qui « n'est pas de la psychologie, mais de l'anthropologie », selon la formule de Paul Ricœur, concerne même ceux qui n'ont pas d'enfant. La façon dont on fait des enfants concerne aussi ceux qui n'en font pas. Comme c'était prévisible, le mariage pour tous a créé une sorte de droit à l'enfant, qui a débouché sur la PMA pour tous et qui finira par déboucher aussi sur la GPA au nom du principe d'égalité. L'euthanasie, le suicide assisté est aussi une question anthropologique et un choix de société qui concerne même ceux qui n'ont pas l'intention d'y recourir. Le port du voile intégral dans la rue ou le port du foulard à l'école concernent aussi ceux qui n'en portent pas, comme la non-mixité à la piscine ou le port du burkini ne concernent pas que ceux qui vont à la piscine. Le système fiscal ne concerne pas que ceux qui paient des impôts. Tout cela, parce que nous vivons en société.

Mais c'est précisément le problème : nous n'avons plus une idée très claire de ce que veut dire *vivre en société*. Nous ne regardons plus la sociabilité comme un partage, comme une nécessité qui demande un effort de la part de chacun pour partager avec les autres, pour tenir compte de ce que ressentent les autres. On a juste oublié l'essentiel, à savoir que comme personne ne peut vivre comme s'il était seul au monde, ce chacun pour soi n'annonçant pas le règne de l'individu, mais celui de la tribu.

Vingt-six ans après l'adoption de la directive européenne sur l'ouverture du marché de l'électricité à la concurrence, des boulangers étaient, pour la première fois de leur vie, prêts à aller crier leur colère sur des ronds-points, comme des commerçants, des artisans, des restaurateurs, des patrons de PME, tous étranglés par leurs factures d'électricité. Mais en 1996, il n'y avait pas grand monde pour protester contre la directive, ni en 1997 contre celle qui ouvrait le marché du gaz à la concurrence, ni en 2010 contre la loi sur la nouvelle organisation du marché de l'électricité imposée par la Commission européenne. Beaucoup de chefs d'entreprise pensaient que la concurrence ferait baisser les prix, alors que ceux d'EDF étaient déjà les plus bas d'Europe. Les autres, surtout ceux qui pouvaient encore accéder aux tarifs réglementés, pensaient que tout cela ne concernait que les électriciens et les gaziers, qui étaient des privilégiés. Le boulanger comme le restaurateur avaient autre chose à faire que de décortiquer les projets de directives européennes. Et personne n'a pensé au coût que pourraient engendrer les amples variations de prix qui caractérisent des marchés comme ceux du gaz et de l'électricité. En 2019, la directive sur la fin des tarifs réglementés pour les professionnels à partir du 1er janvier 2021 n'a pas suscité plus d'émoi. Tout le monde a sa part de responsabilité quand chaque catégorie sociale finit par payer pour ne pas s'être sentie concernée par ce qui arrivait aux autres catégories.

Personne n'a manifesté contre les réformes qui démantelaient l'État, à part quelques catégories de fonctionnaires, ni contre les privatisations des services publics, à part ceux qui y travaillaient.

Cette indifférence aux décisions prises dans le secteur public de la part de ceux qui en seraient un jour les bénéficiaires ou les victimes, n'était pas une nouveauté.

Marcel Boiteux a raconté le peu de soutien qu'EDF avait reçu quand il avait fallu trouver des sites pour implanter les centrales nucléaires :

> Là, c'était la guerre. Tous les moyens furent bons. Des troupes de choc envahissaient les réunions d'information organisées par EDF autour des futurs sites. Au voisinage des centrales en construction, les épouses des ingénieurs d'EDF trouvaient des petits cercueils dans leur boîte aux lettres le matin. [...] On vivait sous la menace, dans des voitures blindées, et l'opposition alla jusqu'au puissant plasticage de mon appartement – dont

> les occupants, pas impliqués dans le nucléaire sauf moi, ont réchappé par miracle.

Qui, dans l'opinion publique avait soutenu la construction des centrales nucléaires ? Réponse de Marcel Boiteux :

> Je n'ai vraiment aucun souvenir du soutien que, dans cette situation éprouvante, les Français nous auraient prodigué, notamment dans la presse écrite ou orale[10].

Quelques décennies plus tard, personne n'est descendu dans la rue pour protester contre le démantèlement du parc nucléaire.

Personne n'a manifesté contre les directives européennes, contre le droit de la concurrence qui paralysait l'intervention de l'État dans l'économie.

Personne n'a manifesté contre les *numerus clausus*, à part les étudiants en médecine.

Personne n'a manifesté contre les fermetures de lits, contre la ruine de l'hôpital public, à part les personnels hospitaliers.

Personne n'a manifesté contre les fermetures d'hôpitaux ou de maternité à part les habitants des territoires concernés, qui devenaient peu à peu des déserts médicaux.

Personne n'a manifesté contre l'extension sans fin du pouvoir judiciaire et l'impunité des voyous, à part les policiers.

Bien sûr, la plus lourde responsabilité est imputable à ceux qui ont fabriqué et ratifié ces règles, et qui ont joué sur les réflexes catégoriels pour les faire passer sans rencontrer trop de résistance.

Cela, finalement, nous a coûté cher. Car nous n'avons réussi, face aux difficultés auxquelles chacun s'est trouvé confronté, qu'à élargir les fractures et les divisions au point que ce penchant à l'indifférence s'est mué en creuset de jalousies et de détestations.

---

10. Marcel BOITEUX, « Les ambiguïtés de la concurrence, Électricité de France et la libéralisation du marché de l'électricité », Futuribles, 331, juin 2007.

Il faut dire que pour ne pas être expulsés de ce que l'on avait baptisé « le cercle de la raison » et qui n'admettait aucune remise en cause de son idéologie, la plupart de ceux qui voulaient réussir dans la société comme dans la politique avaient dû faire comme si tout allait bien. Il y avait bien eu la campagne présidentielle, victorieuse, de Jacques Chirac en 1995, sauvée *in extremis* de la défaite électorale par la mise en avant de cette fracture sociale qui, petit à petit, était devenue aussi identitaire, culturelle, religieuse, que tout le monde ressentait, mais dont la politique de la droite et de la gauche de Gouvernement refusait d'assumer la réalité parce qu'elle aurait remis en cause tout l'édifice de compromis intellectuels, idéologiques, politiques, sociaux et d'intérêts qu'elles avaient patiemment construit en pensant qu'il leur assurerait durablement le monopole du pouvoir.

Mais cela n'a pas suffi. Il y a bien eu, ensuite, deux millions de personnes dans les rues et les grèves qui ont bloqué le pays contre le reniement, un de plus depuis celui de la gauche en 1982, de tout ce qui avait pu être dit pendant cette campagne sur la fracture sociale. Une dissolution deux ans plus tard qui a ramené une majorité de gauche à l'Assemblée nationale n'a rien changé non plus. Au contraire. Et si de plus en plus de gens trouvaient que, pour eux, les choses allaient de plus en plus mal, pour les élites dirigeantes et pour ceux qui allaient bien, c'était, disait-on dans le cercle de la raison, parce que l'on n'avait pas encore fait assez d'efforts pour entrer de plain-pied dans la mondialisation heureuse. Et la plupart de ceux qui, dans la société décidaient et réfléchissaient, ne voyaient pas que chez nos voisins aussi, et jusqu'aux États-Unis, un nombre de plus en plus grand de gens, confronté à ses conséquences sociales et à des flux migratoires incontrôlés, ne trouvait plus cette mondialisation si heureuse. Les partis de Gouvernement qui, pendant si longtemps, avaient exercé leur hégémonie, se sont finalement effondrés. Ils avaient voulu organiser toute la vie politique autour de deux grands partis, l'un de centre gauche, l'autre de centre droit, qui alterneraient au pouvoir en restant dans le cercle de la raison. Cette bipolarisation autour du parti socialiste mitterrandien et de l'UMP a échoué. Philippe Séguin a eu le mot juste quand il a comparé la droite et la gauche à deux détaillants qui avaient le même grossiste, l'Europe. L'alternance partisane masquait l'absence d'alternance politique. Ce trompe-l'œil n'a pas résisté à la crise économique, sociale et culturelle qui s'installait dans la longue durée et faisait souffrir de plus en plus de gens.

Dans la crise à laquelle les partis de Gouvernement semblaient n'offrir aucune issue, la polarisation s'est logiquement réfugiée aux extrémités de l'échiquier politique. Est restée, au milieu, une force centrale construite sur les débris des partis de Gouvernement et qui, bien que très minoritaire, verrouille le pouvoir, profitant du fait que les oppositions ne puissent pas se coaliser. C'était la configuration de la IVe République, avec d'un côté les gaullistes, de l'autre les communistes, qui ne pouvaient pas faire cause commune et, au centre de l'échiquier, ce que le général De Gaulle appelait « le système », qui était très minoritaire, mais qui avait monopolisé le Gouvernement jusqu'à ce que tout l'édifice s'effondre, en 1958, au pied du mur de la faillite et de la guerre civile. Le système politique étant bloqué, l'issue ne se trouva pas dans les urnes, mais dans la crise du 13 mai. Beaucoup de gens pensent qu'aujourd'hui la légitimité des urnes est à toute épreuve. Mais quand l'arithmétique électorale conduit à l'élection d'un président dont les trois quarts des Français ne voulaient absolument pas, quelque chose commence à se fissurer dans la légitimité des urnes.

Comme les législatives étaient verrouillées sous la IVe par les apparentements, l'élection présidentielle sous la Ve République d'aujourd'hui est verrouillée par les modalités du financement public et par les cinq cents parrainages d'élus nécessaires pour pouvoir être candidat. À chaque élection, on découvre que la plupart des élus ne veulent parrainer personne, au prétexte qu'ils ne font pas de politique ; le recueil des signatures est très compliqué lorsque l'on n'a pas un parti avec des réseaux d'élus derrière soi. À chaque fois, une pluie de critiques tombe sur ce système et tout le monde demande qu'il soit modifié. Puis, l'élection terminée, chacun retourne s'occuper de ses affaires et s'en désintéresse jusqu'à la présidentielle suivante.

Les partis qui ont intérêt à ce que le système perdure n'en parlent plus, sans se rendre compte qu'en délégitimant l'élection, scient la branche sur laquelle ils sont assis. Mais c'est, sous toutes les Républiques, le comportement des partis qui ne sont plus que des cartels électoraux.

La société ne s'est pas tant droitisée, comme le prétendent beaucoup de politologues, que radicalisée sous l'effet de la succession presque ininterrompue des chocs violents qui l'ont si durement mise à l'épreuve depuis la fin des Trente Glorieuses. La radicalisation de la société ayant engendré la radicalisation de la politique, le bloc central, n'a survécu que de plus en plus difficilement. Nous avons travaillé collectivement, durant des décennies, à ressusciter le fossé qui se creuse entre les élites dirigeantes et le peuple dans les imaginaires politiques des sociétés au bord de l'explosion.

La politique tourne en rond, semblant n'avoir aucune prise sur les événements. Comme on impute à l'individualisme la difficulté de gouverner, on dit que sous le regard constant de l'opinion, gouverner est devenu très difficile. Mais, comme l'a relevé historien Jean-Christian Petitfils, sous Louis XV déjà, l'opinion « réagissait à une vitesse foudroyante. On ne pouvait rien lui cacher ».

Ce n'est ni plus ni moins difficile avec l'opinion qu'avant, et ni plus ni moins difficile que dans les autres pays. C'est la politique telle qu'on la fait qui nourrit le sentiment de voter pour rien, et suscite bien des frustrations et des colères. Les frustrations et les colères poussent à toutes les formes de radicalisation. Mais cette radicalisation n'unit pas les oppositions. Mis à part les rares moments où, dans l'inconscient collectif, suffisamment de refus et de révoltes se sont coagulés pour faire reculer un pouvoir qui était allé trop loin, la radicalisation crispe plutôt les égoïsmes catégoriels et accroît l'inattention de chacun au sort des autres.

Mais, au fond, nous sommes tous un peu comme ça. Nous préférons souvent ne rien voir et ne rien entendre, pas même notre raison et notre conscience, parce que nous trouvons plus facile et plus rassurant de suivre le mouvement, de faire comme les autres, d'être à l'unisson. Le conformisme est l'une des réponses à notre besoin de tranquillité d'esprit. Se laisser porter par le courant, c'est plus simple que de se battre contre lui. Être avec les autres, suivre la tendance de son milieu, de la société, du marché, c'est moins angoissant que de se sentir en marge, seul contre tous. La crainte d'être isolé. Il fallait être Galilée pour défendre contre Aristote et contre l'Église que la terre tournait. Il fallait être De Gaulle pour s'opposer à son milieu et à ses chefs. Généralement, on ne va pas contre les tendances : ni celle de l'opinion, ni celle de l'économie, ni celle du marché, ni celle de la mode. Trop risqué, trop dur.

Nous avons créé une société du chacun pour soi, et de boucs émissaires.

Un véritable darwinisme social s'est installé dans notre société. Le darwinisme, c'est une version de la guerre de tous contre tous, c'est le malaise des classes moyennes ouvrant la voie au retour de la lutte des classes, c'est, pour les individus comme pour les groupes sociaux, la violence comme moyen pour se faire une place dans la société et pour la conserver, c'est la jalousie, l'envie et la détestation de l'autre comme moteurs et, fatalement, pour chacun la transformation de l'autre en bouc émissaire de ses déceptions, de ses frustrations, de ses échecs, de ses angoisses ou de ses malheurs. Alors que les pays riches devenaient les boucs émissaires des pays pauvres et les pays pauvres ceux des pays riches, l'Occident, le bouc émissaire du reste du monde, et le reste du monde celui de l'Occident, au sein même de notre société le jeune est devenu le bouc émissaire du vieux et le vieux celui du jeune, l'actif du retraité et le retraité celui de l'actif, l'immigré, le bouc émissaire de celui qui est français depuis longtemps et celui qui est français depuis longtemps le bouc émissaire de l'immigré, le musulman celui du chrétien et le chrétien celui du musulman, le Noir celui du Blanc et le Blanc celui du Noir, l'assisté celui du contribuable et le contribuable celui de l'assisté.

Les salariés sous statut des entreprises de service public sont devenus les boucs émissaires de tous les autres. Les fonctionnaires, aussi. Quand les salariés d'EDF, de Gaz de France, de la SNCF ou de la RATP manifestaient pour conserver leurs régimes spéciaux de retraites, tous les autres les traitaient de privilégiés. Quand c'est au tour des professions libérales de manifester pour conserver les leurs, tous les autres les regardent à leur tour comme des privilégiés. Quand les employés des raffineries font grève, c'est la même chose, comme quand c'est au tour des médecins libéraux qui, pour obtenir une revalorisation du tarif de la consultation devenu dérisoire au regard de leurs études, de leur responsabilité, de leurs charges et du coût de la vie, demandent à passer de 25 € à 50 €. On leur consent 1,50 € de revalorisation.

C'est comme un manège qui tourne indéfiniment, qui ne s'arrête jamais parce que, pour remonter la pente dans la mondialisation, pour concurrencer les pays à bas coûts de production, tous les partis de Gouvernement, de droite comme de gauche, n'ont d'autre programme depuis des décennies, même s'il est parfois caché, que celui de faire baisser les coûts. L'injonction est : « Il faut s'adapter. »

Ce qui veut dire que si les concurrents, ceux qui nous prennent nos parts de marché, nos emplois, nos usines, vivent moins bien que nous, nous devons en tirer la conclusion que nous vivons trop bien et que, pour être concurrentiels, nous devons réduire notre niveau de vie, nos services publics, notre protection sociale, le temps que nous consacrons à autre chose qu'à produire. La droite et la gauche ont appliqué consciencieusement ce programme, en profitant de ce que chaque catégorie jalousait les autres pour des niveaux de salaires et des privilèges souvent fantasmés. Comme on l'a vu, les salariés sous statuts et les fonctionnaires sont des boucs émissaires de choix. Ils ont certes la sécurité de l'emploi, ce qui dans un contexte de chômage de masse est un avantage appréciable. Mais si le salaire net moyen dans la fonction publique est un peu supérieur celui du privé, c'est parce que la proportion de cadres y est beaucoup plus importante ; or, ces cadres sont beaucoup moins bien payés que dans le privé alors que les ouvriers du privé sont moins bien payés que ceux de la fonction publique. La retraite des fonctionnaires étant calculée sur les six derniers mois de carrière au lieu des vingt-cinq dernières années pour le régime général, les ressentiments se sont déchaînés contre ce qui apparaissait comme une injustice criante, ressentiments attisés par tous ceux qui aiment à manipuler les passions populaires. Car cette règle ne procure pas d'avantages à la plupart des fonctionnaires pour leur retraite. Elle vise seulement à compenser le fait que les primes, les heures supplémentaires, les indemnités ne rentrent pas, pour l'essentiel, dans le calcul de leur pension. Compte tenu de la diversité des carrières, des statuts, des taux de prime, la comparaison avec le privé est difficile et ne peut se faire que par l'étude de cas type. Tous les travaux du Conseil d'orientation des retraites et toutes les études statistiques, notamment celles de l'INSEE arrivent à la même conclusion : « Il est possible d'affirmer que les règles des régimes de la fonction publique ne sont pas nécessairement plus généreuses que celles des régimes du privé[11]. »

Mais rien n'y fait. On a jeté en pâture à l'opinion un bouc émissaire et elle l'a saisi.

Nous avons peuplé notre monde de boucs émissaires et chacun en a plusieurs. Ils dansent autour de nous comme les sorcières de *Macbeth*. Et comme toujours, la politique a fini par céder à l'éternelle tentation de diviser pour régner et le moins que l'on puisse dire, c'est que dans notre époque elle y cède beaucoup. Cet état de la société n'est pas une première dans l'histoire. Mais, de l'histoire, nous ne tirons aucune leçon, puisque nous avons décidé qu'aucune n'était assez bonne pour nous. C'est dans cet état d'esprit que les pouvoirs publics – bien aidés, il faut bien le dire, par beaucoup des professeurs de médecine qui se produisaient sur les plateaux de télévision –, ont dressé, aux pires moments de la crise sanitaire, les vieux contre les jeunes et les jeunes contre les vieux, en imputant au relâchement des jeunes qui ne risquaient pas grand-chose, l'extension de l'épidémie qui tuait les plus vieux et en empêchant de vivre des jeunes qui se sentaient sacrifiés. Cette opposition a creusé un peu plus un fossé qui existait déjà entre ceux qui ont bien profité des Trente Glorieuses et ceux qui ont beaucoup plus de mal à trouver leur place dans la société. Ensuite, on a accusé les jeunes de ne plus vouloir travailler et le fossé s'est encore un peu plus creusé.

---

11. Patrick AUBERT et Corentin PLOUHINEC, « Les différences de retraites entre secteur public et secteur privé : une analyse par simulations sur carrières types », *Économie et Statistique*, nos 491-492, 2017.

Encore un peu d'histoire qui ne se répète pas :

Vers l'an 390, Amien Marcellin, ancien soldat devenu historien, a raconté ce à quoi il avait assisté après que, en 376, l'empereur Valens avait autorisé les Goths à franchir le Danube pour fournir des troupes auxiliaires à l'Empire romain qui manquait de soldats :

> La fortune amenait à l'improviste des recrues des extrémités de la terre. L'incorporation de ces étrangers dans notre armée allait la rendre invincible ; et, converti en argent, le tribut que les provinces devaient en soldats viendrait accroître indéfiniment les ressources du trésor. On dépêche donc sans délai de nombreux agents, chargés de procurer des moyens de transport à tous ces hôtes redoutables. On veilla soigneusement à ce qu'aucun des destructeurs futurs de l'empire, fût-il atteint de maladie mortelle, ne restât sur l'autre bord. Jour et nuit, en vertu de la permission impériale, les Goths, entassés sur des barques, des radeaux et des troncs d'arbres creusés, étaient transportés au-delà du Danube, pour prendre possession d'un territoire en Thrace. Et tout cet empressement, tout ce labeur, pour aboutir à la ruine du monde romain ! [...] L'empereur leur fit distribuer des vivres pour quelque temps, et leur assigna des terres à cultiver. Nos barrières s'étaient ouvertes devant cette émigration armée. Le sol barbare avait vomi, comme la lave de l'Etna, ses enfants sur notre territoire. Une crise aussi menaçante exigeait du moins que la force militaire du pays fût confiée aux mains reconnues les plus fermes et les plus expérimentées ; et cependant, comme si quelque divinité ennemie eût dicté les choix, elle ne comptait alors à sa tête que les noms les plus mal notés. L'ignoble cupidité de ces hommes fut le principe de toutes les calamités qui suivirent.

Elles mirent trente-quatre ans pour aboutir au sac de Rome par les Goths d'Alaric en 410 et un siècle pour déboucher sur l'abdication du dernier empereur d'Occident. Il n'y avait pas eu d'invasion. Les barbares étaient entrés parce qu'on les avait fait venir et installés, sans en mesurer les conséquences, pour défendre un empire qui n'avait plus la volonté de se défendre lui-même et dont le déclin était déjà amorcé.

La suite de notre histoire n'est pas écrite dans ce témoignage vieux de plus de mille six cents ans. Mais, nous sommes-nous, jusqu'à présent, montrés tellement moins inconséquents que les Romains du IVe siècle quand nous avons accepté sans précaution, sous la pression de l'Europe, le regroupement familial, la libre circulation dans l'espace Schengen, quand nous avons dénigré l'assimilation qui ne vise pas à effacer ce que chacun a de singulier dans son histoire personnelle, mais de lui faire prendre en partage, en plus, une autre histoire, une autre culture, une autre forme de civilité, de sociabilité ? Avons-nous été plus conséquents en retirant à l'école son rôle de creuset d'assimilation pour y faire la part trop belle au culte des origines plutôt qu'au récit national, aux histoires individuelles plutôt qu'à l'histoire des peuples, des sociétés, des nations, des civilisations ?

La douloureuse expérience des socialistes du Front populaire n'est pas vieille de mille six cents ans, ni l'avertissement de Jean Longuet, ce petit-fils de Marx, figure de la SFIO que Léon Blum avait délégué à la conférence intergouvernementale de Genève sur le statut des réfugiés allemands en 1936 :

> Le Gouvernement français comprend les engagements qu'il va prendre comme s'appliquant aux personnes actuellement réfugiées. Il ne pourrait, en effet, – et aucun gouvernement ne le pourrait davantage – prendre en blanc des engagements auxquels il ne serait plus en mesure de faire face, si le nombre des réfugiés futurs devait augmenter au-delà des facultés d'absorption des pays d'accueil[12].

Tout s'est passé durant des décennies comme si nous n'avions rien appris de l'histoire. Jusqu'à ce jour de 2018, où un ministre de l'Intérieur, venu du parti socialiste, a déclaré en démissionnant : « Aujourd'hui, on vit côte à côte, je crains que demain on ne vive

12. Frédéric Monier, « Léon Blum, les socialistes français et les réfugiés dans les années 1930 », *Fondation Jean Jaurès*, 13 juillet 2016.

face à face », après avoir confié à des journalistes qu'il restait peu de temps avant une sécession entre les communautés. C'était pointer l'engrenage du communautarisme qui avait débouché sur celui de la désassimilation d'enfants d'immigrés de la troisième ou quatrième génération. Dans les familles d'immigrés, jusqu'aux années 1970, on s'efforçait d'inculquer aux enfants le devoir de faire comme les Français. Quarante ans après, pour beaucoup des petits-enfants et des arrière-petits-enfants de ces générations, être accusés de « faire le Français » est devenu une insulte. Comment s'en étonner quand on remplace le roman national par le roman noir de la France, et que l'on substitue à l'apprentissage de la fierté d'être français la honte de l'être, en instillant dans l'esprit des enfants, pour les uns la repentance et pour les autres la haine de leur pays.

Ces fractures se sont creusées dans une société profondément ébranlée par la mondialisation et sa logique de table rase de toutes les spécificités que les peuples ont héritées de la géographie, de l'histoire, des cultures, des religions. Après un moment un peu difficile, la crise tant économique et sociale qu'identitaire allait se dissoudre dans la prospérité apportée par la mondialisation et ne serait plus qu'un mauvais moment à passer. Personne, ou presque, n'a fait remarquer que ce raisonnement était aussi vieux que l'économie politique. À partir de 1815, des deux côtés de l'Atlantique, une grave crise de reconversion avait suivi la fin des guerres de la Révolution, de l'empire et du Blocus continental. La pensée économique dominante de l'époque avait prévu que tout rentrerait vite dans l'ordre sous l'effet des forces du marché. Malthus avait répondu :

> Les théoriciens sont sujets, dans leurs spéculations, à négliger ces intervalles de transition ; mais des époques de huit ou dix ans, qui se renouvellent fréquemment, constituent des périodes assez importantes dans la vie de l'homme. Et selon que ces époques sont heureuses ou malheureuses, elles offrent une forte somme de félicité ou de détresse, et laissent le pays dans des situations très différentes, au moment où elles se terminent.

Les crises peuvent durer et plus elles durent plus elles laissent de traces. On aurait dit que nous n'avions rien appris depuis les années 1820. Dix ans, c'est vrai, c'est long dans une vie.

Quarante ans, depuis le tournant de la rigueur en 1983, c'est encore plus long dans une vie. Et au bout de quarante ans, personne n'aperçoit encore le bout du tunnel.

Ce « Munich social », comme l'a nommé Philippe Séguin, dure depuis quarante ans et peut-être durera-t-il plus longtemps encore.

La grande réussite du cercle de la raison a bel et bien été de faire croire à un grand nombre de gens que ses idées s'inscrivaient dans une tendance si lourde qu'elle pouvait être regardée comme un sens de l'histoire au point qu'en se mettant en dehors on rejoignait l'obscurantisme et on se condamnait à ce qui pourrait ressembler à une sorte de mort sociale. On comprend mieux que pas grand monde n'ait été tenté par ce sort et que, pendant si longtemps, si peu de voix opposées aient été entendues.

La société se désunit, la politique y a sa part de responsabilité et chacun d'entre nous aussi. La politique a détruit ou laissé détruire à peu près tout ce qui, dans une société fait contrepoids à l'individualisme, qui est ce qu'il est, à la pression des marchés, de la concurrence, du communautarisme, des minorités agissantes: la nation, l'État, les institutions, l'autorité, la loi, le service public, l'école, le service militaire, l'assimilation, les frontières... Mais, comme l'homme est un animal social qui ne peut vivre seul, la désunion si elle s'accentue, il faut le dire et le redire, finira comme cela finit toujours pour les sociétés trop divisées: la société, agissant comme un corps collectif menacé dans son existence même, cherchera à refaire son unité par la violence extrême.

Les optimistes qui aiment à se rassurer diront une fois de plus que cela ne peut plus nous arriver. Mais qui pensait que la fracture américaine deviendrait si profonde que la prise d'assaut du Capitole serait un jour possible? Et qui sait de quelle violence à venir elle est le signe avant-coureur, aux États-Unis comme dans toutes les autres sociétés occidentales qui sont tout autant fracturées que la nôtre? Qui sait ce que sera la prochaine révolte de gilets jaunes ou la prochaine émeute des banlieues ?

Ces révolutions et ces guerres civiles qui appartiennent prétendument à un passé révolu

Jules Michelet, vers 1847, écrivait à propos de la Révolution[13] :

> Tout le monde voit venir la crise. Fénelon le dit dès 1709 : « La vieille machine se brisera au premier choc. » Elle ne se brise pas encore. La maîtresse de Louis XV, Mme de Châteauroux, vers 1743 : « Il y aura un grand bouleversement, je le vois, si l'on n'y apporte remède. » — [...] Tout le monde le voit, et le roi, et celle qui vous succède, Mme de Pompadour, et les économistes, et les philosophes, et les étrangers, tout le monde. Puis, à propos des années 1780 :
> Tous finissaient par n'y plus croire. Tous avaient prévu la Révolution au milieu du siècle. Personne à la fin n'y croyait. Loin du mont Blanc, on le voit ; au pied, on ne le voit plus. « Ah ! c'est fini, dit Mably, en 1784, nous sommes tombés trop bas, les mœurs sont devenues trop faibles. Jamais, oh ! plus jamais ne viendra la Révolution ! » Quand Louis XVI rappelle en 1774 les anciens parlements qui avaient été exilés par Louis XV, il ne mesure pas les conséquences et pas davantage quand l'année suivante la libération du commerce des grains par Turgot déclenche la guerre des farines. Ce qui se tramait dans les tréfonds de la société, ni de la crise de civilisation qui accompagnait les révolutions économiques, mentales et intellectuelles du siècle des Lumières et l'ascension de la bourgeoisie. Même après la prise de la Bastille, la plupart des contemporains n'ont pas vu, ou pas cherché à voir venir les convulsions de la révolution française. « Loin du mont Blanc, on le voit ; au pied, on ne le voit plus. »

---

13. Jules MICHELET, *Histoire de la Révolution*, t. 1, 1847-1853.

La cour de Versailles, que Louis XIV avait créée pour domestiquer la noblesse frondeuse et la soumettre à l'État, était devenue au bout d'un siècle un enfermement pour le monarque et son gouvernement, et cet entre-soi de privilégiés uniquement préoccupés de défendre l'ordre ancien qui garantissait leurs privilèges en isolant le pouvoir des réalités sociales, des frustrations qui agitaient les tréfonds de la société, fit plus pour le déclenchement de la Révolution que tous les révolutionnaires réunis. On y vivait à l'abri des passions populaires, du moins le croyait-on.

Victor Hugo, en février 1848, trois jours avant la révolution qui allait faire tomber Louis Philippe, notait :

> Le fond de l'émeute : 20 000 ouvriers venus d'Amiens, de Beauvais et de Rouen à Paris, payés, enrégimentés, et prêts à une sorte de bataille rangée ; les comités révolutionnaires en permanence, tous les symptômes d'une crise, tous les préparatifs d'une journée ; et il ne voyait rien dans tout cela que la chute de Guizot et l'avènement de Molé ! J'y voyais autre chose et notre conversation dura près d'une heure. [...]
> Le soir, plusieurs personnes vinrent chez moi [...] la plupart pensaient, contrairement à mon avis, que tout se résoudrait en une émeute insignifiante. Au milieu de la conversation, survint M. Hello, jeune avocat de talent qui, cinq jours plus tard, était nommé avocat général près la cour d'appel de la République. Je lui demandai son avis. Voici ce qu'il nous répondit :
> — Je sors de Sainte-Pélagie. J'y ai dîné avec beaucoup de condamnés politiques qui ont tous été mes clients. Ils boivent du vin de Champagne, ils chantent la Marseillaise, ils sont dans la joie et ils dansent dans les corridors en criant à tue-tête :
> — « Dans trois jours nous serons libres[14] ! »

14. Victor HUGO (1838), *Choses vues*, Gallimard, 2001.

Et pourtant, pour la plupart des gens, et surtout des mieux informés, la révolution de février 1848 fut une surprise. Ils ne s'étaient méfiés ni des casseroles, ni des banquets.

Si l'on en croit l'historien Marc Ferro, qui a beaucoup travaillé sur cette question, le même phénomène s'est produit pour la révolution russe de 1917 qui, malgré tout ce qui pouvait l'annoncer dans les tréfonds de la société, a surpris même les plus activistes des révolutionnaires. Il note que si la révolution manquée de 1905, noyée dans le sang, a suscité le pressentiment qu'allait se produire quelque chose de grave, en 1917,

> aucun parti n'avait prévu la révolution, ni Lénine, ni personne. Qui plus est, ils n'étaient pas préparés. Il y avait certes des manifestations, des grèves, mais sans suite. Aucun parti, au cours des journées de février, n'a dirigé les manifestations[15].

Il est vrai que le fait que la première révolution communiste s'accomplisse dans la Russie de 1917 était contraire aux prédictions de Marx. Aucune des conditions économiques et sociales qui devaient la rendre possible n'y était réunie. Pourtant, dans un texte de 1851, Michelet avait écrit que la Russie était « entièrement communiste » :

> Un mot explique tout, et ce mot contient la Russie. La vie russe, c'est le communisme. Forme unique, exclusive, de cette société, à peu près sans exception… Ils ont horreur de la propriété. Ceux qu'on a faits propriétaires retournent vite au communisme.

La révolution iranienne, ne sera pas davantage anticipée par qui que ce soit. Alors que dans la société couvaient déjà les ferments révolutionnaires qui allaient se développer tout au long des années 1970, l'éclat des fêtes de Persépolis célébrant le deux mille cinq centième anniversaire de la fondation de l'Empire perse et la manne pétrolière en avaient masqué la réalité économique, politique et

---

15. Entretien avec Marc Ferro, Jean-Paul Scot, *La Pensée*, 2017/3 (391),

religieuse. Nul ne voulait voir ce qui était bien visible pourtant : la modernisation à marche forcée, l'exode rural massif qui jetait dans les villes un prolétariat souffrant de la misère et désespéré comme le fut chez nous celui de la révolution industrielle et des révoltes ouvrières et que les historiens ont appelé les « classes dangereuses », nul ne voyait l'emprise croissante des forces conservatrices du clergé chiite, des mouvements révolutionnaires et du parti communiste qui se nourrissaient de ce désarroi et de cette misère.

Un an seulement avant que le Shah soit contraint à l'exil, le président des États-Unis, Jimmy Carter, avait déclaré, le 31 décembre 1977, que l'Iran était un « îlot de stabilité dans une région tumultueuse et agitée ». Peu de gens avaient attaché de l'importance aux signes annonciateurs de l'effondrement du régime impérial et encore moins à ceux de la victoire des mollahs sur toutes les autres forces politiques. Comme, le 14 juillet 1790, aucun de ceux qui étaient réunis sur le champ de Mars pour la fête de la Fédération n'avait prévu que la Révolution déboucherait trois ans plus tard sur la Terreur, comme en février 1917 personne, même parmi les bolcheviques, n'avait pressenti la révolution d'octobre et encore moins que celle-ci accoucherait du Goulag et du stalinisme, aucun parti n'avait, ce 16 janvier 1979 où le Shah était parti pour l'exil, anticipé l'avènement, moins d'un mois plus tard, de la République Islamique qui allait grandement contribuer à l'essor mondial d'un islam radicalisé. En novembre 1978, Michel Foucault n'avait-il pas écrit :

> Khomeini n'est pas un homme politique : il n'y aura pas de parti de Khomeini, il n'y aura pas de gouvernement de Khomeini. Khomeini est le point de fixation d'une volonté collective[16].

Un grand nombre d'intellectuels avaient partagé ce point de vue, et les gouvernements occidentaux, encore en pleine guerre froide, avaient misé sur l'*ayatollah* que la France avait accueilli durant plusieurs mois à Neauphle-le-Château : plutôt les khomeynistes que

---

16. Michel FOUCAULT, « Le chef mythique de la révolte en Iran », *Corriere della Serra*, 26 novembre 1978.

les communistes. Les Soviétiques avaient eu la même tentation : plutôt les *mollahs* que les Américains. Pourtant, des voix s'étaient élevées pour mettre en garde contre les conséquences d'une prise de pouvoir par les islamistes, comme dans cet article de *L'Express* daté du 20 janvier 1979, pendant que les Américains faisaient secrètement pression sur l'armée iranienne pour empêcher un coup d'État militaire destiné à faire barrage aux islamistes, dix jours avant le retour de Khomeini en Iran dans un avion d'Air France :

> Pourtant, malgré toutes ces contradictions internes dans la « Maison d'Islam », un événement essentiel vient de se produire, qui peut faire trembler l'Occident : la déstabilisation d'un espace musulman immense qui s'étend sur les hautes terres de l'Asie centrale, de la Turquie aux confins de la Chine. Et ce flot qui déferle, c'est le renouveau de l'Islam. Dans les années 1950, les révolutionnaires du monde musulman pensaient essentiellement en termes de décolonisation. Nasser, Bourguiba, après Kemal Atatürk, se voulaient laïques, modernistes, récupérateurs de ces techniques occidentales qui avaient aliéné leurs peuples. Khomeini sera le Nasser du dernier quart de siècle. C'est l'intégrisme musulman qui remplace les rêves évanouis des anciens « officiers libres ». Et de l'Afrique noire à l'Indonésie, en passant par le Proche-Orient et les ghettos noirs des mégapoles des États-Unis, les révolutionnaires découvrent le chemin des mosquées[17].

C'était bien analyser ce que tout le monde pouvait prévoir, mais que très peu de gens voulaient regarder en face. Et encore manquait-il à ce sombre, mais lucide diagnostic, que les effets délétères de la montée de l'islamisme radical n'allaient pas mettre bien longtemps à déstabiliser aussi l'Europe.

Mais tout à leur célébration de la chute d'une tyrannie, beaucoup de démocrates du monde entier détournèrent leurs regards de celle qui

17. « Khomeini : "l'homme qui fait trembler l'Occident" », 20 janvier 1979, « Est-ce la fin des Pahlavi ? Cinq envoyés spéciaux de *L'Express* analysent les conséquences du triomphe de Khomeini. »

l'avait remplacée et qui, quarante ans après, tuerait encore les femmes qui porteraient mal leur foulard. Ce qui était prévisible, mais qui ne pouvait pas arriver arriva, et les gens de ma génération se souviennent encore d'avoir vu, effarés, incrédules, en quelques semaines, basculer dans le Moyen Âge un grand pays qui était regardé comme la partie la plus éclairée de l'islam, courant vers la modernité et que l'on disait promis à devenir la cinquième puissance mondiale avant la fin du siècle.

Personne n'a non plus vu venir les Printemps arabes. Personne n'avait même songé que cela pourrait se produire un jour. Tout le monde a applaudi de peur de manquer un rendez-vous avec l'histoire et aucun de ceux qui ont été pris de court par l'événement n'a songé un instant à se poser la question de savoir ce que pourrait être la suite de l'histoire. Pour paraphraser Camus, la plupart des intellectuels et des responsables politiques se sont contentés de placer leur fauteuil dans ce qu'ils pensaient être le sens de l'histoire et cela leur suffisait pour se sentir bien. Ils ne risquaient pas de se tromper puisque la démocratie était une aspiration universelle et qu'elle était irréversible. Mais ce n'était pas la démocratie qui attendait derrière la porte, c'était les islamistes qui entendaient bien saisir l'opportunité que leur offrait l'effondrement des dictatures laïques qui les persécutaient depuis si longtemps. Très vite, l'illusion lyrique a tourné au désastre prévisible. Le pire fut l'arrivée au pouvoir des Frères musulmans en Égypte, où l'Occident avait lâché Moubarak comme il avait lâché jadis le Shah d'Iran, faisant le lit de la République islamique. Il a fallu se résoudre à soutenir le retour de l'armée au pouvoir. En Tunisie, en Libye, en Syrie, le bilan du Printemps des peuples fut, chacun à leur manière, désastreux, et ce n'était pas la démocratie et la liberté qui avaient triomphé.

Le terreau des révolutions, comme celui des guerres civiles et des guerres entre les nations, est toujours ancien. Ces choses-là, redisons-le, viennent de loin, elles ont des racines profondes. Mais le déclenchement est toujours imprévisible. Une révolution, une guerre civile, n'est pas un complot, un coup d'État dont on fixe à l'avance le jour, l'heure et l'endroit. Elle commence souvent par un événement qui d'habitude n'aurait pas mis le feu aux poudres. Pourquoi celui-là ? Pourquoi à ce moment-là ? Pourquoi un jour les Printemps arabes ? Pourquoi un jour la société bascule-t-elle ? Pourquoi pas la veille ou le lendemain ? Pourquoi pas l'année d'avant ou celle d'après ? Pourquoi cet engrenage qui échappe même à ceux qui avaient pu ou cru en être les initiateurs. C'est une pulsion violente qui d'un coup jaillit d'une foule et se répand comme une traînée de poudre. Moment d'ivresse collective où tout le monde descend dans la rue, se ligue contre le pouvoir : on lynche ceux qui le servent, on abat les statues, on lacère les portraits, on pille les demeures des dirigeants, on pénètre dans les lieux du pouvoir, jusque-là impénétrables. On brûle ce que l'on a parfois, et pas si longtemps auparavant, adoré. C'est la grande transgression, le triomphe des instincts animaux, de la psychologie des foules. Il y a des révolutions qui ne tuent pas beaucoup comme la révolution de Velours de 1989 en Tchécoslovaquie. Il y en a de plus sanglantes comme la Révolution française ou la Révolution russe. Qu'elles se prolongent ou non en guerres civiles, il peut sortir des révolutions le meilleur ou le pire. On se ligue contre le pouvoir. On le renverse. On fête la victoire. Instant fugace. Vient le dégrisement. On découvre le nouveau pouvoir. Car il y a toujours un nouveau pouvoir, la nature ayant horreur du vide et la société du désordre. Si après la révolution de Velours et la chute des communistes on s'était retrouvé avec Václav Havel, après la décapitation de Charles Ier d'Angleterre, on avait eu Cromwell, la dictature puritaine. Après la décapitation de Louis XVI, on avait eu Robespierre, le Comité de salut public et la Terreur. Après la révolution russe de février 1917, on avait eu Kerenski qui ne voulait pas arrêter la guerre, puis on s'était retrouvé en octobre avec Lénine et les bolcheviques. Après le départ du Shah d'Iran, on s'était retrouvé avec les *mollahs* et la police des mœurs. Après la fête sur la place Tahrir et le départ de Moubarak, on s'est retrouvé avec les frères musulmans.

Bon ou mauvais, au bout de la révolution, il y a toujours un pouvoir, mais nous ne savons jamais par avance lequel. L'histoire ne nous dit pas le jour, ni ce qu'il y aura après, mais elle nous dit que cela peut arriver dans n'importe quelle société malade et qu'il ne faut jamais se croire à l'abri. La plupart de ceux qui vont faire la révolution ne savent pas qu'ils vont la faire. Nous ne savons pas non plus si nous allons faire une révolution. Nous savons juste que c'est possible, comme la guerre civile, comme la guerre tout court.

La question est : notre société est-elle malade au point que ce qui nous paraît encore impossible devienne possible ? La réponse est oui. Notre société est malade. Elle est malade de l'écart croissant entre ses promesses et ce qu'elle fait vivre aux gens. Assez malade pour que ce qui est arrivé aux générations d'avant puisse nous arriver aussi. Mais la société, c'est comme l'État, c'est nous. Nous qui laissons faire ou pas. Nous qui décidons que les revendications des autres, que les combats des autres, de ceux avec lesquels nous vivons dans la même société sont parfois aussi les nôtres ou ne le sont jamais. L'enfermement catégoriel qui a caractérisé notre société durant des décennies après les Trente Glorieuses, a empêché que les mécontentements et les colères se coagulent, que se forment de grandes coalitions d'opposants. Il a été pour tous les pouvoirs une garantie que chaque protestation, isolée des autres ou même subissant leur hostilité, ne puisse embraser la société. Mais à force que soit ainsi différé le moment où le pouvoir, quel qu'il soit, prend conscience qu'il ne peut pas continuer dans la même voie et qu'il doit changer de cap, il y a de plus en plus de risques que la coagulation des colères se produise brutalement. Un jour, une société aussi individualiste que la société américaine peut se casser en deux blocs. Un jour, les frustrations et les revendications font bloc et les Français refont la Révolution française.

Décidément, les décennies du XVIIIe siècle qui précèdent la Révolution ont non seulement occupé une place à part dans notre imaginaire collectif, conscient ou inconscient, mais elles sont pleines d'enseignements sur l'évolution des sociétés fracturées.

C'était une époque qui, par certains côtés, avait beaucoup ressemblé à la nôtre. L'État qui, depuis Louis XIV et Colbert, avait été placé au-dessus de tout, avait commencé à perdre la maîtrise des forces économiques, sociales et intellectuelles nouvelles qui travaillaient en profondeur la société. Elle avait vu le départ de la première révolution industrielle, que beaucoup d'historiens imputent pour une grande part à la croissance et à la diversification de la consommation, certains parlent même « d'une frénésie de consommation[18] » ou y voient les débuts du consumérisme, ce dernier s'accompagnant, du côté de la production, d'une multiplication des innovations. La distance grandi entre le monde rural et celui des villes, et l'écart s'était creusé entre les gagnants et les perdants. Mais on ne le voyait pas. L'historien Robert Muchembled, auteur d'une somme remarquable sur *L'Invention de l'homme moderne*, relève que

> des compromis plastiques et évolutifs entre les idéologies montantes et les réalités résistantes ont fait que la grande fracture sociale en est ainsi venue à se voiler, tout en se creusant davantage

dans cette société « émiettée, éparpillée en groupes qui méprisent ou qui jalousent le genre de vie des autres ». Qui ne pourrait pas dire la même chose de la société où nous vivons depuis quarante ans? Sauf qu'il n'est plus possible d'élaborer des compromis, depuis que les syndicats sont de plus en plus concurrencés par les coordinations et les collectifs, et que les partis ont perdu leur influence sur la vie politique. On s'en était d'abord réjoui. On avait d'ailleurs tout fait pour ça. Mais on est allé beaucoup trop loin, de la faute de tout le monde, y compris des syndicats et des partis eux-mêmes.

Paul Hazard, a écrit à propos de la crise de la conscience européenne au tournant du XVIIe et du XVIIIe siècle qu'à l'époque

> la majorité des Français pensait comme Bossuet. Tout d'un coup, les Français pensent comme Voltaire: c'est une révolution. [...] Il s'agissait de savoir si l'humanité continuerait sa route en se fiant aux mêmes guides ou si des chefs nouveaux lui feraient faire volte-face pour la conduire vers d'autres terres promises.

Comment ne pas y retrouver un écho dans ce que nous vivons. Car, nous aussi, nous avons perdu nos anciens guides, ceux de la raison, du

18. Robert Muchembled, *L'Invention de l'homme moderne*, Fayard, 1988.

progrès, de l'humanisme qui ont disparu, atteints par la limite d'âge, ou qui ont été congédiés. Mais où sont nos chefs nouveaux ?

Ne traversons-nous pas nous aussi une crise de conscience aussi profonde, porteuse d'autant de bouleversements ? C'est une question que presque personne ne se pose. Pourtant, on ne fera rien pareil selon que l'on réponde par l'affirmative ou par la négative à une telle question.

Et avons-nous été capables jusqu'à présent de tellement mieux gérer que les hommes du XVIIIe siècle cette crise de conscience, d'en tirer de nouveaux repères, de nouvelles Lumières ? Serons-nous capables d'en éviter les dérives. Pour le XVIIIe siècle, nous connaissons la suite de l'histoire. Pour le XXIe siècle, elle reste à écrire. Ce que l'histoire nous enseigne c'est que nous ne devrions pas prendre l'état de notre société à la légère et qu'au point de fracturation où nous sommes, la tentation de diviser pour régner devrait être proscrite. Les divisions sont devenues assez dangereuses pour ne pas être aggravées. Mais là aussi, la nature humaine étant ce qu'elle est, et la nature de la politique aussi, on continue. C'est aussi vieux que l'humanité : tant que ça marche... Et ça marche encore. Mais jusqu'à quand ? C'est comme la Bourse : tant que ça monte... Mais jusqu'où ? Tout ce que l'on sait c'est que ça ne monte pas jusqu'au ciel. Mais à quelle hauteur est le ciel ?

Une mauvaise façon de gouverner est de laisser pourrir les conflits sociaux en pariant sur l'usure des manifestants parce que c'est prendre le risque de la radicalisation. Une façon encore plus mauvaise est de parier que la radicalisation se brisera sur les forces de l'ordre parce que l'on y use les forces de l'ordre dont la mission n'est pas de résoudre les problèmes sociaux et politiques. La pire est de ne reculer que face à la violence. Quand les gens commencent à comprendre que manifester pacifiquement ne sert à rien et que l'on n'obtient quelque chose qu'en cassant, le risque est d'encourager la violence. L'État a fini par céder aux bonnets rouges, comme il a fini par céder aux Gilets jaunes face à une violence qu'il ne pouvait plus maîtriser. Les énormes cortèges de la Manif pour tous comme ceux des opposants à la réforme des retraites de 2020 et de 2023, qui ne cassaient rien, n'ont récolté que l'indifférence et le mépris. Quoi que l'on puisse penser des causes défendues par ceux qui manifestent, gouverner ainsi ouvre la voie au modèle des Gilets jaunes. C'est encourager l'irruption dans les conflits sociaux d'une violence qui risque toujours de devenir incontrôlable. La bonne façon de gouverner est de tout faire pour éviter de franchir la limite au-delà de laquelle ce basculement peut se produire. Gouverner n'est pas qu'une technique, c'est avant tout un art, entre autorité, fermeté, compréhension, sens des limites que l'on doit se fixer à soi-même. Limites difficiles à trouver et qui exigent de faire l'effort d'essayer de se mettre à la place des autres. Car l'autorité n'est pas l'autoritarisme, elle ne se gagne pas à coups de matraque, pas plus que la légitimité ne se réduit à la légalité, elle ne s'acquiert pas uniquement par des procédures. La légitimité, l'autorité, on y consent, on les reconnaît à une personne ou à une institution. Le problème de la politique n'est pas celui du consensus, de la recherche du plus petit dénominateur commun, mais celui du consentement. Franchir la limite au-delà de laquelle le consentement se fracture, c'est sortir de la politique pour entrer sur le terrain de l'affrontement, celui où les problèmes ne se règlent plus que par la force, celui à l'extrémité duquel on trouve la guerre, pas tout de suite la vraie guerre, mais comme pour toute guerre, pour la guerre fratricide, la guerre civile, l'engrenage de la violence, l'accident peuvent y conduire. La guerre civile, en moins d'un siècle nous sommes passés trois fois tout près : en 1944, en 1958, en 1961. Ce n'est pas si vieux. À chaque fois l'autorité gaullienne nous a préservé de justesse. Croire que cela ne peut plus nous arriver, c'est croire que l'on peut jouer impunément avec le feu, que l'on peut tirer indéfiniment sur la corde sans qu'elle ne casse jamais. Puisque c'est passé jusque-là, ça passera encore… Jusqu'au jour où ça ne passera pas.

J'ai vécu en 1994 au cabinet du ministre de l'Intérieur le mouvement social des pêcheurs. Ces derniers, qui se trouvaient dans une situation économique désespérante, avaient demandé de l'aide au Gouvernement qui, à l'époque, était dirigé par Édouard Balladur. On leur avait opposé une fin de non-recevoir au motif que l'état des finances publiques, dans le contexte de la marche à l'euro, ne le permettait pas. Les marins sont allés manifester à Rennes et la violence a explosé, une violence du désespoir qui a conduit au saccage du centre de la ville et à l'incendie du palais de justice. La violence que les forces de l'ordre ont dû affronter fut telle que le ministère de l'Intérieur vécut toute la journée dans la crainte d'un accident. Et, le soir, le Gouvernement qui ne voulait pas prendre ce risque et qui ne pouvait pas utiliser la force sans limite contre des pêcheurs, a décidé de négocier et de faire une entorse à sa politique budgétaire. C'était la solution la plus sage. Ce qui ne l'était pas, c'était de ne pas avoir cherché avant à comprendre et à mesurer le désespoir. Les marins désespérés ne pouvaient pas être traités comme des voyous, comme des casseurs professionnels, ni comme les minorités violentes qui veulent imposer leur façon de voir les choses à tout le monde ou les bandes qui suscitent des émeutes de banlieues pour protéger leurs trafics. Le problème aujourd'hui, c'est que l'on est plus précautionneux avec les voyous qu'avec les travailleurs qui n'arrivent pas à boucler leurs fins de mois. C'est comme vis-à-vis de la guerre, il faut parfois plus de courage pour calmer les choses que pour les exciter par une intransigeance qui peut conduire à perdre le contrôle de la situation dans la montée aux extrêmes de la violence. S'il ne faut jamais céder un pouce de terrain aux voyous, le rôle d'un gouvernement est de préserver la paix civile, non de la mettre en péril. De Gaulle et Pompidou l'avaient bien compris en 1963 face à la grève des mineurs et en 1968 avec les accords de Grenelle, qui avaient pour objectif que les syndicats ne perdent pas le contrôle du mouvement ouvrier.

Que faire en effet quand il n'y plus de syndicats pour négocier ? Les Gilets jaunes ne négocient pas.

La crise de Mai-68 fut gérée avec fermeté, mais avec modération et intelligence, ce qui permit d'éviter le drame.

Pour gouverner, il faut être suffisamment sûr de ses convictions, mais il faut aussi être accessible au doute quand, attentif aux pulsions qui traversent la société, on sent qu'on va trop loin contre trop de gens. La pulsion du pays ne se mesure pas seulement au nombre de manifestants, c'est quelque chose qui est dans l'air, qui, si l'on y prête attention, se sent, se ressent comme le sentiment que les choses peuvent dégénérer, que le consentement peut être mis à mal, quelque chose dont seuls les fous et les orgueilleux ne veulent pas tenir compte.

Les lieux où le pouvoir s'incarne – la Maison Blanche, le 10 Downing Street, l'Élysée –, sont chacun le point vers lequel convergent les pulsions de la société. Partout, des millions de pensées ne peuvent s'empêcher de se tourner vers le sommet du pouvoir, et ces millions de pensées font sur le pouvoir une pression psychologique formidable.

Dans le salon vert de l'Élysée où les présidents français discutent avec les chefs d'État étrangers, les responsables syndicaux, les représentants des professions, où ils réunissent leurs ministres, leurs conseillers, remontent toutes les tensions, surtout les plus violentes. Il suffit d'être un peu attentif pour les sentir.

La démocratie, c'est la souveraineté du peuple, et la souveraineté du peuple, ce n'est pas qu'une question de référendum, d'élection, de majorité et d'opposition. La souveraineté du peuple, elle est aussi dans la volonté de ce dernier de dire « non », lorsqu'il juge qu'une limite est franchie. Il y a mille façons de faire sentir, d'exprimer ce refus obstiné par lequel les peuples, quand ils le veulent, fixent une limite à tous les pouvoirs qui s'exercent en leur nom. Nul ne peut bien gouverner s'il ne cherche en permanence en tâtonnant cette limite au consentement.

Il y a bien eu quelques chefs de gouvernement qui ont cédé à la tentation de ne rien concéder, de rester droit dans leurs bottes en pariant que les protestataires s'useraient sur les CRS. Mais, en général, les présidents de la République ont empêché, parfois *in extremis*, leurs gouvernements de franchir la limite au-delà de laquelle le consentement s'effrite dangereusement, comme ce fut le cas avec François Mitterrand pour l'école libre en 1984, avec Jacques Chirac pour la réforme Devaquet en 1986, pour les réformes Juppé en 1995 et pour le CPE en 2006, avec François Hollande pour l'écotaxe en 2013, avec Emmanuel Macron pour l'augmentation de la taxe sur les produits énergétiques en 2018, même si, comme Juppé en 1995, il a trop tardé. Et si le président de la République et le Gouvernement considèrent, malgré toutes les oppositions, qu'un projet de loi est essentiel pour l'avenir de la nation, plutôt que d'abîmer la démocratie représentative et l'autorité de l'État dans une épreuve de force risquée pour l'unité du pays, il lui reste toujours la voie du référendum pour faire trancher la question directement par le peuple. Mais, le quinquennat a rendu beaucoup plus difficile pour le président de la République de se désolidariser de son Gouvernement. Et la tentation de se laisser aller à un orgueil démesuré rôde toujours au sommet de tous les pouvoirs. Y succomber est la plus sûre voie pour anéantir l'autorité de l'État.

Braudel disait que, dans l'unification de la France, ont été à l'œuvre toutes les forces mêlées de l'histoire. Aujourd'hui, toutes les forces de la société, de l'économie, de la politique, de la culture semblent coalisées pour défaire ce que les siècles ont fait de mieux et pour raviver ce qu'il y a de pire dans l'homme. L'histoire est faite d'une alternance de périodes où les hommes passent leur temps à tout casser, à faire table rase et de périodes où ils passent leur temps à construire. La destruction ultime est celle qui libère la violence, celle de la guerre, la guerre entre les peuples, les religions, les factions, les tribus, les classes sociales ou la guerre de tous contre tous.

Pendant les Trente Glorieuses, bien ou mal, on construisait. Depuis, on casse à tour de bras, on casse tout, la civilisation et la civilité, la nation, la société, l'économie, la culture, l'école, la famille, la filiation, le bac, l'hôpital, l'État, les frontières, les institutions, le service public, le droit du travail, la protection sociale, l'autorité, le mérite, l'excellence. Ne juge-t-on pas, désormais, le bilan d'un président de la République à l'ardeur qu'il a mis à casser. On préfère dire « réformer », mais tout le monde a fini par comprendre que cela voulait dire « casser ». Un président qui ne casse pas beaucoup doit s'attendre à être traité de roi fainéant et accusé d'immobilisme. Dans un monde qui bouge, il faut bouger. Bouger pour aller où ? Bouger pour quoi faire ? Bouger comment ? Qu'importe, il faut bouger ! Dans un monde qui change, il faut casser. Casser pour quoi faire ? Comment ? Qu'importe, il faut casser ! Le nouveau monde n'attend pas !

Après avoir tant cassé, on pouvait penser que cela allait s'arrêter, mais non, ça continue, ça s'accélère.

Mais jusqu'à quand ? Car la limite du consentement n'a pas disparu, elle ne disparaîtra pas : elle est en chaque homme et en chaque peuple, et avant de prendre le risque de casser tout ce qui endigue la violence qui est dans l'homme, chacun devrait toujours se souvenir que le vertige de la violence peut nous entraîner sur des voies où nous pensions ne jamais aller. Nous avons bien du mal à nous imaginer que des sociétés aussi sophistiquées que les nôtres, aussi imprégnées de culture démocratique, de rationalisme, d'individualisme, encadrées par autant de lois, d'institutions, de juridictions, puissent tout à coup se laisser conduire par les instincts. Et, pourtant, l'histoire la plus lointaine comme la plus proche nous donne à voir que n'importe quelle société peut se dérégler du jour au lendemain et basculer dans l'inimaginable. Nul ne peut prévoir jusqu'où la peur, la panique, la vengeance, la colère, l'appât du gain, la rareté peuvent entraîner un groupe humain, en faire une foule ou une meute. Qui n'a constaté avec quelle rapidité la société s'est déréglée et ce que la peur a déchaîné de haines tout au long de la pandémie de 2020-2021 ? Qui ne mesure à quelle férocité il faut s'attendre pour l'avenir dans la guerre de l'eau qui a déjà commencé autour des bassines ?

La table rase de la nature humaine est une dangereuse illusion.

Ces crises financières qui ne peuvent plus arriver

Les crises financières jalonnent l'histoire. 1637 : effondrement de la bulle des tulipes aux Pays-Bas. 1720 : effondrement de la bulle de la compagnie du Mississippi en France, et de la bulle de la compagnie des Mers du Sud en Angleterre. Paniques spéculatives de 1819, 1837, 1857 aux États-Unis. Crise de 1873 après l'éclatement de l'énorme bulle spéculative des chemins de fer. Bulle du café à Hambourg en 1888. « Panique de Wall Street » de 1907. Crise de 1929. Éclatement de la bulle immobilière au Japon en 1991. Crise asiatique de 1997, de la nouvelle économie de 2000. Crise des *subprimes* de 2008. Crise grecque de 2011... Et tant d'autres encore.

Elles ont été étudiées, décortiquées, analysées sous toutes les coutures avec toujours la même conclusion : elles se ressemblent toutes. En 2004, un rapport du conseil d'analyse économique montrait qu'elles suivaient les mêmes séquences. Au XIXe siècle, l'économiste anglais, John Stuart Mill, avait déjà observé qu'une période de spéculation est invariablement marquée par une « bulle de confiance » qui permet à tout un chacun d'emprunter pour spéculer, jusqu'à ce que cette « bulle », nourrie par la hausse continue des prix, éclate, sous l'effet du retournement de la tendance, lorsque certains spéculateurs commencent à vendre pour encaisser leurs profits. Et, pourtant, elles surprennent toujours, comme si l'on pensait, contre tout ce que l'on sait, qu'elles ne peuvent pas se produire. Les auteurs de l'étude du Conseil d'analyse économique constataient que, dans la plupart des cas, les mesures prises par les pouvoirs publics pour rétablir la confiance

> parviennent à faire oublier la crise passée, au point que peut s'amorcer un nouveau cycle long : toute innovation qui frappe les esprits est susceptible d'amorcer une nouvelle phase d'expansion puis d'emballement spéculatif.

Alors, tout recommence par intervalles plus ou moins rapprochés, de l'euphorie spéculative au retournement de tendance quand les plus avisés commencent à vendre pour prendre leurs profits.

La psychologie humaine préfère spontanément prolonger les tendances qu'envisager les ruptures, les retournements. Le jour viendra peut-être, mais ce n'est pas demain la veille.

Ce penchant psychologique, c'est celui que prête Zola à l'un de ses personnages dans *L'Argent*, qui a cherché à faire des gains en Bourse pour constituer la dot de sa fille et qui a tout perdu :

> Si j'avais vendu, dès que mes huit actions me donnaient les six mille francs de la dot, elle serait mariée à cette heure. Seulement, n'est-ce pas ? ça montait toujours, et j'ai songé à moi, j'ai voulu d'abord six cents, puis huit cents, puis mille francs de rente ; d'autant plus que la petite aurait hérité de cet argent-là, plus tard… Dire qu'un moment, au cours de trois mille, j'ai eu dans la main vingt-quatre mille francs, de quoi lui constituer sa dot de six mille francs et de me retirer moi-même avec neuf cents francs de rente. Non ! j'en voulais mille, est-ce assez bête ! Et, maintenant, ça ne représente seulement pas deux cents francs… Ah ! c'est ma faute.

Oui, c'était sa faute, mais c'est une faute que nous répétons bien souvent.

Ce penchant à prolonger les tendances et à repousser sans cesse l'éventualité d'un retournement ou d'une rupture, les phénomènes spéculatifs le mettent en exergue, mais il est constamment présent dans de très nombreuses situations. À chaque fois qu'il s'agit de prévoir, la tendance passée pèse très lourd, ce qui fait que nos prévisions sont si souvent démenties. C'est le même penchant qui nous pousse à sous-estimer la possibilité des retournements de situation.

On le fait pour l'Europe : l'échec de la Constitution européenne, le Brexit, la crise financière, la crise de l'euro, la crise des réfugiés, la crise sanitaire, on a eu chaud, mais on s'en est sorti, alors, encore un peu plus d'Europe, un peu plus de fédéralisme, un peu moins de nation, un peu moins de frontières, ça va passer. Jusqu'à quand ?

On le fait pour la guerre : les lignes rouges sont franchies les unes après les autres, alors c'est qu'il n'y en a pas, on peut aller encore un peu plus loin, toujours plus loin. Il n'y a pas de raison de s'arrêter : « J'ai voulu d'abord six cents, puis huit cents, puis mille francs. » On continue, ça va passer. Jusqu'à quand ?

On le fait pour le laisser-faire, on le fait pour la concurrence, on le fait pour le libre-échange : encore un peu, on prolonge la tendance, ça va aller, ça finira par aller mieux, ça va passer. Jusqu'à quand ?

On commence à payer la facture, ou plutôt les factures que l'on n'imaginait pas payer un jour. Mais cela ne fait rien. On continue. C'est la force de la tendance. C'est la force du courant et il faut tellement de force pour aller à contre-courant :

> Dire qu'un moment, au cours de trois mille, j'ai eu dans la main vingt-quatre mille francs, de quoi lui constituer sa dot de six mille francs et de me retirer moi-même avec neuf cents francs de rente. Non ! j'en voulais mille, est-ce assez bête ! Et, maintenant, ça ne représente seulement pas deux cents francs.

Jusqu'à quand ? Nous n'en savons rien. L'histoire ne nous donne ni la limite, ni la date. Mais elle nous dit qu'il y aura une limite et qu'il y aura un jour où elle sera franchie, un jour où à force de tirer sur la corde, elle cassera, un jour où le désordre sera trop grand, l'insécurité trop angoissante, le pouvoir d'achat trop bas, l'espérance trop faible, la frustration trop douloureuse, la colère trop vive. Mais Cassandre a toujours tort. On prolonge les tendances, on extrapole. D'un côté, il y a l'intelligence qui sait que le jour viendra, où la tendance se retournera, où la rupture se produira, de l'autre il y a la psychologie qui repousse toujours la date. Pendant la bulle des tulipes,

> chacun imaginait que la passion pour les tulipes durerait pour toujours, et que les riches du monde entier viendraient en Hollande et paieraient le prix qu'on leur demanderait. [...] Les gens de tous grades convertissaient leur propriété en argent comptant et l'investissaient dans des fleurs. Les riches n'achetaient plus les fleurs pour les garder dans leurs jardins, mais pour les revendre à nouveau avec un profit de 100 %.
> On se rendit compte que, à ce jeu, certains devaient finir par y perdre. Au fur et à mesure que cette conviction se répandait, les prix chutèrent définitivement. La confiance fut détruite et une panique universelle s'empara des négociants[19].

19. Charles MACKAY, *Délires populaires extraordinaires et la folie des foules,* 1841.

Encore un peu plus, un peu plus loin, un peu plus longtemps. Jusque-là, ça va. Jusque-là, ça passe. Un jour, ça casse, on est tout surpris. On regrette. « Seulement, n'est-ce pas ? Ça montait toujours. »

L'histoire des crises financières et des crises bancaires nous dévoile un pan de la psychologie humaine, une part de la nature humaine.

Quand il écrivit le premier livre de l'histoire sur la psychologie des foules au milieu du XIXe siècle, *Délires populaires extraordinaires et la folie des foules*, l'écossais Charles Mackay commença par l'étude des crises financières de la compagnie du Mississippi, de celle des Mers du Sud, et de la bulle des Tulipes.

La Bourse et, plus généralement, les marchés financiers sont des scènes de théâtre où la nature humaine se met en scène comme elle le fait sur la grande scène de l'histoire. Mais, plus que sur tout autre sujet, nous nous comportons comme si nous n'avions jamais rien appris de ce qui s'y passait.

Nous savons bien, pourtant, que lâcher la bride de la finance, comme nous l'avons fait à la fin des années 1970 et dans les années 1980 expose au risque de ses excès ; que dans ces excès, il y a toujours le déchaînement de l'appât du gain, la passion du jeu et la psychologie des foules. J'ai vécu dans les années 1980, dans le monde de la banque, la folie de la déréglementation financière et bancaire. C'était comme un château de cartes de règles, empilées au fil du temps depuis les grandes crises de l'entre-deux-guerres, qui s'écroulaient dans une euphorie communicative. On allait enfin pouvoir faire des affaires et gagner beaucoup d'argent avec la finance pour le plus grand profit de l'économie. Certains y ont effectivement beaucoup gagné. Mais tout bien pesé, avec le recul, il n'est pas sûr que l'économie dans son ensemble y ait gagné. Il serait même assez facile de démontrer que la finance telle qu'elle fonctionne aujourd'hui est devenu un fardeau ou un parasite pour l'économie et qu'elle vit à ses dépens.

Keynes avait appelé « instincts animaux » ces instincts qui se libèrent quand les barrières qui les retiennent tombent. Depuis toujours, l'excès de déréglementation leur ouvre la porte.

L'économie est gouvernée par la confiance réciproque, l'engouement collectif, les anticipations qui se réalisent d'elles-mêmes. Comme c'est le cas quand un grand nombre de gens prévoient la même chose et agissent de la même manière, quand le désir mimétique nous fait désirer ce que les autres désirent, ou encore quand les effets systémiques comme ceux qui, à travers l'effondrement de la confiance, transforment la faillite d'une grande banque en faillite de tout le système bancaire, comme cela s'était produit au début des années 1930 et a failli se produire en 2008 avec la faillite, aux États-Unis, de la banque Lehman Brothers.

Dans l'histoire, à chaque fois que la finance et la banque ont été totalement déréglementées, à chaque fois que des instruments permettant de spéculer plus facilement leur ont été fournis, les choses ont mal tourné. C'était toujours la même histoire : en croyant innover avec la déréglementation et ce que nous appelions « les innovations financières » dans les années 1970 à 1990, nous reproduisions ce que tant d'autres avaient fait avant nous. Depuis toujours, la vente à terme à découvert est un puissant levier spéculatif : n'importe qui peut vendre pour une date future quelque chose qu'il n'a pas, en espérant qu'il pourra l'acheter à la date de livraison à un prix plus bas que le prix auquel il s'engage à la vendre. On avait pu voir des opérations de ventes à découvert dès le XVIIe siècle. En 1893, Max Weber constatait qu'elles étaient « les formes de spéculation les plus répandues dans les Bourses les plus développées du monde ». Dans les années 1920, on avait spéculé aux États-Unis avec des options.

Si nous nous laissons toujours surprendre, c'est parce qu'il est difficile de s'extraire psychologiquement des tendances, mais aussi parce que nous voulons à tout prix nous persuader que ce qui s'est produit ne se reproduira pas. D'où notre capacité à nous boucher les yeux devant les signes avant-coureurs de la catastrophe inévitable.

Avant le krach de 1929, pas grand monde n'avait prêté une attention sérieuse au risque que faisaient courir la spéculation effrénée et l'envolée des cours. Pourtant tout le monde savait comment finissent les grandes vagues spéculatives. Tout le monde spéculait, « depuis le millionnaire jusqu'au cireur de bottes, la population américaine tout entière était engagée ».

La légende veut que John Davison Rockefeller, l'homme le plus riche du monde à l'époque, eût vendu toutes ses actions avant le krach, le jour où son chauffeur lui avait demandé des conseils pour jouer en Bourse.

Le 4 février 1929 Paul Claudel, ambassadeur de France à Washington, avait écrit dans une note au quai d'Orsay au début de 1929 que

> Le marché financier de 1928 a été tout à fait exceptionnel, tant du point de vue du volume des affaires que de la nature des mouvements d'une spéculation à laquelle a participé la masse de la population.

Le 4 février 1929, il avait alerté sur

> L'inflation du crédit dans ce pays, au cours de ces dernières années qui reflète en grande partie une large inflation des espoirs du monde des affaires.

Et, le 6 novembre, soit une semaine après le jeudi noir du krach, il avait rappelé que :

> Il est incontestable par ailleurs, que le volume sans cesse croissant des prêts aux agents de change soit par les banques, soit par les sociétés ou individus des États-Unis et du monde entier, avait créé une véritable inflation.

Tout le monde connaissait le vieil adage boursier selon lequel « les arbres ne montent pas jusqu'au ciel ».

En septembre 1929, un économiste qui était passé pour un oiseau de mauvais augure avait averti, juste avant la crise d'octobre que :

> Le beau temps ne peut pas durer indéfiniment. Le cycle économique est en marche, aujourd'hui comme par le passé. Le système fédéral de réserve a placé les banques dans une forte position, mais il n'a pas changé la nature humaine. Il y a plus de gens pour emprunter et spéculer aujourd'hui qu'à aucune autre

> époque de notre histoire. Tôt ou tard, un krach va arriver et il se peut qu'il soit colossal.

Tout le monde le savait, mais le politicien est toujours optimiste, c'est dans sa nature. En 1928, le président Coolidge avait achevé son mandat avec un optimisme débordant en déclarant que

> les États-Unis n'avaient jamais eu de perspective plus agréable que celle qui apparaît aujourd'hui. À l'intérieur règnent la tranquillité et la satisfaction et le record du nombre d'années de prospérité. À l'extérieur règnent la paix et la bonne volonté tirées d'une compréhension mutuelle.

Son successeur, Hoover, l'avait été tout autant. Quelques mois après le krach boursier, il avait vu « la prospérité au coin de la rue » alors que le pays et le monde allaient s'enfoncer dans l'une des pires crises économiques de tous les temps lorsque la panique bancaire prendrait le relais de la panique boursière. L'opinion française éclairée n'était pas plus lucide. Dans *Le Figaro*, du 26 octobre 1929 on pouvait lire : « Maintenant que l'abcès de Wall Street est crevé [...] on peut envisager l'avenir immédiat sous de plus agréables couleurs. » Et dans *Le Temps* du 28 octobre à propos de l'effondrement des valeurs américaines :

> Nous avions fait remarquer depuis longtemps que, le jour où il se produirait, les places européennes et la nôtre en particulier devraient s'en féliciter plutôt que s'en plaindre.

C'est toujours la même chose : tout va bien se passer et si ce n'est pas le cas, ce ne sera pas grave et ça ne durera pas. La guerre ça n'arrivera pas et si ça arrive, ça ne durera pas. La crise économique, ça n'arrivera pas et si ça arrive, ça ne durera pas. La guerre civile, ça ne peut plus nous arriver... L'injonction de « positiver » ne date pas d'hier.

On ne peut pas prévoir le moment où la bulle éclatera. Mais on connaît l'issue fatale de ce que Alan Greenspan, président de la Réserve

Fédérale américaine a appelé « l'exubérance irrationnelle ». Et il arrive toujours un moment où les choses ne peuvent plus continuer à aller comme elles vont. Milton Friedman, le prix Nobel d'économie, pensait que le marché avait toujours raison. Mais quand on l'a interrogé au début des années 1990 sur la Bourse de Tokyo, au pic de la bulle spéculative mobilière et immobilière, il a répondu qu'il avait calculé que

> la valeur totale des actions cotées à Tokyo représentait, aux taux de change de l'époque, une somme supérieure à l'addition des capitalisations de New York plus Londres plus Paris.

Et que cela ne pouvait pas durer. Et, comme il était inévitable, cela n'a pas duré : la Bourse de Tokyo s'est effondrée, inaugurant pour le Japon une longue période de dépression.

John Kenneth Galbraith qui avait étudié l'histoire des euphories financières avait constaté que toutes les euphories spéculatives, toujours nourries par un crédit excessif, se terminaient par un effondrement, mais que tout le monde finissait par l'oublier et par réenclencher périodiquement le même processus, avec le même résultat. Il en avait conclu que :

> Lorsque des circonstances identiques ou très proches se reproduisent, parfois à quelques années d'intervalle seulement, elles sont saluées par une nouvelle génération, souvent jeune et toujours suprêmement confiante en elle-même comme une découverte brillamment novatrice dans le monde de la finance et plus largement de l'économie.

La nature humaine ne change pas et « les instincts animaux » prennent le dessus à chaque fois qu'ils le peuvent, de l'appât du gain qui pousse la spéculation toujours plus loin, à la peur de perdre qui engendre les paniques boursières et bancaires.

C'était ainsi que, quelque vingt ans après la bulle immobilière japonaise, le même aveuglement collectif devant la bulle immobilière américaine qui se nourrissait des crédits hypothécaires gagés sur le prix de l'immobilier, sans tenir compte de la capacité de remboursement des emprunteurs, a conduit à la catastrophe des *subprimes* qui a provoqué l'effondrement des Bourses et failli emporter tout le système bancaire mondial. Même quand le marché de l'immobilier a commencé de baisser rapidement à l'été 2007, il a fallu plus d'un an pour que s'impose l'évidence qu'une crise grave allait se produire.

Si les économistes, les milieux d'affaires et les responsables politiques des années 1920 ne voyaient pas arriver le plus grand krach boursier de l'histoire, s'ils ne le voyaient pas même quand il se déroulait sous leurs yeux jour après jour, c'est parce que dans leur représentation du monde un tel événement ne pouvait pas se produire : le marché dit toujours la vérité, il a toujours raison, le prix des actions est forcément le juste prix. Et si le prix n'est pas le bon, la correction est immédiate. Dans cet univers mental, une bulle spéculative ne peut pas exister et une dépression de l'ampleur de celle des années 1930 est inimaginable[20]. En 2008, de nombreux experts auront la même difficulté à prendre la mesure d'une crise qui ne peut pas se produire. Au début de la crise, Hoover avait pensé, comme beaucoup d'autres, qu'une grande crise économique ne pouvait plus se produire et que celle qui se dessinait était liée au cycle habituel des affaires et allait vite se résorber. Irving Fisher fut l'un des plus grands économistes du XXe siècle. Il n'était pas keynésien, mais, en 1933, dans ce qu'il a appelé lui-même son credo sur la *Théorie du cycle* [...] il écrivait :

> La vieille notion, apparemment toujours existante, « du » cycle des affaires, [...] est un mythe [...] lorsque la faillite de nombreux débiteurs constitue un krach, après il n'y a pas de retour à l'équilibre d'origine [...] un tel désastre est analogue au « chavirement » d'un bateau qui, dans des conditions ordinaires, est toujours près de l'équilibre stable, mais qui, après avoir été incliné au-delà d'un certain angle, n'a plus tendance à retourner à l'équilibre, mais, au contraire à s'en éloigner d'autant plus.

20. Henri GUAINO, *En finir avec l'économie du sacrifice*, Odile Jacob, 2016.

Nombreux étaient ceux qui croyaient encore au retour automatique à l'équilibre quand la crise des *subprimes* a éclaté et même quand elle avait commencé à s'aggraver à l'été 2008. Nous pensions avoir tellement appris des crises passées et mis en place les garde-fous nécessaires que, en fin de compte, les marchés aidant, tout serait rapidement résolu à moindre coût. Quand la banque Lehman Brothers fit faillite, beaucoup de responsables politiques et économiques ont décrété que c'était la loi du marché et que ce n'était qu'un mauvais moment à passer. Mais quand tous ont compris que cette faillite allait entraîner celle d'AIG, ils ont paniqué devant le gouffre qui risquait de s'ouvrir sous leurs pieds.

Un économiste averti avait publié en août 2007, au début de la crise, dans le journal *Le Monde* une tribune intitulée : « La crise de 1929 n'aura pas lieu[21] ». Elle n'a pas eu lieu, en effet. Mais il s'en est fallu de très peu, tant la situation a dégénéré en quelques mois. Elle n'a pas eu lieu parce que Gordon Brown, le Premier ministre anglais, pourtant très libéral, a brisé à temps le tabou de la nationalisation pour éviter l'effondrement des grandes banques anglaises, parce que Nicolas Sarkozy a arraché pour la première fois aux Américains la réunion d'un G20 des chefs d'État et de gouvernement pour coordonner les soutiens aux banques et aux économies. Et parce que Ben Bernanke, le patron de la Fédéral Réserve américaine, a réagi à temps.

Notre dépendance économique aux autres atteint son apogée dans les crises économiques et financières. Nous savons tous, comme l'histoire de toutes ces crises nous l'a appris, qu'elles se propagent par les échanges, le commerce, les mouvements de capitaux, la finance. Nous savions que la Grande Dépression qui avait duré de 1873 à 1896, due à l'éclatement de la bulle ferroviaire, avait commencé par une faillite bancaire à Vienne avant d'atteindre rapidement tous les pays industrialisés. Nous savions que la Grande Dépression des années 1930, commencée à New York avec le krach boursier du « Jeudi noir » en octobre 1929, s'était propagée aux banques américaines, puis avec la faillite d'une banque autrichienne, à toute l'Europe, puis à l'économie

21. Daniel COHEN, « La crise de 1929 n'aura pas lieu », *Le Monde*, 27 août 2007.

du monde entier ; que le rapatriement des capitaux américains placés dans l'économie allemande avait provoqué l'effondrement de cette dernière, contribuant ainsi à l'arrivée au pouvoir d'Hitler. Comment avons-nous pu penser que la moindre crise financière d'importance ne se propagerait pas au monde entier encore plus rapidement, alors que les échanges commerciaux étaient parvenus à des niveaux jamais atteints dans l'histoire et que la finance n'avait cessé de se globaliser et d'étendre son emprise sur les économies ? Comment était-il possible de croire qu'une banque mieux gérée que les autres pourrait échapper à cet effet domino qui n'était que la conséquence d'une intégration de plus en plus poussée de l'économie et de la finance mondiale et qui pouvait nous conduire au bord d'un gouffre sans fond ?

En 2008, la crise des *subprimes* est venue par-delà l'Atlantique détruire les économies européennes sans que nous l'ayons vue venir, comme, dans les années 1930, la grande dépression avait traversé l'Atlantique pour venir détruire l'Europe, parce que l'Amérique c'était loin, et parce que nous pensions que nos banques étaient gérées plus prudemment que celles d'outre-Atlantique : distance géographique et distance culturelle nous rassuraient. C'était sans compter avec l'effondrement de la confiance, qui est l'antichambre des paniques. Quand la crise de la confiance s'étendit au monde entier à travers les banques qui ne voulaient plus se prêter les unes aux autres, le spectre oublié des anciennes paniques ressurgit du fin fond des mémoires, obligeant à agir *in extremis* les gouvernements qui avaient fait leur la doctrine du laisser-faire.

Avant la crise de 2008, comme avant celle des années 1930, malgré tout ce que nous savions des crises financières, nous avons pensé et nous avons agi comme si aucune ne s'était produite dans l'histoire. Ou, en tout cas, comme si elles n'avaient rien à nous apprendre tellement notre époque était différente. Les banques et les autorités qui les surveillaient se rassuraient avec des fonds de garantie des dépôts, qui ne pèseraient pas lourd en cas de paniques bancaires et des tests de stress qui étaient censés mesurer la capacité de chacune à résister à une crise alors que, quels qu'avaient pu être les résultats des tests, elles seraient toutes dans le même bateau le jour où la confiance s'effondrerait. Nous avons théorisé l'idée que chacun, en faisant le mieux pour lui-même, nous conduisait toujours au meilleur des mondes économiques possible. Cette conviction nous a conduits à jeter le discrédit sur toutes les politiques économiques et toutes les règles qui avaient depuis la crise des années 1930 tenté de canaliser le capitalisme. Jusqu'à ce que les crises nous en fassent admettre de nouveau la nécessité.

Mais, une fois de plus, nous n'en avons pas tiré beaucoup de leçons quant à notre dépendance les uns aux autres.

Nous ne nous étions résolus à l'intervention publique pour empêcher l'effondrement des économies et sauver les banques qu'une fois au pied du mur. Une fois la tempête calmée, les chefs d'État et de gouvernement du G20 ont pris des mesures qui n'étaient trop souvent que cosmétiques. Ce n'était pas tant pour protéger de puissants intérêts financiers qui, selon l'expression consacrée, cherchent toujours à privatiser les profits et à socialiser les pertes.

C'était plutôt parce que ce sont, comme l'avait dit Keynes, les idées plus que les intérêts qui gouvernent le monde et que la plupart des dirigeants du monde, au moins ceux des pays les plus avancés, avaient les idées qu'ils avaient apprises et avec lesquelles ils avaient fait carrière. La logique de la rigueur a joué à plein. Et, au G20 de Cannes en 2011, Georges Papandréou, le Premier ministre grec qui avait eu l'audace de s'en affranchir en décidant de soumettre au référendum le plan européen de soutien financier à la Grèce, qui comportait des conditions mettant en cause l'exercice de la souveraineté grecque, avait dû capituler en rase campagne.

La crise grecque s'est ajoutée à partir de 2009 à la crise financière mondiale de 2008. Elle a commencé dans le même aveuglement que celui qui a prévalu dans la crise des *subprimes*. Quand la spéculation a commencé à se déchaîner sur la dette publique de la Grèce, le sentiment qui a prévalu était que l'économie grecque pesait d'un trop faible poids dans l'économie européenne pour qu'une crise financière dont elle serait l'épicentre puisse affecter significativement les autres pays membres. Ce qui les a incités à ne pas intervenir sur le marché de la dette grecque, comme l'avait proposé la France, en achetant contre les spéculateurs qui pariaient sur l'effondrement des cours. Ce fut une grave erreur d'appréciation : contre toutes les prédictions des experts, la crise grecque a bien failli emporter l'euro.

Nous étions aussi dépendants économiquement les uns des autres par la macroéconomie, qui est faite de toutes les interactions entre toutes les offres et toutes les demandes, entre toutes les grandeurs économiques à l'échelle de la nation, de l'Europe, du monde. Depuis les années 1930 nous y avions beaucoup pensé. Trop peut-être, au point d'en oublier ce qui se passait à l'échelle des individus, de l'entreprise. Puis, après les Trente Glorieuses, ce fut tout le contraire : on ne voyait plus que les entreprises, petites ou grandes, oubliant que le sort de chacun dépendait aussi de celui des autres, que personne ne pouvait raisonner, dans la vie réelle, toutes choses égales par ailleurs – comme le font parfois les économistes dans leurs théories. Cet aveuglement a été celui de la période du franc fort et de l'euro fort où les taux d'intérêt sont montés très haut, même déduction faite de l'inflation, où la hausse des taux et la surévaluation de la monnaie se nourrissaient l'une l'autre. Les importateurs qui n'achetaient pas cher, avec une monnaie surévaluée, s'y étaient habitués et ne voyaient aucune raison de changer. Les épargnants qui gagnaient beaucoup avec les taux élevés et qui, comme l'avait dit François Mitterrand, s'enrichissaient en dormant, s'y étaient habitués aussi et ne voyaient pas pourquoi ils devraient renoncer à une telle rémunération des économies d'une vie de travail. Or, la surévaluation ruinait les exportateurs, et les taux élevés faisaient obstacle à l'investissement et ruinaient les actifs. La dépression économique était au bout du chemin. Les importateurs ne voyaient pas que dans ce cas, ils ne vendraient plus grand-chose, ou seulement à des prix très bas, et les épargnants ne voyaient pas non plus que, avec la dépression, non seulement la rémunération de leur épargne finirait par s'effondrer mais que s'effondrerait aussi la valeur de tous leurs actifs. On a pourtant maintenu cette politique plus que de raison, jusqu'à ce qu'il fût évident qu'elle devenait intenable, mais beaucoup de dégâts avaient déjà été faits. Il faut dire que, pour le cercle de la raison, elle avait la vertu d'obliger les Français à compenser le handicap monétaire en se serrant la ceinture pour rester concurrentiels. On a prétendu aussi que c'était pour faire l'Europe, ou que nous n'avions pas les moyens d'avoir une politique divergente de celle de l'Allemagne. Qui fera jamais les comptes de ce que tout cela nous aura coûté ?

À l'aube de 2023, où l'inflation est de retour et où, après la période d'argent facile et bon marché des années 2008-2021 – qui a permis d'éviter que la crise des *subprimes* et la crise sanitaire conduisent à un effondrement de l'économie mondiale, mais qui a plus irrigué les marchés financiers que les économies –, les bulles spéculatives, accumulées sont menacées d'exploser par le brusque resserrement de la politique monétaire et une hausse trop rapide des taux d'intérêt, l'opinion la plus répandue est encore qu'une grave crise financière est impossible… En Californie, la Silicon Valley Bank a fait faillite en mars 2023. Un doute sur sa solvabilité a provoqué une vague de retraits, qui a entraîné une panique bancaire à l'issue fatale, dans la plus pure tradition des paniques bancaires du XIXe siècle. Le Crédit suisse, lui aussi ébranlé par une crise de confiance, a été racheté *in extremis* par UBS, sous l'égide des autorités helvétiques. Des doutes s'installent sur la Deutsche Bank. Bien sûr, nul ne connaît à l'avance la suite d'une histoire où la psychologie joue un grand rôle. Mais les esprits animaux rôdent, à la recherche de la moindre faille dans laquelle ils pourront s'engouffrer. Tout le monde affirme qu'il n'existe aucun canal par lesquels pourrait se propager la crise de confiance. Pourtant, les banques centrales américaine, européenne, britannique, suisse, japonaise, ont ouvert aux banques des facilités d'accès à la liquidité et les investisseurs préfèrent vendre leurs actions dans les banques, au cas où, et les cours baissent sur toutes les Bourses…

La guerre de Troie n'aura pas lieu

> Ulysse : — L'univers le sait, nous allons nous battre.
> Hector : — L'univers peut se tromper. C'est à cela qu'on reconnaît l'erreur, elle est universelle.
> Ulysse : — Espérons-le. Mais quand le destin, depuis des années, a surélevé deux peuples, quand il leur a ouvert le même avenir d'invention et d'omnipotence, quand il a fait de chacun, comme

> nous l'étions tout à l'heure sur la bascule, un poids précieux et différent pour peser le plaisir, la conscience et jusqu'à la nature, quand par leurs architectes, leurs poètes, leurs teinturiers, il leur a donné à chacun un royaume opposé de volumes, de sons et de nuances, quand il leur a fait inventer le toit en charpente troyen et la voûte thébaine, le rouge phrygien et l'indigo grec, l'univers sait bien qu'il n'entend pas préparer ainsi aux hommes deux chemins de couleur et d'épanouissement, mais se ménager son festival, le déchaînement de cette brutalité et de cette folie humaines qui seules rassurent les dieux. C'est de la petite politique, j'en conviens. Mais nous sommes chefs d'État, nous pouvons bien entre nous deux le dire : c'est couramment celle du Destin[22].

La pièce de Jean Giraudoux, *La guerre de Troie n'aura pas lieu*, avait été représentée au théâtre pour la première fois en 1935, cinq ans avant la Seconde Guerre mondiale. Comme dans la pièce, la Première Guerre mondiale avait eu lieu et la Seconde aurait lieu, mais à chaque fois sans que personne, à quelques rares exceptions près, ait cru finalement qu'elle aurait réellement lieu.

Tout avait été fait pour la rendre inévitable, mais, au dernier moment, tout le monde voulait croire que la guerre de Troie n'aurait pas lieu : cette pièce avait été jouée et rejouée dans l'histoire un nombre incalculable de fois, par un nombre incalculable d'acteurs, bien longtemps avant qu'elle fût écrite.

L'échec de la réforme militaire qui avait conduit à la défaite de 1870 avait pourtant de quoi faire réfléchir. Le rôle du clairvoyant que personne n'avait voulu entendre y avait été tenu par Napoléon III. Après l'écrasement à Sadowa, en 1866, de l'armée autrichienne par l'armée prussienne, tous ceux qui avaient un peu réfléchi aux équilibres du monde savaient que la confrontation avec la Prusse qui voulait faire l'unité allemande autour d'elle était devenue inéluctable. Tout le monde le savait, mais la plupart des gens rejetaient violemment cette idée qui les dérangeait soit dans leur confort matériel, soit dans

22. Jean Giraudoux (1935), *La guerre de Troie n'aura pas lieu*, II, Flammarion, 2015.

leurs intérêts, soit dans leurs ambitions, soit dans leurs idées. Ils se fabriquaient de bonnes raisons de ne pas y croire. La France se réjouit de la victoire de Sadowa, notait Michelet[23].

Émile Ollivier, honnête républicain modéré qui serait choisi par Napoléon III en décembre 1869 pour former ce qui serait le dernier gouvernement de l'empire libéral, avait été l'un de ceux qui s'étaient trouvé de bonnes raisons de ne pas croire à la guerre avec la Prusse :

> J'étais de ceux, comme la plupart des démocrates, que l'unité allemande n'effrayait pas, pourvu qu'elle fût libérale et volontaire. [...] L'annexion violente du Hanovre, de la Hesse, de Francfort, des duchés m'avait indigné autant que l'expédition du Mexique. À la réflexion, il me parut que, si nous nous devions à nous-même de sauvegarder le droit par une réserve, nous ne pouvions aller au-delà, et que c'était aux Allemands seuls de repousser par la force, s'il leur convenait, la violence qui venait de leur être imposée[24].

Napoléon III avait très bien compris que l'unité allemande ne serait ni libérale ni volontaire, et que le plan de Bismarck était de la faire contre la France : il lui fallait la guerre, et il disait que ce serait la revanche de la bataille d'Iéna où, en 1806, la France avait vaincu la Prusse. L'empereur avait très bien compris aussi que c'était du service militaire universel et obligatoire que la Prusse tirait sa force, quand le système du tirage au sort avec la possibilité pour ceux qui avaient tiré le mauvais numéro de se faire remplacer – si leur famille en avait les moyens financiers – mettait l'armée française en position d'infériorité du point de vue des effectifs et de leur formation.

En 1867, il l'avait dit à Émile Ollivier :

> une réorganisation sérieuse est indispensable. C'est l'insuffisance de notre armée et l'impossibilité d'en avoir une seconde sur le

23. Jules Michelet, *La France devant l'Europe. Œuvres complètes*, t. XX, Hachette, 2013.
24. Émile Ollivier, « La Crise intérieure après Sadowa », *La Revue des Deux Mondes*, 5e période, t. XXI, 1904, p. 517-555.

> Rhin, qui m'a contraint à la paix de Villafranca. Comment rester inerte après les enseignements de la dernière guerre ?

Quand il lui avait affirmé que l'organisation actuelle du recrutement ne nous assurait pas le nombre nécessaire et qu'il fallait absolument l'obtenir, Émile Ollivier lui avait répondu :

> grâce à la longueur de notre service militaire, à notre système de réserves qu'on pourrait encore perfectionner, à l'élasticité de nos contingents actuels, notre armée a une solidité que le système prussien, plus démocratique, mais moins militaire, affaiblirait.

L'historien Adrien Dansette, qui a beaucoup travaillé sur les causes de l'échec de cette réforme militaire – qui allait déboucher sur le désastre de Sedan –, n'a pu s'empêcher d'écrire : « Il faut rendre cette justice à Napoléon III que, seul, il conçut et voulut une véritable réforme militaire. »

Mais les républicains étaient contre, les royalistes étaient contre, les libéraux étaient contre, Thiers était contre – et même beaucoup de bonapartistes. Les militaires, pour la plupart, étaient contre, les bourgeois, les paysans, les ouvriers étaient contre.

Adrien Dansette a résumé ainsi les motivations des opposants de tous bords :

> Égoïsme de la bourgeoisie attachée à un privilège exorbitant, aveuglement de la paysannerie attachée au billet de loterie du bon numéro, idéologie des républicains étrangère au réel, sommeil intellectuel des chefs militaires, préoccupations électorales des ministres et des députés, les Français ne voulaient pas autre chose que leur vieux système militaire[25].

La réforme avait échoué. La guerre aurait lieu. Elle serait perdue.

---

25. Adrien DANSETTE, « La réforme militaire de 1867 et la défaite de 1870 », *La Revue des Deux Mondes*.

Le 18 janvier 1871, l'unité allemande serait proclamée à Versailles. Le 15 février, l'armistice serait signé, le 10 mai le traité de paix entérinerait l'annexion de l'Alsace et de la Moselle par l'Empire allemand. Le 27 juillet 1872, sous la présidence d'Adolphe Thiers, le service militaire universel et obligatoire serait instauré.

Tout le monde avait pu voir les signes annonciateurs de la Première Guerre mondiale. Mais la plupart des gens avaient regardé ailleurs. Les historiens s'accordent pour souligner une sorte de fatalisme des responsables politiques européens et l'aveuglement des opinions publiques. Là encore, chacun joua inconsciemment son rôle dans la tragédie qui allait implacablement vers son issue. L'historien australien Christopher Clark n'a-t-il pas intitulé en 2013 son livre sur les causes de la Première Guerre mondiale : *Les Somnambules, été 1914 : comment l'Europe a marché vers la guerre* ?

En 1905 et en 1911 au Maroc, en 1908 quand l'Autriche annexe la Bosnie-Herzégovine, en 1912 et en 1913 lors des deux guerres balkaniques, la guerre avait été évitée de justesse. Au bord du gouffre d'un conflit mondial, les grandes puissances avaient reculé. Mais, depuis des années, chacun prêtait à l'autre l'intention de déclencher les hostilités. Tous nouaient des alliances et accumulaient les armes qui rendaient la guerre inévitable.

Après l'assassinat de l'archiduc autrichien François-Ferdinand à Sarajevo le 28 juin 1914, personne ne croyait que, cette fois, la guerre allait éclater. En vacances près d'Ostende, dans une station balnéaire belge en juillet, Zweig avait observé jusqu'aux derniers jours de paix les gens de toutes les nationalités

> heureux de leurs congés, allongés sur la plage sous leurs tentes bariolées et l'inquiétude sur les visages qui ne durait que quelques secondes à la lecture des manchettes des journaux avant de retourner s'ébrouer joyeusement et barboter dans l'eau.

La guerre n'arriverait pas.

Mais, alors que le tsar et l'empereur d'Allemagne s'échangeaient encore des télégrammes pour tenter *in extremis* d'éviter le pire, la machine infernale était en branle avec ses rouages humains, à chacun desquels le destin avait depuis longtemps assigné son rôle. Dans les chancelleries et dans les états-majors, tous craignant d'être attaqué, chacun voulait entrer en guerre avant l'autre.

Dans son essai d'historiographie sur *Les Causes de la Première Guerre mondiale*, l'historien français Jacques Droz écrit :

> Dans la conscience nationale s'étaient constitués une série de mythes, en vertu desquels chaque nation transférait sur sa rivale un certain nombre de ses propres soupçons et de ses propres ambitions. Chacun avait ses raisons. Quand la France pour conjurer la menace allemande avait conclu une alliance de revers avec la Russie, l'Allemagne s'était sentie encerclée et ses chefs militaires hantés par la crainte de ne pas pouvoir mener sur les deux fronts une guerre qu'ils croyaient inéluctable ne songèrent plus qu'à convaincre le pouvoir politique d'engager une guerre préventive tant que se présentèrent des circonstances favorables.

Et pourtant, parmi eux, beaucoup avaient le pressentiment de la catastrophe. Moltke, le chef de l'état-major général allemand, qui avait pourtant prôné la guerre préventive, écrivait dans son carnet :

> Il faudrait à présent un miracle pour éviter le déclenchement d'une guerre qui anéantira la civilisation de presque toute l'Europe pour des décennies

et dans une lettre à sa femme, dès le 7 septembre 1914, il écrira :

> Quels torrents de sang ont coulé, dans quel désespoir indicible sont plongés les innocents innombrables dont la maison et la ferme ont été brûlées et dévastées ! Je frémis parfois à cette pensée ; j'ai l'impression que je suis responsable de toutes ces horreurs et pourtant je ne pouvais agir autrement[26].

26. Cité par Jacques Droz, *op. cit.*

Ni lui ni personne n'avait pensé à cet engrenage fatal. Et puis, si la guerre éclatait, elle serait courte. « Vous serez rentrés pour les moissons », promettait le Kaiser à ses troupes.

La guerre se prolongea quatre ans et fit vingt millions de morts. En 1916, 1917, 1918, chacun s'ingénia – à l'exception notable du dernier empereur d'Autriche, Charles Ier – à ce qu'aucune négociation de paix ne puisse s'ouvrir. Pourtant, aucun des chefs d'État qui avait engagé et maintenu leur pays dans cette guerre n'était fou.

Comme dans les pièces d'Eschyle et de Sophocle, même si l'*hubris*, l'orgueil démesuré, volonté de puissance aveugle, y est l'un des personnages principaux, dans les engrenages tragiques qui conduisent aux guerres, ce n'est pas ce qu'il y a de singulier dans la psychologie des individus ou leur santé mentale qui comptent le plus. Il faut croire Christopher Clark quand il conclut :

> Le déclenchement de la guerre de 14-18 n'est pas un roman d'Agatha Christie à la fin duquel nous découvrons le coupable, debout près du cadavre dans le jardin d'hiver, un pistolet encore fumant à la main. Il n'y a pas d'arme du crime dans cette histoire, ou plutôt il y en a une pour chaque personnage principal. Vu sous cet angle, le déclenchement de la guerre n'a pas été un crime, mais une tragédie.

Au cœur de cet engrenage fatal, il y a toujours des jeux d'alliance, des méfiances réciproques, des intentions réelles ou supposées prêtées aux autres, des plans de guerre préventive ou préemptive.

Comme finalement bien souvent dans l'engrenage qui conduit au déclenchement des guerres, à partir d'un certain moment, tous les acteurs se mettent à penser que la guerre étant devenue inévitable, il faut tout faire pour l'engager dans les meilleures conditions

Comme l'a rappelé Edgar Morin, dans les années 1930, les gens de sa génération avaient marché vers la guerre comme des somnambules. Pourtant, tout avait annoncé le malheur. Il y avait eu d'abord l'arrivée d'Hitler au pouvoir, portée par la Grande Dépression, souffrance de trop pour une société mise à rude épreuve par les sanctions que lui avaient infligées les vainqueurs de 1918 pour la punir, par les crises à répétition – depuis l'hyperinflation de 1923 jusqu'au chômage de masse – et par la violence avec laquelle s'opposaient des factions prêtes à s'entre-tuer. Puis, il y avait eu la remilitarisation de la Rhénanie, puis le renversement d'alliance qui avait jeté Mussolini dans les bras d'Hitler, puis le soutien des deux dictateurs à Franco au cours de la guerre d'Espagne, puis le dépeçage de la Tchécoslovaquie, puis l'annexion de l'Autriche, puis le pacte germano-soviétique... Mais, jusqu'au dernier moment, la plupart des gens pensaient tout de même que la guerre n'aurait pas lieu. En tout cas, ils agissaient comme si elle n'allait pas avoir lieu. Et quand la France et l'Angleterre acculées avaient déclaré la guerre à l'Allemagne à la suite de l'invasion de la Pologne, elles se gardèrent bien d'attaquer pour soulager les Polonais : elles se contentèrent de la « drôle de guerre », à l'abri de la ligne Maginot. La vraie guerre n'aurait pas lieu. Jusqu'au jour où Hitler, ayant les mains libres à l'est, avait décidé que le moment de la vraie guerre était venu. Les plus lucides, comme Churchill, avaient prêché dans le désert durant des années. On les avait mis à l'index, écartés. Ils dérangeaient. Il fallait à tout prix tirer les dividendes de la paix. Churchill sera nommé *in extremis* Premier ministre le 10 mai 1940, soit le jour même où les chars allemands s'engouffraient dans la trouée de Sedan. Trop tard pour empêcher la débâcle de 1940, juste assez tôt pour que l'Angleterre continuât la guerre jusqu'à la victoire finale, ce qu'aucun autre politicien anglais de cette époque n'aurait fait.

Nous nous étions habitués, depuis plus de trente ans, depuis que le mur de Berlin était tombé, à ne regarder la guerre que de très loin, même quand nos soldats y étaient engagés. Nous nous étions faits à l'idée que la démocratie telle que nous la concevons allait finir par triompher sur toute la planète avec le marché, le libre commerce, les droits de l'homme et la paix universelle. L'ancien « monde libre », le nôtre, que l'on appelait désormais « l'Occident » et qui avait fini par gagner la guerre froide, avec ses tribunaux internationaux, la compétence universelle de ses juges, son pouvoir de sanction économique, sa technologie, ses capacités de projection militaires, s'était octroyé le droit et même le devoir d'ingérence. Au nom de sa supériorité morale, il se regardait comme le gendarme du reste du monde. Fin annoncée de l'histoire, de ses engrenages tragiques et bonne conscience de l'Occident. Comme après la Première Guerre mondiale, on s'était dit : « Plus jamais ça ! » Et on avait mis la guerre hors la loi ! On avait vu quel avait été le sort de la Société des Nations, et comment la guerre était revenue, pire encore que la précédente. L'illusion de la fin de l'histoire est une illusion dangereuse. L'illusion de la fin des guerres aussi.

Il y avait bien eu la guerre en Yougoslavie, deux cent vingt mille morts tout de même. Il y avait bien eu la guerre en Irak – peut-être cinq cent mille à six cent mille morts en huit ans –, en Afghanistan – au moins cent soixante mille morts sur vingt ans –, en Syrie – peut-être cinq cent mille morts en dix ans –, au Yémen – peut-être déjà trois cent quatre-vingt mille morts en sept ans –, en Afrique, dans la région des Grands Lacs – peut-être six millions de morts en quatre ans –, et la guerre entre l'Érythrée et l'Éthiopie – peut-être six cent mille morts en deux ans –, et la guerre au Soudan du sud, et le Haut-Karabagh, mais tout ça, c'était si loin. Les guerres, c'était comme tant d'autres choses qui ne pouvaient plus affecter l'Occident : les crises financières mondiales, les pandémies, le terrorisme à grande échelle ou des événements comme l'assaut du Capitole.

Et puis, tout à coup, la guerre en Ukraine, sur le continent européen, la guerre à nos portes, si près de nous. La Yougoslavie c'était à moins de deux heures d'avion de Paris, quand Kiev est à trois heures. Mais personne n'avait pensé que le sort du monde pouvait s'y jouer, ni que cette guerre pouvait venir jusqu'à nous. La guerre en Ukraine, si.

En 1914, l'un des rôles déterminants à l'instant décisif de l'embrasement généralisé avait, peut-être, été la promesse française inconsidérée d'être automatiquement au côté de la Russie, qui a pu pousser cette dernière à l'imprudence. C'était la thèse de Jules Isaac, l'auteur des manuels d'histoire de la IIIe République :

> Certes, le jour où la guerre éclatait, il ne pouvait être question pour la France d'abandonner son alliée ; mais, jusqu'à ce moment, le

> devoir était de se tenir en garde contre les initiatives risquées, les gestes impulsifs du gouvernement russe. Ce devoir de prudence, la diplomatie française l'a-t-elle rempli ? Ou l'aurait-elle sacrifié à ce qui peut-être lui apparut un devoir impératif : prendre à revers l'agresseur supposé, soupçonné, désigné par avance[27] ?

Ce devoir de prudence, les diplomaties américaine et européenne l'ont-elles rempli sur la question ukrainienne, ou l'ont-elles sacrifié à ce qui put leur apparaître un devoir impératif : affaiblir la Russie, « l'agresseur supposé, soupçonné, désigné par avance » ?

C'est à cette aune qu'il aurait fallu analyser l'accord de partenariat stratégique entre les États-Unis et l'Ukraine conclu le 10 novembre 2021, dont la presse européenne n'a quasiment pas parlé, et qui désignait explicitement la Russie comme l'ennemi, scellant l'alliance des deux pays contre cette dernière, promettant l'entrée de l'Ukraine dans l'Otan que, en 2008, du temps de Sarkozy et Merkel, la France et l'Allemagne avaient bloquée. Cet accord qui pouvait légitimement conduire l'Ukraine à se croire dotée par les États-Unis d'une assurance tout risque contre son grand voisin menaçant n'était-il pas ressenti comme une incitation à l'imprudence pour la première et une menace pour la seconde ? Le projet de faire adhérer l'Ukraine à l'Otan était le couronnement d'un processus visant à la faire sortir de l'orbite russe pour la faire entrer dans l'orbite occidentale, et qui a été engagé par l'Union européenne et les États-Unis depuis la révolution de Maidan en 2014 – à laquelle ces derniers ont pris une part active –, et l'annexion de la Crimée par la Russie et les combats dans le Donbass qui se sont ensuivis, en violation permanente des accords de Minsk. Car tout le monde préparait la guerre : les Russes, les Ukrainiens, mais aussi les pays de l'Otan qui entraînaient et armaient massivement l'armée ukrainienne, chacun rendant pour l'autre la menace et les craintes de plus en plus fondées, et ainsi la guerre de plus en plus fatale.

Mais pour comprendre l'enchaînement des événements de ces dernières années, il faut remonter à 1991, quand l'Occident a choisi

27. Cité par Jacques Droz, *Les causes de la première guerre mondiale*, éditions du Seuil, 1978.

de soutenir Eltsine et d'accompagner le démembrement de l'Union soviétique. Malgré tout, tout avait bien commencé. La Russie était demandeuse d'un partenariat avec l'Occident et l'Occident semblait promettre d'associer la Russie à la construction d'un nouvel ordre mondial dans lequel elle jouerait un rôle à la hauteur de son statut de grande puissance. En 1994, la Russie a adhéré au programme pour la paix de l'Otan, et en 1997 a signé l'Acte fondateur Otan-Russie. Si, en 2002, elle a participé encore à la création du Conseil Otan-Russie, la confiance s'érodait depuis que l'Otan avait, en 1997, ouvert la porte de l'adhésion aux anciens pays de l'Est, puis, en 1999, était intervenu en Yougoslavie. En 2004, la Révolution orange en Ukraine avait été appuyée par les Américains.

La confiance a été définitivement ruinée par le rapprochement de la Géorgie avec l'Otan et la sécession forcée du Kosovo d'avec la Serbie en 2008, auxquels a répondu l'entrée des chars russes en Géorgie. N'ayant pas trouvé la place qu'elle pensait devoir lui revenir sur la scène du monde de l'après-guerre froide et jugeant, à tort ou à raison, que l'Occident avait manqué à sa parole, la Russie a vécu le retour du refoulé d'une grande puissance déchue.

Après la Première Guerre mondiale, on avait signé des traités, redessiné la carte de l'Europe, tenté de construire une paix durable sans en tenir compte, au nom de grands principes et de lois plaquées sur ces réalités occultées et pourtant si profondes. On sait ce qu'il advint. À la fin de la guerre froide, il n'y eut pas de traité de Versailles ou de Trianon, on n'écrivit rien sur les responsabilités, mais on entama la réorganisation du continent européen – sans davantage tenir compte de ces réalités profondes qui finissent toujours par remonter d'autant plus violemment à la surface qu'elles ont été plus fortement niées.

En 1991, ce n'est pas seulement l'URSS qui a éclaté, mais le vieil empire des tsars, comme il avait éclaté en 1917 et 1918 au temps de la débâcle russe, de la paix de Brest-Litovsk, de la révolution et de la guerre civile.

L'éclatement du vieil empire russe a laissé vingt-cinq millions de Russes en dehors des frontières de la Russie, en Ukraine, en Biélorussie, en Ouzbékistan, en Lettonie, au Kirghizistan, en

Moldavie, ou encore au Kazakhstan où ils représentent 20 % de la population. Tous les empires, quand ils éclatent, laissent des débris qui préparent bien souvent des conflits futurs. En Europe centrale et orientale l'éclatement de l'Empire ottoman, la destruction de l'empire austro-hongrois et les déplacements de frontières et de populations opérés par Staline après 1945, ont enclavé dans presque tous les États des minorités qui ne souhaitaient pas en faire partie : des Allemands dans la Haute-Silésie devenue polonaise, près de quatre millions de Hongrois hors des frontières de la Hongrie, dont plus de deux millions en Roumanie, des Turcs en Bulgarie, des Grecs en Albanie, des Albanais et des Hongrois en Serbie, des Albanais en Macédoine. Et, au Moyen-Orient, l'Empire ottoman a laissé derrière lui trente millions de Kurdes partagés entre d'autres États.

La guerre en Ukraine a ramené avec elle le spectre qui a hanté l'Europe tout au long de la guerre froide, celui de la Troisième Guerre mondiale, le spectre de ce que les militaires appellent la guerre à haute intensité sur le sol européen, et le spectre de la guerre nucléaire. L'Occident, cependant, en a négligé dangereusement la dimension tragique.

Certes, depuis que les chars russes sont entrés en Ukraine, tout le monde a parlé du retour du tragique. Mais c'est en général pour dire que le malheur est de retour. Or, le tragique, c'est beaucoup plus que ça. Le tragique, c'est beaucoup plus profond. Il fait partie de ces choses qui comptent tant dans les comportements humains, mais qui ne se voient pas, que l'on n'explique pas, mais que l'on sent, que l'on ressent, qui se dévoile, comme dans les tragédies d'Eschyle ou de Sophocle. Il a partie liée avec le mystère de l'homme, de sa condition. Il est tout ce qui dans l'homme résiste au manichéisme, à la réduction de la morale au seul affrontement du bien absolu et du mal absolu.

Dans *L'Archipel du goulag*, Soljenitsyne avait pourtant écrit :

> Ah si les choses étaient si simples, s'il y avait quelque part des hommes à l'âme noire se livrant perfidement à de noires actions

et s'il s'agissait seulement de les distinguer des autres et de les supprimer !

Ah, si les choses étaient si simples ! Et si la bonne conscience ne risquait pas de conduire à des catastrophes ! Mais, parce que les choses humaines ne sont pas si simples, la morale de la politique confrontée à des dilemmes tragiques n'est pas dans la bonne conscience, mais dans le cas de conscience.

Le retour de la guerre totale, ce n'est pas le retour du tragique au sens du drame, ni celui du sang et des larmes dans le combat manichéen du bien contre le mal. C'est le retour du tragique au sens de la tragédie grecque, au sens où l'on est obligé de se salir les mains dans le déchirement de la conscience et l'entre-deux du bien et du mal, quand il faut choisir entre deux vérités, deux légitimités et même entre deux crimes également légitimes. Penser le tragique c'est encore penser avec Sophocle, avec Antigone et Créon, avec chacun d'eux qui « voit seulement le droit d'un côté, le tort de l'autre », et qui, enfermé dans sa vérité absolue ne peut qu'aller au bout de celle-ci. Jusqu'à l'anéantissement de l'un et de l'autre. Le poète tragique met en scène avec les moyens du théâtre ce moment de lucidité douloureuse où l'homme, au pied du mur de sa condition est obligé d'intérioriser « le caractère inéluctable du conflit dans la vie morale ». L'inéluctable et insoluble « collision des devoirs ». Paul Ricœur le souligne avec justesse : « La tragédie est l'œuvre des personnages agissants et de leurs individualités. Mais ils sont au service de grandeurs spirituelles qui les dépassent ». Ce conflit tragique entre ces « grandeurs spirituelles » que le théâtre personnifie, il se joue en nous-même, nous oppose à nous même au moment de décider et d'agir. Chaque être confronté au dilemme tragique, à l'angoisse du choix et ayant une conscience morale est en même temps Antigone et Créon. Il ne s'agit pas de convaincre deux partis d'une réconciliation où, pour reprendre une formule de Hegel, les deux « je » se désisteraient. La réconciliation est impossible. La seule issue pour répondre à l'impératif de l'action est le déchirement de la conscience dans la douleur et la culpabilité. En nous, Antigone sait qu'elle commet un crime et Créon aussi. La conscience du tragique, c'est la conscience que, quel que soit le choix que nous faisons face à une contradiction insoluble, nous sommes coupables. Œdipe et Créon finissent écrasés par le poids de leur culpabilité. La bonne conscience élimine la culpabilité et, en cela, elle a quelque chose de monstrueux: les monstres ne se sentent jamais coupables. Hitler et Staline ne se sont jamais sentis coupables de rien, alors que, tout en assumant leurs choix Blum se sentira coupable de la non intervention dans la guerre civile espagnole et Churchill d'avoir permis que le « rideau de fer » s'abatte sur l'Europe après 1945. Comme toujours, au cœur du tragique, il y a le heurt de la liberté et de la nécessité que l'on nommait jadis le destin. Le sentiment douloureux et parfois même effrayant du tragique, c'est la rançon de la liberté humaine. Dans une société comme la nôtre, qui paraît obsédée par la liberté, le tragique devrait donc être omniprésent. Or, au contraire, la conscience du tragique recule au profit de la dictature de la bonne conscience toujours du côté du bien contre le mal. Preuve que malgré les apparences et les déclarations d'intention, la liberté n'est plus la finalité de notre société ou que le mot n'a plus le même sens. Mais que veut-il dire alors?

Ah, si les choses étaient si simples! Si nous n'avions pas à nous préoccuper de « la profondeur des arrières plans de l'action » , si, dans nos comportements, il ne restaient plus de trace des « fondements archaïques et mythiques » depuis longtemps oubliés et indéchiffrables, s'il n'y avait pas en chacun de nous ce « fond ténébreux de motivations que nulle analyse de l'intention morale n'épuise » , si « les causes apparentes que nous prêtons aux événements dont nous sommes les auteurs, (n'étaient jamais) fort différentes des causes réelles qui nous assignent un rôle ».

Mais si elles étaient si simples, à quoi ressemblerait le monde? À quoi ressemblerait l'homme? Mais ceux qui croient que tout commence avec eux diront que nous ne sommes pas des Grecs de l'Antiquité. Ils ne peuvent pas comprendre, et c'est le drame de notre époque, ce que nous pouvons avoir de commun avec Oreste, Œdipe ou Antigone, et qu'Eschyle et Sophocle nous parlent de nous.

En attendant, si la conscience du tragique disparaît, le tragique demeure. Le moment tragique, c'est celui où Blum va décider s'il intervient dans la guerre d'Espagne, où Truman doit décider s'il va employer la bombe atomique contre le Japon en 1945.

C'est celui de l'horrible journée de René Char dans le maquis :

> Horrible journée ! J'ai assisté, distant de quelque cent mètres, à l'exécution de B. Je n'avais qu'à presser la détente du fusil-mitrailleur et il pouvait être sauvé ! Nous étions sur les hauteurs dominant Céreste, des armes à faire craquer les buissons et au moins égaux en nombre aux SS. Eux ignorant que nous étions là. Aux yeux qui imploraient partout autour de moi le signal d'ouvrir le feu, j'ai répondu non de la tête… Le soleil de juin glissait un froid polaire dans mes os.
> Il est tombé comme s'il ne distinguait pas ses bourreaux et si léger, il m'a semblé, que le moindre souffle de vent eût dû le soulever de terre.
> Je n'ai pas donné le signal parce que ce village devait être épargné à tout prix. Qu'est-ce qu'un village ? Un village pareil à un autre ? Peut-être l'a-t-il su, lui, à cet ultime instant[28] ?

Le tragique, c'est le contraire de la bonne conscience, de la certitude d'être dans le camp du bien, celui où l'on n'a pas d'état d'âme, rien à peser dans sa conscience, où le cas de conscience ne peut pas exister. Quand on est le bien qui combat le mal, on peut tout se permettre, même le crime sans se poser de question : « Tuez-les tous, Dieu reconnaîtra les siens », c'est pour le bien et pour leur bien. L'esprit de croisade poussé à toutes ses extrémités. L'histoire a montré que tous les peuples étaient capables de commettre de grands crimes. Russes, Ukrainiens, Allemands, Japonais, Turcs, Espagnols, Portugais, Américains et tous les autres peuples ont des monceaux de morts et parfois même des génocides sur la conscience. La France a eu les siens, les dizaines de milliers de victimes de la Terreur, celles des Colonnes infernales de la guerre de Vendée, les centaines de milliers – peut-être un million de morts – de la conquête de l'Algérie, dont ceux des « enfumades » de Bugeaud…

À s'enfermer un peu plus dans la certitude d'être le camp du bien, celui de la bonne conscience qui lui a, depuis déjà longtemps,

28. René Char (1946), *Feuillets d'Hypnos*, Folio, 2007.

aliéné une bonne partie du monde, l'Occident perd la conscience du tragique. C'est aussi destructeur moralement que la *cancel culture* qui en est la figure inversée. Entre la bonne conscience du camp du bien et la mauvaise conscience de la repentance et du décolonialisme, l'Occident se perd moralement et intellectuellement en éludant le cas de conscience.

Eliminer le cas de conscience, c'est perdre la conscience du tragique, c'est être à la place de René Char par cette horrible journée au-dessus d'un village où les Allemands viennent arrêter l'un de ses maquisards, et tuer sans hésiter les Allemands, libérer son compagnon de résistance en ne se sentant aucune responsabilité dans la vengeance que les Allemands exerceront sur le village en massacrant tous ses habitants. Perdre le sens du tragique, c'est ne pas se sentir concerné par le malheur qui s'abattra sur le village. C'est s'exonérer par avance de toute responsabilité morale du massacre à venir, alors que l'on a la certitude que l'occupant se vengera. René Char ne s'exonère pas de sa déchirante responsabilité morale. Celui qui s'en exonère est un monstre. Le monstre n'a pas de cas de conscience. Non pas tant par la décision qu'il prend en sacrifiant tout le village que par la façon dont il la prend. La perte du sens du tragique est une perte du sens moral.

Perdre la conscience du tragique pour l'Occident, c'est perdre la conscience des risques qu'il prend pour des dizaines de millions d'hommes et des risques qu'il fait prendre au monde. Car la guerre obéit à une logique d'engrenage. L'idée que la guerre n'obéit de bout en bout qu'à une rationalité politique était déjà irréaliste s'agissant de la guerre de Trente Ans, qui au XVIIe siècle avait tué un tiers de la population de l'Europe centrale, soit au moins cinq millions de morts si l'on s'en tient au Saint Empire. Avec l'irruption des masses et d'armes de plus en plus puissantes, la guerre moderne est devenue davantage encore une montée aux extrêmes inexorable. La guerre, c'est un vertige de violence mimétique et épidémique, si bien analysé par René Girard, dont l'armement moderne et l'arme nucléaire ont repoussé les limites à l'infini. La montée aux extrêmes est la seule rationalité de la guerre.

« Ce ne sont pas les différences, mais leur perte qui entraîne la rivalité démente, la lutte à outrance entre les hommes », dit René Girard.

Or, qu'est-ce qui ressemble le plus à un Russe qu'un Ukrainien ? Mais derrière cette guerre fratricide, qui est une guerre civile au sein du monde slave, il y a une guerre éternelle entre la Russie et l'Occident, réactivée sur un champ de bataille qui est le même depuis des siècles, et que des deux côtés on s'efforce, avec de plus en plus de succès, de transformer en matrice d'une guerre de civilisations.

Des dizaines de milliers d'hommes, de femmes et d'enfants meurent en Ukraine sous les bombes, dans les ruines de leurs maisons, et des millions sont jetés sur les routes la peur au ventre sans comprendre pourquoi, sous les balles, des soldats de 20 ans qui voient mourir leurs camarades à côté d'eux sont pris de folie meurtrière dans cette guerre qui est aussi une guerre par procuration. Jusqu'à quand ?

Les sanctions arrêteront-elles la guerre ? Détacheront-elles le peuple russe ou les élites russes du régime ? Les retourneront-ils contre lui ? Mais les sanctions font-elles davantage souffrir les Russes ou les Européens ? Et cassent-elles le moral des Russes ? Rien n'est moins sûr au regard des leçons de l'histoire. À l'automne 1940, avec la bataille d'Angleterre et le bombardement de Londres, Birmingham, Portsmouth, Glasgow, les nazis avaient inauguré la stratégie dans laquelle la population civile est davantage visée que les cibles militaires. Au lieu de dresser le peuple anglais contre son gouvernement, les bombardements n'avaient fait que durcir l'esprit de résistance. Les Nazis avaient recommencé en Russie cette stratégie de la terreur, avec le résultat que l'on sait. En 1943, Churchill et Roosevelt, entraînés sur la pente fatale de la guerre totale, avaient décidé le bombardement massif des villes allemandes, en espérant qu'il pousserait la population à renverser le régime. À Hambourg, en une semaine, les bombardements avaient fait quarante mille morts ; à Dresde, en 1945, en une seule nuit, ils en avaient fait au moins quarante mille, brûlés vifs par les bombes incendiaires. Le régime n'avait pas été renversé et les bombes contre les civils n'avaient fait qu'accroître la résilience du peuple allemand. Quand il n'y avait plus eu assez de troupes, les vieux avaient été armés. Il avait fallu tuer les vieux. Quand il n'y avait eu plus assez de vieux, les adolescents avaient été armés. Il avait fallu tuer les adolescents.

Au regard de l'histoire de la Russie, est-il raisonnable de faire le pari que le peuple russe sera moins résilient demain que les Anglais ou les Allemands ou les Japonais l'ont été hier ? Tout porte à croire que c'est un pari au moins aussi déraisonnable que celui qu'ont fait les Russes en sous-estimant la résilience des Ukrainiens. La surenchère pour casser le moral des populations est un pari perdu d'avance pour les deux parties ; elle ne fait que nourrir l'escalade et mettre un peu plus le monde à la merci d'un accident ou d'un dérapage.

Et quelle serait alors la riposte ? Que feraient alors la France ou les États-Unis placées au pied du mur de l'escalade de la guerre totale ? Et quelle guerre ? Une guerre européenne ? Une guerre de civilisation ? Une guerre mondiale ? Une guerre nucléaire qui détruirait d'abord l'Europe, mais qui pourrait aussi détruire l'humanité ?

Qui le veut ? Personne ! Qui prend le risque de la montée aux extrêmes ? Tout le monde ! Qui met chaque jour un peu plus le doigt dans l'engrenage de la guerre ? Tout le monde ! Qui se rapproche sans cesse de la cobelligérance ouverte ? Tous ceux qui livrent des armes de plus en plus meurtrières et qui envoient des forces spéciales sur le terrain. Les livraisons d'armes, comme les sanctions, auraient pu être des moyens de pression dans la négociation, au lieu d'être une façon de faire la guerre par procuration. On ne joue pas à la guerre et on ne joue pas avec la guerre, car on finit toujours par s'impliquer davantage : on ne fait jamais bien longtemps la guerre à moitié comme l'a cru Poutine avec son « opération spéciale » ou comme on a cru pouvoir la faire en Libye avant de se retrouver pris dans l'engrenage. La Libye est un cas d'école de l'engrenage militaire : au départ, personne ne veut faire la guerre, mais seulement protéger le million d'habitants de Benghazi que le colonel Kadhafi menace de massacrer. On installe une zone d'exclusion aérienne. Puis on bombarde les colonnes de chars qui se dirigent vers Benghazi. Puis petit à petit on se laisse entraîner dans une véritable guerre contre le régime. Le régime libyen s'effondre, l'État aussi, le tyran est abattu. Rien de cela n'était voulu, prévu, planifié. C'est l'engrenage de la guerre dans lequel il ne faut pas mettre le doigt si l'on ne veut pas prendre le risque d'être entraîné malgré soi plus loin qu'on ne l'aurait voulu. On connaît la suite de l'histoire : le chaos, les tribus, les mafias, la guerre civile, la porte grand ouverte à une immigration incontrôlée vers l'Europe, les passeurs qui jettent sur la mer après les avoir rançonnés un flot ininterrompu de migrants sur des embarcations de fortune vouées au naufrage.

Et si nous étions intervenus en Syrie, dans les années 2014-2015, contre le régime de Bachar al-Assad, comme il en fut beaucoup question jusqu'à ce que Barack Obama fasse marche arrière, où aurait conduit l'engrenage de cette guerre qui aurait laissé le champ libre à l'État islamique alors en pleine expansion. Jusqu'où serait-il allé ?

L'engrenage qui a conduit à la guerre en Ukraine nous a échappé et l'escalade de la guerre, si elle continue, pourrait bien nous échapper aussi.

La guerre avale tous ceux qui s'en approchent de trop près. Peut-être n'aurait-on pas pu empêcher celle-là, mais on aurait pu essayer de tout faire pour y parvenir. L'Union européenne aurait pu s'engager à ne pas faire adhérer l'Ukraine. L'Otan aurait pu décider que l'Ukraine n'entrerait pas dans l'Alliance et que cette dernière cesserait pour l'avenir de pratiquer ce qu'elle appelle « la politique de la porte ouverte ». La France et l'Allemagne auraient pu œuvrer dans ce sens comme elles l'ont fait en 2008.

Maintenant que la guerre est là, plus elle durera, plus grand sera le nombre des soldats russes et ukrainiens qui auront versé leur sang, plus ce sera difficile pour chacun de faire des concessions. La Russie utilisera-t-elle des armes nucléaires tactiques sur le champ de bataille ? Elle a dit qu'elle ne le voulait pas, sauf si elle-même subissait une attaque nucléaire. Il n'y a pas de raison de penser que c'était un mensonge. Les dirigeants russes ne sont pas fous, mais aucun dirigeant européen ne l'était en 1914. En 1940, ni Churchill, ni Roosevelt, ni Truman n'avaient pensé qu'un jour ils feraient bombarder massivement des populations civiles. La guerre fait faire souvent des choses que l'on n'avait pas imaginé de faire, que l'on ne voulait pas faire.

Encore une fois, dans le vertige de violence de la guerre, dans le jusqu'au-boutisme de la guerre, dans l'engrenage de la violence et de la vengeance, tout peut arriver. Tout, c'est-à-dire l'issue fatale pour une partie de l'humanité, ou la capitulation des puissances occidentales qui, au pied du mur, ne voudront pas risquer le pire pour secourir l'Ukraine, ni même pour secourir les pays baltes ou la Pologne.

Faire la moindre concession à l'agresseur, c'est se plier à la loi du plus fort. N'en faire aucune c'est se plier à la loi du plus fou. Tragique dilemme que nous avons décidé d'occulter, comme tous les autres.

L'histoire ne se répète pas, mais elle en dit beaucoup sur les risques que nous pourrions prendre : en 1918, les vainqueurs avaient voulu désigner les coupables : le Kaiser et le militarisme allemand. On voulut faire passer le Kaiser en jugement. Les Pays-Bas, où il s'était exilé, avaient refusé de le livrer. Mais on avait fait payer l'Allemagne et l'Autriche. On avait tellement fait souffrir l'Allemagne pour la punir que la société allemande enfanta l'hitlérisme. On avait détruit l'Empire austro-hongrois qui était un contrepoids à l'Allemagne en Europe centrale.

Le Kaiser devait être jugé ! L'Allemagne paierait ! l'Autriche paierait ! Malheur aux vaincus ! Mais le « malheur aux vaincus » qui désigne le coupable, qui l'humilie, qui le punit tend plus souvent le ressort de la guerre suivante que celui de la paix. Ainsi s'était amorcé l'engrenage qui allait déboucher sur un carnage de soixante millions de morts.

Le pacifisme est dangereux parce qu'il ne veut pas voir la violence dans l'homme. Le bellicisme est dangereux parce qu'il voit dans la guerre une puissance de régénération ou une issue de secours pour un régime en perdition. Le pacifisme fait du pacifiste et de ceux qu'il entraîne avec lui des victimes expiatoires ou des collabos. Le bellicisme fait du belliciste un grand criminel. Ce que l'on appelle la *realpolitik*, la vraie, n'est pas celle du cynisme, mais celle qui prend en compte la réalité de la nature humaine.

Dans l'histoire, la politique n'a pas toujours rempli son rôle. Elle ne l'a pas rempli non plus dans ces décennies d'après-guerre froide et de mondialisation, en se contentant de se réclamer de grands principes de droit et de justice que nous ne nous appliquions même pas à nous-même, pour nous donner bonne conscience en nous masquant la réalité du monde et celle de la nature humaine. Dans ce conflit, nous avons, depuis les origines, négligé l'invisible – comme tout le monde a négligé les engrenages psychologiques qui fabriquent la guerre et la montée aux extrêmes.

En attirant l'Ukraine dans l'orbite de l'Europe occidentale et des États-Unis, l'Occident a réveillé les vieux antagonismes et les vieux fantômes, et avec eux, les craintes, les méfiances viscérales, d'abord chez les Russes, et, par un effet de réciprocité contagieux, chez les Ukrainiens, puis les Lituaniens, les Polonais, les Slovènes, les Allemands, les Finlandais, les Suédois, et tous les Européens qui voient remonter du fond des âges des tragédies dont les générations les plus jeunes n'ont été ni les acteurs ni les témoins, mais dont le souvenir s'était transmis de génération en génération.

Puissance, là encore, de l'invisible…

Dans le grand retour des refoulés que nous n'avons pas voulu prendre en considération et que nous n'avons pas cessé d'attiser, nous avons contribué aussi à rouvrir les portes de la guerre, tandis qu'à l'autre extrémité de l'Eurasie s'enclenche à nouveau avec la Chine, à propos de Taïwan, cet engrenage des provocations, des surenchères, de la fuite en avant psychologique qui, si souvent, conduisent à la guerre. Tout le monde savait que la visite à Taïwan, en août 2022, de Nancy Pelosi qui présidait alors la Chambre des représentants, et la visite, en avril 2023, aux États-Unis de la présidente de Taïwan, seraient reçues comme des provocations par Pékin et comme une menace pour l'avenir. Rien n'y a fait. Il n'y avait pas de meilleurs moyens de pousser la Chine un peu plus dans les bras de la Russie et de prendre le risque de déboucher un jour sur un conflit, dont il existait toutes sortes de bonnes raisons de penser qu'il ne pourrait jamais arriver, que personne au fond ne le voulait, mais auquel tout le monde travaillait.

L'histoire ne se répète pas, mais nous nous répétons.

La hantise de Munich

Accord conclu à Munich, le 29 septembre 1938, entre l'Allemagne, le Royaume-Uni, la France et l'Italie :

> Les quatre puissances : Allemagne, Royaume-Uni, France, Italie – tenant compte de l'arrangement déjà réalisé en principe pour la cession à l'Allemagne des territoires des Allemands des Sudètes – sont convenues des dispositions et conditions suivantes réglementant ladite cession, et les mesures qu'elle comporte. Chacune d'elles, par cet accord, s'engage à accomplir les démarches nécessaires pour en assurer l'exécution :
> 1o L'évacuation commencera le 1er octobre.
> 2o Le Royaume-Uni, la France et l'Italie conviennent que l'évacuation du territoire en question devra être achevée le 10 octobre, sans qu'aucune des installations existantes ait été détruite. Le Gouvernement tchécoslovaque aura la responsabilité d'effectuer cette évacuation sans qu'il en résulte aucun dommage auxdites installations. [...]

L'accord de Munich par lequel, le 29 septembre 1938, le Royaume-Uni et la France abandonnaient le territoire tchécoslovaque des Sudètes, revendiqué par Hitler parce qu'il était peuplé de trois millions d'Allemands, a profondément marqué l'imaginaire collectif. Il est devenu le symbole de l'aveuglement politique et de la lâcheté. C'est devenu l'image courante, la métaphore qui exprime avec une certaine force le renoncement.

Un Munich peut être social, pédagogique, ou autre. Mais la référence à l'accord de Munich est aussi utilisée comme synonyme de déshonorant à propos d'un choix politique censé répéter le naufrage moral du 29 septembre 1938. L'histoire ne se répète pas, mais Munich revient tout le temps.

Dès la guerre de Corée, le spectre de Munich s'est invité dans le débat. *Le Monde* publie le 14 juillet 1950, alors que les hostilités ont commencé le 25 juin, un article de son correspondant à Washington sous le titre « Pas de Munich asiatique[29] ». En 1956, les gouvernements anglais et français justifient l'expédition de Suez par leur souci d'éviter

29. Maurice FERRO, « Pas de Munich oriental », *Le Monde*, 14 juillet 1950, cité par Jean-Jacques BECKER, « L'éclatement de la guerre en Corée et l'opinion française », in *Guerres mondiales et conflits contemporains*, 2010/3, 239.

un nouveau Munich, avec Nasser dans le rôle d'Hitler. Quand Obama exclut une intervention militaire en Crimée au moment de son annexion par la Russie, c'est Munich, quand il refuse d'intervenir directement en Syrie pour renverser Bachar al-Assad, c'est Munich, quand un accord est conclu avec l'Iran sur le nucléaire, c'est Munich, chercher à arrêter la guerre en Ukraine par la négociation, c'est Munich.

Et chaque Munich a ses Munichois. Munichois, c'est encore plus grave, plus lourd de sous-entendus que Munich. Munichois n'évoque pas seulement une sorte de lâcheté teintée de pacifisme. Munichois, cela sous-entend « collaborateur ». Le Munichois, c'est celui qui se range dans le camp du dictateur, de l'agresseur, dans le camp du mal. Être Munichois, ce n'est pas seulement être Chamberlain ou Daladier, c'est être Marcel Déat, cet homme politique français qui ne voulait pas « mourir pour Dantzig » et sombra dans le fascisme et la collaboration la plus extrême. Être Munichois, c'est être collabo et vendu à Hitler. Être opposé au bombardement de la Serbie, c'est être un collabo vendu à Milošević, nouvel Hitler des temps modernes. Pour s'être rendu en Serbie et au Kosovo en 1999 et en avoir tiré une « lettre au président de la République » qui plaidait pour l'arrêt de la guerre aux Serbes, Régis Debray fut littéralement lynché par la presse et par tous ceux pour qui la guerre était la seule voie honorable pour l'Occident.

Le correspondant à Paris du journal suisse *Le Temps*, en cherchant quelles avaient pu être les motivations de Debray, osa la comparaison en discernant

> une autre motivation, plus obscure celle-là : chez les négationnistes des camps de la mort, c'est leur antisémitisme ; chez Debray, une haine viscérale et inextinguible des États-Unis.

Bernard-Henri Lévy osa à son tour le sous-entendu, de façon encore plus appuyée : « Debray n'est pas Drieu. Ni Belgrade Berlin. Mais enfin[30]... »

---

30 Bernard-Henri LÉVY, « Adieu, Régis Debray », *Le Monde*, 14 mai 1999.

Être opposé à la guerre en Irak, c'est être un Marcel Déat collabo vendu à Saddam Hussein. Vouloir arrêter l'escalade de la guerre en Ukraine par la négociation, c'est être un Marcel Déat collabo et vendu à Poutine, nouvel Hitler, encore, après tant d'autres. Munich, Munichois, c'est la meilleure façon d'interdire tout débat sur la guerre, c'est la meilleure façon d'éliminer tout dilemme tragique face au plus tragique des événements. C'est la bonne conscience qui se débarrasse à bon compte du cas de conscience. Munich fut pourtant pour beaucoup de ses contemporains l'exemple même du dilemme tragique. Léon Blum se disait lui-même déchiré entre « le lâche soulagement et la honte ». Comme on ne refait pas l'histoire, on ne se posera pas la question de savoir dans quel camp nos anti-Munichois d'aujourd'hui se seraient trouvés en 1938 et en 1940.

Mais comprendre ce que nous apprend l'histoire avec Munich n'est pas aussi simple. Revenons à ce que nous en savons.

D'abord, le cadre. Les vainqueurs de la Première Guerre mondiale avaient imposé de dures conditions de paix à l'Allemagne. Celle-ci s'était vue imposer de lourdes sanctions économiques, une limitation stricte de ses moyens militaires et avait perdu une partie de son territoire. L'Alsace et la Moselle étaient rendues à la France, une partie de la Prusse occidentale était donnée à la Pologne, Dantzig passait sous le contrôle de la SDN pour offrir un débouché sur la mer à la Pologne, le Luxembourg devenait indépendant, la Lituanie, la Belgique et le Danemark récupéraient des morceaux. Au total sept millions d'Allemands se retrouvaient hors des nouvelles frontières. La Sarre était placée pour quinze ans sous le contrôle de la SDN et la Rhénanie se voyait démilitarisée. Les traités de Saint-Germain et du Trianon démantelaient l'empire austro-hongrois et toutes les frontières de l'Europe centrale étaient redessinées selon les 14 principes énoncés par le président des États-Unis, Woodrow Wilson, qui souhaitait que les nouvelles frontières suivissent ce qu'il appelait « la ligne clairement reconnaissable des nationalités ».

La Hongrie perdait plus des deux tiers de son territoire et un tiers de sa population se retrouvait hors de ses frontières. L'Autriche se trouvait réduite à un petit État de six millions d'habitants. Deux nouveaux États, la Yougoslavie et la Tchécoslovaquie, étaient créés de toutes pièces, cette dernière avec une minorité allemande de plus de trois millions de personnes dans la région des Sudètes – soit un cinquième de sa population. La Pologne, qui avait cessé d'exister depuis le XVIIIe siècle, était recréée avec des centaines de milliers de Polonais en dehors de ses frontières, dans une partie de la Silésie, le district de Teschen, rattachée à la Tchécoslovaquie parce qu'il avait fait partie de la Bohême des siècles durant. En 1920, un arbitrage international avait partagé ce territoire en deux entre la Tchécoslovaquie, qui avait reçu la part la mieux dotée en ressources minières, la plus importante en superficie et en population, composée d'une forte proportion de Polonais. La Pologne, dès lors, ne cessera de contester cette frontière. Pour ce qui était de la ligne clairement reconnaissable des nationalités, c'était raté pour les Allemands, pour les Hongrois, pour les Polonais, pour les Tchèques et les Slovaques qui n'arrivaient pas à se penser comme une seule et même nationalité, et pour les Serbes et les Croates qui n'y parvenaient pas non plus. On connaît la suite de l'histoire. Les traités de 1919-1920 avaient partout laissé des bombes à retardement.

En 1925, à Locarno, les États européens avaient garanti ces nouvelles frontières en misant sur la sécurité collective sous l'égide de la Société des Nations, ancêtre de l'ONU. C'était la consécration du principe de l'intangibilité des frontières.

Dès les années 1920, la France avait travaillé à tisser un réseau d'alliances entre les pays de l'Europe centrale. En 1921, elle avait signé un traité d'alliance avec la Pologne, en 1924 et 1925 avec la Tchécoslovaquie, en 1926 avec la Roumanie et avec la Yougoslavie. Ces trois pays formaient depuis 1921 la Petite Entente, et la France était devenue leur garant.

En 1933, Hitler était devenu chancelier. L'Allemagne du nazisme était le fruit des humiliations et des sacrifices que les vainqueurs de 1918 avaient infligés aux Allemands pour les punir. La Grande Dépression des années 1930 avait fait le reste. Une société profondément divisée, meurtrie, souffrante, ne pouvait reconstituer son unité que par la violence, et elle avait besoin de boucs émissaires pour ses malheurs. Elle s'était donnée au nazisme parce qu'il lui apportait cette violence et ces boucs émissaires : au-dedans les juifs, en dehors tous ceux qui l'avaient humiliée. La persécution des boucs émissaires et la guerre comme moyens pour refaire l'unité perdue, c'est vieux comme l'humanité. Dès 1933, l'Allemagne avait quitté la SDN et la Conférence mondiale pour le désarmement, et commencé plus ou moins clandestinement son réarmement, que les Alliés n'avaient pas vu – ou pas voulu voir –, comme ils n'avaient pas voulu voir les persécutions.

Ils savaient. Mais ils avaient préféré regarder ailleurs. Examinant les prises de position des responsables politiques, de la presse internationale, de beaucoup d'intellectuels, dans les années 1930, Daniel Schneidermann s'est posé la question: « Pourquoi n'ont-ils rien dit? » Le fait est qu'ils n'ont rien dit, ou pas grand-chose. Pour beaucoup d'entre eux, il y avait sans doute un tas de bonnes raisons.

Pour beaucoup de responsables politiques français et anglais en tout cas, il y en avait à leurs yeux au moins une: ils préféraient s'étendre sur les purges staliniennes que sur les persécutions hitlériennes. Le nazisme en Allemagne plutôt que le communisme partout. C'était notamment la position de Chamberlain, celle de la plupart des conservateurs britanniques et des droites françaises, alors qu'une partie de la gauche, à l'exception des communistes, votera pour les accords de Munich par pacifisme.

Plutôt Hitler que les Rouges, ce fut l'une des causes importantes de notre malheur. Les politiciens français et anglais avaient cru qu'ils pourraient finasser avec Hitler, qu'il était un politicien comme eux et qu'il était possible de marchander avec lui. Mais Hitler n'était pas un politicien comme eux, le nazisme n'était pas un régime comme un autre, ni même une dictature comme une autre. Toujours ce mauvais penchant humain qui peut avoir des conséquences désastreuses et qui nous pousse à minimiser ce qui pourrait déranger nos certitudes, nos *a priori*, nos préjugés, et remettre en cause nos croyances.

En 1934, il y avait eu la première tentative d'annexion de l'Autriche par l'Allemagne, que Mussolini avait fait échouer. En 1935, il y avait eu la restitution de la Sarre après le référendum gagné par les nazis, le rétablissement du service militaire, la création de la Wehrmacht, de la Luftwaffe, de la Kriegsmarine, la dénonciation des accords de Locarno. Il y avait eu, aussi, l'invasion de l'Éthiopie par l'Italie, qui avait suscité l'hostilité de la France et de l'Angleterre, poussant Mussolini à se rapprocher d'Hitler. En 1936, il y avait eu la remilitarisation de la Rhénanie, l'immixtion dans la guerre civile espagnole. En 1937, le voyage de Mussolini en Allemagne. En mars 1938, il y avait eu l'annexion de l'Autriche. Quand les clauses du traité de Versailles avaient été violées, et quand elles en avaient encore les moyens, ni la France ni l'Angleterre n'avaient réagi. Leur réarmement avait tardé, celui de l'Angleterre encore plus que celui de la France, malgré les avertissements répétés de Churchill contre l'illusion des dividendes de la paix.

En livrant les Sudètes, Anglais et Français savaient qu'ils condamnaient la Tchécoslovaquie à tomber tout entière sous la domination d'Hitler. La France trahissait sa parole donnée à un pays qui lui faisait confiance. La confiance dans la France s'effondra en Europe centrale et, avec elle, la petite Entente. Churchill avait parfaitement prévu la suite de l'histoire :

> Ne soyons pas aveugles. Il faut s'attendre désormais à ce que tous les pays d'Europe centrale et orientale concluent les meilleurs accords possible avec le pouvoir nazi triomphant. Le système d'alliances en Europe centrale – dont dépendait la sécurité de la France – a été balayé, et je ne vois aucun moyen de le reconstituer.

Mais, avant de juger, regardons les faits : les dés n'étaient-ils pas jetés bien avant Munich ? N'avait-on pas enclenché depuis 1919 le mécanisme infernal de la marche vers une autre guerre ? Et, depuis 1933, qu'avaient fait la France et l'Angleterre pour conjurer le danger ? Il fallait arrêter Hitler bien avant 1938. Elles n'avaient même pas réagi à l'Anschluss en mars.

En septembre 1938, presque tout est joué. Churchill le dit dans son discours à la chambre des Communes le 5 octobre 1938 :

> Nous ne pouvons pas considérer l'abandon et la ruine de la Tchécoslovaquie à la seule lumière de ce qui s'est produit le mois dernier seulement. C'est la conséquence la plus pénible de ce

> que nous avons pourtant voulu expérimenter, de ce que nous avons fait et de ce que nous avons laissé défaire durant ces cinq dernières années, cinq d'années de bonnes intentions futiles, cinq années d'une recherche avide d'une politique de moindre résistance, cinq années d'un retrait ininterrompu de la puissance britannique, cinq années de négligence de nos défenses aériennes.

On sait que, en septembre 1938, Hitler avait déjà programmé la destruction de la Tchécoslovaquie. On sait que la Wehrmacht, dont il assumait désormais le commandement suprême, s'y était préparée depuis des mois, tandis que les chefs militaires français faisaient savoir aux responsables politiques que l'armée française ne pouvait pas aller se battre en Tchécoslovaquie et qu'ils estimaient, à tort ou à raison, que le rapport des forces militaires leur était défavorable. Une note du 24 août 1938, du général Georges, prévenait que

> l'Allemagne avait la possibilité, tout en attaquant la Tchécoslovaquie et en se couvrant face à la Pologne, de disposer entre Rhin et Moselle de forces sensiblement égales aux nôtres. Ces forces s'appuieraient sur un système fortifié de valeur renforcée depuis un mois et demi.

Le général Gamelin, généralissime désigné en temps de guerre, précisait, le 18 septembre que

> de toute façon, en cas de guerre générale, l'armée tchécoslovaque ne jouera pas son rôle de retenir devant elle pendant un temps appréciable une partie importante des forces allemandes.

Le chef d'état-major de l'armée de l'Air, le général Vuillemin, affirmait, quant à lui, que, en cas de guerre avec l'Allemagne, l'aviation française serait anéantie en quinze jours[31].

---

31. Alfred FABRE-LUCE, « L'enjeu de la diplomatie de Munich à nos jours », *La Revue des Deux Mondes*, 2016/11.

Nous avons été « réduits à passer en cinq ans d'une position sûre et incontestée à ce à quoi nous nous en tenons maintenant », avait soupiré Churchill.

Ce n'était pas Hitler qui avait demandé la conférence de Munich pour trouver un arrangement, mais la France et l'Angleterre par la médiation de Mussolini. Pour pouvoir protéger la Tchécoslovaquie, l'alliance avec l'Union soviétique était plus que jamais nécessaire. En 1935, la France avait signé un pacte avec Staline. Mais les Anglais ne voulaient à aucun prix de cette alliance. L'Angleterre craignait par-dessus tout que la révolution bolchevique s'exporte en Europe, comme elle l'avait craint au moment de la guerre d'Espagne. Et en 1938, comme en 1936, la France avait fait passer l'alliance anglaise avant tout. En 1938, Chamberlain préférait n'importe quel accommodement avec Hitler à n'importe quelle alliance avec Staline. Or, l'alliance entre la France, l'Angleterre et l'URSS était la seule qui pouvait contenir l'expansionnisme hitlérien. Mais il n'y avait pas que l'Angleterre qui y faisait obstacle, il y avait aussi la Pologne, elle aussi alliée de la France. De ses conversations avec les dirigeants polonais, Léon Noël, ambassadeur de France à Varsovie, tirait la conclusion que pour les Polonais, en 1938, l'ennemi numéro un était l'URSS et non l'Allemagne nazie, que la Pologne n'accepterait jamais que l'Armée rouge traversât son territoire pour aller au secours des Tchèques dont ils convoitaient une partie du territoire, et que si l'on obligeait les Polonais à choisir entre l'alliance franco-russe et l'Allemagne, ils choisiraient très certainement l'Allemagne. Léon Noël rapporta ainsi les propos qui lui avaient été tenus et qui reflétait le climat multiséculaire des relations russo-polonaises qui au XXIe siècle, demeure inchangé :

> Si l'Allemand reste un adversaire, il n'en est pas moins un Européen et un homme d'ordre ; le Russe est, pour les Polonais, un barbare, un Asiatique, un élément dissolvant et corrupteur, avec lequel tout contact serait périlleux, tout compromis mortel[32].

32. Cité par Michael J. CARLEY, *1939 : L'alliance de la dernière chance*, Presses de l'université de Montréal, 2001.

En 1939, les Polonais profiteront de l'invasion de la Tchécoslovaquie pour annexer la totalité du district de Teschen. La Roumanie ayant des doutes sur la détermination de la France et de l'Angleterre à s'engager militairement pour l'Europe centrale et orientale, ne voulait pas non plus laisser passer l'Armée rouge. Les Soviétiques n'avaient pas été invités à Munich. La coopération militaire qui aurait dû s'inscrire dans la suite du traité franco-russe de 1935 n'avait jamais reçu de commencement de mise en œuvre, non du fait des Soviétiques qui en étaient demandeurs, mais du fait de la France qui ne voulait pas indisposer les Anglais. Ils en avaient déduit qu'il n'y aurait pas d'alliance contre Hitler avec la France et l'Angleterre et qu'il ne leur restait plus que la solution de s'entendre avec lui. Le pacte germano-soviétique fut signé en août 1939, conduisit au partage de la Pologne et laissa à l'Allemagne nazie les mains libres à l'Ouest[33].

Dès lors, la Tchécoslovaquie était condamnée et l'Europe centrale vouée à tomber sous la domination hitlérienne.

Il est impossible de refaire l'histoire, mais dans ce contexte, s'il n'y avait pas eu les accords de Munich et si la France avait tenu ses engagements vis-à-vis de la Tchécoslovaquie, sans l'appui militaire des Russes, on peut se demander ce qui se serait passé au regard de ce que nous savons de la suite de l'histoire. La France, en admettant que l'Angleterre l'aurait suivie, ce qui en 1938 n'était pas du tout sûr, n'aurait eu d'autres choix que d'ouvrir un front à l'ouest. Ne se serait-il pas passé alors ce qui s'est passé l'année suivante lorsque l'Allemagne a envahi la Pologne ? L'histoire ne se répète pas, mais nous devrions nous souvenir qu'en 1938 personne n'a voulu aller se battre pour les Sudètes contre Hitler, ni pour la Finlande contre Staline et que, en 1939, si la France et l'Angleterre ont bien déclaré la guerre à l'Allemagne lorsqu'elle s'est jetée sur la Pologne, elles se sont mises à l'abri derrière les fortifications et n'ont pas fait la guerre tant qu'elles n'ont pas été attaquées à leur tour, pendant qu'Hitler et Staline se partageaient le territoire polonais.

---

33. Michael J. CARLEY, *1939 : L'alliance de la dernière chance*, Presses de l'Université de Montréal, 2001.

Munich ou pas, en septembre 1938, la Tchécoslovaquie ne pouvait plus être sauvée. Aurions-nous pu, avec les Anglais, écraser l'armée allemande à l'ouest pendant qu'une partie était occupée à conquérir la Tchécoslovaquie qui pouvait être envahie à la fois du côté des Sudètes et du côté de l'Autriche ? Très peu de gens le croyaient, et aucun chef militaire. Ayant récusé à la fois l'alliance italienne et l'alliance soviétique, la France et l'Angleterre n'avaient plus d'autre choix que celui de se préparer le mieux possible à une guerre devenue inévitable dont les opinions publiques et bien des dirigeants ne voulaient pas tant demeurait fort le traumatisme de la boucherie de 1914-1918. Et dans l'inconscient de ces sociétés déchirées par la lutte des classes, par les idéologies, par la crise économique, gagnées par la peur, la violence cherchait son chemin qui menait à la grande déflagration. Munich n'arrêta pas le destin qui était depuis longtemps en marche. La France avait raté le coche pour arrêter Hitler quand elle en avait les moyens, en mars 1936, au moment de la remilitarisation de la Rhénanie. Là, avait été la plus grande faute, le plus grand aveuglement, la plus grande pusillanimité, le coup fatal porté à la confiance qu'elle inspirait à ceux auxquels elle avait promis sa protection : si même dans un cas comme celui-là où ses intérêts vitaux étaient en jeu, elle ne réagissait pas, comment espérer qu'elle le ferait pour protéger les autres ?

Comme tous les faits historiques, Munich nous en dit beaucoup sur la nature humaine, mais il ne nous donne pas une recette universelle de comportement. La présence d'Hitler est l'arbre qui cache la forêt des événements et des choix qui avaient débouché sur cette journée fatale. Elle tend à réduire Chamberlain et Daladier à des lâches ou des salauds. Ce qu'ils n'étaient ni l'un ni l'autre, quelles que fussent leurs erreurs et même leurs fautes. Ce que n'était pas non plus Léon Blum, lorsqu'il se résigna au non-engagement dans la guerre d'Espagne en 1936, parce qu'il y avait le risque d'une guerre qui embraserait toute l'Europe et parce que l'Angleterre menaçait de rompre l'alliance avec la France si elle intervenait. Ce fut pour lui un déchirement, celui que provoque chez tout être ayant une conscience la confrontation avec le tragique de l'histoire, le même que rencontra René Char lorsqu'il a dû choisir entre sauver un maquisard ou sauver un village.

Chamberlain croyait vraiment que sa politique d'apaisement préserverait la paix en Europe. Il ne se sentait pas placé devant un dilemme tragique. Daladier, lui, l'était. Il fut mis au pied du mur, arrivé à un moment de l'histoire où il était convaincu de ne plus avoir le choix qu'entre de mauvaises solutions, sans être dupe d'Hitler.

Plutôt qu'un concentré de lâcheté ou de complaisance envers le totalitarisme, comme l'image s'en est imprimée dans l'imaginaire collectif, Munich est l'aboutissement de tout ce que nous ne devrions jamais oublier si nous voulons essayer de ne pas toujours commettre les mêmes fautes : les mauvais penchants qui nous font nous boucher les yeux et les oreilles devant ce qui est susceptible de trop nous déranger, nous rendent indifférents au sort des autres, parce que nous préférons croire que nous sommes à l'abri de ce qui leur arrive, l'oubli de l'histoire – et même la table rase du passé. Le plan de Wilson, c'était la table rase de la vieille Europe. La vieille Europe qu'on avait refoulée de force est revenue pour se venger. Retour violent, brutal du refoulé qui se dessine à Munich, se poursuit encore au XXIe siècle. L'Allemagne coupée en deux s'est réunifiée, la Tchécoslovaquie a disparu une seconde fois, sans doute pour toujours, pacifiquement. La Yougoslavie a disparu, dans un déchaînement de violences et de haines qui ne sont toujours pas toutes apaisées tellement leurs racines sont profondes. La table rase stalinienne, qui était la suite de l'histoire qui s'écrivait à Munich est venue, par-dessus la table rase wilsonienne, tailler à son tour ses frontières, comme l'a dit Braudel, dans la chair Europe. Il disait qu'il faudrait au moins un siècle pour savoir si elles étaient destinées à durer. Une leçon de cette histoire qui passe par Munich en 1938, c'est qu'il est dangereux d'oublier que la longue durée laisse dans les hommes et dans les peuples des traces profondes auxquelles il faut faire leur place parce qu'elles sont plus tenaces que les idéologies ou que le juridisme. Et plus tenace que tout est la nature humaine, c'est-à-dire la violence sauvage qui est dans l'homme. Elle est ressortie des traumatismes, des souffrances, des blessures, des hantises laissés par la Grande Guerre, attisés par les démagogues qui en connaissaient les ressorts intimes et les manipulaient, tandis que les partisans de la paix à tout prix niaient qu'il puisse y avoir dans l'homme de telles pulsions. Ces derniers en ont repoussé l'idée jusqu'à l'extrême limite, jusqu'à ce moment où plus rien ni personne ne pouvait plus en arrêter le déchaînement. Voilà le grand aveuglement, la grande faute qui se répète encore dans notre siècle de raison qui ne veut rien apprendre de ce passé et de l'échec terrible d'une politique wilsonienne, cette politique des valeurs qui se cache les hommes tels qu'ils sont.

J'emprunte ces quelques lignes à l'épilogue de la longue enquête de Daniel Schneidermann sur tous ceux qui n'ont rien dit ou si peu. Je ne saurais mieux exprimer le fond de ma pensée et la source du malaise que m'inspirent ceux qui brandissent à chaque fois que se pose la question tragique de la paix ou de la guerre la figure d'Hitler pour se persuader qu'ils sont de grands résistants :

> Les années 1930 nous obsèdent. Détresses, lâchetés, héroïsmes, myopies, lucidités, apitoiements, sommations, chantages, évitements se font écho, se répondent, se correspondent. Mais aucune comparaison d'ensemble n'est possible : on peut l'aborder par toutes les faces, l'innommable hitlérien reste un bloc irréductible à tout autre événement.

Il est sain de garder présente à l'esprit l'histoire des années 1930, parce que nous ne sommes pas immunisés contre toute la violence et toute la sauvagerie qu'elle a engendrées. Mais invoquer Munich à tout propos, comme si tous les autoritarismes, tous les nationalismes, tous les totalitarismes religieux ou politiques de la planète étaient tous dirigés par des Hitler, comme si tous étaient comparables au nazisme, comme si tous avaient pour but d'instaurer la domination d'une race supérieure sur l'humanité tout entière et prêts, au nom de ce but, à provoquer l'apocalypse, c'est vouer le monde libre à la guerre totale contre le reste du monde. Jusqu'où ? Jusqu'à quand ? Jusqu'à la destruction de l'humanité ?

Tous les totalitarismes ne se confondent pas. Le communisme n'est pas le nazisme, le fascisme non plus. Staline était un monstre, mais pas de la même espèce qu'Hitler, Mussolini était un tyran, mais pas de la même nature qu'Hitler. Nasser, Saddam Hussein, ne l'étaient pas non plus. Bachar al-Assad, Poutine, Xi Jinping ne le sont pas davantage. C'est plus compliqué. Aucun ne ressemble à l'autre. L'historien Michel Winock, peu soupçonnable de complaisance envers les dictateurs, expliquait que

> Milošević n'est pas un fasciste des années 1930. C'est une figure nouvelle et complexe, mélange de communiste totalitaire et de nationaliste[34].

Si la complexité ne doit pas être une échappatoire pour justifier l'indécision, la nier est toujours dangereux.

Quand on pense que l'on est en face d'Hitler, on en perd tout sens critique, on est prêt à croire tout ce qui peut être dit de pire sur les desseins de l'autre. Le mensonge même y prend un air de vérité. Tout est bon pour justifier l'intervention militaire. En 1999, Régis Debray a été traîné dans la boue pour avoir mis en doute les chiffres concernant les exactions commises par les Serbes au Kosovo. On a su plus tard que les chiffres avaient été démesurément gonflés à dessein. On a découvert que le plan serbe d'épuration ethnique au Kosovo divulgué par le ministère allemand de la Défense et repris par toute la presse occidentale était un faux.

Sur des fonds de vérité, on a plaqué beaucoup de grands mensonges que tout le monde avait très envie de prendre pour argent comptant, puisque l'on avait affaire à Hitler et que cette fois-ci, nous ne ferions pas partie de ceux qui n'ont rien dit. Ce fut la même chose avec les armes de destruction massives de Saddam Hussein, qui n'existaient pas. Ce qui n'absout ni l'un ni l'autre des autres crimes qu'il a pu commettre, mais ce qui montre à quel point l'épouvantail munichois annihile tout sens critique, ce qui n'est pas sans conséquence sur la suite de l'histoire, parce que le reste du monde a vu là de quoi l'Occident était capable et que chacun s'est dit qu'un jour, cela pourrait être son tour.

---

34. Cité par Éric Conan et Jean-Marc Gonin, « L'histoire recommence-t-elle ? », *L'Express*, 11 mars 1993.

Ami ou ennemi, chercher à comprendre qui est l'autre pour savoir ce que l'on peut en attendre ou en redouter est la première qualité qu'on est en droit d'attendre d'un homme d'État qui peut faire tuer beaucoup de gens, qui a la responsabilité du destin d'un peuple entre ses mains. Le syndrome de Munich empêche de chercher à comprendre qui est l'autre, comment il pense et aussi ce que pense son peuple. Si c'est Hitler, il n'y a pas à en savoir davantage, parce que maintenant, Hitler, nous savons qui c'était. C'est là que le syndrome de Munich fait prendre le risque de renouveler l'erreur de jugement qui a conduit les politiciens des pays démocratiques jusqu'à Munich, parce qu'ils n'avaient pas cherché à comprendre qu'Hitler n'était pas comme eux.

La nécessité de connaître l'autre et de savoir et d'essayer de savoir ce qu'il a dans la tête est encore plus nécessaire lorsque les circonstances font qu'il pourrait engager celui de l'humanité parce que la partie se joue sur fond d'arsenaux nucléaires.

Après la crise des fusées de Cuba, Kennedy, plaidant pour une paix qui ne miserait pas « sur une révolution soudaine de la nature humaine », avait dit à propos des États-Unis et de l'URSS :

> Nous sommes tous les deux pris dans un cercle vicieux et dangereux dans lequel la suspicion d'un côté engendre la suspicion de l'autre. […] Les puissances nucléaires doivent éviter les affrontements qui amènent l'adversaire à choisir entre un repli humiliant et une guerre nucléaire.

C'est exactement ce dont nous aurions dû et devrions encore avoir conscience. C'était la leçon qu'avait tirée Kennedy de la crise de Cuba, au grand dam des faucons qui voulaient en finir avec le communisme quel qu'en soit le prix, pour ne pas refaire l'erreur de Munich. Ainsi le monde était-il passé à deux doigts de la catastrophe.

C'est au pied du mur de l'escalade vers la guerre nucléaire que se situe le plus grand risque munichois. De Gaulle, en 1966, quand il avait annoncé la sortie de la France des organes militaires intégrés de l'Otan, avait fait remarquer que, depuis que l'Union soviétique avait la bombe atomique, l'engagement automatique des États-Unis n'était plus aussi assuré. Qui peut être sûr que, au pied du mur de la guerre nucléaire, ils ne laisseront pas tomber leurs alliés comme Chamberlain et Daladier à Munich ? Le risque nucléaire est susceptible de conduire encore plus vite et plus brutalement à un nouveau Munich en Europe orientale – si toutefois un accident ne se produit pas avant –, alors que même sans le risque nucléaire, des Munich qui ont conduit au lâchage en rase campagne de ceux qui avaient pris le parti de l'Occident, il y en a eu déjà beaucoup dans toutes les guerres sans issue engagées depuis les années 1950 pour ne pas réitérer Munich.

Avec son opposition à un « Munich asiatique » au Vietnam, Lyndon Johnson engagea les États-Unis dans l'une des guerres les plus meurtrières depuis la Seconde Guerre mondiale, qui se termina par l'abandon des alliés de l'Amérique. Tout le monde se souvient des *boat people*. La dernière guerre d'Afghanistan fut entreprise par les Américains dans le même esprit antimunichois que celui qui avait inspiré Johnson pour le Vietnam. Elle s'acheva en 2021 comme celle du Vietnam. En 2019, ce furent les Kurdes irakiens qui se sont retrouvés abandonnés à leur sort. Puis les Américains, qui étaient partis en 2011, revenus en 2014 pour contribuer à la lutte contre Daesh et qui sont repartis en 2021, en laissant derrière eux le chaos. En Afghanistan, en Irak, au Kurdistan, ils étaient venus avec le syndrome de Munich, ils sont repartis avec le syndrome du Vietnam[35]. Quand les troupes américaines se sont retirées d'Afghanistan, après vingt ans d'une occupation sans issue, Bernard-Henri Lévy a dénoncé « un Munich américain »: pour conjurer le risque munichois, la guerre ne doit jamais s'arrêter. Aux États-Unis, Andrew J. Bacevich, célèbre professeur émérite de relations internationales de l'université de Boston, a désigné le parti de ceux qui sont les plus atteints par le syndrome de Munich comme le parti de la guerre permanente.

---

35. Jeffrey Record, « Perils of reasoning by historical analogy. Munich, Vietnam and American use of force since 1945 ». *Occasional Paper* n° 4, Center for Strategy and Technology Air War College, Air University Maxwell Air Force Base, Alabama, mars 1998.

En voyant Hitler partout, on banalise ce que furent le nazisme et ses crimes contre l'humanité. Si on se pense face à Hitler, on s'enferme avec la guerre comme seule issue. On ne négocie pas avec Hitler, on ne marchande pas avec Hitler, on ne discute pas avec Hitler, parce que l'on sait comment cela finit. Face à Hitler, on ne peut pas s'arrêter avant l'anéantissement de l'adversaire, il n'y a pas d'autre issue que la guerre jusqu'au bout. Le nombre de morts ne compte plus face au mal absolu qui est prêt à détruire le monde. Contre le mal absolu, le camp du bien n'a pas de limites : le bien peut tout se permettre contre le mal. Mais quand l'histoire s'écrit sur fond d'arsenaux nucléaires qui peuvent détruire une grande partie de l'humanité, que veut dire aller jusqu'au bout ? Cette façon de voir les choses est la meilleure manière de prendre le risque de l'apocalypse. Si en face, c'est Hitler, il n'y a pas le choix. Mais si ce n'est pas Hitler ?

Depuis l'expédition de Suez, de nombreux historiens se sont penchés sur ce que l'on appelle parfois le syndrome ou le complexe de Munich[36]. Il y a ceux qui n'y voient que l'instrumentalisation cynique d'un événement qui a laissé une empreinte profonde dans l'imaginaire collectif, afin de persuader l'opinion du bien-fondé d'une intervention militaire. Il y a ceux qui y voient plutôt un penchant psychologique de la part des responsables politiques qui les pousse à tout faire pour ne pas se retrouver du mauvais côté de l'histoire comme à Munich et dont le jugement se trouve obscurci par cette hantise. Avec Munich, on obtient bien « une justification morale et un slogan mobilisateur lourds de pesanteur historique », mais, il n'y a aucune raison pour que la politique soit la seule activité humaine qui ne soit commandée que par un calcul rationnel. Les économistes ont fini par découvrir que les comportements économiques ne l'étaient pas. On ne voit pas pourquoi la politique le serait davantage alors qu'elle est sans cesse confrontée aux passions humaines. Qu'il y ait toujours chez l'homme politique une volonté de manipuler l'opinion pour se la concilier est certain. Mais, encore une fois, comme n'importe qui, en mentant

36. Voir, par exemple, Jean-Yves Bernard, *La Genèse de l'expédition franco-britannique de 1956 en Égypte*, La Sorbonne, 2003.

aux autres, il finit par se mentir à lui-même et il en vient d'autant plus à croire ce qu'il raconte que son propos entre en résonance avec la psychologie collective. Qu'il se sente moralement en communion avec la foule et le calcul passera au second plan. Seuls quelques grands caractères sont capables de résister à ce sentiment.

Depuis l'expédition de Suez, le syndrome de Munich s'est considérablement aggravé. Quand l'historien Jean-Yves Bernard constate, à propos de la genèse de l'expédition de Suez, qu'en 1956

> l'opinion informée, lorsqu'elle se veut indépendante du pouvoir politique, ne semble aucunement affectée par le « complexe de Munich[37] »,

on mesure le chemin parcouru puisque depuis les années 1990, c'est l'opinion informée qui est la plus affectée par le « complexe de Munich ». C'était le cas pour la Yougoslavie, l'Irak, la Syrie, c'est le cas, en plus grand, en plus violent, pour la guerre en Ukraine.

Dans une époque de moralisme de plus en plus exacerbé et de bonne conscience de plus en plus intolérante comme la nôtre, l'hystérie qui répand son poison par les réseaux sociaux, repris par tous les médias, donne à ce complexe une force psychologique encore plus grande dont nous sommes en train d'expérimenter une fois de plus les dégâts. On pourrait y voir la preuve que loin de faire table rase du passé, beaucoup de gens y cherchent encore des leçons à tirer pour le présent et sont conscients que ce qui est arrivé peut nous arriver encore. Mais c'est tout le contraire. La référence morale à Munich occulte toute l'histoire qui y a conduit et élude celle qui a conduit à se retrouver encore une fois au pied du mur de la guerre. On ne comprend rien, ni politiquement ni moralement à ce que fut Munich sans remonter au moins aux traités de Versailles, de Saint-Germain-en-Laye et du Trianon, et aux traces laissées dans les consciences par la saignée de 1914-1918 et par les rapports qui s'étaient noués entre les peuples dans la longue durée de l'histoire européenne.

---

37. *Ibid.*

Brandir Munich pour rejeter tous ceux qui doutent dans le camp du mal, ce n'est pas rappeler l'histoire, c'est l'abolir, c'est abolir la profondeur historique des événements en cours. Se pencher sur le passé récent ou lointain, chercher à comprendre devient une manœuvre dilatoire. On ne sait jamais, le passé pourrait nous révéler que les choses sont plus compliquées que le bien et le mal. Réfléchir aux conséquences avant de prendre son parti, est déjà une lâcheté.

Munich, Munichois, comme les guillotines des Gilets jaunes, juste une trace dans l'imaginaire, une charge émotionnelle dans l'inconscient, toujours prête à exploser, comme tout ce qui renvoie à Hitler, au nazisme, aux monceaux de cadavres des camps de la mort, une part d'inconscient instrumentalisée, sciemment ou non. La référence à Munich et aux Munichois veut dire « nous avons toujours raison, ce que nous faisons est toujours bien et ceux qui s'y opposent sont des êtres immoraux ». Ce n'est pas l'expression de la tyrannie du passé, mais celle de la tyrannie du présent et du moralisme. C'est une injonction à choisir son camp, ici et maintenant, tout de suite, entre le bien et le mal.

Cette obsession munichoise nous empêche de voir qu'il y a en nous autant de violence et de sauvagerie que chez l'ennemi, et que cette violence et cette sauvagerie n'attendent que l'occasion qu'on leur donnera de tout dévorer sur leur passage. Munich, c'est le nom du refus de mettre dans la balance l'engrenage de la guerre, la montée aux extrêmes qui peut faire de nous aussi des bêtes sauvages, parce que, par définition, le bien ne peut pas faire le mal. Mais aussi pour une autre raison inavouable : depuis l'expédition de Suez, la guerre, nous la faisons chez les autres. Quand on fait la guerre chez les autres, on la voit moins que chez soi, à l'exception du Vietnam avec ses presque neuf millions d'engagés volontaires et ses plus de deux millions d'appelés. Il faut savoir ne pas faire la guerre, comme Chirac pour l'Irak en 2003. Il faut savoir faire ce qu'il faut pour l'empêcher ou pour l'arrêter, comme Sarkozy pour la Géorgie en 2008. Et il faut savoir la faire quand les intérêts vitaux sont en jeu, après avoir bien pesé les risques d'engrenage, définit clairement les buts de guerre et en étant prêts à négocier et se retirer le moment venu pour ne pas s'enliser comme au Vietnam et en Afghanistan, pour ne pas être entraîné dans une escalade incontrôlée. Cela suppose de garder l'esprit clair, une capacité de jugement et de discernement.

L'enfermement dans une posture moralisante, qui est une version moderne de l'esprit de croisade, fausse l'un et l'autre. Il a fallu beaucoup discernement à Truman pour ne pas se laisser entraîner dans une guerre avec la Chine de Mao au moment de la guerre de Corée. Il a fallu beaucoup de force de caractère et de lucidité à Kennedy et à Khrouchtchev lors de la crise des fusées de Cuba pour ne pas se laisser entraîner dans une Troisième Guerre mondiale nucléaire que beaucoup souhaitaient autour d'eux. Il a fallu le réalisme d'un Kissinger et d'un Nixon pour arrêter la boucherie sans issue du Vietnam. Il a fallu beaucoup de sagesse à George Bush père pour ne pas envahir l'Irak après la libération du Koweït en 1991, une sagesse qui fera défaut à son fils en 2003. Il a fallu beaucoup de clairvoyance à Nicolas Sarkozy et Angela Merkel pour s'opposer en 2008 à l'entrée de l'Ukraine dans l'Otan. On le leur reproche aujourd'hui. Mais si l'Otan avait accepté cette candidature, il est probable que la guerre aurait eu lieu tout de suite ; et l'armée ukrainienne, qui à l'époque n'était ni armée, ni formée – comme elle l'était en 2022 depuis des années par les Anglais et les Américains – aurait succombé très vite. Les bonnes consciences sont décidément aveugles, ce qui les rend dangereuses.

Il a aussi fallu beaucoup de retenue à Obama pour ne pas attaquer le régime Syrien en 2013. Pour cette décision, ce dernier a été violemment attaqué par toute la bien-pensance du monde qui l'accusait de faillite morale, pendant qu'en France, l'opposition qui demandait, comme en Angleterre et aux États-Unis, un vote du Parlement avant toute intervention militaire en Syrie, se faisait reprocher, encore, par le premier secrétaire du Parti socialiste, « un esprit munichois ». Comme si les choses au Moyen-Orient étaient si simples, et comme si en Afghanistan, en Irak, en Libye, où l'Occident était intervenu militairement pour renverser un régime, il ne se retrouvait pas confronté au chaos. Comme si en Somalie, en 1993, les Américains et la coalition internationale n'avaient pas dû plier bagage en quatrième vitesse après le fiasco de Mogadiscio. De nos jours, la guerre, c'est comme le reste, on ne retient plus grand-chose de l'histoire ancienne dont l'empreinte est pourtant dans toutes les guerres. On ne retient rien non plus de l'histoire récente. Il est frappant de voir à quel point depuis le Vietnam, et plus encore depuis la fin de la guerre froide, dans ce domaine, les mêmes causes produisent partout les mêmes effets – et à quel point nous n'en tirons, Américains et Européens, que des traumatismes, mais aucune leçon.

Avant 1991, la plupart des interventions militaires occidentales s'inscrivaient dans la guerre froide. Depuis, la guerre qui se poursuit aux quatre coins du monde, à travers des conflits, grands ou petits, où les armées de l'Occident s'impliquent dans des guerres civiles, ethniques, religieuses, tribales, n'a plus vraiment de nom. Les guerres d'Irak et d'Afghanistan furent baptisées « guerres contre le terrorisme », mais plus personne n'y croit. L'intervention française au Sahel contre Daesh n'a débouché sur rien de tangible, sinon des réactions nationalistes contre la France après dix ans d'engagement militaire sur le terrain. Ironie de l'histoire, ce sont les Russes qui, en Syrie, ont détruit Daesh. Américains, Européens, Français, nous nous battons vaguement pour les valeurs de l'Occident, les droits de l'homme, la liberté, la démocratie. Et pour défendre la souveraineté des nations – que l'on viole à la première occasion. En Somalie, c'était une opération humanitaire qui a mal tourné. En Bosnie et au Kosovo, c'était aussi pour protéger les populations. En Libye, c'était pour sauver les habitants de Benghazi. On se demande encore quelle était la justification de l'immixtion américaine dans la guerre au Yémen. En Ukraine, c'est pour défendre les démocraties contre les dictatures.

Finalement, le seul fil qui réunit toutes ces interventions, directes ou indirectes, c'est celui de Munich qu'il ne faut pas réitérer. Mais cela ne suffit pas à définir un but de guerre, ni même à fonder une politique étrangère alors que, la plupart du temps, ces interventions n'ont pour résultat que de faire davantage haïr l'Occident par le reste du monde. La diplomatie gaullienne reconnaissait les États, non les régimes. La politique étrangère de De Gaulle faisait de la France un pays sur lequel ses alliés pouvaient compter s'ils étaient agressés.

Il rappelait, en 1966, que la France était prête, comme le traité de l'Atlantique nord l'y engageait, à « combattre aux côtés de ses alliés au cas où l'un d'entre eux serait l'objet d'une agression qui n'aurait pas été provoquée », mais il refusait qu'elle se laissât entraîner malgré elle dans une guerre qu'elle n'aurait pas voulue. Si la France n'avait pas oublié ces principes, sa voix n'en serait que plus forte dans le monde.

Mais, quand on fait ce que Andrew Bacevich appelle « la guerre permanente et sans nom », sans envoyer sa jeunesse mourir sur des terres lointaines, quand on regarde la guerre de loin, un peu comme un jeu vidéo, ou quand on la fait par procuration, comme en Ukraine, comment les réalistes peuvent-ils se faire entendre de ceux qui sont prisonniers du syndrome de Munich et qui ont fini par se convaincre que le réalisme était immoral ? Mais quelle morale aurait pu dicter à René Char de sacrifier le village tout entier plutôt que son compagnon d'arme ? Il n'y a aucune morale dans la bonne conscience qui élude le tragique de l'histoire. Il n'y en a que dans le cas de conscience.

Après plus d'un an de guerre en Ukraine, le syndrome de Munich continue de produire ses effets. Sa présence obsédante se profile derrière les mots du secrétaire général de l'Otan :

> Si le président Poutine gagne en Ukraine, ce sera une tragédie pour les Ukrainiens. Mais ce sera aussi dangereux pour nous tous, car lui et les autres dirigeants autoritaires seront convaincus que, lorsqu'ils utilisent la force militaire, ils peuvent atteindre leurs objectifs.

Entre le jusqu'au-boutisme du droit pénal international et l'obsession munichoise sur fond de bonne conscience de l'Occident qui ferment toutes les portes de la négociation, comment trouver une issue qui ne prenne pas la forme d'une catastrophe ? Le syndrome de Munich se répand sur la toile de fond du repli de la conscience du tragique. Je laisse le dernier mot sur ce sujet à Kundera :

La vitalité du manichéisme moral est invincible : je me souviens d'une adaptation d'Antigone que j'ai vue à Prague aussitôt après la guerre ; tuant le tragique dans la tragédie, son auteur a fait de Créon un méchant fasciste confronté à une jeune héroïne de la liberté.
De telles actualisations politiques d'Antigone ont été très en vogue après la Seconde Guerre mondiale. Hitler apporta non seulement d'indicibles horreurs à l'Europe, mais il la spolia de son sens du tragique. A l'instar du combat contre le nazisme, toute l'histoire politique contemporaine sera dès lors vue et vécue comme un combat du bien contre le mal. Les guerres, les guerres civiles, les révolutions, les contre-révolutions, les luttes nationales, les révoltes et leur répression ont été chassées du territoire du tragique et expédiées sous l'autorité de juges avides de châtiment (…) Je me dis souvent : le tragique nous a abandonnés ; et là est, peut-être, le vrai châtiment.

Dans un monde qui se fracture

Lisons et relisons Andromaque, parlant d'Hector dans *La guerre de Troie n'aura pas lieu* :

> Andromaque : — Quand il est parti, voilà trois mois, il m'a juré que cette guerre était la dernière.
> Cassandre : — C'était la dernière. La suivante l'attend.

La Première Guerre mondiale, on l'avait appelée « la der des ders ». La suivante attendait dans l'antichambre…

On a voulu faire croire que l'Europe, c'était la paix, que la mondialisation, c'était la paix, que la monnaie unique, c'était la paix. Mais la mondialisation de la fin du XIXe siècle, la révolution industrielle, l'étalon-or – qui était la monnaie unique de l'époque –, n'avaient pas empêché la guerre de 1914. L'Europe, il est vrai, vit en paix depuis 1945. Mais c'est la paix qui a permis de construire l'Europe, et non l'inverse. C'est l'envie de paix de ceux qui s'étaient tant combattus qui a fait la paix, non les institutions européennes. C'est la fin de la guerre froide qui a permis de réunir les deux Europes, non la construction européenne qui a mis fin à la guerre froide. Et jusqu'à quand ? Tandis que, dans le reste du monde, la mondialisation du début du XXIe siècle, avec ses guerres civiles, ses guerres de Religion, ses conflits ethniques, ses persécutions, son terrorisme, ses exodes, qui ont des répercussions jusque chez nous, répètent la leçon des siècles passés. Cette leçon dont, jusqu'à il y a peu, nous ne voulions rien savoir parce que l'histoire ne se répétait pas et parce que nous étions meilleurs et plus intelligents que tous ceux qui nous avaient précédés.

Et puis, en 2022, chose impensable, une guerre ressurgit d'un lointain passé qu'on avait cru révolu : en Ukraine, on a creusé des tranchées, comme à Verdun. En nous instituant « gendarmes du monde », en nous octroyant le devoir d'ingérence au nom de la démocratie et du droit, en écrasant les méchants sous nos bombes, en traduisant les fauteurs de guerre et les criminels de guerre devant le Tribunal pénal international, nous avions cru que nous allions extirper du monde les instincts de revanche et de vengeance qui poussent les peuples à s'entre-tuer. Mais nous n'avons fait que les attiser.

Derrière le syndrome de Munich, il y a ce faux idéalisme qui fut celui de Wilson et du devoir d'ingérence, comme celui des croisades, des guerres de la Révolution ou encore des guerres coloniales menées au nom de la mission civilisatrice de l'Occident. L'Occident a toujours justifié les guerres qu'il a déclarées par la supériorité de ses valeurs. Mais derrière la justification dont il arrive toujours à se convaincre lui-même qu'elle est fondée, quitte à se mentir à lui-même, il y a la géopolitique et les représentations du monde qu'elle véhicule.

Après la guerre froide, le monde devenait multipolaire. La grande faute de l'Occident a été de ne pas accepter cette réalité. Un monde multipolaire était par nature voué à être plus instable que le monde bipolaire de la guerre froide. L'attitude réaliste consistait à essayer de s'organiser avec toutes les puissances émergentes pour canaliser l'instabilité. Au lieu de quoi, l'Occident, les États-Unis en tête, a choisi d'imposer un monde unipolaire dont il entendait être la seule puissance. Toute l'histoire des relations internationales depuis 1991 a tourné autour de l'affirmation de la puissance globale américaine comme l'unique pôle de puissance du monde. Mais en se heurtant de plus en plus violemment à une réalité multipolaire, ce grand dessein géopolitique n'a pas contribué à pacifier le monde, mais à le fracturer.

Il se superpose dans le conscient et l'inconscient de l'Occident à un autre dessein qui tient en une phrase : celui qui contrôle l'Eurasie contrôle le monde. Elle n'est pas que dans les traités de géopolitique, elle est dans les têtes, et au cœur de la pensée stratégique de l'Amérique, première puissance globale de l'histoire qui, depuis un siècle, pense sa politique à l'échelle de la planète. Depuis un siècle, le souci de l'Amérique, c'est qu'aucun empire ne devienne assez puissant pour dominer l'Eurasie. L'Eurasie, c'est *Le Grand Échiquier* de Brzeziński, là où se joue la partie décisive. Naturellement, pour l'hégémonie sur le monde, la mer, l'océan, compte aussi. Mais comme l'écrivait en 1997, sans prendre de gants, cet ancien conseiller de Jimmy Carter et de Barack Obama :

> Pour l'Amérique, l'enjeu géopolitique principal est l'Eurasie. Depuis cinq siècles, les puissances et les peuples du continent qui rivalisent pour la domination régionale et la suprématie globale ont dominé les relations internationales. Aujourd'hui, c'est une puissance extérieure qui prévaut en Eurasie. Et sa primauté globale dépend étroitement de sa capacité à conserver cette position[38].

L'Amérique a, à l'échelle de l'Eurasie, le même objectif que pendant des siècles l'Angleterre a eu, à l'échelle européenne, avec sa politique de bascule visant à maintenir un équilibre des puissances continentales en empêchant que l'une prenne le pas sur les autres.

Dans cette Eurasie qui a connu et vu s'affronter dans l'histoire tant d'empires à vocation hégémonique – perse, chinois, mongol, russe,

38. Zbigniew BRZEZIŃSKI (1997), *Le Grand Échiquier*, coll. « Pluriel », Fayard, 2021.

ottoman, britannique –, il y a des pays que leur position géographique désigne comme des pivots stratégiques, tels que la Turquie, l'Iran, ou le Kazakhstan. L'Ukraine en fait partie et, dans le grand jeu des puissances, elle n'est pas un enjeu secondaire, ni pour l'Europe, ni pour les États-Unis, ni pour le reste de l'Eurasie et par conséquent du monde. Brzeziński l'a parfaitement résumé, et son diagnostic fait voir qu'il n'y a pas derrière la guerre entre la Russie et l'Ukraine seulement les fantasmes d'un dictateur, mais aussi des enjeux stratégiques de première importance – et pas seulement pour la Russie :

> L'indépendance de l'Ukraine modifie la nature même de l'État russe. De ce seul fait, cette nouvelle case importante sur l'échiquier eurasien devient un pivot géopolitique. Sans l'Ukraine, la Russie cesse d'être un empire en Eurasie.

Elle y perd aussi son rôle quasi messianique à la tête des peuples slaves face à l'Occident non slave. Mais cette guerre, c'est aussi un épisode de l'éternel conflit entre les empires et les nations sur fond d'une histoire européenne qui l'a porté à son comble. Encore une fois, il est frappant de voir combien les empires laissent des empreintes durables et profondes très longtemps après qu'ils ont disparu, parfois même depuis des millénaires comme l'empire pourtant éphémère d'Alexandre ou l'Empire romain. Ukraine contre Russie, nationalisme contre impérialisme, antagonisme qui se répète entre la Russie et toutes les nations voisines qui ont fait partie, un jour ou l'autre, de son empire. Il est encore plus profond que celui qui oppose la démocratie à la dictature. Ironie de l'histoire, le camp des nations, dressé contre les empires, est rangé derrière un empire d'un nouveau type, un empire global, l'empire américain.

La nation, parce qu'elle repose sur le sentiment d'appartenance à une communauté de destin, d'histoire et de culture qui est le propre d'un peuple, peut être un cadre pour la démocratie qui est le gouvernement du peuple par le peuple. C'est plus difficile pour un empire qui juxtapose plusieurs peuples ayant chacun leurs singularités. De ce fait, il est rare qu'un empire soit démocratique au sens où nous l'entendons dans nos démocraties occidentales. Au fur et à mesure que Rome devenait un empire, la république romaine s'étiolait jusqu'à engendrer un empereur. Il est frappant de constater que les États-Unis en tant que nation sont démocratiques, mais que dans leur dimension impériale, ils ne le sont pas du tout, et ne misent que sur les rapports de force.

Le conflit empire russe autoritaire contre nation ukrainienne démocratique, se double d'un autre : empire russe contre empire américain, impérialisme contre impérialisme. Avec un but : affaiblir suffisamment la Russie pour rendre impuissante une coalition entre la Russie, la Chine et l'Iran contraire aux intérêts américains, et laisser le champ libre à l'influence américaine en Asie centrale et contre la Chine. Mais les défaites des empires sont toujours compliquées à gérer, plus encore que les défaites des nations. Soit ils s'effondrent en laissant derrière eux une mosaïque de peuples entremêlés qui rentre mal dans les cadres nationaux, avec d'inextricables problèmes de minorités et de frontières – et à la clé bien des conflits potentiels, soit ils se reconstituent dans une extrême violence, comme ce fut le cas de l'empire russe avec l'URSS dans les années 1920 après avoir perdu l'Ukraine et la Biélorussie en 1917. La défaite et le démantèlement de l'empire des tsars enfantèrent le bolchevisme, la guerre civile, puis le stalinisme. Le démembrement de l'URSS, en 1991, a enfanté cette guerre en Ukraine.

Plus le sang coulera, plus la guerre se prolongera et plus, quelle qu'en soit l'issue, cette guerre aura durablement de lourdes conséquences pour l'Europe et pour le monde. L'entrée de l'Ukraine dans l'Otan et dans l'Union européenne ferait basculer le centre de gravité de l'Europe vers l'est, alors que huit autres pays ont vocation à y adhérer : l'Albanie, la Bosnie-Herzégovine, le Kosovo, la Macédoine du Nord, le Monténégro, la Serbie, la Géorgie et la Moldavie. Le retour de l'Ukraine dans l'orbite russe mettrait la plupart des pays de l'est en état de siège, de même que la Suède et la Finlande.

La guerre peut aussi s'arrêter, comme en Corée, sans traité de paix, sur une ligne de démarcation, pour des décennies. Dans tous les cas, la dépendance politique et militaire de l'Europe aux États-Unis s'accroîtrait. Elle viendrait s'ajouter à la dépendance économique accentuée par une crise énergétique prolongée. Quant au scénario catastrophe où la Russie s'effondrerait et se disloquerait, en admettant que la guerre nucléaire aurait été évitée, personne ne sait ce que deviendrait son arsenal nucléaire qui risquerait d'être dispersé aux quatre coins de la planète. Les fantômes sanglants qui hantent la mémoire des Baltes, des Ukrainiens et des Polonais, les poussent à espérer une dislocation de la fédération de Russie, c'est-à-dire à rayer la Russie de la carte. Lech Walesa, l'ancien syndicaliste qui avait organisé la résistance aux Soviétiques, ancien président de la Pologne, ne s'en cache pas. Il a clairement exprimé cette espérance de plus en plus partagée à l'est de l'Europe :

> Même si l'Ukraine gagne la guerre, dans cinq ans, nous aurons la même chose, dans dix ans, on aura un autre Poutine qui surgira. C'est pour ça qu'il faut changer le système politique ou alors organiser un soulèvement des peuples russes. On compte soixante peuples qui ont été annexés. Il faudrait soulever ces peuples qui ont été annexés. Il faut soit changer le système politique de la Russie, soit la ramener à une population de moins de cinquante millions d'habitants[39].

Quand on répète à l'envi qu'il faut pousser la guerre jusqu'à la défaite de la Russie, cela signifie-t-il que l'on veut aller jusque-là ?

La Pologne ne s'en cache plus et le ministre des affaires étrangères canadien a déclaré tout à fait officiellement en mars 2023 que le but du gouvernement canadien était de provoquer un changement de régime en Russie. Mais quand, en juin 2023, les mercenaires de Wagner se sont rués vers Moscou, l'effroi s'est emparé des autres chancelleries occidentales devant le risque de voir l'arsenal nucléaire russe tomber entre des mains plus dangereuses que celles de Poutine, ou dispersé dans le chaos d'une guerre civile en Russie.

Et comment ne pas voir que l'appel à la dislocation de la Fédération de Russie est la meilleure façon de réveiller dans les âmes russes les sentiments de la grande guerre patriotique et de la guerre de civilisation, de légitimer ainsi le discours poutinien, de faire de cette

39. LCI, 8 juillet 2022.

guerre une guerre existentielle qui aura toutes les chances de mobiliser toutes les ressources matérielles, humaines et spirituelles de la Russie contre un Occident qui voudrait sa destruction ? Ce qui se passe autour de la guerre en Ukraine nous confronte à l'extrême dangerosité de l'idéologie de la fin de l'histoire qui fait dans les intelligences la table rase des différences de cultures, de croyances, d'histoires et de la nature humaine. Mais aussi la table rase des éternelles données de la géopolitique et qui ont fabriqué la Russie, malgré son rôle dans les violences de l'histoire, comme un facteur d'équilibre entre les puissances de l'Europe et de l'Asie, entre l'Orient et l'Occident, comme entre les puissances européennes. Nul ne sait très bien ce que seraient les conséquences d'une disparition de la Russie sur les grands équilibres du monde que les siècles ont façonnés. Elle ouvrirait en tout cas une ère de chaos sur fond d'un arsenal de plusieurs milliers de têtes nucléaires disséminées dans toutes les républiques de la Fédération de Russie.

Mais, dans tous les cas, la Russie, ou ce qu'il en resterait, se trouverait rejetée vers l'Asie. Il faut prendre la mesure de ce basculement qui inverserait le mouvement, qui porte la Russie vers l'Europe depuis Pierre le Grand, et qui à la place d'un pont entre l'Europe et l'Asie ouvrirait une fracture béante. Les sanctions économiques à répétition prises par les États-Unis et leurs alliés, et en particulier celles prises par l'Union européenne, donnent déjà une idée de l'avenir que nous sommes en train de contribuer à dessiner sans trop nous en soucier.

Avec la politique du tout ou rien, en fermant la porte à toute possibilité de négociation pour sortir du conflit, en surenchérissant sur les sanctions qui nous sanctionnent d'abord nous-mêmes, les livraisons d'armes, et en agitant le spectre de Nuremberg, l'Europe contribue à donner corps à l'hypothèse d'une fracturation du monde virant dans une sorte de nouvelle guerre froide dont elle sera la première à subir les conséquences, et qui l'isolerait du reste de l'Eurasie et de ses immenses réserves de matières premières. Si la guerre en Ukraine ne trouve pas d'issue par la négociation, dans tous les autres cas de figure, et peut-être encore plus dans le cas d'un affaiblissement trop grand de la Russie dont rêvent beaucoup de gens aux États-Unis, dans le monde anglo-saxon et en Europe de l'est, l'Asie occidentale et centrale déstabilisée verrait s'affronter directement ou indirectement l'empire américain et ses alliés, et ce qui resterait de la Russie coalisée avec la Chine et l'Iran, au nom de ce principe cardinal que rappelait un jour à la télévision un ancien ambassadeur : dans les relations internationales, les ennemis de mes ennemis sont mes amis.

Ce principe gouverne effectivement depuis toujours les relations internationales. C'est au nom de ce principe que François Ier avait recherché une alliance de l'Empire ottoman contre celui des Habsbourg. Au cours de la guerre de Trente Ans, la France catholique s'était alliée avec les protestants suédois, hollandais, allemands contre les Habsbourg catholiques. C'est le même principe qui a conduit l'Allemagne nazie et le Japon à s'allier, et les démocraties occidentales à pactiser avec Staline. Ne comptons donc pas trop sur les fractures qui divisent ce que l'on appelle « le Sud global ». Certes, tous les pays qui ne font pas allégeance à l'Occident ne forment pas un bloc. Mais ils pourraient bien constituer un front commun d'intérêts bien compris pour s'émanciper d'une tutelle que chacun, pour des raisons qui lui sont propres, jugeront de plus en plus insupportables si nous ne changeons pas de comportement à leur égard et que nous ne faisons pas évoluer l'ordre du monde. L'ennemi de mon ennemi est mon ami : c'est un principe qui peut coaguler bien des conflits et des rivalités dans le monde, qui n'ont *a priori* rien à voir avec la guerre en Ukraine, sur fond d'émancipation du reste du monde de la tutelle occidentale et, en particulier, américaine. Le rapprochement entre l'Iran et l'Arabie Saoudite sous l'égide de la Chine en est une illustration spectaculaire, comme le voyage à Moscou du président chinois avec, à la clé, un gazoduc géant entre la Russie et la Chine, et une industrie chinoise qui va remplir le vide laissé par le départ des entreprises occidentales.

Il va falloir aussi compter avec les ambitions de la Turquie suivant sa propre voie et cherchant à unir autour d'elle les populations turcophones qu'elle a commencé à regrouper dans l'organisation des États turcs, que l'on voit déjà s'immiscer dans le conflit entre l'Arménie et l'Azerbaïdjan.

Selon que le conflit deviendra ou non existentiel pour les uns ou pour les autres, la guerre pourra être froide ou chaude, et la coalition américaine s'embourber au cœur de l'Eurasie, comme ce fut le cas en Corée ou en Afghanistan. L'Asie occidentale et centrale pourrait alors devenir pour les États-Unis et pour l'Europe un Vietnam en beaucoup plus grand. Encore une fois, le pire n'est jamais sûr, mais le risque est certain et le plus dangereux est de l'ignorer.

En attendant, les fractures économiques et politiques se creusent. Les États-Unis mènent une guerre juridique contre tous ceux qui utilisent le dollar dans leurs transactions pour les contraindre à se soumettre aux lois américaines. Et le 24 février 2023, le G7, alors qu'aucun de ses membres n'est officiellement en guerre contre la Russie et qu'ils prétendent défendre le principe des souverainetés nationales, n'hésitait pas à utiliser la menace :

> Nous demandons aux pays tiers ou aux autres acteurs internationaux qui cherchent à contourner ou à affaiblir nos mesures de cesser leur aide matérielle à la guerre menée par la Russie, sous peine de s'exposer à des coûts sévères. Afin de dissuader partout dans le monde ce type d'activités, nous prenons des mesures contre les acteurs de pays tiers qui apportent un soutien matériel à la guerre menée par la Russie en Ukraine.

Le reste du monde est fondé à se dire « de quel droit ? » De quel droit, sinon celui du plus fort ?

Quelques semaines avant, le jour où le G7 publiait son communiqué, dans un journal français, on pouvait lire, pour le premier anniversaire de la guerre en Ukraine un éditorial qui disait :

> La Russie doit perdre la guerre, parce que le prix d'une victoire, même partielle, du Kremlin serait inacceptable. Non seulement pour l'Ukraine, mais pour l'idée que nos démocraties libérales se font de la vie internationale.

Comme s'il était naturel que le monde entier se fasse la même idée de la vie internationale que nos démocraties libérales. On peut vouloir la défaite de la Russie – laquelle ? – pour beaucoup de raisons, mais cette dernière raison, précisément, est inaudible pour le reste du monde et le dresse contre nous.

Au lieu de tirer les leçons de cette guerre pour sortir de l'unipolarité et de l'unilatéralisme, et accepter l'évidence d'un monde désormais multipolaire, l'Occident se crispe dans son rôle autoproclamé de gendarme du monde, qui crispe à son tour le reste du globe. Qui peut dire les conséquences qu'en tireront les autres grands émergents comme l'Inde, le Pakistan, l'Afrique du Sud, le Nigeria, l'Indonésie, etc. ? Le Brésil a déjà choisi. Lula, son président, l'a dit à Pékin en avril 2023 : son pays veut œuvrer avec les autres grands émergents à l'organisation d'un monde multipolaire. Il a pointé la responsabilité de l'Occident dans le prolongement de la guerre en Ukraine et déclaré :

> chaque nuit, je me demande pourquoi tous les pays doivent réaliser leurs échanges en dollars. Pourquoi ne pouvons-nous pas commercer dans notre propre monnaie ? Qui a décidé un jour que le dollar serait la monnaie de référence à la disparition de l'étalon-or ?

Comme l'a reconnu, sur la chaîne de télévision CNN, Janet Yellen, la secrétaire au Trésor des États-Unis, ancienne présidente de la Banque centrale américaine, l'utilisation des sanctions financières peut finir par miner l'hégémonie du dollar. Mais l'Amérique croit que cela n'arrivera pas. C'est toujours la même chose : ça tiendra. Comme toutes les puissances hégémoniques dans l'histoire, l'Amérique s'est habituée à son statut d'hyperpuissance, et elle agit comme s'il devait toujours durer. L'Amérique a du mal à regarder le monde tel qu'il est. C'est un risque pour l'Amérique, un risque pour l'Europe, un risque pour le monde.

Les conséquences pourraient aller, pour l'Europe inféodée à l'Amérique, bien au-delà de ses relations avec l'Asie. Elle pourrait bien l'éloigner aussi des pays du Sud qui cherchent à s'émanciper de la tutelle d'un Occident qui a pris l'habitude de faire prévaloir, partout et par tous les moyens, ses intérêts et sa vision du monde.

Aucun dirigeant européen ne semble avoir pris, depuis le début de la guerre la mesure de ce risque, en suivant aveuglément les États-Unis qui ont d'autres intérêts. Coupée des matières premières de la Chine, de la Russie, de l'Asie centrale et du Sud, si la fracture entre l'Occident et le reste du monde devait s'élargir, que ferait l'Europe pour sécuriser les approvisionnements qui lui sont indispensables ?

Le sous-sol européen recèle, certes, de nombreuses matières premières nécessaires au développement du numérique et à la transition énergétique. La richesse en minerais du sous-sol français est grande. Il y a des métaux rares ou critiques en Bretagne, du cobalt dans le Massif central et dans le Poitou, du lithium dans l'Allier, dans le Finistère, dans la Haute Vienne, dans la Creuse, de l'uranium en Aquitaine, des schistes bitumineux dans le Bassin parisien et dans le Sud-Est... Il y a du nickel en Nouvelle-Calédonie, de l'or en Guyane... Géologiquement, la France a le potentiel pour être une puissance minière qui, compte tenu de la rapidité des progrès techniques, pourrait assez vite devenir auto-suffisante pour de nombreux métaux qui ont, dans le monde d'aujourd'hui, une importance stratégique. Mais l'exploitation de ce potentiel se heurte non seulement à des problèmes de rentabilité sur des marchés mondiaux souvent très volatiles, mais surtout à l'acceptabilité environnementale d'activités d'extraction souvent très polluantes ou perçues comme telles par les populations. La France est-elle capable et prête à franchir ces obstacles ? Prête à affronter la guerre des mines en plus de la guerre de l'eau ? Rien n'est moins sûr. Le problème de la sécurité de ses approvisionnements risque donc bel et bien de s'aggraver dans le monde instable et fracturé qui est en train de s'installer sous nos yeux. Et même si le potentiel des zones économiques maritimes exclusives de ses territoires et départements d'outre-mer est une belle promesse, elle restera suspendue à sa capacité à assurer la défense de ses intérêts sur les mers et c'est bien loin d'être le cas ni parti pour l'être, alors qu'elle n'est pas même capable d'avoir en permanence un porte-avions à la mer, faute de ne s'être jamais donné les moyens d'en construire un second.

Enfermés dans la pesanteur psychologique du présent, s'étant emprisonnés eux-mêmes dans le syndrome de Munich, aucun des dirigeants européens ne voient aussi loin. Les Américains, eux voient finalement plus loin. Entre syndrome de Munich, visées hégémoniques et intérêts économiques, ils entraînent l'Europe dans une escalade dont ils ne savent qu'une chose, c'est qu'elle leur permettra d'accroître leur mainmise politique et économique sur l'Europe à laquelle ils vendront leur gaz, leur blé, leurs centrales nucléaires et leurs armes, et dont ils récupéreront chez eux les industries à la recherche d'une énergie moins chère.

Mais alors que l'Europe ne jure encore que par la religion du libre-échange, les Américains pensent déjà à une réorganisation de l'économie mondiale qui ressemble un peu au protectionnisme anglais du début du XXIe siècle fondé sur la préférence impériale.

Cette fracturation de l'économie mondiale, Janet Yellen l'a assumée en mai 2022 en annonçant le changement de la doctrine américaine. Elle a déclaré :

> Il sera de plus en plus difficile de séparer les questions économiques de la sécurité nationale. [...] L'idéal serait d'avoir un grand groupe de partenaires de confiance afin de pouvoir maintenir les efficacités qui découlent de la division mondiale du travail, mais aussi de se sentir plus en sécurité.

L'idéologie de la mondialisation telle que nous l'avions voulue, c'était « l'intégration économique avant tout ». La sécurité avant l'intégration, c'est la nouvelle vision du monde que les crises successives de la mondialisation que nous vivons nous imposent, à rebours de ce que nous avions été sommés de prendre, durant des décennies, pour le sens de l'histoire. Par une sorte de contagion, la société internationale se fracture comme les sociétés de chaque pays se fracturent. Le multilatéralisme est de plus en plus à la peine.

Le recul actuel de la France en Afrique pourrait bien être la préfiguration du nouvel ordre du monde. Mais que deviendrait la France si elle perdait l'accès à l'uranium du Niger en même temps que les conflits au cœur de l'Eurasie lui feraient perdre l'accès à l'uranium naturel du Kazakhstan et de l'Ouzbékistan et à l'uranium enrichi russe ? Quel serait le destin de la francophonie dans une Afrique devenue le champ clos des rivalités entre Russes et Chinois d'un côté et Américains de l'autre ? La France soutient pourtant la volonté américaine d'imposer au reste du monde le respect des sanctions infligées à tous ceux qui contrarient leurs intérêts.

Nous avons, nous, la France, comme tous les autres pays européens, un choix capital à faire : soit nous inclure dans quelque chose qui pourrait ressembler à ce grand groupe de partenaires de confiance autour des États-Unis évoqué par Mme Yellen, et entériner ainsi la fracture d'une future guerre froide qui ne dit pas son nom avec le reste du monde, et nous mettre dans une dépendance quasi totale et en risque pour nos approvisionnements en matières premières, soit, conserver pour la France, comme pour l'Europe, une plus grande liberté d'action. Le vieux dilemme gaullien est de retour.

Nous n'avons jamais sérieusement cherché à mettre en équilibre les opportunités et les risques que nous pouvions attendre de l'Union européenne telle qu'elle s'est construite à partir de 1986 avec l'Acte unique européen et la politique de la concurrence libre et non faussée. Nous nous étions laissés bercer par les slogans qui nous promettaient la paix, la prospérité et la sécurité ! En 1992, au moment crucial de la ratification du traité de Maastricht, Michel Rocard, parlant pour tout l'*establishment*, n'avait-il pas déclaré avec assurance :

> Maastricht constitue les trois clefs de l'avenir : la monnaie unique, ce sera moins de chômeurs et plus de prospérité ; la politique étrangère commune, ce sera moins d'impuissance et plus de sécurité ; et la citoyenneté, ce sera moins de bureaucratie et plus de démocratie[40].

Et trente ans plus tard, il y a plus de chômeurs et d'inflation, moins d'indépendance et moins de sécurité, plus de bureaucratie et la crise de la démocratie. Nous avons été jusqu'à payer l'Union européenne pour qu'elle subventionne les nouveaux entrants, afin qu'ils puissent mieux concurrencer nos industries avec des charges faibles et une liberté de circulation entre pays membres qui confine à l'absurde, pas seulement pour les migrations, mais aussi pour notre économie. Comme si les effets délétères de la mondialisation ne suffisaient pas, l'Europe encourage la délocalisation de nos activités

---

40. Michel ROCARD, *Ouest-France*, 27 août 1992.

vers les pays européens à faibles coûts et l'importation chez nous de leurs travailleurs détachés.

Et dans le même temps, jamais l'Europe ne s'est rendue aussi dépendante des États-Unis depuis la fin du plan Marshall au début des années 1950.

À la pesée des opportunités et des risques de l'Europe maastrichtienne, comme à ceux de la mondialisation heureuse, il n'y avait qu'un plateau à la balance. On a choisi de conjurer les risques en les niant. Si l'on était pour la paix, la prospérité, la démocratie et l'indépendance vis-à-vis des empires, il fallait être pour la construction européenne et pour la mondialisation telle qu'elle s'accomplissait, sinon on était un mauvais citoyen. Après Maastricht, l'engrenage fédéraliste a accéléré, et pas seulement à cause du traité de Lisbonne, qui n'a pas changé grand-chose de ce point de vue. L'engrenage a surtout profité des crises qui ont permis de prendre bien des décisions, sans suivre les procédures habituelles qu'impose la démocratie quand il est question de souveraineté et d'indépendance. La gestion de la crise sanitaire a ainsi permis un grand pas en avant vers le fédéralisme budgétaire, sans qu'ait été engagée la moindre procédure de révision du traité de l'Union européenne. Le grand plan de relance financé par des emprunts de la Commission, prétendument nécessaire pour soutenir les pays membres les plus fragiles financièrement, en a été l'instrument. La solidarité européenne a eu bon dos.

Ce que le plan cherchait à faire, la Banque centrale européenne pouvait l'accomplir toute seule en rachetant davantage d'emprunts d'État des pays les plus vulnérables. On a menti deux fois aux Français. Une première fois en leur faisant croire que l'Europe nous donnait quarante milliards. Mais ces quarante milliards, que nous aurions pu emprunter nous-mêmes, il allait nous falloir les rembourser par l'augmentation de notre contribution à l'Union. Et comme nous allons devoir payer plus que notre part, c'est soixante milliards au moins qu'il nous faudra rembourser au bout du compte. On a menti une deuxième fois, parce qu'il ne s'agissait pas en réalité de faire preuve de solidarité ou de relancer l'économie européenne, mais d'enclencher, dans le dos des peuples, l'engrenage du fédéralisme budgétaire identique à celui qu'avaient connu les États-Unis après la guerre d'indépendance, quand les États fédérés avaient voulu se débarrasser des dettes de guerre sur l'État fédéral.

Revenons sur ce « moment hamiltonien » dont le prix Nobel d'économie 2011, Thomas Sargent, parlait dix ans plus tôt en soulignant la similitude entre les premières institutions américaines à la fin du XVIIIe et les institutions européennes au début du XXIe siècle[41]. Les articles de la Confédération américaine de 1781 interdisaient au Gouvernement fédéral de lever l'impôt et de le dépenser sans l'accord unanime des 13 États, ce qui avait eu pour conséquence la dépréciation de la dette publique contractée pour financer la guerre d'indépendance. La Constitution américaine de 1788 avait cherché à rassurer les créanciers, en conférant à l'État fédéral des ressources propres avec le pouvoir de lever des taxes sur les importations. Un département du Trésor avait été créé en septembre 1789, puis une banque des États-Unis en février 1791 et un hôtel de la monnaie en avril 1792. Pour le secrétaire américain au Trésor de l'époque, Hamilton, cela devait élargir les possibilités de financement d'éventuelles augmentations futures temporaires des dépenses publiques, grâce au recours à l'emprunt, permettant ainsi à ses successeurs de modérer les hausses d'impôts immédiates nécessaires pour financer ces surcroîts de dépenses.

On avait commencé par des dépenses fédérales de l'ordre de 2 % du PIB à la fin des années 1780, quand la « grande aventure monétaire et budgétaire des États-Unis » avait conduit à des dépenses fédérales qui représentaient, dans les années 2020, 25 % du PIB et une dette publique qui dépassait 110 % du PIB. Bien que les conditions historiques fussent très différentes, la leçon à tirer de cette expérience de l'Amérique hésitant entre la souveraineté dans les États membres et la souveraineté dans l'État fédéral est que, en permettant à l'État fédéral de s'endetter directement auprès des épargnants et des banques, les États fédérés avaient rendu nécessaire de lui donner le pouvoir de lever l'impôt et que le pouvoir budgétaire une fois acquis à l'échelon fédéral a tendance à dévorer les pouvoirs locaux. L'expérience des États américains montre qu'en autorisant l'Union

41. Thomas SARGENT, « Les États-Unis naguère, l'Europe aujourd'hui », *Revue de l'OFCE*, 8 décembre 2011.

européenne à s'endetter, nous avons mis, sans le dire, le doigt dans l'engrenage du fédéralisme budgétaire, qui conduit à une Europe fédérale. À ce moment, que certains commentateurs ont qualifié à juste titre de « moment hamiltonien de l'Europe », s'est ajouté le rôle que, avec la crise ukrainienne, la Commission européenne s'est attribué en matière de politique étrangère et de défense, engageant les États membres dans une surenchère verbale et politique qui va bien au-delà de son mandat. La ruse de l'histoire, c'est que ce n'est pas tant l'intégration européenne qui en sort renforcée, que l'intégration de l'Europe dans l'Otan qui l'a mise plus que jamais dans la dépendance américaine. En France, tous les partis dits « de gouvernement » nous ont vendu l'Union européenne comme le seul moyen qui nous permettrait, ensemble avec les autres pays membres, de préserver notre indépendance face aux grands empires qui cherchent à dominer le monde. Mais de l'affaire des sous-marins à propulsion nucléaire pour l'Australie, négociée dans notre dos par les États-Unis, et qui s'apparentait à un acte de préguerre froide vis-à-vis de la Chine, à la guerre en Ukraine, tout indique que, pour la plupart des États européens, et pas seulement ceux de l'Est, aucune divergence stratégique avec les États-Unis n'est supportable. Les réactions aux déclarations au président de la République française qui, de retour de Chine, a appelé l'Europe à ne pas être « suiviste » et à faire entendre sa propre voix dans le face-à-face de plus en plus tendu entre la Chine et les États-Unis, sont venues confirmer cette réalité que l'Europe indépendante est un mensonge auquel, à part les politiciens français, plus grand monde ne croit. Et le président de la République française a renoncé une fois de plus à donner une suite à ses propos. Comment croire à une unité de l'Europe qui serait forgée par la conscience des intérêts communs de tous ses membres derrière le sauve-qui-peut otanien indexé sur les cauchemars et les angoisses de certains pays de l'Est auxquels l'histoire a laissé des blessures inguérissables ?

L'unité ? Quelle unité quand l'Allemagne décide d'accueillir un million de réfugiés sans en parler à aucun de ses voisins et de ses partenaires, dans une Europe qui applique le principe de la libre circulation ? Quelle unité quand l'Allemagne décide tout à coup, sans en discuter avec personne, de troquer ses centrales nucléaires contre des centrales à charbon et à gaz qui vont accroître la pollution et les rejets de gaz à effet de serre durant des décennies, en attendant d'atteindre un hypothétique objectif de 80 % d'énergies renouvelables, tandis que la France qui, à côté d'elle, émet peu de CO_2, fait chaque année des efforts coûteux pour en émettre encore moins ?

Avec l'Otan, leur façon de tirer parti de la crise énergétique et l'idée du groupe de partenaires de confiance, les Américains voient plus loin pour leurs intérêts que les Européens en général – et les Français en particulier, occupés que nous sommes à gérer dans l'improvisation les conséquences géopolitiques, pourtant prévisibles, et l'engrenage des pénuries, de l'inflation et de la crise sociale que nourrit l'escalade de la guerre et des sanctions.

Les événements qui secouent l'est de l'Europe et la montée des désordres dans ce monde que nous avons, nous aussi, contribué à rendre si dangereux, mettent en lumière les faiblesses de notre défense nationale, parce que nous avons longtemps pensé que nous n'avions plus besoin d'une armée capable d'affronter ce que les militaires appellent un conflit de haute intensité, comme en Ukraine, avec des chars, de l'artillerie, des effectifs importants, des avions et des bateaux en quantité. Et en s'inspirant d'un modèle alors en vogue dans les entreprises qui en sont depuis, dans bien des cas, revenues, nous avons organisé notre armée en flux tendus, comme nous l'avons fait avec notre système de santé. Mais alors que beaucoup d'entreprises avaient pris conscience du risque de rupture d'approvisionnement que leur faisait courir l'absence de stocks, les pouvoirs publics ont continué à prendre ce risque dans des domaines où il ne faut jamais le prendre.

Nous avons construit une armée qui n'est plus capable de protéger le pays et ses intérêts vitaux, mais seulement d'aller faire ces guerres chez les autres que l'on appelle « opérations extérieures », au prétexte que, la guerre froide achevée, il n'y avait plus de menace directe sur notre territoire, et que la priorité était dès lors à la capacité de projection. On a donc dissous en nombre les régiments d'artillerie et les régiments de chars, supprimé les stocks de munitions, fermé des casernes, des bases aériennes, réduit nos commandes de Rafales, renoncé à construire un deuxième porte-avions, réduit le format de la Marine nationale. Longtemps, l'armée a subi les coupes budgétaires et les gels de crédits, et les lois de programmation militaires n'ont pas été respectés. On faisait des économies comptables, on tirait les dividendes de la paix. Chaque arme s'est longtemps battue pour sauver son enveloppe de crédits au détriment des autres armes, ce qui a facilité le travail des budgétaires. Le Pacte de stabilité européen, avec ses critères pour les finances publiques, avait été décrété plus important que la défense nationale, même si François Hollande a fini par déclarer, sans suite, que « le pacte de sécurité était plus important que le pacte de stabilité ».

C'était dans l'ordre des choses puisque, prétendait-on, la guerre telle que nous l'avions connue dans le passé ne se reproduirait plus. Mais, une fois de plus, c'était un cercle vicieux. Nous avons porté de rudes coups à notre industrie de défense, et plus elle a été sacrifiée et plus notre armement nous a coûté cher. En achetant moins de Rafales ou de chars Leclerc que prévu, leur coût unitaire a moins baissé qu'escompté et nous avons eu plus de mal à les vendre, d'autant plus que les Américains, nos alliés, faisaient pression sur les acheteurs. Nos entreprises savaient fabriquer des avions, des chars, des fusils, mais au nom du principe selon lequel nous avions, en matière d'armement, le savoir-faire et la technologie alors que les autres, en premier lieu les Allemands, avaient l'argent, nous avons choisi de concevoir et de construire chars et avions avec les Allemands, et de leur acheter leurs fusils ou de participer à des programmes européens, c'est-à-dire de perdre un peu plus de notre indépendance, au prétexte que l'Europe y pourvoirait. Nous avons choisi de partager les retombées industrielles avec des partenaires qui ont profité des transferts de technologie, et qui, à la première occasion, ont préféré acheter du matériel américain plutôt que français, et nous n'avons aucune raison de croire qu'ils auront, en toutes circonstances, les mêmes intérêts géostratégiques que nous. Et quelle armée indépendante, n'ayant d'autorisation à quémander à personne, défendrait les nôtres dans un monde qui serait plongé dans le chaos de conflits armés, de guerres civiles, de mouvements terroristes, de crises politiques dont on ne peut pas exclure la possibilité au regard des événements, des tensions actuelles et des grands bouleversements démographiques et climatiques.

Dans ce domaine, comme dans tous les autres, le calcul économique a été à courte vue. Une fois de plus, l'avenir a été sacrifié. Une fois de plus, l'obsession de la situation des comptes publics à la fin de l'année budgétaire a eu un effet délétère, y compris, à la fin, sur nos finances publiques. Nous aurions pu utiliser la commande publique militaire comme un levier de politique industrielle et pour irriguer toute l'économie avec des innovations technologiques développées pour l'armement, comme savent si bien le faire les Américains, et transformer ainsi une grande partie des dépenses d'armement en investissements pour la nation. L'approche comptable de la politique économique et une forme de naïveté vis-à-vis de nos partenaires européens nous ont conduits à nous priver de cette opportunité que le génie de nos industriels, de nos ingénieurs, de nos grands corps techniques et la volonté d'un État plus clairvoyant rendaient possible.

La pression pour réduire notre force de dissuasion nucléaire a aussi été très forte, venant des idéalistes qui rêvaient du désarmement général et des budgétaires qui voulaient faire des économies sur des armes qui ne seraient jamais utilisées. Les gouvernements successifs, par souci d'apparaître du côté de la morale et du sérieux budgétaire, ont voulu que la France fût le meilleur élève du désarmement nucléaire. Nous avons démantelé les installations du plateau d'Albion qui étaient devenues obsolètes, mais aussi arrêté la production de matières fissiles pour les armes, et réduit d'un tiers notre arsenal sous-marin et aéroporté, alors que celui-ci était déjà modeste par rapport à celui des superpuissances nucléaires. Il est resté à la force de dissuasion française quatre sous-marins au lieu de six et deux escadrons aériens au lieu de trois. On a baptisé cette doctrine « la stricte suffisance ». Mais dans une époque où, indépendamment des risques que fait courir au monde la guerre en Ukraine, la prolifération nucléaire est devenue une réalité avec, d'ores et déjà, la Chine, l'Inde, le Pakistan, Israël, la Corée du Nord et bientôt probablement l'Iran, tout le monde devrait sentir que la stricte suffisance n'est peut-être plus tout à fait ce qu'elle a été. Là encore, nous avons été imprévoyants. Mais qui s'en est soucié ?

Depuis 2019, les budgets militaires sont à la hausse, et encore plus depuis que la guerre à haute intensité est à nos portes. Une pluie de milliards est annoncée pour les années à venir. Mais, là encore, les chiffres servent d'abord à communiquer et, si nos politiques publiques demeurent enfermées dans l'approche comptable sans que soit repensé le rôle de l'État et de ses politiques dans le développement de l'économie, les milliards prévus ne suffiront pas à rattraper le retard pris et à mettre notre défense à la hauteur des risques que les désordres actuels du monde nous font courir. La loi de programmation militaire qui devait mettre notre armée à niveau pour les chars, l'artillerie, l'aviation, la flotte, sacrifie finalement les chars, les avions et les navires. On n'en sort pas.

À cet engrenage, nous avons ajouté la suspension du service militaire qui s'inscrivait dans le recentrage de notre défense sur les opérations extérieures avec une armée de professionnels aguerris. Quand on a pris cette décision, on n'a pas tenu compte des conséquences qu'elle pourrait avoir sur une société où une partie croissante de la jeunesse était en voie de désocialisation et n'était plus jamais confrontée à la règle et à l'obligation. On n'a pas rapporté les économies qu'elle permettait de réaliser à court terme sur le budget des armées à ses effets diffus sur la cohésion sociale, finalement bien plus ruineux et dangereux pour l'esprit de défense de la nation. On n'a pas tenu compte de ses conséquences sur le lien entre l'armée et la nation, dont personne ne se souciait plus depuis longtemps, jusqu'à ce que la guerre en Ukraine nous rappelle brutalement l'importance pour un pays de la volonté de se défendre, même au XXIe siècle.

Faute de tourner le dos à une approche exclusivement comptable et de mettre en relation nos dépenses militaires avec leurs effets sur l'économie, la recherche, et plus largement sur l'ensemble de la société, les moyens supplémentaires que l'État envisage de consacrer à notre défense ne pourront en combler ni les retards, ni les insuffisances face à la montée des périls. Dans un monde profondément fracturé, l'approche comptable et la naïveté mettent aujourd'hui notre défense nationale dangereusement en porte à faux.

Cassandre est maudite

Eschyle, 458 av. J.-C., écrivait[42] :

> Cassandre : — Que vous me croyiez ou non, qu'est-ce que ça peut faire ?
> Ce qui doit arriver va arriver ; et c'est toi qui vas bientôt le voir,
> Tu reconnaîtras en moi, plein de pitié, une trop véritable prophétesse. [...] Regarde, c'est Apollon lui-même qui me dépouille
> De mon habit de prophétesse ; il m'a observée,
> Quand, avec cette parure, j'étais l'objet des moqueries
> Des miens et de mes ennemis, tous d'accord, en vain ;
> L'on m'appelait la vagabonde, comme une mendiante,
> Une gueuse crevant de faim, je tenais bon.

On appelle oiseaux de mauvais augure ou cassandres ceux qui préviennent que nous ne sommes à l'abri de rien et que nous empruntons un chemin dangereux. C'est vieux comme l'humanité. C'était déjà comme ça du temps d'Homère et même avant, dans les temps immémoriaux de la guerre de Troie.

Elle n'allait pas bien du temps de la guerre de Troie, la petite Cassandre, la plus belle des filles du roi Priam. Elle avait un don. Elle voyait l'avenir. Apollon, pour la séduire, le lui avait octroyé. Mais comme, finalement, elle n'avait pas cédé à ses avances, il l'avait condamnée à ce que jamais personne ne la crût. « Dès que je l'eus trompé, personne ne me crut. » Vengeance d'Apollon ou affaire de logique ? Si tout le monde avait cru ce qu'elle disait, l'avenir en eut été changé et, alors, ce qu'elle avait vu n'aurait pas été l'avenir. Peut-être que même les dieux ne peuvent rien contre la logique.

En tout cas, c'était une vraie malédiction que ce don, et elle en était vraiment malheureuse la petite Cassandre. Elle leur avait bien dit à son père, à ses frères, aux Troyens que l'enlèvement d'Hélène, épouse du roi de Sparte, par son frère Pâris, allait déclencher la guerre avec les Grecs et entraîner la ruine de Troie. Mais rien n'y avait fait. Hélène

42. Eschyle (- 458), *Agamemnon,* Bayard, 2005.

était restée à Troie et, désormais, toute la Grèce coalisée assiégeait la cité depuis dix ans. Non, vraiment, ça n'était pas une vie, elle aurait mieux fait de se taire, mais elle ne pouvait pas : elle les aimait trop, ses frères, ses sœurs et tous ces Troyens qui ne l'écoutaient pas, qui se moquaient d'elle et de ses visions. Elle tenait bon, mais que c'était dur de voir ce qui allait se passer et ne pouvoir sauver personne. Quand elle vit le grand cheval de bois, la grande ruse d'Ulysse, abandonné sous les remparts de Troie par les Grecs qui avaient fait semblant de lever le siège, elle cria que c'était le cheval du malheur et qu'il ne fallait pas le faire entrer dans la cité.

Mais il avait l'air si inoffensif, ce cheval de bois, et puis, les Grecs avaient levé un siège qui durait depuis dix ans, l'heure était au triomphe, rien ne devait gâcher la fête. La guerre était finie et elle était gagnée. Le cheval était une prise de guerre, le symbole de cette victoire. Personne n'était allé en sonder les entrailles dans lesquelles se cachaient les Grecs. Et Troie avait été perdue, les Troyens massacrés ou réduits en esclavage.

Ceux qui ne croient qu'à ce qu'ils voient, qu'aux preuves matérielles, diront que Cassandre, la petite maudite de la guerre de Troie, n'a pas plus existé que Priam, Hector, Hélène, Paris, Ulysse, Agamemnon ou les dieux de l'Olympe. Que, même que pour ce qui concerne Troie, on n'est pas bien sûr. Ils diront que ce n'est qu'une fable, qu'Homère, Eschyle, Virgile n'étaient que des poètes.

Les psychologues, eux, ne savent pas si la guerre de Troie a vraiment eu lieu ou si Homère a tout inventé, ni ce qu'en pensaient réellement les Grecs de l'Antiquité, mais ils ont bien vu que Cassandre souffrait. C'est leur vocation de s'intéresser à ce genre de souffrance. Alors, ils en ont fait un syndrome, le « syndrome de Cassandre ». Ils ont vu dans cette souffrance l'éternelle histoire tragique de la personne qui voit arriver le malheur, mais que l'on n'écoute pas parce qu'elle dérange. Ils ont compris que l'histoire de la petite Cassandre de Troie est bien autre chose qu'une fable. Car, en vérité, elle ne nous parle pas des voyants, de ceux qui lisent l'avenir dans des boules de cristal, mais des clairvoyants, de ceux qui cherchent à ouvrir les yeux des autres sur les conséquences de leurs actes. Ils ont compris que Cassandre est de tous les âges, de tous les temps, qu'elle est éternelle et universelle, qu'il y a toujours des Cassandre qui cherchent à réveiller les consciences et qui se heurtent à l'incrédulité, à l'indifférence – voire à l'hostilité de ceux qu'elles dérangent.

Les psychologues s'intéressent surtout, c'est leur métier, au mal-être de celui ou de celle que personne n'écoute. Mais, le plus important dans l'histoire, ce sont les autres, ceux qui ne voient pas, qui n'arrivent pas à voir ou ne veulent pas voir ce qui dans le présent prépare l'avenir, et ne veulent même pas en entendre parler. Ce sont les Troyens dont l'avenir est dans le ventre du cheval de bois et qui ne cherchent même pas à savoir ce qu'il contient.

À sa façon, Démosthène à Athènes avait été Cassandre face à la Macédoine, de même Keynes quand il avait écrit, après le traité de Versailles, *Les Conséquences économiques de la paix* avait-il été Cassandre, Bainville quand il avait écrit *Les Conséquences politiques de la paix* avait été Cassandre, Churchill durant les années 1930 avait été Cassandre à propos d'Hitler, De Gaulle avait été Cassandre s'agissant de l'utilisation des chars.

Imprégnation de la mémoire historique, encore, quand la France avait opté dès les années 1920 pour une stratégie militaire uniquement défensive derrière les fortifications de la ligne Maginot, qui nous a coûté si cher en 1940, mais qui répondait à l'aspiration profonde d'un peuple fatigué et meurtri où chacun, quelles que soient ses opinions ou sa classe sociale, quelques inaudibles Cassandre mises à part, partageait, sans s'être concerté avec d'autres, la hantise collective de revivre la boucherie de 1914-1918. Il ne voulait rien entendre d'autre.

Des Cassandre avaient dérangé tout le monde et personne n'avait eu envie de les entendre. Et ces grands personnages, qui n'avaient pas de boule de cristal, ne sont que la partie visible de la multitude de tous ceux auxquels l'histoire donna, hélas ! finalement raison, parce qu'ils n'avaient pas réussi à se faire suffisamment entendre pour inverser le cours des choses et conjurer le malheur. L'offensive du « Chemin-des-Dames » en 1917 est un cas d'école.

Le 12 décembre 1916, le général Nivelle avait été nommé commandant en chef des armées françaises en remplacement de Joffre. Excellent élève, polytechnicien, officier d'artillerie, en deux ans de guerre, il avait franchi tous les échelons de la hiérarchie militaire. En 1914, à 57 ans, il n'était parvenu qu'au grade de colonel, comme Pétain ; en 1916, il était devenu général d'armée. Le bon élève était un adepte de la doctrine de l'offensive à outrance que l'on apprenait dans les écoles militaires avant la guerre.

Voulant passer à l'attaque, Joffre lui avait confié la responsabilité de conduire les opérations à Verdun, où il avait remplacé Pétain en avril 1916. Il y avait gagné ses titres de gloire en reprenant les forts de Vaux et de Douaumont en octobre de la même année. Quand on avait cherché un successeur à Joffre, il l'avait emporté sur Pétain et Foch en promettant à une classe politique impatiente de gagner une guerre qui n'avait que trop duré, d'en finir avec la guerre de position, et d'obtenir par l'offensive une victoire rapide.

Son idée maîtresse était de conduire une offensive éclair et de grande ampleur en direction de Laon, entre Soissons et Reims, et d'y rompre la ligne de front allemande sur le Chemin-des-Dames, le plateau entre les vallées de l'Ailette et de l'Aisne.

De nombreuses voix s'étaient élevées jusque dans les rangs des généraux pour critiquer ce choix, compte tenu de la topographie des lieux qui plaçait les Allemands en position dominante, sur un plateau, et de l'impréparation de l'opération, effective en particulier depuis que l'ennemi avait mis à mal le plan initial en réorganisant et en réduisant sa ligne de front, en y concentrant ses moyens et en y multipliant les dispositifs défensifs... Pétain, Foch, Lyautey avaient prédit l'échec. Pétain avait averti que l'on allait faire tuer beaucoup de gens pour rien. Lyautey, alors ministre de la Guerre, aurait dit que le plan de Nivelle était un plan pour l'armée de la grande-duchesse de Gerolstein. Et le mot cruel d'un général opposé à l'offensive à outrance avait fait le tour des armées : « Attaquons, attaquons comme la lune. »

Malgré tous les avertissements de tous ceux qui s'étaient penchés sur le plan, Raymond Poincaré, président de la République, et Aristide Briand, président du Conseil, avaient continué de soutenir Nivelle. Tous avaient les éléments en mains pour savoir à quoi s'en tenir. Tout le monde avait laissé faire, parce que les uns avaient trouvé trop compliqué de défaire ce qu'ils avaient fait, ou parce qu'ils n'avaient pas voulu se déjuger ni déjuger celui qu'ils avaient nommé, et surtout parce que beaucoup, après trois ans de guerre, avaient préféré, psychologiquement et politiquement, prendre pour argent comptant la promesse de Nivelle d'une victoire rapide qui hâterait la fin de la guerre, plutôt que se laisser convaincre par le pessimisme réaliste de tous les autres qui annonçaient que la guerre allait encore durer.

La bataille du Chemin-des-Dames avait commencé le 16 avril 1917 à 6 heures du matin. Nivelle avait misé sur la méthode qui lui avait réussi pour la reprise du fort de Douaumont : une intense préparation d'artillerie, suivie d'une rupture des lignes allemandes affaiblies par les bombardements, avec une avancée rapide, au rythme de cent mètres toutes les trois minutes. Il avait promis que la victoire serait acquise en vingt-quatre heures et que, si ce n'était pas le cas, il arrêterait l'offensive au bout de quarante-huit heures. Avec des pertes énormes et des gains de terrain dérisoires, la bataille avait été perdue dès le premier jour. Certains ont même dit que commencée à 6 heures, à 7 heures elle était perdue.

Mais Nivelle n'avait pas tout arrêté comme promis au bout de quarante-huit heures. Au bout de dix jours, les pertes étaient estimées à plus de 130 000 hommes, dont 30 000 morts. Le 15 mai, Nivelle avait été remplacé par Pétain alors que des mutineries avaient éclaté. Les soldats, après s'être battus jusqu'à l'extrême limite de leurs forces, après Verdun, avaient le sentiment d'être sacrifiés inutilement par des chefs qui faisaient peu de cas de leur vie. Quelques milliers seront condamnés, quelques dizaines d'entre eux fusillés. La bataille continuerait jusqu'au 24 octobre en étant plus économe en vies humaines. Au total, les pertes des deux côtés auront été énormes sans que le rapport des forces en soit significativement changé. Au

Chemin-des-Dames, l'entêtement de Nivelle n'aurait pas pu faire gagner la guerre comme il l'avait promis, mais elle aurait pu la faire perdre avec la goutte de sang de trop, versée pour rien. L'histoire avait retenu le nom de Nivelle et en avait fait un boucher, envoyant par milliers ses hommes à l'abattoir. Elle avait oublié tous ceux qui avaient été instruits du risque de l'offensive, mais qui ne voulaient rien savoir parce que tout ce qu'ils voulaient entendre, c'était que la guerre pouvait finir rapidement. Nivelle avait été certes le premier responsable, mais il avait été aussi le bouc émissaire tout trouvé.

Cette histoire nous montre un autre penchant, celui qui nous pousse bien souvent à ne prendre au sérieux que ce que nous avons envie d'entendre. Tous ceux qui avaient envie d'entendre que la guerre pourrait se terminer très vite avaient suivi Nivelle et avaient refusé d'écouter tous ceux qui prévoyaient l'échec. Ni Briand, ni Poincaré, ni la plupart des politiciens qui étaient au courant de l'opération du Chemin-des-Dames n'avaient cherché à savoir si les objections de Foch, de Pétain et de Lyautey étaient fondées. Cassandre est maudite...

Nous trouver toutes les bonnes raisons du monde pour écarter ce qui nous dérange, ce qui perturberait nos plans, ce qui nous obligerait à nous remettre en cause est un autre de ces penchants dont l'histoire nous enseigne qu'il faut le prendre au sérieux tant il peut engendrer de catastrophes.

La percée allemande dans la trouée de Sedan en mai 1940 est un autre cas d'école.

On avait dit que les chars allemands ne pourraient pas passer par les Ardennes. On avait construit des plans sur cette affirmation. Mais les chars allemands étaient passés. Devant eux, ils avaient trouvé le champ libre. Personne ne les attendait à Sedan : ils atteindraient la Manche en moins de deux semaines. Depuis, les archives militaires ont parlé, et elles disent que dès 1932 l'état-major français avait étudié l'éventualité du franchissement des Ardennes par les blindés allemands. En 1932, un exercice commandé par le général Weygand, alors président du conseil supérieur de la Guerre, avait conclu que les Ardennes pouvaient être franchies. À l'hiver 1933-1934, un exercice de plus grande ampleur avait été conduit par l'état-major et avait conclu que le franchissement pouvait être effectué par les Allemands qui atteindraient la Meuse en quarante-huit heures, et que l'acheminement des renforts nécessaires pour bloquer leur offensive prendrait au moins quinze jours[43].

Frédéric Guelton, historien du service historique des armées, note que

> les états-majors estiment qu'il faut nécessairement renforcer la charnière de Sedan dans l'espace qui sépare la ligne Maginot des grandes unités destinées à entrer en Belgique en cas de guerre. Le raisonnement est juste, mais il ne donne lieu à aucune réalisation significative.

En 1938, nouvel exercice organisé par le général commandant la IIe armée en charge du secteur, et nouvelle alarme :

> Sur notre front, les Allemands ont intérêt à tenter une attaque brusquée. Celle-ci sera payante. [...] La supériorité en artillerie et en chars doit leur permettre de réaliser, à coup sûr, en quelques heures, la rupture de la position.

Une fois encore, l'état-major n'en avait tiré aucune conséquence concrète. Conclusion de l'historien :

> La possibilité de la traversée des Ardennes par les Allemands est connue et redoutée par les Français depuis le début des années 1930. Même s'ils font peu pour y parer.

En 1932, Hitler n'était pas arrivé au pouvoir, la Rhénanie n'avait pas été remilitarisée, l'armée allemande subissait encore les restrictions imposées par le traité de Versailles, il n'y avait donc pas de quoi

43. Frédéric GUELTON, *in* Stefan Martens et Steffen Prauser, (dir.), *La Guerre de 1940: Se battre, subir, se souvenir.* Nouvelle édition [en ligne]. Presses universitaires du Septentrion, Villeneuve-d'Ascq, 2014.

s'inquiéter. En 1934, on s'était rassuré en privilégiant l'hypothèse que les Belges résisteraient assez longtemps pour pouvoir acheminer les renforts. En 1938, Gamelin, généralissime désigné en temps de guerre, enfermé dans sa conviction de longue date que la guerre se jouerait en Belgique, avait ignoré l'avertissement, arguant que les hypothèses retenues étaient trop favorables aux Allemands. Et, en 1940, il avait organisé son plan de bataille comme si les divisions allemandes ne pouvaient pas passer par les Ardennes, ouvrant ainsi la porte au plus grand désastre militaire de l'histoire de France.

Ce penchant qui nous pousse à écarter tout ce qui nous dérange et tout ce qui remet en cause les certitudes que nous avons souvent mis longtemps à acquérir, combien de fois nous a-t-il conduits à la faute ? Combien de fois avons-nous répété cette erreur dans l'histoire et la répéterons-nous dans l'avenir ? L'histoire ne se répète pas, mais nos attitudes oui. Cassandre est maudite.

Les cassandres de la vie réelle ne sont ni des prophètes de malheur ni des manipulateurs de peur. Ils ne sont pas non plus des devins. Keynes, Churchill, De Gaulle n'avaient pas été devins. Ils n'avaient pas vu l'avenir, mais ils avaient vu dans le présent ce qui préparait l'avenir et que les autres n'avaient pas vu, soit parce qu'ils n'étaient pas attentifs à ce qui se passait autour d'eux, soit – espèce la plus répandue – parce qu'ils ne voulaient pas le voir. Il y a bien des raisons à cet aveuglement volontaire, dont la principale est l'éternelle difficulté que nous avons à nous remettre en cause, à quitter le confort des certitudes que nous avons mis longtemps à forger, à prendre le risque de nous mettre en porte-à-faux avec nous-même et avec les autres, à aller contre le courant par lequel nous nous laissons porter. L'histoire nous répète sans cesse que nous cédons presque toujours à ce penchant qui conduit à ce que les clairvoyants, le plus souvent, ne peuvent pas se faire entendre.

Ne pas écouter les oiseaux de mauvais augure qui prédisaient le pire si l'on ne changeait pas de direction, cela nous avait coûté bien des malheurs dans les trois dernières guerres. Mais cela avait été à chaque fois comme si, enfermés pour maintes raisons dans nos certitudes, nous n'entendions que ce que nous voulions entendre et que, malgré le prix que nous en avions payé, la fois suivante nous refaisions exactement la même chose. Et, depuis les années 1980, dans bien des circonstances, j'ai observé le même penchant et j'ai vu reproduire les mêmes comportements.

On les observe dans la vie quotidienne comme sur la grande scène de l'histoire. Rien de plus édifiant que l'occupation durant vingt ans de l'Afghanistan par une coalition internationale conduite par les États-Unis. Il faut relire l'entretien de Zbigniew Brzeziński avec *Le Nouvel Observateur* le 15 janvier 1998 :

> LE NOUVEL OBSERVATEUR : *l'ancien directeur de la CIA Robert Gates l'affirme dans ses* Mémoires *: les services secrets américains ont commencé à aider les* moudjahidin *Afghans six mois avant l'intervention soviétique. À l'époque, vous étiez le conseiller du président Carter pour les affaires de sécurité. Vous avez donc joué un rôle clé dans cette affaire ? Vous confirmez ?*
> ZBIGNIEW BRZEZIŃSKI : Oui. Selon la version officielle de l'histoire, l'aide de la CIA aux *moudjahidin* a débuté courant 1980, c'est-à-dire après que l'armée soviétique eut envahi l'Afghanistan, le 24 décembre 1979. Mais la réalité, gardée secrète, est tout autre : c'est en effet le 3 juillet 1979 que le président Carter a signé la première directive sur l'assistance clandestine aux opposants du régime prosoviétique de Kaboul. Et ce jour-là j'ai écrit une note au président dans laquelle je lui expliquais qu'à mon avis cette aide allait entraîner une intervention militaire des Soviétiques. [...]
> *L.N.O. : Lorsque les Soviétiques ont justifié leur intervention en affirmant qu'ils entendaient lutter contre une ingérence secrète des États-Unis en Afghanistan, personne ne les a crus. Pourtant il y avait un fond de vérité. Vous ne regrettez rien aujourd'hui ?*
> Z.B. : Regretter quoi ? Cette opération secrète était une excellente idée. Elle a eu pour effet d'attirer les Russes dans le piège afghan et vous voulez que je le regrette ? Le jour où les Soviétiques ont officiellement franchi la frontière, j'ai écrit au président Carter, en substance : « Nous avons maintenant l'occasion de donner à

> l'URSS sa guerre du Vietnam. » De fait, Moscou a dû mener pendant presque dix ans une guerre insupportable pour le régime, un conflit qui a entraîné la démoralisation et finalement l'éclatement de l'empire soviétique.

Et pourtant, en 2001, ce seront les Américains qui replongeront d'eux-mêmes dans le bourbier afghan. On connaît la suite d'une l'histoire quasiment écrite d'avance, qui ajoutera pour l'Amérique le syndrome de l'Afghanistan à celui du Vietnam.

On ne compte pas le nombre d'experts en géopolitique et de diplomates américains qui avait alerté sur les risques que faisait courir à la paix l'extension de l'Otan aux pays de l'Est jusqu'aux frontières de la Russie. Parmi eux, George F. Kennan, le théoricien de la guerre froide, avait déclaré en février 1997 dans le *New York Times* que

> l'élargissement de l'Otan serait l'erreur la plus catastrophique de la politique américaine de toute l'ère de l'après-guerre froide.

En 2008, c'est William Burns, alors ambassadeur des États-Unis à Moscou et devenu en 2020 directeur de la CIA qui, dans une note à la secrétaire d'État de George W. Bush, Condoleezza Rice, avait expliqué ce qui allait se passer si l'Otan ouvrait la porte à l'adhésion de l'Ukraine à l'Otan :

> L'entrée de l'Ukraine dans l'Otan est la plus brillante de toutes les lignes rouges pour l'élite russe (pas seulement Poutine). En plus de deux ans et demi de conversations avec des acteurs clés de la Russie, de ceux qui traînent dans les recoins sombres du Kremlin aux critiques libéraux les plus virulents de Poutine, je n'ai encore trouvé personne qui considère l'Ukraine au sein de l'Otan comme autre chose qu'un défi aux intérêts russes. [...] Il est difficile d'exagérer les conséquences stratégiques de l'offre d'adhésion à l'Otan à l'Ukraine. [...] Cela créera un sol fertile pour l'ingérence russe en Crimée et dans l'est de l'Ukraine.

En mars 2014, dans le *Washington Post*, juste après la révolution de Maïdan et l'annexion de la Crimée par la Russie, Henry Kissinger avait lui aussi prévenu :

> Le débat public sur l'Ukraine tourne autour de la question d'un affrontement. Mais savons-nous où nous allons ? Bien trop souvent le problème ukrainien est présenté comme un rapport de force dans lequel l'Ukraine doit rejoindre l'Est ou l'Ouest. Mais si l'Ukraine veut survivre et prospérer, cela ne sera pas en servant d'avant-poste pour l'un ou l'autre camp, contre l'autre, mais en servant de pont entre les deux.
>
> La Russie doit comprendre qu'essayer de satelliser de force l'Ukraine, et par là même modifier une fois encore les frontières de la Russie, condamnerait Moscou à répéter l'histoire, et à s'engager dans un cycle autoréalisateur de pressions réciproques avec l'Europe et les USA.
>
> L'Ouest doit comprendre que, pour la Russie, l'Ukraine ne sera jamais une quelconque terre étrangère. [...] Faire de l'Ukraine un acteur de la confrontation Est-Ouest saborderait pour des décennies toute tentative de rapprocher la Russie et l'Ouest – notamment la Russie et l'Europe – au sein d'un système de coopération international. [...] Nous devrions œuvrer pour la réconciliation, non la domination d'un camp par l'autre. Ni la Russie ni l'Ouest, et encore moins les différentes factions en Ukraine, n'ont agi suivant ce principe. Tous ont aggravé la situation[44].

Zbigniew Brzeziński, pourtant connu pour son souci constant de contenir et d'affaiblir la Russie, a lui-même plaidé en 2014 pour la neutralisation de l'Ukraine :

> Pour éviter cette plongée dans la violence, sur le modèle des Balkans des années 1990, Brzeziński appelle Barack Obama à se hâter de convaincre Vladimir Poutine que les États-Unis

44. H. KISSINGER, *Washington Post*, 5 mars 2014. Traduction : *www.les-crises.fr*.

> utiliseront « toute leur influence » pour convaincre l'Ukraine d'adopter le modèle finlandais, avec un statut de neutralité sur le plan stratégique, hors de toutes alliances militaires, mais des relations économiques étroites à la fois avec la Russie et l'Europe[45].

Et, encore en 2015, il plaidait pour la recherche d'un équilibre entre

> la dissuasion et l'accommodement, en assurant la Russie que nous ne comptons pas faire de l'Ukraine un pays de l'Otan, mais quelque chose comme la Finlande.

Tous les responsables occidentaux étaient parfaitement informés de ce que pouvaient être les conséquences de la stratégie des États-Unis et de l'Europe face à la Russie. Témoin, parmi d'autres, ce chercheur russe en géopolitique et ancien diplomate, qui avait été en poste à Bruxelles et qui a expliqué en 2015 dans un article de la *Revue de la défense nationale* pourquoi cette stratégie

> qui ne proposait à la Russie d'autre solution que de se soumettre aux intérêts de l'Occident sans la perspective d'être intégrée aux structures euroatlantiques a été une erreur fondamentale. La politique « révisionniste » actuelle de la Russie à l'égard de l'ordre international, conçu par l'Occident après la chute de l'URSS, et la confrontation actuelle, la guerre civile en Ukraine, le spectre d'une nouvelle guerre froide et même d'une « guerre chaude » ainsi que le mouvement de la Russie vers la Chine en sont les conséquences directes. Mais, peut-être, la plus grande victime est la démocratie russe. Plus l'Otan s'approchait des frontières de la Russie, plus inconfortable était la position des démocrates russes. En fait, ils devaient choisir entre leurs convictions démocratiques et leur patriotisme. Car, même si l'obsession sécuritaire de leurs compatriotes leur paraissait exagérée, ils estimaient que pour le grand pays capitaliste qu'est la Russie d'aujourd'hui

45. *Le Figaro*, 26 février 2014.

> « l'encerclement stratégique » équivalait à la perte d'influence sur les marchés et les débouchés extérieurs dont elle avait impérativement besoin.

Et il avertissait que si, sous la pression extérieure,

> il y avait une déstabilisation du pays et un renversement du régime, ce seraient très probablement les nationalistes russes qui prendraient la relève et non pas des démocrates pro-occidentaux[46].

Le 17 février 2022, quelques jours avant le déclenchement de l'invasion russe, c'est Jack F. Matlock Jr, ancien ambassadeur des États-Unis en Union soviétique de 1987 à 1991 qui prenait la parole :

> Puisque la principale exigence de Poutine est l'assurance que l'Otan ne prendra pas de nouveaux membres, et en particulier pas l'Ukraine ni la Géorgie, il est évident que la crise actuelle n'aurait pas eu lieu s'il n'y avait pas eu d'expansion de l'Alliance après la fin de la guerre froide, ou si l'expansion s'était faite en harmonie avec la construction d'une structure de sécurité en Europe qui incluait la Russie[47].

Tout le monde savait ce qui aurait pu être tenté. Peut-être cela n'aurait-il pas suffi. Mais personne n'a rien tenté.

Inutiles cassandres. Personne n'a voulu entendre le moindre avertissement. Nous nous sommes comportés de la même manière sur beaucoup de sujets – jusqu'à ce que la réalité nous rattrape.

Songeons à la manière dont nous avons laissé l'école s'effondrer, alors que nous étions avertis de la pente fatale sur laquelle elle roulait.

---

46. Vladimir Tchernega, « Repenser les relations avec la Russie », *Revue de la défense nationale*, 2015/1, n° 776.
47. Jack F. Matlock Jr., *Independent Global News*, 17 février 2022.

Dès 2004, le rapport Obin, du nom du chef de la mission de l'inspection générale de l'Éducation nationale qui l'avait rédigé, a dressé un tableau de la situation qui laissait prévoir ce qui se passerait si rien n'était fait pour inverser l'évolution[48] :

> L'une des conditions essentielles pour que l'école retrouve un rôle majeur d'intégration est qu'elle soit intransigeante vis-à-vis de tous ceux qui veulent en faire un lieu de discrimination, de ségrégation, d'opposition et même d'affrontements entre des groupes rivaux crispés de manière indépassable sur des origines ou des croyances « naturalisées ».

Quarante ans durant, les enseignants ont vu leur autorité sans cesse affaiblie, vis-à-vis des élèves et vis-à-vis des parents, leur statut social s'effondrer, leur situation matérielle se dégrader et la violence entrer jusque dans les salles de classe.

Le rapport Obin avait bien décrit la pente sur laquelle glissait le métier d'enseignant :

> Devant l'abondance des contestations et une parole débridée des élèves, qu'ils ne parviennent pas à maîtriser, la réaction la plus répandue des enseignants est sans doute l'autocensure. La peur des élèves, une mauvaise expérience d'une première année d'enseignement, et on décide de ne pas aborder telle question sensible du programme. Cette attitude est sans doute largement sous-estimée, car les intéressés ne l'avouent bien entendu qu'avec réticence.

Nous savions, mais nous ne voulions pas savoir. Nous avons enterré le rapport Obin et durant quinze ans on avait fermé les yeux. En 2004, avait été votée la loi sur les signes religieux dans l'école publique, puis on avait refermé le dossier et regardé ailleurs. Aux attentats terroristes

48. Ministère de l'Éducation nationale, de l'Enseignement supérieur et de la Recherche, Inspection générale de l'éducation nationale, Groupe Établissements et vie scolaire, *Les Signes et Manifestations d'appartenance religieuse dans les établissements scolaires*, 2004.

et à l'évidence de l'offensive de l'islamisme radical en direction d'une partie de la jeunesse, l'école répondit avec des formations à la laïcité, une charte de la laïcité, des livrets de la laïcité, des correspondants et référents « laïcité », des déclarations ministérielles solennelles :

> Oui, nous avons rompu avec la culture de l'excuse, avec la tentation de regarder ailleurs ou de masquer la situation difficile dans laquelle nous nous trouvons. Nous ne sommes plus au temps où le rapport Obin était enterré[49].

Huit ans plus tard, la situation s'est encore aggravée et l'école continue de sombrer. À une époque qui érige en héros les lanceurs d'alerte, aucun de ceux qui ont alerté sur l'école n'a été entendu. Cassandre est maudite.

Pour les enfants confrontés à des troubles de l'identité sexuelle aussi on peut faire la politique de l'autruche, mais les dangers sont connus.

Ils ont été recensés dans une tribune publiée dans plusieurs journaux européens. Celle-ci, signée par cent quarante scientifiques, professionnels de l'enfance et universitaires européens inquiets des dégâts parfois irréversibles de cette idéologie sur les enfants et les adolescents décrit parfaitement la manière dont elle se répand et les risques qu'elle comporte surtout à un âge où la construction du libre arbitre et du discernement n'est pas achevée[50].

> Des enfants et des adolescents sont exhibés sur des plateaux télé avec leurs parents afin de montrer à quel point le changement de genre (euphémisation pour parler de sexe) est bénéfique, sans que jamais personne n'émette la moindre réserve, ni ne donne les données scientifiques relativisant les bienfaits de ces transformations à moyen et long terme, ou les risques des traitements. Les scientifiques qui seraient critiques n'ont aucune place, ou pire

49. Najat VALLAUD-BELKACEM, discours du 4 novembre 2015.
50 *Le Point*, 7 juillet 2022.

> encore se font insulter avant tout débat. Ces émissions répétitives peuvent avoir un effet d'endoctrinement sur les jeunes, amplifié par les réseaux sociaux.
> Ces pressions médiatiques sans nuance relayées par une certaine presse écrite, normalisent et banalisent l'idéologie qui prétend que l'on pourrait choisir son genre à tout âge, au nom de l'« autodétermination », si l'on ne se sent pas en accord avec le prétendu « sexe assigné à la naissance ». Le changement de genre est souvent présenté comme une solution miracle pour régler les troubles de l'adolescence. Avec pour effet l'augmentation du nombre de jeunes qui s'autodiagnostiquent « trans » alors qu'on peut douter qu'ils le soient lorsque les demandes ont été multipliées par vingt-cinq en moins de dix ans. [...] Cette vision lénifiante oublie que ces jeunes vont entrer dans un processus de médicalisation dont on parle peu. [...] En tant que scientifiques, professionnels de l'enfance et universitaires, nous nous opposons fermement à l'assertion selon laquelle les femmes et les hommes ne seraient que des constructions sociales ou des identités ressenties.
> On ne choisit pas son sexe et il n'y en a que deux. On naît fille ou garçon. Le sexe est constaté à la naissance et inscrit à l'état civil et chacun construit une identité jamais figée et qui évolue dans le temps, ce qui est trop souvent oublié. On peut changer l'apparence de son corps, mais jamais son inscription chromosomiale. Il est urgent de rompre avec des discours usant d'un vocabulaire créé de toutes pièces pour s'imposer à tous, alors qu'il repose sur des croyances.

Rien n'y fait. Cassandre est maudite.

Des avertissements sur les conséquences que pourraient avoir les décisions qu'avaient prises les élites dirigeantes avec sinon le consentement, du moins l'indifférence de la plupart des citoyens qui en payeraient un jour le prix, il y en a eu bien d'autres et de toutes sortes, depuis celui de Georges Pompidou sur la mise en péril de la planète par le mode de développement des sociétés modernes quand il avait déclaré à Chicago en 1970 :

> L'emprise de l'homme sur la nature est devenue telle qu'elle comporte le risque de destruction de la nature elle-même. Il est frappant de constater qu'au moment où s'accumulent et se diffusent de plus en plus les biens dits de consommation, ce sont les biens élémentaires les plus nécessaires à la vie, comme l'air et l'eau, qui commencent à faire défaut. La nature nous apparaît de moins en moins comme la puissance redoutable que l'homme du début de ce siècle s'acharnait encore à maîtriser, mais comme un cadre précieux et fragile qu'il importe de protéger pour que la terre demeure habitable à l'homme.

Georges Pompidou, personnage des Trente Glorieuses, héraut de la France industrielle, créa le premier ministère de l'Environnement. Que son premier titulaire, Robert Poujade, appellera « le ministère de l'impossible », parce que longtemps il lui sera impossible de se frayer un chemin entre les féodalités administratives et économiques.

Cassandre est maudite.

Il y a eu les discours de Philippe Séguin le 5 mai 1992, devant l'Assemblée nationale, sur les enjeux du traité de Maastricht.

> Que l'on ne s'y trompe pas, la logique du processus de l'engrenage économique et politique mis au point à Maastricht est celle d'un fédéralisme au rabais fondamentalement antidémocratique, faussement libéral et résolument technocratique, l'Europe qu'on nous propose n'est ni libre, ni juste, ni efficace. Elle enterre la conception de la souveraineté nationale et les grands principes issus de la Révolution : 1992 est littéralement l'anti-1789 [...]
> Où allons-nous si le juge, tout en déclarant qu'il ne veut pas censurer la loi, s'arroge le droit de la rendre inopposable ou inapplicable ? La République, ce n'est pas une justice aux ordres : mais ce n'est pas non plus le gouvernement des juges, *a fortiori* quand il s'agit de juges européens qui font parler l'esprit des traités ! [...] Où allons-nous si le juge, tout en déclarant qu'il ne veut pas censurer la loi, s'arroge le droit de la rendre inopposable ou inapplicable ? La République, ce n'est pas une justice aux ordres : mais ce n'est pas non plus le gouvernement des juges, *a*

> *fortiori* quand il s'agit de juges européens qui font parler l'esprit des traités ! [...] Craignons alors que, pour finir, les sentiments nationaux, à force d'être étouffés, ne s'exacerbent jusqu'à se muer en nationalismes et ne conduisent l'Europe, une fois encore, au bord de graves difficultés, car rien n'est plus dangereux qu'une nation trop longtemps frustrée de la souveraineté par laquelle s'exprime sa liberté, c'est-à-dire son droit imprescriptible à choisir son destin.
> On ne joue pas impunément avec les peuples et leur histoire. Toutes les chimères politiques sont appelées un jour ou l'autre à se briser sur les réalités historiques.

Et il y a eu son autre discours de 1993 sur le « Munich social ».

Mais il y a eu, de justesse, une majorité de Français pour approuver Maastricht et le Munich social ne s'est pas arrêté.

On l'a traité de Cassandre. Cassandre est maudite.

On n'a pas davantage écouté Marcel Boiteux quand il a prédit que la concurrence n'allait pas faire baisser le prix de l'électricité, mais le faire monter.

Cassandre est maudite.

Il y a bien eu les avertissements des prix Nobel d'économie sur la mondialisation et sur la finance.

Maurice Allais, qui avait reçu le prix Nobel d'économie en 1988, était un ingénieur des mines qui s'était voué à cette discipline, horrifié par les dégâts de la Grande Dépression des années 1930. Il fut l'un des premiers économistes avec une telle renommée – il était membre de la très libérale Société du Mont-Pèlerin –, à dénoncer le système de pensée qui menaçait de reproduire les désastres de l'entre-deux-guerres, dès les années 1990, le contexte d'aujourd'hui soit profondément différent de celui de l'entre-deux-guerres, les deux périodes 1918-1939 et 1974-1999 présentent de très grandes similitudes : une incompréhension totale des dirigeants politiques des questions essentielles, leur profonde inconscience des dangers réels, leurs oppositions dérisoires sur des questions mineures et la mise en œuvre incessante de politiques qui portent en elles-mêmes leur propre condamnation et leur propre échec.

Il dénonçait une

> mondialisation de l'économie généralisée des échanges entre des pays caractérisés par des niveaux de salaires très différents aux cours des changes certainement très profitables pour quelques groupes de privilégiés. Mais les intérêts de ces groupes ne sauraient s'identifier avec ceux de l'humanité tout entière. Une mondialisation précipitée et anarchique ne peut qu'engendrer partout instabilité, chômage, injustices, désordres et misères de toutes sortes, et elle ne peut que se révéler finalement désavantageuse pour tous les peuples.

Il en a montré l'impasse :

> La mondialisation des échanges mène soit à un chômage accru s'il y a rigidité des salaires, soit à une inégalité accrue s'il y a flexibilité des salaires.

Il a prôné le retour de l'Europe à la préférence communautaire sur laquelle les pères fondateurs de l'Europe avaient construit le marché commun. Il avait remis en cause le sacré. On a essayé de le discréditer. On a sous-entendu à son propos que la vieillesse était un naufrage. Vingt-trois ans plus tard, après la crise financière, la pandémie, les pénuries de médicaments, la crise énergétique, les subventions américaines à l'industrie, la fracturation du monde et les discours du secrétaire américain au Trésor sur le groupe des partenaires de confiance, on peut se demander de quel côté était le naufrage intellectuel.

Mais Cassandre est maudite.

Trop longtemps ceux qui tiraient le signal d'alarme, qui lançaient des avertissements, qui disaient que quand on tire trop sur la corde, elle casse, ceux qui prédisaient la révolte de la France périphérique, et des couches populaires, ceux qui pointaient le malaise grandissant des classes moyennes qui assurent la stabilité de la société, ceux qui rappelaient que depuis longtemps l'histoire et la science économique nous avaient appris que le marché n'avait pas toujours raison – et les marchés financiers encore moins –, ceux qui voyaient poindre au loin des germes de guerre civile et de guerre de Religion, ceux qui avertissaient que la violence et la peur, quand elles commencent à se répandre trop largement deviennent épidémiques, ceux qui voyaient arriver la crise de la démocratie et ceux qui disaient que la question de l'indépendance et de la nation allait finir par se reposer, que dans le monde des forces immenses y travaillaient ; tous ceux-là voyaient les changements et aussi ce qui, dans l'histoire, se répète ; tous ceux-là étaient vite rangés dans le camp des passéistes, des nostalgiques d'un paradis perdu qui n'avait jamais existé, des cassandres qui passeraient leur temps à prédire des malheurs qui, eux, n'arriveraient jamais, ou dans la catégorie des incompétents ou des menteurs – puisque les statistiques disaient, prétendait-on, le contraire –, ou, pire que tout, de ceux qui flattaient les passions populaires – ce qui leur avait valu d'être exclus à tout jamais du cercle de la raison.

Beaucoup d'autres critiques pourtant allaient suivre au fur et à mesure que les dégâts se faisaient plus visibles. Joseph Stiglitz, qui a reçu le prix Nobel d'économie en 2001, s'est élevé contre la mondialisation, qui

> ne marche pas pour les pauvres, ne marche pas pour l'environnement, ne marche pas pour la stabilité de l'économie mondiale.

Angus Deaton, qui a reçu le prix Nobel d'économie en 2015, a critiqué « la mondialisation mal gérée ». L'un des pères de la théorie du commerce international, Paul Samuelson, l'un des plus grands économistes du XXe siècle, qui avait reçu le prix Nobel en 1970, a rappelé, en 2004, à tous les économistes qui prédisaient que tout irait pour le mieux puisque la mondialisation des échanges allait produire plus de gains que de pertes, que les gagnants pourraient ne pas toujours avoir envie d'indemniser les perdants. Et le fait est qu'ils n'ont pas eu très envie de partager.

Il a aussi rappelé que les avantages concurrentiels dont bénéficiaient les économies des pays les plus développés par rapport aux autres n'étaient pas appelés à durer éternellement, et que des pays actuellement en retard pouvaient demain être en avance grâce à des innovations qui réduiraient de manière durable les gains par tête que les économies les plus avancées retirent aujourd'hui du commerce international et de la mondialisation :

> L'histoire économique en est remplie d'exemples ; cela se produit tout d'abord insidieusement, puis de façon plus décisive : aux États-Unis, l'agriculture s'est déplacée d'est en ouest il y a de cela deux cents ans ; le textile, la fabrication de chaussures et les manufactures se sont déplacés de la Nouvelle-Angleterre vers le sud des États-Unis au début du xxe siècle (les salaires y étaient plus bas) ; l'hégémonie de l'industrie victorienne a été mise en cause par l'irruption des entrepreneurs *yankee* après 1850. Même lorsque les leaders ont continué à progresser en termes de croissance absolue, leur taux de croissance a souvent eu tendance à faiblir du fait de la concurrence des pays à bas salaires et des imitateurs de techniques de production.

Samuelson n'a pas pour autant défendu les droits de douane. Mais la conclusion que l'on pouvait en tirer était que les sacrifices que nous faisions subir à une grande partie de la population ne nous garantissaient en rien que la mondialisation lui serait à terme forcément bénéfique. Mais, comme beaucoup de gens pensaient que les leçons de l'histoire ne nous servaient plus à rien, l'avertissement est resté lettre morte.

Paul Krugman, autre prix Nobel, après avoir longtemps soutenu que la mondialisation n'était pas coupable de la montée des désordres sociaux, en est venu à reconnaître, en 2018 qu'il en avait, comme beaucoup d'économistes, sous-estimé les effets négatifs sur les inégalités et sur le climat[51].

---

51. Paul Krugman, « Krugman Wonks Out : The China Shock and the Climate Shock », *New York Times*, 2021.

Toutes ces années durant, nous avons eu beaucoup de mal à regarder en face les conséquences de nos choix. Nous avons, toutes proportions gardées, sans nous en rendre compte, reproduit l'état d'esprit, somme toute assez courant, de la génération des parents de Stefan Zweig dans le monde des années 1880-1914, qui allait enfanter deux guerres mondiales :

> Tout événement extrême, toute violence paraissaient presque impossibles dans une ère de raison.
> Ce sentiment de sécurité était le trésor de millions d'êtres, leur idéal de vie commun, le plus digne d'efforts. Seule une telle vie de sécurité semblait valoir d'être vécue, et des milieux toujours plus étendus désiraient leur part de ce bien précieux. Seuls les possédants jouirent d'abord de cet avantage, mais peu à peu les grandes masses parvinrent à y accéder ; le siècle de la sécurité devint l'âge d'or des assurances. Maintenant que le grand orage l'a depuis longtemps fracassé, nous savons de science certaine que ce monde de la sécurité n'était qu'un château de nuées. Pourtant, mes parents l'ont habité comme une maison de pierre. Jamais une tempête, ni même un courant d'air un peu violent n'ont fait irruption dans leur existence chaude et confortable ; il est vrai qu'ils jouissaient d'une protection particulière contre les assauts du vent ; c'étaient des gens aisés qui, peu à peu, devinrent riches et même très riches ; et, dans ce temps-là, on pouvait se fier à la fortune pour calfeutrer murs et fenêtres.

Ce sentiment que plus aucune violence ne serait possible dans ce siècle de raison n'était pas propre aux parents de Zweig et à leur milieu. C'était véritablement l'esprit du siècle. Victor Hugo avait déclaré :

> Au xxe siècle, la guerre sera morte, l'échafaud sera mort, la haine sera morte, la royauté sera morte, la frontière sera morte, les dogmes seront morts, l'homme vivra. Il y aura, au-dessus de tout, une grande patrie, toute la terre et une grande espérance, tout le ciel. Saluons-le, ce beau xxe siècle[52] !

52. Victor Hugo, *Pour le congrès ouvrier de Marseille*, 3 août 1879.

C'est à peu près ce que nous avons pensé un siècle plus tard, après la fin de la guerre froide, dont on a dit qu'elle annonçait, à nouveau, la fin de l'histoire.

Mais le XXe siècle a finalement été le siècle où la nature humaine a fait ce qu'elle pouvait faire de pire. Beaucoup de trônes ont été renversés, mais il y a eu beaucoup d'échafauds, beaucoup de guerres et beaucoup de haines, et les parents de Zweig ont appris à leurs dépens qu'on n'était jamais à l'abri et que les tempêtes de l'histoire finissent toujours par se frayer un chemin, même à travers les murs et les fenêtres que l'on avait le mieux calfeutrés. À 84 ans, de santé fragile, la mère de Stefan Zweig s'est retrouvée en 1938 à Vienne prise au piège de l'Anschluss et des lois antijuives, qui lui valurent de vivre ses dernières semaines sans pouvoir accomplir sa promenade quotidienne, parce que les juifs n'avaient plus le droit de s'asseoir sur un banc et qu'elle en avait besoin pour reprendre son souffle. Seule sa mort survenue quelques mois plus tard lui épargnera pire, la déportation dans un camp d'extermination. Aucun calfeutrage ne peut empêcher le malheur d'entrer dans la maison. Au fond, nous le savons tous, mais, bien souvent, c'est plus fort que nous, nous ne voulons pas l'admettre.

Le XXIe siècle a mal commencé. Il faut dire que nous avons beaucoup cédé à ce penchant qui poussait à faire passer notre tranquillité d'esprit avant tout le reste, et pour cela à fermer les yeux sur ce qui aurait pu nous déranger dans le confort de nos certitudes.

En nous empêchant de voir que peut-être notre tour viendrait, que ce qui se passait ailleurs dans le monde ou dans la société pourrait avoir des répercussions sur chacun de nous – qu'elles ont effectivement eues –, cette politique de l'autruche que nous avons tant pratiquée nous a mis davantage en danger qu'elle nous a protégés.

Nous ne vivons pas un âge de raison, mais de déraison. Nous avons tous en nous quelque chose qui ne veut pas se voir asservi aux quantités, aux chiffres, à la comptabilité, aux algorithmes ou à une intelligence artificielle qui prendraient le contrôle de nos vies.

Mais nous ne faisons pas grand-chose, au fond, pour l'empêcher.

Entre les obscurantistes qui veulent retourner au temps de la lampe à huile et les scientistes pour lesquels le progrès des sciences et des techniques n'est jamais ambivalent et est appelé à résoudre tous les problèmes de l'humanité, l'intelligence humaine devrait se poser des questions avant que les instincts animaux n'apportent eux-mêmes les pires des réponses.

A-t-on oublié les promesses de l'informatique il y a quelques décennies, puis celles des nouvelles technologies de l'information et de la communication, puis des réseaux sociaux qui devaient doper la productivité, faire disparaître le chômage, faciliter la vie, rapprocher les gens et les peuples et bien d'autres promesses encore ? Aucune n'a été tenue : nous restons prisonniers de notre condition avec ses faiblesses et ses défaillances, ses petites et ses grandes misères. Chaque problème résolu par la science ou la technique en fait apparaître d'autres. Chaque vérité découverte nous confronte à un nouveau mystère. Quand finirons-nous par admettre que nous ne changeons pas beaucoup malgré la science et la technique, et qu'aucune technique ne rattrapera toutes les fautes que nous aurons commises ?

Les progrès se discutent, comme les chiffres, même ceux des sciences et des techniques et il n'appartient qu'à nous de savoir ce que nous voulons en faire et comment nous voulons vivre avec. Que beaucoup d'entrepreneurs de la Silicon Valley envoient leurs enfants dans des écoles déconnectées devrait quand même nous conduire à nous interroger.

En mars 2023, onze cents entrepreneurs et chercheurs en intelligence artificielle ont appelé à discuter le progrès de leur discipline. Ils ont signé un appel aux gouvernements pour une pause dans la recherche afin de prendre le temps de réfléchir aux conséquences de cette technologie sur nos vies et montrent, qu'ils aient tort ou raison, qu'une conscience humaine est encore capable de se réveiller face à la marche inexorable de la science. L'avertissement vaut au moins la peine d'être entendu :

> Ces derniers mois ont vu les laboratoires d'IA s'enfermer dans une course incontrôlée pour développer et déployer des cerveaux numériques toujours plus puissants, que personne, pas même leurs créateurs, ne peut comprendre, prédire ou contrôler de manière fiable. [...] Devons-nous laisser les machines inonder nos canaux d'information de propagande et de mensonges ? Devrions-nous automatiser tous les emplois, y compris ceux qui sont gratifiants ? Devons-nous développer des esprits non humains qui pourraient un jour être plus nombreux, plus intelligents, nous rendre obsolètes et nous remplacer ? Devons-nous risquer de perdre le contrôle de notre civilisation ? Ces décisions ne doivent pas être déléguées à des leaders technologiques non élus.

Mis à part peut-être le génie génétique, le clonage, les tentations de la transhumanité dont la science pourrait nous donner les moyens – mais à quel prix ? –, aucune technique ne changera notre nature. L'intelligence artificielle ne changera pas par elle-même l'intelligence humaine. Mais les hommes étant ce qu'ils sont au fond d'eux-mêmes, elle ouvrira des voies à la manipulation, à la tentation totalitaire, mais aussi à la violence de tous ceux qu'elle exclura de la société. Dans quel gouffre tomberait la civilisation si toute notre intimité devait se dissoudre dans le numérique, si le numérique devait aspirer tous les secrets, tous les « misérables petits tas de secrets » dont l'homme est fait, comme le disait Malraux ? Qui ne voit que le numérique, l'Internet des objets, les progrès foudroyants de l'intelligence artificielle ouvrent la voie si l'on n'y prend pas garde à une société de la surveillance généralisée et que le rêve morbide de tout savoir sur tout le monde, de la transparence absolue, n'est pas le monopole des dictatures, mais le fruit de penchants humains viscéraux que sont l'éternel voyeurisme et l'éternelle jouissance que procure le pouvoir de contrôler totalement la vie des autres. Qui n'a vu poindre presque ouvertement cette joie mauvaise durant la pandémie ? Qui peut croire que si elle trouve à sa portée des moyens de plus en plus puissants, elle ne les saisira pas ? La pression monte pour ouvrir la porte à la reconnaissance faciale qui bientôt permettra de lire la vie de chacun sur son visage. Une autre table rase se dessine, celle de notre intimité qui est toujours le dernier rempart contre le totalitarisme.

Mais il y a un autre risque que tout le monde connaît aussi, mais que personne ne cherche à conjurer : si l'euphorie financière devait continuer sa course folle tandis que la plupart des gens, du plus qualifié au moins qualifié, devaient vivre, à tort ou à raison, dans la hantise d'être remplacés par une intelligence artificielle, à quelles violences, à quelles extrémités ces derniers risqueraient-ils de se laisser aller si un jour ils ont le sentiment qu'ils n'ont plus rien à perdre ?

Au fond, ce que nous rappellent les signataires de l'appel des onze cent, c'est que rien n'est pire que le laisser-faire face aux grands changements dans la société et dans l'économie. Mais qui l'entendra ? Car c'est toujours la même chose, la même chanson, si l'on peut dire : rien ne peut nous arriver, on ne cassera pas les ordinateurs comme au tournant du XVIIIe et du XIXe siècle les ouvriers du textile cassaient à coups de masses les métiers à tisser qui les réduisaient à la misère, tout ira bien – de toutes les façons, c'est toujours à tort que l'on a eu peur du progrès.

Cassandre est maudite.

Et c'est bien pratique : cela évite de se poser des questions, de se remettre en cause.

Ce mauvais penchant humain auquel nous nous laissons trop souvent aller

La tentation de « faire l'autruche », Anna Freud, la fille Sigmund Freud s'y est trouvée confrontée, comme tant d'autres, en marge de la grande histoire, dans les années 1930. Freud était alors un grand notable juif de Vienne. Quand les nazis étaient arrivés au pouvoir en Allemagne, en 1933, il avait 77 ans. Il était mondialement connu comme le créateur de la psychanalyse. L'école psychanalytique freudienne était très implantée en Allemagne. Il n'avait donc rien ignoré de ce qu'il s'y était passé. Il avait su que, le 10 mai 1933, trois mois après l'accession d'Hitler à la chancellerie, ses livres avaient été brûlés à Berlin sur la place de l'Opéra. Il savait que « là où l'on brûle les livres, on finit par brûler des hommes ». Il savait ce qu'il y a dans l'homme de pulsions, de vie, de mort, d'autodestruction, d'animalité, de violence, de sauvagerie, refoulées. Il avait même écrit un livre sur ce sujet, *Malaise dans la civilisation*. Il savait exactement ce qu'était le nazisme et combien avait partie liée avec les pulsions de mort. Il savait le sort qu'il avait réservé aux juifs. Il avait suivi la montée des persécutions.

Mais il avait pensé qu'à Vienne il serait toujours à l'abri, que l'Italie, la France et l'Angleterre empêcheraient Hitler de mettre la main sur l'Autriche. Il se sentait, de toute façon, protégé par sa célébrité. Il ne pourrait rien arriver au Dr Freud. Son sort ne pourrait pas être celui du commun des mortels. À partir de 1936, après la remilitarisation de la Rhénanie à laquelle la France et l'Angleterre n'avaient opposé aucune résistance et le renversement d'alliance qui avait jeté Mussolini dans les bras d'Hitler, alors qu'il était devenu évident que l'annexion n'était plus qu'une question de temps, il avait continué de se comporter comme si ce qui se passait en Allemagne ne pouvait pas l'atteindre. Ses proches l'incitaient à partir pour se mettre hors de portée des nazis. Il refusait. Ce qui était arrivé à tant d'autres ne pouvait toujours pas arriver au Dr Freud. Quand Zweig, juif lui aussi, et dont il était l'ami, pressentant ce qui allait advenir, avait quitté l'Autriche bien avant l'Anschluss, Freud, lui, était resté. Le 12 mars 1938, l'armée allemande avait envahi l'Autriche. Elle y avait été accueillie à bras ouverts par la population. Le lendemain, Hitler avait proclamé l'annexion de l'Autriche au profit du Reich allemand. Il refusait toujours de partir. C'était le Dr Freud, il ne risquait rien.

Pour qu'il se résigne à prendre le chemin de l'exil, il avait fallu attendre le 22 mars. Ce jour-là, sa fille, Anna, avait été convoquée par la Gestapo et interrogée. Elle avait été finalement relâchée, mais l'alerte avait été chaude. Il avait compris, enfin, que ce n'était qu'un répit. Il ne parviendra à quitter Vienne que le 4 juin, onze semaines après l'arrivée des nazis, de justesse, avant les premières rafles de l'été 1938. Sigmund Freud mourra à Londres d'un cancer en 1939. Ses sœurs, restées à Vienne, seront déportées en 1942.

Cette attitude de Freud, qui avait pensé jusqu'au dernier moment que les persécutions contre les juifs ne pouvaient pas l'atteindre, fut celle de beaucoup de ses contemporains.

La plupart des grandes familles juives de Vienne, qui savaient très bien ce qui se passait en Allemagne depuis 1933, n'arrivaient pas non plus à imaginer que cela allait finir par les atteindre, et la plupart étaient encore chez elles quand Hitler avait envahi l'Autriche. Tous les Autrichiens juifs avaient vu depuis des années se répandre autour d'eux, en Autriche même, un antisémitisme de plus en plus virulent. Peu avaient pris le chemin de l'exil avant l'Anschluss. Ils s'étaient refusés à imaginer ce qui, avec le recul, aurait dû leur paraître inéluctable. Le lendemain de l'entrée des Allemands dans Vienne, on avait obligé les juifs de la vieille capitale impériale à nettoyer les trottoirs avec des brosses à dents sous les insultes d'une population chauffée à blanc par l'antisémitisme nazi, avant de les expulser après les avoir dépouillés de leurs biens et, pour ceux qui étaient restés, de les déporter.

Cela avait été la même chose en Allemagne. En 1938, à la veille de la Nuit de cristal, seule une toute petite partie des juifs d'Allemagne avait quitté le pays, alors que la chasse aux juifs par les nazis avait commencé depuis 1933. Durant les cinq ans qui s'étaient écoulés avant la Nuit de cristal, beaucoup de ceux qui allaient finir dans les camps d'extermination, qui étaient allemands depuis des siècles, qui s'étaient battus pour l'Allemagne pendant la Grande Guerre et qui savaient très bien ce qu'était le nazisme, n'étaient pas arrivés à concevoir qu'une telle chose pourrait leur arriver et que les persécutions – auxquelles ils assistaient pourtant jour après jour –, s'abattraient un jour sur eux et sur leurs enfants. Ils n'avaient pas vu, pas voulu voir. Jusqu'à ce qu'il fût trop tard. Il faut naturellement corriger ce constat de la difficulté des juifs allemands à se convaincre du destin meurtrier que leur réservaient les nazis, par cet autre constat que la plupart des pays leur ont peu à peu fermé leurs frontières. En 1938, année de la « Nuit de cristal » et de l'Anschluss, plus personne n'était disposé à accueillir les réfugiés juifs allemands et autrichiens. Cette année-là, Roosevelt avait pris l'initiative d'une conférence internationale à Évian sur les réfugiés. Le 8 juillet 1938, alors que la conférence n'est pas encore terminée, le *New York Herald* titrait : « 650 000 exilés juifs refusés par tous à Évian ». Au-delà de l'antisémitisme latent dans beaucoup de pays, chacun, confronté à l'éternel dilemme tragique de l'accueil des réfugiés, avait fait le même choix glaçant, alors que tout le monde désormais savait quel serait le sort de ceux que l'on abandonnait, que celui exprimé par l'un des représentants français à Évian :

> La France est arrivée au point de saturation qui ne permet plus d'accueillir de nouveaux réfugiés sans une rupture d'équilibre pour son corps social. La limite est depuis longtemps dépassée chez nous[53].

Au même moment, à Paris, le notable juif, l'ancien ministre, le sénateur, le magistrat, l'avocat, le médecin, l'universitaire, le chef d'entreprise, avaient été loin de s'imaginer eux aussi qu'ils pourraient un jour subir le même sort. Trois ans plus tard, quand il s'était couché le soir du 11 décembre 1941, le notable juif n'était toujours pas arrivé à l'imaginer. Pour toutes sortes de raisons, il se refusait à le croire, alors que la Gestapo était déjà arrivée à Paris un an et demi plus tôt, que le statut des juifs était entré en vigueur depuis octobre 1940 et que la première rafle en zone occupée avait eu lieu en mai 1941, conduisant à la déportation de plusieurs milliers de juifs d'origine étrangère. Mais lui, le notable, n'était pas un étranger, ce n'était pas un réfugié. Il avait toujours connu l'antisémitisme, mais il était estimé et reconnu pour son savoir, son talent, les services qu'il avait rendus au pays, il faisait partie de la bonne société, il avait des relations. De l'influence. Pourtant, le lendemain, à l'aube, il avait été arrêté par des policiers français pour être livré aux Allemands et déporté, et aucune de ses relations ne répondrait à l'appel angoissé de sa famille, comme l'a raconté Anne Sinclair dans le beau livre qu'elle a consacré à son grand-père et à cette « rafle des notables ».

---

53. Cité par Chloé LEPRINCE, « Réfugiés : en 1938, quand les juifs fuyant Hitler ne trouvaient pas asile », France Culture, 9 novembre 2022.

Depuis toujours les êtres humains ont montré qu'ils pouvaient dépenser des trésors d'intelligence et d'imagination pour protéger leur tranquillité d'esprit en se leurrant délibérément sur l'état du monde. Aussi, les plus grands drames semblent-ils toujours nous prendre par surprise parce qu'ils se nouent dans les moments où nous nous montrons les moins enclins à chercher à discerner sous les apparences ces fils qui lient les unes aux autres les destinées humaines ?

Comme les nombreux signes avant-coureurs de l'éruption du Vésuve n'ont pas fait fuir la population de Pompéi, comme les signes avant-coureurs du déclin vertigineux n'ont pas infléchi la politique romaine dans les dernières décennies de l'empire, malgré tous les signaux annonciateurs de la Révolution française et de la Révolution russe, de la Première et de la Seconde Guerre mondiales, de la crise économique des années 1930 ou de celle de 2008, aucun de ces événements n'a été réellement anticipé ni sérieusement envisagé. Tout le monde avait pourtant son rôle depuis bien longtemps dans toutes ces tragédies et travaillait inlassablement à en tendre les ressorts.

Depuis des décennies, les signes avant-coureurs des épreuves à venir ne nous ont pas manqué non plus. Mais nous n'avons pas cherché à nous interroger sur les conséquences de ce que nous faisions, nous n'avons pas vu ou pas voulu voir les difficultés à venir que nous nous préparions, ni les ressorts que nous étions en train de tendre pour les drames et les tragédies futures, ni entendre les alertes et les avertissements. Au contraire, plus les signes avant-coureurs sont devenus visibles et moins on leur a attaché d'importance.

Marx avait, d'une certaine façon, raison de dire que les hommes font l'histoire sans savoir l'histoire qu'ils font. Mais jusqu'à un certain point seulement, car l'histoire n'est pas écrite d'avance et des consciences lucides peuvent en infléchir le cours ou se préparer à affronter au mieux l'inéluctable quand les jeux sont faits au lieu de se laisser surprendre. C'est vrai pour chacun d'entre nous et c'est vrai collectivement s'agissant de la politique lorsqu'elle est ce qu'elle doit être, c'est-à-dire l'expression de la volonté humaine dans l'histoire.

Depuis quarante ans, nous avons fait trop souvent tout ce que nous pouvions pour ne pas voir sous nos yeux les signes avant-coureurs des drames à venir et que nous forgions nous-même. Nous avons renoncé à mesurer les conséquences de ce que nous faisions. Ces conséquences qui ne se voient pas tout de suite et qui, pourtant, nous le savons bien, un jour, nous sautent à la figure. Mais nous ne sommes pas seulement coupables d'inconséquence pour ce que nous avons fait. Nous l'étions plus encore pour ce que nous laissions faire parce que nous considérions que cela ne nous concernait pas, alors que cela nous concernait ou finirait, d'une façon ou d'une autre, par nous concerner.

Au milieu de ce qui se voyait et de ce qui ne se voyait pas, nous avons été comme des somnambules, indifférents à ce qui crevait les yeux comme à ce qui par nature se dérobait au regard et nous avions répudié les Cassandre qui auraient voulu nous forcer à sonder les entrailles du cheval d'Ulysse.

Cela a été notre politique de l'autruche. Comme bien souvent avant nous, comme à chaque fois que des générations avant la nôtre avaient marché comme des somnambules vers l'abîme, nous nous sommes bouché les yeux et les oreilles pour ne pas voir et ne pas entendre les signes avant-coureurs et les avertissements qui dérangeaient notre tranquillité d'esprit, le confort de nos certitudes et nous auraient obligés à nous remettre en cause. Une fois encore, les Cassandre, les clairvoyants, les courageux ont été sacrifiés.

Il ne faut pas les confondre avec les illuminés qui se prennent pour des prophètes de la Bible. Ni avec les oiseaux de malheur qui s'y complaisent, avec les angoissés de nature qui ne se sentent bien que si tout le monde est angoissé ni avec ceux, les plus dangereux, qui ne cherchent pas à conjurer un risque, mais à instrumentaliser la peur. Ces derniers ne sont pas animés du désir de sauver le monde, mais d'une volonté de pouvoir.

Le pire, c'est que l'on n'écoute pas les cassandres qui souffrent pour les autres, mais que les manipulateurs, eux, on les écoute. C'est qu'ils savent y faire. Un économiste américain qui s'était rendu célèbre au début des années 2000 en appliquant l'analyse économique à des sujets inhabituels pour cette science faisait remarquer que pour un expert qui

> veut voir sa théorie élevée au rang de croyance populaire [...] le plus efficace est d'en appeler à l'émotion du public, ennemie naturelle de l'argumentation rationnelle. Or, remarquait-il, de toutes les émotions, il en est une – la peur – bien plus puissante que les autres. Le super prédateur, les armes de destruction massive en Irak, la vache folle, la mort subite du nourrisson, comment ne pas se plier aux conseils des experts sur ces questions [...] alors qu'ils nous ont réduits à l'état de feuille tremblante[54] ?

Il n'y a pas que les experts qui sont tentés par cet abus. Il y a tous ceux qui sont censés savoir ce que les autres ne savent pas, avoir des informations que les autres n'ont pas. L'histoire est remplie de clergés ayant le monopole de l'intercession entre Dieu et les hommes et qui, seuls à connaître les ressorts de la colère divine, s'en servent pour faire obéir les fidèles en les terrorisant. L'histoire est remplie aussi de tyrans et de politiciens censés avoir accès à des secrets d'État auxquels le peuple n'a pas accès et qui s'en servent pour répandre la peur.

C'est instinctif. Dès que quelqu'un, animé par un désir de pouvoir, découvre que la peur est l'un des plus sûrs moyens d'asseoir un pouvoir sur les autres, qu'il sent que plus de peur c'est plus de pouvoir, il se met à la répandre, mû par cette sorte d'ivresse qu'engendre le sentiment d'une toute-puissance dont les limites semblent pouvoir être repoussées à l'infini. La peur : la façon la plus efficace de faire obéir, et la pire aussi, parce que celui qui a très peur est prêt à tout, prêt à se sauver à n'importe quel prix ce qui finit toujours par faire remonter à la surface ce qu'il y a de plus mauvais dans la nature humaine. La peur, l'instrument de tant de tyrannies. Tyrannies religieuses, tyrannies politiques, tyrannies des experts. Qui donc, s'étant vu inoculer le virus de la peur, n'accepterait de se conformer

54. Steven D. LEVITT, Stephen J. Dubner, *Freakonomics*, Denoël, 2006.

aux directives de ceux qui ayant accrédité l'idée du danger proposent de l'en protéger ?

Si le prêtre vous a convaincu que le ciel allait vous tomber sur la tête, vous faites ce que le prêtre vous dit de faire pour éviter que le ciel vous tombe sur la tête. Si vous êtes convaincu que les contre-révolutionnaires vont venir vous égorger avec vos femmes et vos enfants, vous acceptez la Terreur. Si le médecin vous convainc que votre enfant risque de mourir, vous allez faire tout ce que médecin veut que vous fassiez pour qu'il ne meure pas. On avait vu durant la pandémie de la Covid-19 comment la peur d'être contaminé et d'en mourir, alimentée tous les soirs par une pléthore de marchands de peurs et l'angoissante litanie des chiffres sur la progression de l'épidémie et le nombre des morts, avait fait obéir toute une société pourtant réputée rétive à l'obéissance. C'est l'allégorie de *La Peste*, racontée par Camus, à la fin, quand l'épidémie cesse, il écrit :

> Écoutant les cris d'allégresse qui montaient de la ville, Rieux se souvenait que cette allégresse était toujours menacée. Car il savait ce que cette foule en joie ignorait, et qu'on peut lire dans les livres, que le bacille de la peste ne meurt ni ne disparaît jamais, qu'il peut rester pendant des dizaines d'années endormi dans les meubles et le linge, qu'il attend patiemment dans les chambres, les caves, les malles, les mouchoirs et les paperasses, et que, peut-être, le jour viendrait où, pour le malheur et l'enseignement des hommes, la peste réveillerait ses rats et les enverrait mourir dans une cité heureuse.

Éternel recommencement : un jour, sans que nous l'ayons vu venir, sans que nous ayons fait quoi que ce soit pour l'empêcher de nous atteindre, voici que le malheur est à notre porte. Nous sommes acculés. La peur nous saisit, brise toutes les illusions, nous paralyse et réveille en nous nos instincts animaux – et surtout les plus mauvais. C'est le sauve-qui-peut, à n'importe quel prix.

Quand c'est toute la société qui est atteinte et se sent tout à coup menacée par un danger qu'elle avait occulté, vient le temps du pire, celui des boucs émissaires, des braves gens qui se muent en dénonciateurs, en persécuteurs, en massacreurs ou qui regardent ailleurs en espérant que le malheur ne fera pas attention à eux en éprouvant, à chaque fois qu'il les épargne, ce « lâche soulagement » dont parlait Léon Blum en 1938 après les accords de Munich que l'opinion publique avait approuvés assez largement. L'un des premiers sondages d'opinion effectué en France donnait 57 % d'approbation aux accords, contre 37 % d'opposants.

Deux ans plus tard, en juin 1940 de bons Français avaient voulu désarmer les soldats qui traversaient leur commune et les empêcher de détruire les ponts, par peur des représailles allemandes, contribuant ainsi à la capture, dans les derniers jours de la guerre, d'un million de nos soldats. Et puis, il y aura les regards que l'on détournera quand on raflera les enfants juifs à la sortie de l'école, et le flot des lettres de dénonciation, anonymes, écrites par quelques sympathisants de l'hitlérisme, des antibolcheviques, des anti-francs-maçons et des antisémites, mais aussi par des Français que les autorités avaient manipulés par la peur et qui ont pensé que les juifs et les résistants mettaient leurs vies en danger.

On s'était cru à l'abri derrière la ligne Maginot et la peur était venue d'un coup, en mai, avec le vent de la panique, la Débâcle et l'Occupation. Vichy avait instrumentalisé cette peur. Heureusement, il y avait eu des résistants. Il y a toujours des résistants, des gens qui se lèvent, des gens qui ne tournent plus la tête, mais qui la relèvent. Mais, en attendant...

Reste que la peur est difficile à manipuler longtemps parce que, se nourrissant d'elle-même, elle devient assez vite incontrôlable. Une animalité apeurée qui peut vite sombrer dans la violence prend alors le dessus sur l'humain. Mais si beaucoup, par contamination de la peur – car elle aussi est épidémique –, se laissent dominer par leur frayeur, d'autres s'y refusent. Il y a toujours des résistants. Sous l'Occupation, il y avait eu beaucoup de dénonciations, et il y avait aussi eu des Français qui ne voulaient pas se laisser dominer par leur peur et qui ont risqué leur vie en cachant des enfants juifs parmi leurs propres enfants ou rejoint la résistance.

Mais ils ne sont pas la majorité du genre, comme disait Gabin dans *Le Président*.

Nous ne sommes pas meilleurs que les générations qui nous ont précédées, pendant la pandémie de la Covid-19, la politique de la peur a très bien fonctionné avec tous ses effets délétères. Et nous nous obstinons à ne tirer aucune leçon de l'histoire qui nous donne à voir que les plus grandes menaces contre l'homme sont dans l'homme lui-même.

Qui pourra jamais comprendre pourquoi nous sommes restés si longtemps incapables de réagir face à tous les démentis que les événements opposaient jour après jour aux croyances qui nous guidaient ?

Épilogue

Été 2023. Cela ne s'arrange pas.

C'est le temps des dérèglements. L'un en appelle un autre. C'est le temps des désordres. L'un en prépare un autre. C'est le temps des crises. L'une s'achève, elle laisse derrière elle les germes de crises à venir. Un feu de forêt s'éteint. Réchauffement climatique et pyromanes aidant, un autre s'allume. Dérèglement de la nature et folie des hommes. Une épidémie s'arrête, mais laisse la société traumatisée d'avoir été enfermée, encore plus fracturée entre les plus âgés qui avaient peur de mourir et les plus jeunes qui voulaient vivre, encore plus déshumanisée. La crise sociale des retraites ne met plus personne dans la rue, mais elle laisse derrière elle un profond ressentiment annonciateur de colères futures et une défiance vis-à-vis des institutions de la Ve République, dont l'esprit a été trahi. Cette trahison de l'esprit des institutions porte en germe une crise de régime qui pourrait bien nous ramener aux errements de la IVe République. Déjà, des voix s'élèvent de toutes parts pour changer de constitution. Parce que la France est mal gouvernée, beaucoup sont prêts à la rendre ingouvernable – alors même que l'autorité de l'État vacille dangereusement. Mais nous ne réglerons pas les problèmes actuels en revenant au régime d'assemblée, aux coalitions et aux combinaisons qui se font et se défont dans le dos du peuple. S'il faut amender la constitution, c'est pour remettre chacun et chaque chose à sa place en corrigeant les dérives que, au fil des décennies, dans l'indifférence de l'opinion, les gouvernants, par inconséquence souvent, par démagogie parfois, par négligence des leçons de l'histoire presque toujours, ont laissées s'installer. Mais au lieu de traiter des vrais sujets comme le quinquennat, la place de la loi nationale dans la hiérarchie des normes juridiques, ou le non-cumul des mandats, le pouvoir et une bonne partie de la classe politique préfèrent relancer le concours Lépine des réformes institutionnelles. Après le grand débat sans queue ni tête de l'après gilets jaunes, les conventions citoyennes tirées au sort, le Conseil national de la Refondation, on commence à parler de *préférendum*, de référendum préférentiel. On en rirait presque si le sujet des institutions n'était pas aussi sérieux et la situation aussi préoccupante. On attend la suite avec angoisse. Je pense à la phrase du Christ à propos de ses bourreaux : « Père, pardonne leur, ils ne savent pas ce qu'ils font ! » Mais peut être arrive-t-il un moment où il faut arrêter de pardonner la volonté de tout casser, encore et toujours. N'a-t-on pas déjà assez abîmé des institutions qui avaient leur logique, celle de l'indépendance nationale et de la souveraineté du peuple, leur cohérence, celle du parlementarisme rationalisé, son efficacité, celle qui permettait à la France d'être gouvernable ? Mais nos sociétés modernes, et la nôtre en particulier, sont-elles encore gouvernées ou se retrouvent-elles à la remorque de l'aléa des conjonctures et des évènements que plus personne ne semble s'efforcer de dominer ? Tout est fait, au contraire, depuis trop longtemps, pour que ces derniers nous échappent. Et le résultat est là. Quand ce n'est pas le Gouvernement qui attise les colères, ce sont les casseurs. Quand ce ne sont pas les marchés qui décident pour nous, c'est un virus. Quand ce n'est pas un virus, ce sont les Américains. Quand ce ne sont pas les Américains, c'est l'Europe. Quand ce n'est pas l'Europe, c'est la bureaucratie ou les juges.

L'islamisme nous échappe. Le wokisme nous échappe. L'immigration nous échappe. La violence nous échappe. Les règlements de compte nous échappent, parce que le règlement de compte appelle le règlement de compte, une vie pour une vie, et les trafiquants se tirent dessus dans les rues à l'arme de guerre à Marseille, à Nîmes, à Valence, à Nantes et ailleurs. L'émeute prépare l'émeute suivante.

Le président de la République s'était donné cent jours après la crise des retraites pour apaiser la société. Au bout de cent jours, le Président a déclaré que la société était apaisée. Les émeutes de juillet ont montré à quel point la France était apaisée.

Après que la révolte des gilets jaunes nous eut fait entrevoir une violence impossible à canaliser, après que la pandémie eut fait ressortir des comportements qui appartenaient aux souvenirs des heures sombres et dont nous avions fini par penser que notre époque ne les reverrait plus, après les violences liées à la réforme des retraites, après, il y a eu les émeutes du mois de juillet. Le déclencheur fut la mort d'un jeune homme de dix-sept ans tué par un policier. Huit jours où la violence mimétique s'est montrée en grand, emportant des milliers d'adolescents et de jeunes gens qui n'avaient jusque-là manifesté aucune prédisposition à la violence. Elle fut terrible, contagieuse, sans limite. Mais on a fait comme si l'on n'avait pas vu ou pas voulu voir la nature de cette violence, qui est aussi celle des bandes d'adolescents qui n'hésitent pas à se massacrer à coups de barres de fer, de ceux qui tuent pour un regard ou pour rien, celle des petits soldats des gangs de la drogue qui se tirent dessus dans la rue avec des armes de guerre sans mesurer ce qu'ils font, parce qu'ils n'ont plus aucun repère et qu'ils font simplement comme les autres. On a beaucoup dit sur les plateaux de télévision, dans les journaux, dans les déclarations politiques, qu'il fallait prendre son temps pour analyser les causes et pouvoir les soigner. Il faudra bien sûr soigner les causes et cela prendra du temps. Mais à quoi cela servira-t-il si, d'ici là, la violence a tout dévoré ? Pourquoi personne ou presque n'a-t-il dit qu'il fallait d'abord, par tous les moyens, enrayer cette épidémie de violence, cette vague qui monte, qui se répand partout et peut tout emporter sur son passage. Non, on n'a plus le temps.

Et ce n'est pas le moment de nourrir la guerre entre la Justice et la Police qui, dans la foulée des émeutes, a pris un tour aigu et dangereux. Car le désengagement de la Police ouvrirait la porte à l'auto-défense, au cycle sans fin des vengeances et des violences. Il faut toujours être particulièrement attentif au sort de ceux que l'on plonge dans des bains de violence auxquels, soldats, gendarmes, CRS, policiers, on demande de se salir les mains face à la violence. Il faut être attentif à ce qu'ils ressentent, à la manière dont on les commande, sinon, ils deviennent eux aussi violents, ou bien ils cessent de se battre, ou bien ils se mutinent. C'est la vie, c'est la nature humaine. On ne peut pas plus longtemps mettre la nature humaine de côté, détourner le regard pour ne pas la voir. De ce point de vue, c'est l'époque du grand retour des refoulés et de tous les dangers où tous les risques trop longtemps occultés semblent prendre corps les uns après les autres.

La tentative de coup de force des mercenaires de Wagner sur fond de milliers de têtes nucléaires a fait réfléchir beaucoup de monde parce que, tout d'un coup, le risque du chaos nucléaire devenait tangible.

Mais quelles conséquences en ont été tirées sur la guerre?

Jusqu'où irons-nous? « Jusqu'à la victoire finale », a redit le président de la République. Laquelle? Et après?

L'ambassadeur de Pologne en France a déclaré:

« Si l'Ukraine n'arrivait plus à se défendre, nous n'aurons pas le choix, nous serons obligés d'entrer dans le conflit. » Surenchère des mots, surenchère des armements. Et, à l'autre bout du monde, les surenchères autour de Taïwan. De surenchères en surenchères, où va le monde?

Non, cela ne s'arrange pas. En la matière, comme dans toutes les autres, nous ne savons toujours pas où nous allons, ni même où nous voulons aller.

Les sondages nous disent que le citoyen américain commence à se lasser de cette guerre qui coûte cher et qui dure, et à craindre qu'elle ne dérape dans une guerre plus grande. N'y a-t-il pas un risque que le citoyen américain finisse par abandonner l'Ukraine à son sort et l'Europe au sien. Une autre sorte de ce Munich que les va-t-en-guerre ont toujours à la bouche.

L'ONU publie ses projections démographiques jusqu'à la fin du siècle. Elles annoncent encore une population de l'Afrique de plus de 2 milliars d'habitants en 2050 et de plus de 4 milliards en 2100 tandis que la population de l'Europe devrait décroître à partir de 2026 pour atteindre 419,5 millions en 2100.

Il va bien falloir repenser à l'Union pour la Méditerranée, à la maîtrise de nos frontières et au partenariat avec l'Afrique.

Pendant ce temps, de coups d'État en coups d'État, l'Afrique nous chasse de chez elle… Et nous continuons à donner des leçons de morale et de démocratie au reste du monde, qui ne veut plus de nos leçons.

Les BRICs acceptent les candidatures de l'Iran, l'Argentine, l'Égypte, l'Arabie saoudite, les Émirats arabes unis et l'Éthiopie. La redistribution des cartes de la géopolitique mondiale s'accélère et l'Occident n'en sort pas gagnant.

Non, décidément, cela ne s'arrange pas.

Mais que faisons-nous pour que cela s'arrange ?

Rien ! Non parce que nous ne pouvons rien, mais parce que, une fois de plus, accepter de prendre la mesure des risques obligerait à trop de remises en cause.

À la sixième fois, sur sa tour de granit […]
Le roi revint, riant à gorge déployée,
Et cria : « Ces Hébreux sont bons musiciens ! »
Autour du roi joyeux riaient tous les anciens
Qui le soir sont assis au temple, et délibèrent.
À la septième fois, les murailles tombèrent.

Table des matières

Achevé d'imprimer par
NORMANDIE ROTO IMPRESSION S.A.S. ,
en août 2023
N° d'imprimeur : 2303819
Dépôt légal : octobre 2023
Imprimé en France

Mise en pages réalisée par
Jacques Motllo – 66470 – Sainte-Marie-la-Mer
134/2023